Dr. Emil Dönges **Was bald geschehen muß**

Dr. Emil Dönges

„Was bald geschehen muß..."

Christliche
Verlagsgesellschaft
Dillenburg

CIP-Kurztitelaufnahme der Deutschen Bibliothek

Dönges, Emil:
Was bald geschehen muß / Emil Dönges. — 6. Überarb. Aufl. —
Dillenburg : Christliche Verlagsgesellschaft, 1987

ISBN 3-921 292-42-5

6. überarbeitete Auflage Febr. 1991
Überarbeitung: Helmut Tillmanns
Umschlaggestaltung: Eberhard Platte, Wuppertal
Druck: Druckhaus Gummersbach
Printed in Germany

Inhaltsverzeichnis

Seite

Aus dem Vorwort zur ersten Auflage 7
Vorwort zur zweiten Auflage 10
Vorwort zur dritten Auflage 11
Vorwort zur vierten Auflage 12
Einleitung (Kap. 1) 13
„Das, was ist" (Kap. 2 und 3)
Die sieben Versammlungen oder Gemeinden 26
Ephesus 30
Smyrna 38
Pergamus 43
Thyatira 48
Sardes 60
Philadelphia 66
Laodicäa 80
„Was geschehen wird nach diesem" (Kap. 3–22)
Gott als Schöpfer (Kap. 4) 92
Das Lamm auf dem Thron und das Buch mit den sieben Siegeln (Kap. 5) 99
Die sieben Siegel (Kap. 6 und 8, 1) 108
Einschaltung zwischen dem sechsten und dem siebenten Siegel
Die 144000 aus Israel usw. (Kap. 7) 117
Das siebente Siegel (Kap. 8, 1) 125
Die sieben Posaunen (Kap. 8, 2–11, 19) 126
Die fünfte und sechste Posaune 130
Das erste Wehe 131
Weitere Folgen der sechsten Posaune (Kap. 10, 1–11, 14) 136
Der starke Engel mit dem Büchlein (Kap. 10) 137
Die Schilderung der Dinge im Lande (Kap. 11) 142
Die siebente Posaune 150
Gottes Überrest in Israel und seine Bedränger (Kap. 12, 1–13, 18) 154
„Die Frau" und der Satan (Kap. 12) 154
„Der Kampf im Himmel" 161
Die Frau in der Wüste 165
Die beiden Tiere (Kap. 13) 167
1. *Das Römische Weltreich*
Das erste Tier (Kap. 13, 1–10) 168
2. *Der Antichrist*
Das zweite Tier (Kap. 13, 11–18) 177
Das Malzeichen des „Tieres" 183
Die Zahl 666 185

Seite

Das Lamm auf dem Berg Zion und der jüdische Überrest (Kap. 14) 189
Die drei Engel und „das ewige Evangelium" (Kap. 14, 6–12) 194
Seligpreisung der Toten im Herrn „von nun an" (Kap. 14, 13) 199
Die Getreideernte und die Traubenlese (Kap. 14, 14–20)
1. Die Ernte (V. 14–16) 201
2. Die Weinlese (V. 17–20) 202
Das Schlußgericht über die antichristische Welt (Kap. 15 u. 16)
Die Sänger am gläsernen Meer (Kap. 15, 1–4 203
Das Lied Moses usw. 206
Der Tempel im Himmel (Kap. 15, 5–8) 208
Die sieben Zornesschalen (Kap. 16) 210
Verhältnis der „7 Posaunen" zu den „7 Zornesschalen" 212
Der Euphrat trocknet aus (V. 12–14) 214
„Es ist geschehen" 217
Vorbereitungen des Gerichts über Babylon (Kap. 16, 17–21) 218
Das Gericht über Babylon (Kap. 17–19, 4) 219
„Babylon, die Mutter der Huren" (Kap. 17) 220
Babylons Sturz (Kap. 18) 228
Lobgesang im Himmel über Babylons Sturz (Kap. 19, 1–4) 234
Christi Wiederkunft in Herrlichkeit zu Seinem Reich
(Kap. 19, 5–22, 5) 237
1. Die Hochzeit des Lammes (Kap. 19, 5–10) 237
2. Christi Wiederkunft mit dem himmlischen Kriegsheer (Kap. 19, 11–16) 244
3. Das Gericht über „das Tier" und den Antichristen (Kap. 19, 17–21) 251
4. Satan gebunden (Kap. 20, 1–3) 255
5. Das Tausendjährige Reich (Kap. 20, 4–6) 257
6. Die Mitregenten im Reich (Kap. 20, 4–6) 263
7. Satans Lösung für eine kleine Weile und sein ewiges Gericht (Kap. 20, 7–10) 268
Das Gericht der Toten und das Weltende (Kap. 20, 11–15) 271
Der ewige Zustand
Der neue Himmel und die neue Erde und die Hütte Gottes bei den Menschen (Kap. 21, 1–8) 276
Das neue Jerusalem während des Tausendjährigen Reiches (Kap. 21, 9–22, 5) 283
Schluß des Buches
Warnungen und Belehrungen (Kap. 22, 6–21) 303
Nachwort
Die kommenden Ereignisse nach der Schrift 315

Aus dem Vorwort zur 1. Auflage

Die folgenden Betrachtungen über das Buch der Offenbarung erschienen zuerst fortlaufend in der Zeitschrift „Gute Botschaft des Friedens" und ihr letzter Teil in des Verfassers Monatsblatt für Gläubige „Gnade und Friede".

Die Anregung zur Abfassung der Betrachtungen über die Offenbarung, wie auch zu ihrer Herausgabe in einem besonderen Buch ging aus dem Leserkreis hervor. Es findet sich heute das Verlangen nach göttlicher Belehrung über „die letzten Dinge" ja fast allgemein unter den Christen, und selbst unter vielen, die noch nicht in Christus ruhen. Es ist dies in unserer ernsten Zeit gut begreiflich und eines der vielen Zeichen unserer Zeit, die kundtun, daß wir in den Tagen der letzten Dinge leben, oder daß diese doch sehr nahe sind.

Nun steht die Hoffnung der Kirche, die täglich den Herrn zu ihrer Wegnahme erwarten darf, zwar nicht mit den Dingen der Welt und den Zeitereignissen in Verbindung, weshalb wir auch nicht auf die Zeichen der Zeit zu warten haben, aber wir nehmen diese doch wahr, und das Wort Gottes sagt uns selbst, daß wir „den Tag des Herrn herannahen sehen" (Hebr. 10, 25). Wenn darum, wie dies tatsächlich heute der Fall ist, die mannigfachsten Erscheinungen rings um uns her wahrzunehmen sind und sich die Ereignisse, die im prophetischen Wort für die Endzeit geweissagt sind, in unseren Tagen drängen, so ist es gewiß der Wille Gottes, daß wir Sein Wort durchforschen, um daraus die für unsere Tage nötige Weisheit und Kraft zum Dienst und Ausharren zu gewinnen.

Ohne Frage ist nun das letzte Buch der Bibel in besonderer Weise dazu geeignet und uns vom Herrn dazu geschenkt, uns die Kraft und Ermunterung darzureichen, deren wir in den letzten Tagen der Gnadenzeit, in die unser Los gefallen ist, für unseren Pfad und Dienst bedürfen. Es ist ja dieses letzte Buch „die Offenbarung Jesu Christi, die Gott ihm gab, um seinen Knechten zu zeigen, was bald geschehen muß". Darum hat auch Gott, wie über alle prophetischen Schriften Seines Wortes, besonders über die „Offenbarung" in den letzten Jahrzehnten viel Licht verbreitet. Er hat dadurch die Erkenntnis unter Seinem Volk über die nahe Ankunft des Herrn für die Kirche, d. i. Seine Gemeinde, und über die Hoffnung Israels vermehrt. Während man ehedem nur die geschichtliche Betrachtungsweise der Offenbarung gelten lassen wollte*), ja, das Buch ein verschlossenes Buch nannte, erkennt man jetzt mehr und mehr, daß es ein Buch der Weissagung für unsere Tage ist, und daß die Ereignisse, von denen es vom vierten Kapitel an redet, noch alle zukünftig sind und bald geschehen werden.

Unser Buch zerfällt im ganzen in zwei große Teile, die zeitlich hintereinander liegen: die ersten drei Kapitel beschäftigen sich mit unserer gegenwärtigen Zeit. Sie geben uns in den sieben Sendschreiben ein prophetisches Bild vom Verfall der christlichen Kirche, von Pfingsten an bis zu ihrer gerichtsmäßigen Beiseitesetzung. Das Gericht fängt am Hause Gottes an; und das Buch der „Offenbarung" ist ein Buch der Gerichte.

*) Bei der gewöhnlichen „historischen" Betrachtungsweise, die die Stellung und Hoffnung der Kirche nicht unterscheidet von der Stellung und Hoffnung Israels, wurden oder werden alle Kapitel der Offenbarung bis zum Ende auf die Kirche bezogen. Und die Gesichte unter den Siegeln und Posaunen usw. sind nach dieser Betrachtung bereits erfüllt in den schweren Zeiten der Völkerwanderung, in den Einfällen der Goten und Vandalen und Hunnen und in den Türkenkriegen. Auch die sieben Gemeinden in Kleinasien (Kap. 2 und 3) sind nach dieser Auslegung nicht prophetisch zu deuten, sondern nur geschichtlich. Aber was wird der Herr dazu sagen, wenn vom Buch der Weissagung, wie das Buch der Offenbarung in seinem ersten und letzten Kapitel wiederholt genannt wird, von welchem nicht ein Wort weggenommen werden darf, zwei ganze Kapitel als nicht prophetisch ausgeschaltet werden sollen!

Der zweite Teil des Buches beschäftigt sich von Kapitel 6 an mit den Ereignissen, die die letzte der bekannten „70 Jahrwochen Daniels" füllen werden, nach deren Ablauf das Friedensreich Christi auf Erden errichtet werden wird (Dan. 9, 25–27). Und zwar haben wir es von Kapitel 11 unseres Buches an meist mit den Dingen zu tun, die in der zweiten Hälfte der letzten Jahrwoche Daniels, d. h. also in der kurzen Zeit von 3½ Jahren geschehen werden. – Was aber die sieben Siegel betrifft, so enthalten diese die vorlaufenden Endgerichte, die bald nach der Entrückung der Kirche über die Welt kommen, während die sieben Posaunen und Zornesschalen die letzten Gerichte der Endzeit, kurz vor Beginn des Reiches, über die Welt bringen. Diese Gerichte schildert der Seher nicht chronologisch, d. h. nicht wie sie der Zeit nach aufeinanderfolgen, sondern im Blick auf die verschiedenen Länder, über die sie kommen, und hinsichtlich ihrer Schwere. Überhaupt weicht der Seher oftmals von der chronologischen Anordnung der Ereignisse und Gesichte ab.

Der Segen des Buches für uns liegt indessen nicht so sehr in der richtigen Erkenntnis der Reihenfolge der Ereignisse, als in der gewonnenen Freude über den herrlichen Ausgang der Ereignisse, wodurch der Herr die Herzen und Hände der Seinen für Ihn und Seine Sache im gegenwärtigen Kampf stärken will (vergl. Jes. 35, 3–4). Dazu segne Gott in Gnaden auch unsere Betrachtungen über das ernste Buch!

Emil Dönges

Vorwort zur 2. Auflage

Zwischen der Herausgabe der ersten und der gegenwärtigen Auflage unseres Buches liegt der furchtbare Völkerkrieg mit seinem für ganz Europa und alle Welt folgenschweren Ausgang. Dieser hat, so unerwartet er für viele war, an dem Bild oder Gang der bedeutungsvollen Ereignisse der schnell herannahenden Endzeit, wie sie uns das prophetische Buch der „Offenbarung", soweit wir sie verstehen, enthüllt und voraussagt, nichts geändert. Er hat mit seinen furchtbaren Folgeerscheinungen, dem Umsturz und der Erschütterung aller Dinge, in die Aufeinanderfolge der Ereignisse nur ein rascheres Tempo gebracht. Sie scheinen sich zu überstürzen.

In einem Nachwort gedenke ich am Schluß des Buches meine Gedanken darüber kurz zum Ausdruck zu bringen.

Möge aber der bald kommende Herr, dessen Ankunft zunächst als Bräutigam für die Seinen, darauf als der gerechte Richter mit Seiner Erscheinung und Seinem Reich nahe ist, uns bei Seinem Kommen wachend und dienend finden! Der einsichtsvolle Christ wird durch die schweren Ereignisse unserer Zeit und durch die immer deutlicher hervortretenden furchtbaren Merkmale „der letzten Tage" nicht im Glauben und Vertrauen zu Gott und Seinem Wort erschüttert, im Gegenteil befestigt werden. Auch er muß mit seinem Erlöser und Herrn in schwerer Stunde sprechen: „Wie sollten denn — sonst — die Schriften erfüllt werden, daß es also geschehen muß?" (Matth. 26, 54.)

Ihm, dem „alle Gewalt gegeben im Himmel und auf Erden", und der uns verheißen hat, „bei uns zu sein bis zur Vollendung des Zeitalters", seien Leser und Schreiber befohlen!

Emil Dönges

Vorwort zur 3. Auflage

Seit dem Erscheinen der letzten Auflage unseres Buches sind etliche Jahrzehnte vergangen. Ein zweiter Weltkrieg, furchtbarer als der erste, ist über die Menschheit dahingerast, hat neue Umwälzungen gebracht, neue Probleme geschaffen. Noch heute, vierzehn Jahre nach Beendigung des Völkerringens, zittert die Welt unter seinen Nachwehen — und im Vorgefühl möglicher noch schrecklicherer Ereignisse.

Immer wieder wurde in den vergangenen Jahren nach unserem Buch gefragt. Der Restbestand der zweiten Auflage mußte 1939 auf Anordnung der damaligen Machthaber abgeliefert werden und ist vernichtet worden; wir konnten daher die vielen Bezieherwünsche leider nicht erfüllen. So wurde uns der Gedanke zur Herausgabe einer Neuauflage des Buches nahegelegt. Dieser Gedanke erschien uns zunächst recht kühn, handelte es sich doch um ein Buch, dessen Entstehung manches Jahrzehnt zurückliegt. Bestand nicht die Gefahr, daß es überholt war und dem Leser von heute nichts mehr oder nur noch wenig zu sagen hatte?

Wir haben das Buch durchgelesen und durchgearbeitet und sind der Meinung, daß es auch heute noch Gültigkeit hat, daß es auch dem heutigen Leser noch Wegleitung und Durchblick geben kann. Deshalb haben wir die Neuauflage gewagt in dem festen Vertrauen, daß die Leser Segen und Gewinn daraus empfangen werden. Die großen Linien, die der längst heimgegangene Verfasser aufgezeigt hat, stimmen nach wie vor, sind sie doch aus und nach der Heiligen Schrift gezogen. Wo im einzelnen die Entwicklung der Zeitgeschehnisse anders war, als der Verfasser sie von seinem derzeitigen Standpunkt aus vorausschauend zu sehen glaubte, haben wir entsprechende Berichtigungen vorgenommen. Im ganzen aber haben wir Inhalt, Stil und Ausdrucksweise der voraufgegangenen Auflagen möglichst unverändert gelassen.

Nunmehr legen wir das Buch in die Hände des Lesers. Wir wünschen ihm beim Durcharbeiten und Überdenken der Ausführungen den gleichen reichen Gewinn, den wir selbst daraus gezogen haben.

Dillenburg, im Mai 1959 Der Verlag

Vorwort zur 4. Auflage

Wir freuen uns, heute dieses eigentlich recht alte, aber vom Inhalt her doch so frische und aktuelle Buch wieder neu anbieten zu können.

Jahrzehnte sind seit der ersten Nachkriegsauflage vergangen. Viele Leser, die das Buch aus früheren Zeiten kannten, haben uns gebeten, doch baldmöglichst um eine neue Verfügbarkeit dieses inhaltreichen Kommentars zur Offenbarung bemüht zu sein. Wir haben uns diesen Bitten nicht verschließen können, sind wir doch selbst von dem echten Wert des Buchinhalts und der darin begründeten praktischen Hilfestellung für den Bibelleser überzeugt. Bruder Helmut Tillmanns übernahm die Aufgabe einer notwendigen Überarbeitung und hat uns damit einen dankenswerten Dienst getan.

Wir wünschen uns, daß das Buch wie alle Erzeugnisse unseres Verlages von ihrer Bestimmung her dem einen Ziel dient: der Verherrlichung unseres wunderbaren Herrn und Heilandes Jesus Christus und der Ausrichtung und geistlichen Auferbauung unserer Leser.

Christliche Verlagsgesellschaft Dillenburg
Dieter Boddenberg

Kapitel 1

Das Buch der Offenbarung, das letzte Buch der Bibel, ist von dem großen Feind der Wahrheit jahrhundertelang als ein dunkles, unbegreifliches Buch hingestellt und in Verruf gebracht worden. Aber es ist das Buch, in dem uns Gott den ernsten und herrlichen Ausgang des großen Kampfes in der Welt zwischen Licht und Finsternis enthüllt. Es ist die *„Offenbarung* (nicht ‚Evangelium', noch ‚Geschichte') *Jesu Christi* (nicht des ‚Johannes'), *welche Gott ihm gab, um seinen Knechten zu zeigen, was bald geschehen muß!"* So lautet der Eingang des Buches. – Also den Knechten zeigt Er sie. Warum ihnen? Sie, die in dem größten Kampf stehen, den die Welt kennt, sollen hören, daß er siegreich endet für das Lamm, auf dessen Seite sie stehen und streiten. Oft genug scheint es ihnen, als ob die Finsternis siegen werde; aber nein, diese Offenbarung soll ihre Hände stärken, daß sie mutig seien, treu und unverzagt, denn das Lamm wird siegen und Seine Sache gar herrlich enden.

Das ganze Buch der „Offenbarung" ist ein Buch der Gerichte. Jesus Christus zeigt darin Seinen Knechten wie in einem Programm die Reihenfolge der Ereignisse in dem großen Weltendrama der Gerichte bis zu Seiner Hochzeit und Regierung und bis zu dem ewigen Zustand der Dinge: dem neuen Himmel und der neuen Erde. Er zeigt Seinen „Knechten", wie die Dinge auf dieser jetzigen Erde sich abwickeln werden, bis der letzte Feind hinweggetan ist und Er als der Letzte auf dem Plan steht, um dann Gott auf ewig alles zu übergeben, dann, wenn „alles neu" geworden sein wird. – Wahrlich, für uns, die wir auf der Seite Gottes stehen, ist alle Ursache vorhanden, im Kampf festzustehen und den Mut nicht sinken zu lassen, wie es in einem Liede heißt:

„Die Sach' ist Dein, Herr Jesu Christ,
die Sach', an der wir stehn;
und weil es Deine Sache ist,
kann sie nicht untergehn."

Jesus Christus, der Herr, hier zwar wohl im Himmel, aber noch nicht in der vollen Entfaltung Seiner Herrlichkeit, sondern als der verworfene Messias, als „der Sohn des Menschen" gesehen, zeigt und deutet die Offenbarung, die Gott Ihm gab, „dem Johannes durch einen Engel". – In den Briefen der Apostel, welche von den geistlichen Segnungen der Kirche oder Gemeinde des Herrn handeln, ist kein Engel der Überbringer und Ausleger der Gedanken Gottes; aber hier, wo es sich um die Erde und um die Aufrichtung des Reiches Jesu Christi handelt, sehen wir, wie so oft im Alten Bunde, wieder einen Engel als Gottes Boten tätig.

Also sollen die Knechte des Herrn wissen und verstehen, was bald geschehen muß, wie geschrieben steht: ,,Denn der Herr, Gott, tut nichts, es sei denn, daß er sein Geheimnis seinen Knechten geoffenbart habe" (Amos 3,7).

Bedeutungsvoll ist in Verbindung hiermit das folgende Wort: *„Glückselig, der da liest und die da hören die Worte der Weissagung dieses Buches und behalten, was in ihr geschrieben ist, denn die Zeit ist nahe"* (Vers 3).

Möge diese Glückseligkeit denn auch das Teil des Schreibers und des Lesers dieser Betrachtungen sein!

Wie wir aus dieser Seligpreisung entnehmen können, ist also die Offenbarung für uns keineswegs, wie so viele Christen meinen, ohne große Bedeutung; der Herr legt diesem Buch vielmehr großen Wert bei und preist die selig, welche die Worte dieser Weissagung lesen, hören und bewahren. Hiermit stimmt auch der ernste Ausspruch am Schluß des ganzen Buches überein (Kap. 22, 6. 7. 18 u. 19). Hierzu vergleiche noch die ernste Aufforderung am Ende des 1. Thessalonicherbriefes: „Ich beschwöre euch, daß der Brief allen heiligen Brüdern vorgelesen werde." Jener Brief redet nämlich mehr denn irgendein anderer Brief des

Apostels vom Kommen des Herrn. – Dann fügt der Schreiber hinzu: „Die Zeit ist nahe!" – Und diese Tatsache macht das Buch so ernst und wichtig: die Zeit ist nahe, da der Herr Jesus Christus, welcher einst als „das Lamm", als der Erlöser schuldiger Sünder, auf der Erde litt und starb, nunmehr Seine Rechte geltend macht an die Erde, um hier Sein Reich zu errichten. Doch zuvor muß Er richten, und zwar sowohl die bekennende Christenheit als auch Israel und die ganze Erde. Das Buch der Offenbarung schildert also prophetisch die Ereignisse der Zeit zwischen der zu richtenden und moralisch bereits gerichteten Christenheit und dem großen Tag des Herrn, an welchem die Reiche der Welt Christus unterworfen sein werden.

Wie schön aber, daß auch in diesem Buch der Gerichte den sieben christlichen Versammlungen oder Gemeinden zunächst *Gnade und Friede* gewünscht wird (V. 4). Diese beiden Stücke kennzeichnen die Stellung des wahren Christen: Auf dem Boden der Gnade ist er gerecht geworden; und hier steht er, solange er hienieden wallt, einerlei, was ihm im Wandel der Zeiten auch begegnen mag. Und Friede kennt sein Gewissen und sein Herz: „Friede mit Gott" (Röm. 5, 1) und „der Friede Gottes" (Phil. 4, 6 und 7) sind sein glückseliges Teil.

In diesem Wunsch „Gnade und Friede euch!" von seiten des dreieinen Gottes wird Jesus Christus zuletzt genannt (V. 5), und zwar mit drei Namen oder Titeln. Er ist erstlich „der getreue Zeuge"; das *war* Er auf Erden. Er ist weiter „der Erstgeborene der Toten"; dies ist Er *jetzt* , da Er als Sieger über Tod, Sünde, Gericht und Satan zur Rechten Gottes im Himmel thront. Er ist drittens auch „der Fürst der Könige der Erde"; dies bezieht sich auf die herrliche *Zukunft* (vergl. Kap. 17,14; 19,11–16).

Nun folgt eine wunderschöne Einschaltung, die ein Ausbruch der Freude des gläubigen Herzens ist (V. 5 zweite Hälfte und 6). Das Herz hat soeben den Gruß vernommen von Jesus Christus. Wohl ist Er hier genannt worden mit Namen und Titeln Seiner Hoheit und königlichen Herrlichkeit. Aber das gläubige Herz kennt seinen Erlöser und Herrn noch unter anderen, innigeren

Beziehungen; „es wallt über von guten Dingen", wenn es von Ihm hört und an Ihn denkt. Johannes, der Schreiber, legt gleichsam für einen Augenblick die Feder hin und ruft, seiner Gefühle kaum Herr, namens aller Gläubigen und mit allen Gläubigen aus: *„Dem, der uns liebt und uns von unseren Sünden gewaschen hat in seinem Blut und uns gemacht hat zu einem Königtum, zu Priestern seinem Gott und Vater: ihm sei die Herrlichkeit und die Macht in die Zeitalter der Zeitalter! Amen."*

Wenn die Gattin eines aus der Schlacht siegreich zurückkehrenden Feldherrn diesen an der Spitze seiner Armee erblicken würde, so möchte die Menge dem Sieger noch so laut zujubeln, ihr Herz schlägt höher; sie kennt ihren Mann in einem innigeren Verhältnis als die Menge; er ist ihr treuer, trauter Gatte. So ähnlich frohlockt hier das gläubige Herz, wenn es vom Herrn Jesus hört. Gewiß ist Er „der Fürst der Könige der Erde", aber den Erlösten ist Er mehr; und es jubelt und singt Ihm mit allen Erlösten entgegen: „Dem, der uns liebt und uns gewaschen hat in seinem Blut."

Beachte, daß es nicht heißt: „Dem, der mich", sondern „der uns liebt und uns gewaschen hat in seinem Blut". Es ist dies nämlich wahr von allen gläubigen Christen. Und wie wichtig, daß es nicht heißt: „Dem, der uns liebte und uns wäscht in seinem Blut", sondern, „der uns liebt und uns gewaschen hat." Die Liebe, mit welcher wir geliebt sind, bleibt ewig dieselbe. Wie Er uns geliebt hat, als Er für uns ans Kreuz ging und das Gericht erduldete, so liebt Er uns noch immer (Joh. 13, 1). Aber die Waschung oder Reinigung durch Jesu Blut ist geschehen bei allen, die von Herzen an Ihn glauben; und zwar ein für allemal (Röm. 5, 9; Hebr. 10, 14). — Wohl gibt es für den Gläubigen auch noch eine fortgesetzte, tägliche Reinigung, aber diese geschieht nicht durch das Blut Christi, sondern (auf Grund des ein für allemal vergossenen Blutes) durch Gottes Wort (Joh. 13, 5—10; 17,17; Eph. 5, 26).

Welch eine Gnade, welch ein Glück, in Christi vollendeter Erlösungstat zu ruhen und angesichts des kommenden gerechten Gerichtes Gottes in jenes Lied von Herzen einstimmen zu können: „Dem, der uns liebt und uns gewaschen hat in seinem Blut!" Aber der Herr hat noch mehr getan: Er hat die Seinen in Seine Stellung eingeführt. Ist Er König und Hoherpriester, sind sie Könige und Priester. Mit Ihm werden sie einst herrschen; und durch Ihn bringen sie jetzt schon Gott die Opfer des Lobes dar und verherrlichen Seinen Namen (1. Petr. 2,9; Hebr. 13,15).

Nach dem Gruß: „Gnade euch und Friede" usw. finden wir also eine Einschaltung (V. 5 und 6), die Stimme der Erlösten, der himmlischen Heiligen, die in dem Ausbruch der Freude und der Anbetung des Johannes ihren Ausdruck findet.

Hierauf haben wir (V. 7) die feierlichen und herrlichen Worte: *„Siehe, er kommt mit den Wolken, und jedes Auge wird ihn sehen, auch die ihn durchstochen haben, und wehklagen werden seinetwegen alle Stämme des Landes. Ja, Amen!"* Diese Worte gehören nicht mehr zu dem voraufgehenden Lied, sind vielmehr ein Zeugnis an die Welt. So finden wir oft die zwei Dinge zusammen: *Gemeinschaft und Zeugnis.* Gemeinschaft mit dem Herrn und Zeugnis gegenüber der Welt. So wie einst die Wolke, die zwischen das Heer Israels und das der Ägypter trat, für Israel ein helles Licht zum Heil war, für die Ägypter aber Finsternis und Gericht bedeutete, wird auch das Kommen des Herrn für die Gläubigen Befreiung und Seligkeit, für die Weltkinder aber Gericht und Verderben bedeuten.

Wenn der Herr für die Erlösten wiederkommt, um sie nach Seiner Verheißung hinaufzunehmen ins Vaterhaus (Joh. 14, 3), wird nicht gesagt, daß Er „mit den Wolken" kommt, obwohl sie Ihm „entgegengerückt werden in Wolken" (1. Thess. 4, 17), wie auch Ihn bei Seiner Himmelfahrt eine Wolke aufnahm vor den Augen Seiner Jünger hinweg (Apg. 1, 9). Aber hier (Offb. 1, 7) ist vom Kommen des Herrn zum Gericht die Rede, zum Gericht für die Welt und besonders für die Juden. Darum die ernsten Worte: „Siehe, er kommt mit den Wolken!" — Und die Erlösten, die einst bei diesem Kommen Jesu m i t Ihm herniederkommen werden, die jetzt schon an die Herrlichkeit des Herrn denken wie an Seine Rechte, die Er dann hier antreten wird, und ebenso an die Segnungen denken, die mit Seinem Reich auf die Erde kommen werden, bekräftigen dieses Zeugnis und rufen: „Ja, Amen!"

Wie Johannes hier den Herrn in Begriff stehen sieht, Sein Reich in Macht auf Erden zu errichten, so sah Ihn schon viele Jahrhunderte früher der Prophet Daniel. Dort lesen wir: „Ich schaute im Gesicht der Nacht: Und siehe, mit den Wolken des Himmels kam einer wie eines Menschen Sohn; und er kam zu dem Alten an Tagen und wurde vor denselben gebracht. Und ihm wurde Herrschaft und Herrlichkeit und Königtum gegeben, und alle Völker, Völkerschaften und Sprachen dienten ihm" (Dan. 7, 13). Auch hat der Herr Jesus selbst davon geredet: „Dann wird das Zeichen des Sohnes des Menschen in dem Himmel erscheinen; und es werden wehklagen alle Stämme des Landes, und sie werden den Sohn des Menschen kommen sehen auf den Wolken des Himmels mit Macht und großer Herrlichkeit" (Matth. 24, 30).

Wie wenig denkt doch die blinde Welt, was ihrer wartet, welchem Gericht sie entgegeneilt! Wie fern liegt ihr der Gedanke, daß der verachtete Jesus, den sie verlacht und verhöhnt, den sie verworfen und getötet hat, bald mit Macht und großer Herrlichkeit „inmitten Seiner heiligen Tausenden" kommen wird, um „den Erdkreis zu richten in Gerechtigkeit" (Apg. 17, 31). Ja, Er, der jetzt die Menschen bitten läßt: „Laßt euch versöhnen mit Gott!", dessen Blut noch jetzt um Gnade ruft und jeden reumütigen Sünder rein macht von aller Sünde, wird bald kommen „mit den Engeln seiner Macht in flammendem Feuer, um Vergeltung zu geben denen, die Gott nicht kennen und denen, die dem Evangelium unseres Herrn Jesus Christus nicht gehorchen, welche Strafe leiden werden, ewiges Verderben vom Angesicht des Herrn" (2. Thess. 1, 7—9).

Johannes nennt sich (1, 9) einfach den *Bruder* der Gläubigen, an die er schreibt. Sie sind Kinder Gottes geworden durch den Glauben an Jesus Christus. Es ist das Vorrecht der Gläubigen, dies stets festzuhalten, ob die Rede ist von dem Gericht über die Welt oder von ihrer eigenen Verantwortlichkeit. Zugleich nennt sich Johannes auch unseren *„Mitgenossen in der Drangsal und dem Königtum und dem Ausharen in Jesus"*. — Der Herr Jesus sagte uns bei Seinem Weggang aus der Welt: „In der Welt habt ihr Drangsal" (Joh. 16, 33). Das haben all die Seinen erfahren, besonders Seine Knechte und Zeugen zu Anfang. Aber diese Welt wird nicht immer ein Ort der Drangsal, ein „Tal des Todesschattens" bleiben. Jesus Christus, der Fürst des Lebens, wird hier König sein und herrschen (Ps. 2). Dann, wenn Er kommt zum Gericht der Welt und zu Seinem Reich, wird allerdings die Welt zunächst noch eine Zeit der größten Drangsal haben (2. Thess 1,6), die Seinen dagegen schon „Ruhe bei der Offenbarung des Herrn Jesus vom Himmel" (2. Thess. 1,7). Sie werden dann „Mitgenossen sein im Königtum" (1. Kor. 6, 2; Offb. 20,4. 6). Mittlerweile, bis dieses Reich kommt und bis Christus, der jetzt zur Rechten Gottes im Himmel thront, aber in der Welt verworfen ist, hier auf der Erde herrscht, gilt es, mit Ihm „das Ausharren" zu teilen. Auch Christus harrt jetzt aus, bis die Zahl Seiner Erlösten, die Gott Ihm aus den Reihen Seiner Feinde gibt, als „Lohn Seiner Schmerzen" vollendet ist, und bis Seine Feinde, die sich Ihm nicht unterwerfen am Tage des Heils, zum Schemel Seiner Füße gelegt werden (vergl. z. B. 2. Thess, 3, 5).

Wir finden noch andere Stellen in Gottes Wort, wo beides, das Ausharren und das Mitherrschen, das Leiden mit Christus und die Herrlichkeit mit Ihm nebeneinander genannt werden (vergl. z. B. 2. Tim. 2, 12; 1. Petr. 5, 1).

Johannes war in der Verbannung auf der unwirtlichen Insel Patmos *„um des Wortes Gottes und um des Zeugnisses Jesu willen"*. Es war das Vorrecht des Johannes, „am Wort Gottes und am Zeugnis Jesu" zu dienen. Und brachte ihn dieser Dienst in die Verbannung auf ein ödes Eiland, so konnte doch sein Herr und Meister auch dort mit ihm reden und ihn herrliche Dinge hören und sehen lassen. Sah er doch dort den Herrn nicht nur als den Richter und den „Fürst der Könige der Erde" in Seiner Majestät, sondern auch Seine Hochzeit und Seine Braut, wie sie herniederkommt in der Herrlichkeit Gottes (Offb. 19 und 20).

Wie schön auch, daß wir von Johannes lesen, daß er am *„Tag des Herrn im Geiste"* war*) (V. 10). Wie mancher wahre Christ steht allein und kann sich nicht am ersten Tag der Woche mit anderen Gläubigen erbauen und den Herrn loben und preisen, aber er kann im Geiste sein und wird so seines Erlösers und Herrn Nähe und Segen erfahren und immer tiefer hineinschauen in die Dinge, die uns von Gott geschenkt sind, sowie in die Ratschlüsse, Wege und herrlichen Endziele Gottes.

Johannes, der, obwohl allein, „an des Herrn Tag im Geiste" war, hört plötzlich hinter sich eine starke Stimme wie die einer Posaune. Die Posaune deutet, wie bei der Gesetzgebung am Sinai und wie dereinst bei Seiner Wiederkunft, die Nähe oder Gegenwart des Herrn an. Daß aber die mächtige Stimme, wie die einer Posaune, hinter seinem Rücken vernommen wurde und der Seher sich nach ihr umdrehen mußte, stimmt zu dem Offenbarungscharakter des Buches. Etwas Neues, was nicht zuvor vor Augen stand oder gesehen worden war, sollte mitgeteilt werden. Und nachdem die Stimme Johannes den Auftrag gegeben, alles, was er sehen würde, in ein Buch zu schreiben und sieben bestimmten Gemeinden oder Versammlungen in Kleinasien zu senden, wendet der Seher sich um und sieht zunächst „sieben goldene Leuchter" und dann inmitten derselben *„Einen, gleich dem Sohn des Menschen"*. Es ist Christus in dem Charakter als „der Sohn des Menschen".

---

*) Besser heißt es: „an des Herrn Tag". Es war „der erste Tag der Woche", wie er sonst heißt in Joh. 20, 1 u. 19; Apg. 20, 7 u. 1. Kor. 16, 2. Er ist keineswegs gleichbedeutend mit „dem Tag des Herrn" (ἡμέρα κυρίου), wie die Zeit der kommenden Gerichte und des Reiches Christi oft genannt wird (z. B. 1. Thess. 5, 2; 2. Petri 3, 10). Daher ist die Bezeichnung im Griechischen auch verschieden. Hier (Offb. 1,10) ist das gleiche Eigenschaftswort (κυριακός) gebraucht, wie in 1. Kor. 11, 20 bei „des Herrn Abendmahl". Es ist der „dem Herrn gehörende Tag" und „das dem Herrn gehörige Mahl".

Dieser Titel oder Name „Sohn des Menschen“ wird schon wiederholt im Buch Daniel auf den Messias angewandt*), und findet sich auch etwa hundertmal bei Hesekiel. Der Herr Jesus selbst nennt sich mit Vorliebe so, mehr als sechzigmal in den Evangelien. Warum wohl? Sein Wohlgefallen und Seine Wonne war schon von Ewigkeit her, vor Seiner Menschwerdung, „bei den Menschenkindern“ (Spr. 8, 22—31). Dieser Freude des Herrn an den Menschensöhnen gaben auch die Engel Ausdruck bei Seiner Geburt, als sie jubelten: „Ehre (Herrlichkeit) sei Gott in der Höhe, Friede auf Erden und an den Menschen Wohlgefallen!“ — Als „der Sohn des Menschen“ ist Jesus „der zweite Mensch“, „der Mensch vom Himmel“, „der letzte Adam“, der für das arme, verlorene Menschengeschlecht Sein Leben gab als Lösegeld, der hier verworfen wurde, litt und starb, aber auch als „der Sohn des Menschen“ in großer Macht und Herrlichkeit wiederkommen wird, um die Welt zu richten und den Erdkreis als Erbe in Besitz zu nehmen. —

So tritt also hier „der Sohn des Menschen“ auf in Seinem richterlichen Charakter, und demgemäß ist auch die ganze Schilderung in diesem Buch der Gerichte. Diese beginnen „am Hause Gottes“ (1. Petr. 4, 17). Die Kirche ist das Haus Gottes; und sie wird hier im Bilde von sieben goldenen Leuchtern gesehen; denn dazu ist sie gesetzt und verantwortlich gemacht in der Welt, für den Herrn zu leuchten. Einst war Israel das Haus Gottes; und das Sinnbild Israels als Gottes Zeugnis auf Erden war der goldene siebenarmige Leuchter im Tempel. Hier sind es sieben einzelne Leuchter. Es handelt sich nämlich um die Verantwortlichkeit der ganzen Kirche in den einzelnen Zeitabschnitten und Zuständen aller Jahrhunderte und um das Zeugnis der örtlichen

*) Lies Daniel 7, 13; 10, 5. 6. Hier in Daniel wird „der Sohn des Menschen“ vor „den Alten an Tagen“ geführt, um die Herrschaft zu empfangen, aber aus der obigen Schilderung in dem Buch der „Offenbarung“ geht hervor, daß „der Sohn des Menschen“ selbst auch zugleich „der Alte der Tage“ ist; d. h. daß Er sowohl Mensch ist als auch „Gott, gepriesen in Ewigkeit“.

Gemeinden, deren Leuchter hinweggenommen werden kann und wird, wenn sie nicht treu sind. Ja, auch die ganze Kirche oder bekennende Christenheit wird einst als Leuchter weggestoßen werden; der Herr wird sich, nachdem Er zuvor all die Seinen zu sich genommen hat, öffentlich von ihr lossagen.

Wenn wir die Schilderung des Herrn hier weiter verfolgen, so finden wir, daß Er uns in Seiner Hoheit und Majestät als der Richter vor Augen geführt wird. Sein Gewand ist lang herabwallend, nicht aufgeschürzt wie bei der Fußwaschung der Jünger (Joh. 13); auch ist Er nicht, wie damals, mit einem leinenen Tuch umgürtet, sondern *,,mit einem goldenen Gürtel".* Weiße Leinwand ist das Bild der praktischen Gerechtigkeit, d. h. der Reinheit im Wandel. Gold dagegen ist ein Bild der göttlichen Gerechtigkeit. Dem Unbekehrten ruft der Herr zu: ,,Ich rate dir, Gold von mir zu kaufen, geläutert im Feuer, auf daß du reich werdest!" Im Feuer Seiner Leiden am Kreuz hat Er das Gold göttlicher Gerechtigkeit allen erworben, die an Ihn glauben. Und die Bekehrten, die in dieser unreinen Welt mit Ihm wandeln, sollen einst ,,in Weiß" gekleidet werden; sie werden mit Ihm kommen von der Hochzeit des Lammes, ,,angetan mit weißer, reiner Leinwand" (Offb. 19, 8.14).

Wie steht's um dich, mein Leser? — Sieht Gott dich noch nackt und bloß in deiner Sündenschuld oder begnadigt und bedeckt mit dem lauteren Gold Seiner Gerechtigkeit? Und wandelst du nunmehr in „weißer, reiner Leinwand", d. h. in Reinheit und Neuheit des Lebens, in praktischer Gerechtigkeit und Heiligkeit? O möchten wir den Ernst des Lebens begreifen und den Willen Gottes erkennen und tun. „Denn dies ist Gottes Wille: eure Heiligung" (1. Thess. 4, 3).

Weiter lesen wir in der Schilderung des Sohnes des Menschen, der zugleich „der Alte an Tagen" ist nach Daniel, daß Sein Haar weiß war, *„wie weiße Wolle, wie Schnee, und Seine Augen glühten wie eine Feuerflamme"*. Seine Einsicht und Weisheit ist vollkommen, und nichts entgeht Seinen alles durchforschenden Augen, denn Er ist der Allwissende. Er wandelt inmitten der

Versammlungen; alles nimmt Er wahr und stellt es auf die Probe, und alles, was nicht vor Ihm bestehen kann, bringt Er ins Gericht. *„Seine Füße sind gleich glänzendem Kupfer, als glühten sie im Ofen."* – Während Gold das Bild der absoluten göttlichen Gerechtigkeit ist, ist Kupfer oder Erz das Bild des göttlichen, gerechten Gerichts über die Sünde. So sehen wir, daß die Schlange, die in der Wüste erhöht wurde zur Rettung der um ihrer Sünde willen gestraften Juden, von Erz oder von Kupfer war; ebenso war der Altar im Vorhof, auf dem die Sündopfer dargebracht wurden, mit Erz überzogen. Auch das Waschbecken im Vorhof der Stiftshütte oder des Tempels zur täglichen Reinigung der Priester war von Erz. Dagegen war der Sühndeckel der Bundeslade von Gold. Das Feuer, in dem das Kupfer glühte, ist ein Sinnbild des göttlichen Zorns und Seiner strafenden Heiligkeit. Seine Stimme war mächtig, gleich dem Rauschen vieler Wasser.

In Seiner rechten Hand hielt der göttliche Richter, der inmitten der sieben goldenen Leuchter wandelte, *sieben Sterne*. Die Sterne waren also in Seinem Besitz und unter Seiner Autorität. Wer aber die sieben Sterne sind, hören wir in Vers 20: Sie sind Sinnbilder der sieben „Engel", welche ihrerseits die geistigen Vertreter der sieben Versammlungen sind. Wie im Reich der Natur die Wandelsterne ihre Stellung zur Sonne einhalten und von ihr das Licht empfangen müssen, so sehen wir auch hier die sieben Sterne, die gesetzt sind, Licht auszustrahlen in die dunkle Welt, Ihm unterworfen, dessen Angesicht leuchtete *„wie die Sonne in ihrer Kraft"*, und der die volle Offenbarung Gottes ist (V. 16).

Aus Seinem Munde ging hervor *„ein scharfes zweischneidiges Schwert"*. Das scharfe Schwert ist ein bekanntes Bild vom Worte Gottes (Eph. 6, 17; Hebr. 4, 12). Hier sehen wir das Schwert im Munde Dessen, der selbst das Wort Gottes ist, der mit Seinem Wort alles beurteilt und richtet, sogar mit ihm einst das Gericht zum Tode ausüben wird auf Erden (Offb. 19, 13–15).

Diese richterliche Erscheinung des Herrn in Seiner Majestät ist so gewaltig, daß Johannes, der doch so manches Jahr mit Ihm gewandelt und als der Lieblingsjünger an Seiner Brust gelegen hatte, bei dem Anblick hinfällt wie ein Toter.

Ja, was ist der Mensch, der Staubgeborene, der in sich selbst nur sündhaft ist, vor dem Ewigen und Heiligen? Wie ging es Hiob, als er sich im Lichte Gottes sah, gleichsam Gott selbst sah? Er, der seinesgleichen auf Erden nicht hatte, gerecht und untadelig war vor Menschen, rief aus: „Mit dem Gehör des Ohres hatte ich von dir gehört; nun aber hat mein Auge dich gesehen, darum verabscheue ich mich und bereue in Staub und Asche" (Hiob 42, 5. 6). Ähnlich erging es dem Propheten Jesaja. Er rief aus, als er den Herrn erblickte: „Wehe mir! denn ich bin ein Mann von unreinen Lippen, und inmitten eines Volkes von unreinen Lippen wohne ich, denn meine Augen haben den König, den Herrn der Heerscharen, gesehen" (Jes. 6). Und Daniel, der treue Zeuge Gottes, der vielgeliebte Mann, fiel ganz so wie Johannes zu Boden beim Anblick des Herrn (Dan. 10).

Diese alle aber waren bereits zu Gott bekehrte Männer. Wie muß es erst sein, wenn der unbekehrte Mensch mit seiner Sündenschuld vor dem ewigen Richter erscheinen muß! Der Gedanke oder das Gebet, das man oft am Grabe hört: „Gott möge ihm ein milder Richter sein!" hat keinen Wert, führt nur die Menschen irre. Der Mensch, der in seinen Sünden stirbt, findet stets einen gerechten Richter. Wehe jedem, der ins Gericht kommt! Von allen aber, die mit Gott versöhnt wurden, weil sie sich zu Ihm bekehrten am Tage der Annehmung, wissen wir, daß sie „nicht ins Gericht kommen" (Joh. 5, 24). Und wieder lesen wir: „Da ist keine Verdammnis für die, welche in Christus Jesus sind") (Röm. 8, 1).

Sage denn, mein Leser, bist du schon in Christus Jesus? — „Siehe, jetzt ist die Zeit der Annehmung, siehe, jetzt ist der Tag des Heils!" (2. Kor. 6, 2.)

Wie aber spricht der Herr und Richter zu Johannes? – Er legt schirmend, tröstend Seine starke Rechte auf ihn und ruft ihm zu: *„Fürchte dich nicht!"* – Das war nur möglich, weil Johannes zuvor zu Ihm bekehrt und Sein Jünger geworden war.

Wie schön! „Fürchte dich nicht!" So lautet das erste Wort aus dem Munde des Richters an Johannes, Seinen Zeugen und Knecht. Dann fährt er fort und offenbart sich ihm als *„der Erste und der Letzte"* d. h. als Jehova*, der Ewige.

Nachdem der Herr so dem Johannes Seine Macht und Stellung geoffenbart hat, sagt Er ihm, daß er alles Geschaute niederschreiben soll als das, was er gesehen hat. Aber er sollte auch ferner niederschreiben, was Er ihm noch zeigen würde: *„Schreibe nun, was du gesehen hast – und was ist – und was geschehen wird nach diesem"* (V. 19).

In diesem Vers haben wir die Einteilung des ganzen Buches der Offenbarung. Der erste Teil („was du gesehen hast") zeigt uns den Herrn als Richter und umfaßt Kap. 1, Verse 9–16. Der zweite Teil („was ist") umfaßt die Schilderung der sieben Versammlungen in Kleinasien (Kap. 2 und 3), wobei zu beachten ist, daß diese sieben Versammlungen auch ein prophetisches Bild geben von der Geschichte der christlichen Kirche von ihrem Anfang bis zum Ende. Wir haben also in Kap. 2 und 3 einen prophetischen Abriß der Kirchengeschichte. – Der dritte Teil („was geschehen wird nach diesem") umfaßt dann den Schluß des Buches (von Kap. 4 ab), die Darstellung der Dinge, die geschehen werden nach Abschluß der Geschichte der Kirche auf Erden, nämlich die Wege und Handlungen Gottes mit Israel und der Welt zu Seiner eigenen endgültigen Verherrlichung auf Erden wie im Himmel.

*) oder JAHWE, oder HERR.

Kapitel 2 und 3

Die sieben Versammlungen oder Gemeinden

Die gegenwärtige Zeit bezeichnet der Herr also mit den Worten „das, was ist". Es ist die Zeit der Geschichte der Kirche. Und alles, was von Kapitel 4 ab zu lesen ist, ist noch zukünftig. Es ist also unrichtig, zu meinen, die Gerichte, welche von Kapitel 6 ab erzählt werden, seien schon zum Teil im Mittelalter oder sonst in der Vergangenheit über die Erde gekommen. Es ist noch nichts davon in Erfüllung gegangen.

Die sieben Sterne, die wir in der Rechten des Herrn sehen, sind, wie wir in Vers 20 lesen, die Engel der sieben Versammlungen, und die sieben Leuchter sind sieben Versammlungen. Diese Engel sind nicht Menschen, die diesen Titel getragen hätten, sondern sind die sinnbildlichen Vertreter der verantwortlichen Personen inmitten der örtlichen Versammlungen. Die Verantwortlichkeit für den Zustand innerhalb einer Versammlung oder Gemeinde liegt ja nach Gottes Wort auf den Schultern aller Glieder, jedoch nach Maßgabe der Berufung, Erkenntnis und Begabung der einzelnen. Die Ältesten und die Brüder, welche der Herr als Hirten und Lehrer usw. begabte, trugen oder tragen ein besonderes Maß von Verantwortlichkeit. Diese Verantwortlichkeit aller wird repräsentiert in dem Engel. Daß aber ein Engel wiederholt in der Heiligen Schrift als ein geheimnisvoller Vertreter einer Person, sei es, daß diese sichtbar oder unsichtbar war, gebraucht wird, ist bekannt; für den Herrn wird oft „der Engel des Herrn" genannt, und von Petrus heißt es einmal: „Es ist sein Engel" (Richt. 6, 11. 14. 20; Apg. 12, 15).

Zuweilen werden die Engel in den sieben Sendschreiben angeredet, als wären es die Versammlungen selbst, anderswo aber werden die Engel und die Versammlungen in gewissen Dingen unterschieden. Immer aber wird das, was dem Engel gesagt wird, an die ganze Versammlung gerichtet. Darum heißt es am Schluß eines jeden Sendschreibens: „Wer ein Ohr hat, der höre, was der Geist den Versammlungen sagt." –

Obwohl der Herr die Mitteilungen eines jeden Sendschreibens durch den Geist immer an die ganze Versammlung richtet, wendet Er sich doch nicht an die Versammlung oder Gemeinde persönlich, wie Er das in den Episteln tut, wo wir Seinen Gruß lesen: „an die Heiligen und Treuen, die in Ephesus sind", „an die Versammlung der Thessalonicher in Gott" usw., sondern nur an den Engel, weil der Verfall der Kirche bereits begonnen und Er hier, als der Richter in ihrer Mitte, nicht in der früheren Weise vertraulich und persönlich mit der ganzen Gemeinde zu reden vermag.

Wenden wir uns denn nun zu den Versammlungen oder Gemeinden! Es sind ihrer sieben. Die Zahl sieben ist die Zahl der Vollkommenheit oder auch Vollständigkeit, obwohl sie sich in Mannigfaltigkeit kundtut. Aus den vielen Versammlungen, die in Kleinasien bestanden, wählte der Herr diese sieben aus, weil in ihnen Zustände vorhanden waren, wie sie sich, wie Er wußte, in den kommenden Zeitperioden der Christenheit nach und nach einstellen würden. Die sieben Versammlungen also mit ihren verschiedenen Zuständen sind ein Abbild der einzelnen Perioden der Geschichte der Christenheit oder der gesamten Kirche, soweit diese unter der Verantwortlichkeit des Menschen steht.*)

*) Wie die sieben Sendschreiben in Kap. 2 und 3 der „Offenbarung" einen prophetischen Abriß der ganzen Geschichte der Kirche in ihrer Verantwortlichkeit geben (vom Tage ihres Verfalls an bis zu ihrer völligen Beiseitesetzung), so gibt uns der Herr in den sieben Festen Jehovas (3. Mose 23) einen Gesamtüberblick über die ganzen Wege Gottes mit Israel von dessen Erlösung an bis zum Tausendjährigen Reich, ja, bis zur neuen Erde und dem neuen Himmel. Ebenso gibt uns der Herr in Matth. 13 auch einen Gesamtüberblick über die Entwicklung des Reiches der Himmel auf Erden. Luther übersetzt weniger gut: „Himmelreich". Es ist „das Reich der Himmel" nicht etwa „im Himmel"; denn dort ist kein Unkraut unter dem Weizen, und dort

Aber es wäre verkehrt, die sieben Sendschreiben nur prophetisch betrachten zu wollen. Es gibt vielmehr eine drei= oder mehrfache Betrachtungsweise derselben. Zunächst enthält jedes Sendschreiben die Schilderung einer Gemeinde, die zu jener Zeit tatsächlich bestand. Zweitens bieten die Sendschreiben, wie wir soeben bemerkten, prophetische Enthüllungen von den einzelnen aufeinanderfolgenden Perioden in der Geschichte der christlichen Kirche. Und drittens soll sich jede einzelne örtliche christliche Versammlung und jeder einzelne Christ noch heute in jedem der sieben Sendschreiben bespiegeln und das, „was der Geist den Versammlungen sagt", auf das eigene Herz und Gewissen anwenden.

Die Anordnung der Gedanken in jedem Sendschreiben ist klar und ernst. Es ist die folgende:

1. Anerkennung und Lob. Wie schön, daß der Herr stets zuerst freudig anerkennt und lobt, was irgend Er nur loben kann, ehe Er tadelt. Es ist dies Seine Freude und entspricht ganz Seiner Huld und Gnade.

2. Tadel. – Wenn der Herr auch lieber lobt als tadelt, so kann Er doch das Böse niemals übersehen. Er bleibt bei aller Liebe

---

sind keine törichten Jungfrauen (Matth. 25, 1–11). Es handelt sich um das vom Himmel her auf Erden gegründete Reich, das einst in Macht und Herrlichkeit hier bestehen wird, jetzt aber in Form eines Geheimnisses während der Zeit der Verwerfung des Herrn des Reiches auf Erden besteht, und zwar unter der Verantwortlichkeit des Menschen. Auch dieser Überblick wird uns vom Herrn in sieben Bildern (Gleichnissen) gegeben. Das 1. Gleichnis (vom „vierfachen Ackerland") zeigt uns die Wirkung des Wortes Gottes in den einzelnen Seelen. Dann folgen zwei Gruppen von je drei Gleichnissen. Die erste Gruppe (Verse 24–33) zeigt 1. im Unkraut unter dem Weizen, 2. in dem großen Baum, in dem die Vögel des Himmels nisten, und 3. in dem heimlich wirkenden Sauerteig die äußere Entwicklung des Reiches und dessen Verfall unter der Hand des Menschen. Die zweite Gruppe zeigt uns in drei Gleichnissen, die der Herr aber nur vor den Ohren der Jünger gibt, in den Versen 36–51, die innere Bedeutung des Reiches für Gott: 1. den Schatz im Acker; 2. die Perle; 3. die aus dem Meer und aus den faulen Fischen gelesenen guten Fische.

treu Seiner Gerechtigkeit und ist stets „der Heilige und Wahrhaftige". Er muß nach Seiner Heiligkeit stets das Böse und alle Schäden aufdecken, und Sein Gericht fängt gerade am Hause Gottes an. Später erst kommt die Welt ins Gericht. Und ach, was muß nach Seiner vollkommenen Gerechtigkeit ihr ewiges Teil sein! –

3. Warnung und Drohung. Wenn der Herr dann das Böse aufgedeckt hat, warnt Er treu vor dessen Folgen, vor Seiner gerechten Strafe und Vergeltung.

4. Ermunterung und Verheißung der Belohnung für den Überwinder. – Wie schön, daß der Herr in Seiner Liebe, die stets langmütig ist und stets von den Seinen das Beste hofft, in allen Sendschreiben von Überwindern redet. Er rechnet also in allen Versammlungen und zu allen Zeiten auf Herzen, welche Seinen liebevollen, ernsten Worten folgen und sich inmitten des Verfalls der Christenheit zu Ihm wenden und in Seiner Kraft über das Böse siegen. –

Am Schluß oder gegen Ende der Sendschreiben sagt der Herr dann jedesmal: „Wer ein Ohr hat zu hören, der höre, was der Geist den Versammlungen (Gemeinden) sagt." – Wir sehen daraus, was wir früher schon sagten, daß die sieben Engel, an welche die Sendschreiben gerichtet sind, doch nur als sinnbildliche Vertreter der ganzen Versammlungen anzusehen sind, und zwar in ihrer Verantwortlichkeit, auf Erden ein Zeugnis für Christus zu sein. Wir sehen ferner daraus, daß die sieben Versammlungen ein Ganzes bilden; und dieses Ganze ist, wie schon bemerkt, im Bilde die Geschichte der gesamten Christenheit, und zwar von ihrem Anfang bis zu ihrem Schluß. „Der Geist" spricht in den Sendschreiben also immer zu der ganzen Versammlung; und zugleich soll jede einzelne Versammlung hören, was Er allen Versammlungen sagt.

Noch sei die Anrede des Herrn an jede einzelne „Versammlung" erwähnt, bzw. der Name und Charakter, unter welchem der Herr die einzelnen Versammlungen anspricht. Dieser Name oder Titel des Herrn ist jedesmal verschieden und entspricht immer dem Zustand, der die betreffende Versammlung kennzeichnet. Auch ist die Bedeutung der Ortsnamen der einzelnen Versammlungen nicht zufällig, wie wir finden werden, sondern für den dortigen Zustand jedesmal bezeichnend.

Das erste Sendschreiben ist gerichtet an die Versammlung zu *Ephesus.*

„Dieses sagt, der die sieben Sterne in seiner Rechten hält, der da wandelt inmitten der sieben goldenen Leuchter: Ich kenne deine Werke und deine Arbeit und dein Ausharren, und daß du Böse nicht ertragen kannst; und du hast die geprüft, welche sich Apostel nennen und sind es nicht, und hast sie als Lügner erfunden. Und du hast Ausharren und hast getragen um meines Namens willen und bist nicht müde geworden. Aber ich habe wider dich, daß du deine erste Liebe verlassen hast. Gedenke nun, wovon du gefallen bist, und tue Buße und tue die ersten Werke! Wenn aber nicht, so komme ich dir und werde deinen Leuchter aus seiner Stelle wegrücken, wenn du nicht Buße tust. Aber dieses hast du, daß du die Werke der Nikolaiten hassest, die auch ich hasse. – Wer ein Ohr hat, höre, was der Geist den Versammlungen sagt! Dem, der überwindet, dem werde ich zu essen geben von dem Baum des Lebens, welcher in dem Paradiese Gottes ist" (2, 1–7).

Die Stadt Ephesus war damals eine mächtige, reiche Handelsstadt und zugleich die Hauptstadt der römischen Provinz Asien. Hier hatte der Apostel Paulus mehrere Jahre lang unter großem Segen und Erfolg das Evangelium verkündigt (Apg. 19, 10). Gottes Geist wirkte mächtig an diesem Hauptsitz der Weltlust, wo die „große Diana (Artemis) der Epheser", die heidnische Kriegsgöttin, in einem Prachttempel verehrt wurde (Apg. 19, 21–41). Eine große Zahl von Männern und Frauen bekehrte sich hier zum Herrn, und viele, die zuvor Zauberei getrieben hatten, brachten ihre Bücher zusammen und verbrannten sie öffentlich. Ihr Wert belief sich auf mindestens 50 000 Mark nach unserem Geld (Goldmark). Und heute? (Apg. 19,19.20.)

Auch der Apostel Johannes lebte und wirkte später mehrere Jahre in Ephesus; und von hier gingen gewiß viele Segnungen aus zu den anderen Versammlungen in Kleinasien, sowohl in den Tagen des Paulus als auch des Johannes. –

Die besondere Art und Weise, in welcher der Herr sich dieser Versammlung vorstellt, d. h. unter welchem Namen und Charakter Er es tut, und der Umstand, daß sie die erste Versammlung ist, die Er anredet, zeigt uns, daß sie einen besonderen Platz des Segens und darum auch der Verantwortlichkeit einnahm. Ephesus erscheint uns als das Abbild der gesamten Kirche (Versammlung oder Gemeinde) im apostolischen Zeitalter. Das erhellt schon aus der Anrede des Herrn. Er sagt: *„Dieses sagt, der die sieben Sterne hält (eigentlich festhält) in seiner Rechten, der da wandelt inmitten der sieben goldenen Leuchter"* (2, 1).

Sehen wir da nicht den Herrn Jesus, das Haupt Seiner Kirche, in Seiner ursprünglichen, Ihm gebührenden Machtstellung, in der Ihn die ganze Kirche von Anfang bis zum Schluß ihrer Geschichte hätte anerkennen sollen? — In Seiner Rechten sind die sieben Sterne, und Er wandelt inmitten der sieben Leuchter. Das ist Seine Stellung, die sich auf die ganze Kirche bezieht und in welcher sie Ihn im Anfang auch anerkannte.

Der Name der ersten Gemeinde, Ephesus, bedeutet „die Liebliche" oder auch „die Liebende", „die Geliebte". Ist dieser Name nicht bezeichnend für die ganze Kirche oder Versammlung Christi? – Wir lesen gerade im Brief an die Epheser von Christus und Seiner Gemeinde: „Er hat sie geliebt und sich selbst für sie hingegeben" (Eph. 5, 2 und 5, 25). Und diese Liebe des Herrn zu Seiner Gemeinde ist wunderbar und ohnegleichen. Der einzelne Gläubige darf es sagen, und die Gesamtheit aller Gläubigen darf es sagen: „Christus hat mich geliebt und sich für mich dahingegeben" (Gal. 2, 20; Eph. 5, 25).

Was hat nun der Herr dieser Gemeinde zu sagen? Zunächst erkennt Er vieles lobend an: *„Ich kenne deine Werke und deine Arbeit und dein Ausharren."* Ähnlich konnte der Apostel Paulus den Thessalonichern schreiben: „Wir danken Gott allezeit für euch alle ... unablässig eingedenk eures Werkes des Glaubens und der Bemühung der Liebe und des Ausharrens der Hoffnung auf unseren Herrn Jesus Christus" (1. Thess. 1, 3). Also Werke,

Arbeit und Ausharren waren bei den Ephesern reichlich vorhanden. Gingen sie aber noch so frisch und unmittelbar aus Glauben, Liebe und Hoffnung hervor wie am Anfang? Waren die Herzen noch in der innigen Gemeinschaft mit dem Herrn selbst wie zuerst? Der Herr blickt nicht nur auf unseren Wandel und unsere Werke, Er sieht ins Herz hinein und prüft unsere Beweggründe, aus denen unser Tun und Lassen hervorgeht. Wenn Er schon im Alten Bund so rührend bittet: „Gib mir, mein Sohn, dein Herz“ (Spr. 23, 26), wieviel mehr verlangt Ihn doch als Herr und Bräutigam Seiner Kirche danach, ihr ganzes Herz zu besitzen und von ihr, die Er zuerst geliebt hat und bis ans Ende mit der gleichen heiligen und innigen göttlichen Liebe liebt, wiedergeliebt zu werden! Und im Anfang ist dies der Fall gewesen. Lesen wir nur Apg. 2, besonders V. 42—47 und 4, 32—35! Aber schon hatte der Verfall innerlich begonnen, wenn auch äußerlich alles noch in bester Ordnung war. Das durchdringende Auge des Herrn entdeckte einen großen Mangel, der Ihn tief betrübte. Er mußte klagen: *„Ich habe wider dich, daß du deine erste Liebe verlassen hast.“* Wohl erkannte Er an, daß die Versammlung noch Zucht übte in ihrer Mitte und die Bösen nicht ertragen konnte. Er lobte es, daß sie diejenigen, welche sich als Apostel ausgaben und es nicht waren, geprüft und als solche abgewiesen hatte. Auch sagte Er: *„Du hast Ausharren und hast getragen um meines Namens willen und bist nicht müde geworden.“* Wahrlich, ein schönes Zeugnis!

Ist es aber nicht gerade ein Beweis von der Größe der Liebe des Herrn zu Seiner Versammlung, daß dies alles Sein Herz nicht befriedigen kann, daß selbst Arbeit und Bemühung, Entschiedenheit gegen das Böse und Ausharren in Beschwerden Ihm keinen Ersatz bieten kann für die ungeteilte Liebe und Hingabe unserer Herzen an Ihn? Damit, daß die einzelne Seele, die örtliche Versammlung oder auch die ganze Kirche ihre erste Liebe verlassen hat, ist sie aus dem glückseligen Stand, in dem sie den Herrn verherrlichte, gefallen. Er muß ihr zurufen: „*Gedenke,* wovon du gefallen bist, und *tue Buße* und *tue die ersten Werke!*“

Wenn wir den Brief des Apostels Paulus an die Versammlung zu Ephesus lesen, der uns wie kein anderer Brief im Neuen Testament die herrlichen Segnungen und die hohe himmlische Stellung der Gläubigen zeigt, so ist es uns fast unbegreiflich, wie kaum 30 Jahre später der Herr selbst dieses Sendschreiben an die dortige Versammlung richten und also klagen muß! — Aber was ist der Mensch? — Hat er je die Stellung bewahrt, in die Gott ihn gesetzt hat? Ach nein! Im Paradies, inmitten aller Segnungen, fiel er in Übertretung. Und als sich Gott später ein besonderes Volk erwählte, ward es nicht besser. Gott gab ihm das Gesetz, und mittlerweile machte sich das Volk ein goldenes Kalb und nannte es seinen Gott. Dann verdarb Israel sein Prophetentum und Königtum, und zuletzt kreuzigte es seinen Messias. So ist der Mensch stets undankbar, ungehorsam und untreu gewesen. Nur e i n Mensch auf Erden hat Gott stets verherrlicht: Jesus Christus, der Sohn Gottes, der Mensch wurde, um uns, die Verlorenen, zu retten.

Lesen wir den Epheserbrief mit seinen hohen, herrlichen Wahrheiten, so muß es uns auffallen, wie der Heilige Geist dort überall, um dem Verfall vorzubeugen, hinweist auf den *Wert* und den *Segen der Liebe*, was sie alles für uns getan hat, und wie Gott sie nun auch bei uns sucht*).

Der Verfall in Ephesus und der Kirche überhaupt begann gerade damit, daß die Herzen ihre *erste Liebe verließen,* daß sie, mit anderen Worten, nicht mehr ihrem Erlöser und Herrn den Platz einräumten wie im Anfang, also nicht mehr ungeteilt an Ihm allein hingen.

---

*) Man lese Eph. 1, 4; 2, 4; 3, 17—19; 4, 2. 15. 16; 5,1. 2. 25; 6, 23. 24. — In allen Kapiteln des Briefes, dazu noch ganz am Schluß, wie in keinem anderen Brief, erinnert der Apostel die Epheser an die *Liebe,* als ob er die Gefahr vorausgesehen habe. — Wie wichtig ist es in unserer Zeit, da man sich einer reichen christlichen Erkenntnis rühmt, darauf zu achten, daß Gott vor allem die *Liebe* sucht, unser Herz besitzen und regieren will!

Damit war allem Schaden und Bösen Tür und Tor geöffnet. Die sieben Sendschreiben zeigen uns denn auch deutlich, wie der Verfall und das Verderben, die sofort Einkehr hielten, als die erste Liebe geschwunden war, im Lauf der Jahrhunderte unaufhaltsam in der Christenheit ihren Fortgang nehmen würden. Und was der Herr Jesus in den sieben Sendschreiben prophetisch vorausgesagt hat, haben Kirchengeschichte und Erfahrung bis zur Stunden bestätigt. —

Auch heute noch ruft der Erlöser jedem der Seinen, dessen Wandel vielleicht vor der Welt und den Gläubigen noch in Ordnung ist, während sein Herz nicht mehr für Ihn in wahrer Liebe und Hingabe schlägt, klagend zu: „Ich habe wider dich, daß du deine erste Liebe verlassen hast. *Gedenke nun, wovon du gefallen bist, und tue Buße und tue die ersten Werke!*" —

Nur wenn das Herz wieder völlig umkehrt zu Ihm und dem Genuß Seiner Liebe, kann es hergestellt werden und wieder seine ersten Werke tun wie ehemals!

Die wiederherstellende Gnade des Herrn ist groß; Er erinnert die Gemeinde oder die einzelne Seele an die kostbaren Beziehungen und Segnungen, in denen sie zuerst so glücklich und voll Kraft war und fordert sie auf, *Buße* zu tun. Ohne schonungslose *Selbstverurteilung* in der Gegenwart Gottes ist keine Wiederherstellung möglich. Der Herr aber will durch Seinen Geist wahres Selbstgericht, aufrichtige Buße und Beugung bewirken, wenn man Ihm nur von neuem das ganze Herz öffnet und Seinem heiligen Licht Einlaß gewährt. Und Gott sei Dank! Jeder Gläubige ist mehr oder minder ein augenscheinliches Denkmal der tragenden, aufweckenden, wiederherstellenden Gnade des Herrn!

Ephesus als örtliche Gemeinde hat nicht Buße getan, und der Herr hat Seine Drohung erfüllt: „*Wenn aber nicht, so komme ich dir und werde deinen Leuchter aus seiner Stelle rücken.*" In Ephesus ist längst keine christliche Gemeinde oder Versammlung mehr, ja, die Stadt selbst ist durch die mohammedanischen Heere, die so oft des strafenden Gottes Gerichtsvollstrecker waren, zerstört worden; und da, wo sie stand, ist nur noch ein wüstes Trümmerfeld. Aber was noch ernster ist, die ganze Kirche der apostolischen Zeit, als deren Abbild und Vertreter Ephesus anzusehen ist, hat nicht Buße getan, ist nicht zurückgekehrt zu ihrer ersten Liebe und Frische. Unaufhaltsam ist die Kirche, abgesehen von einzelnen örtlichen und von vorübergehenden zeitlichen Belebungen und Erhebungen, auf dem Wege des Niedergangs und Abfalls vorangeschritten, bis wir in dem siebenten oder letzten Stadium, in dem von Laodicäa, sehen, daß der Herr sich völlig von ihr lossagt; Er speit dann die laue bekennende Kirche oder tote Christenheit aus Seinem Munde aus (Offb. 3, 16). Die wahren Gläubigen, die wiedergeborenen Christen, die durch Seinen Geist mit Ihm verbunden, die Glieder Seines Leibes sind, wird der Herr natürlich nicht ausspeien und verwerfen, Er wird sie vorher hinaufnehmen in Seine Herrlichkeit (Joh. 14, 3; 1. Thess. 4,17). Sie sind wie ,,die klugen Jungfrauen", die das göttliche Leben und das „Öl", den Heiligen Geist, besitzen und mit dem Bräutigam zur Hochzeit gehen; aber die törichten Jungfrauen werden auf der Erde zurückbleiben, preisgegeben der Betörung, der Verführung und dem Gericht (Matth. 25, 1–11; 2. Thess. 2, 11. 12).

Etwas findet der Herr noch in Ephesus, das Er lobend erwähnen kann: Er sagt: *„Aber dieses hast du, daß du die Werke der Nikolaiten hassest, die auch ich hasse"* (Offb. 2, 6). Was mögen diese „Werke der Nikolaiten" gewesen sein? — Niemand weiß es mit Sicherheit. Wohl sagen manche, daß es eine Sekte der Nikolaiten gegeben habe, die mit Unrecht nach dem Namen eines der sieben Armenpfleger genannt worden sei (Apg. 6, 5) und die Gnade Gottes in Ausschweifung verkehrt und in groben Sünden gelebt habe. Aber geschichtlich ist dies nicht zu beweisen. Auch können die Nikolaiten, die im Sendschreiben an Pergamus (2, 15) wieder genannt sind, nicht dieselben gewesen sein wie die, welche „die Lehre des Bileam" hatten, der die Schuld trug, daß die Kinder Israel zu offenbaren Sünden verführt wurden; sie werden unterschiedlich von diesen genannt

(2, 14). Jedenfalls haßte der Herr die „*Werke* der Nikolaiten" — nicht die Personen — und dieser Haß fand sich auch noch in der Versammlung zu Ephesus, was der Herr lobte. Nach unserer Meinung können die Werke der „Nikolaiten" keine Fleischessünden gewesen sein, sonst wäre der Ausdruck „die ich hasse" zu schwach. Sie müssen etwas scheinbar Gutes gewesen sein, so daß es ein Verdienst oder eine Gnade war und ein Lob verdiente, wenn sie als hassenswürdig erkannt wurden. Der Name ist hier, wie so oft in den Sendschreiben, der Schlüssel zum Verständnis der Sache; er bedeutet „Volksbesieger"*) und auch „Volksbeherrscher". Mit anderen Worten: Wir finden hier die Anfänge der unbiblischen und unglückseligen Scheidung der Gläubigen in Geistliche (Klerus) und Laien, welch letzteres Wort in „Nikolaiten" enthalten sein mag. Gott wollte diese Scheidung nie. Christus sagt zu den Seinen: „Einer ist euer Lehrer, Christus, ihr alle aber seid Brüder!" (Matth. 23, 8.) Und wir wissen, wie Gottes Heiliger Geist gleichfalls in allen Briefen fest darauf besteht, daß *alle Gläubigen Brüder* sind, *ein Leib in Christus;* daß sie alle nur Glieder sind voneinander und allesamt ein *königliches Priestertum* bilden (1. Petr. 2, 9; Offb. 1, 5. 6). Kein besonderer Priesterstand (Hierarchie) — auch nicht im Sinne oder in der Art des israelischen Priester- oder Levitentums — sollte in der Kirche Jesu Christi gefunden werden.

Als aber unter den Gläubigen die erste Liebe verloren ging und die ursprünglich geistliche Frische und Kraft und das Leben schwand, da lag es nahe, daß die „Werke der Nikolaiten" aufkamen, und daß man einen Unterschied machte zwischen Priestern und Laien. Später (in „Pergamus", Offb. 2, 12 folg.) sehen wir sogar, wie diese „Werke" schon durch „die Lehre der Nikolaiten" gutgeheißen und gefordert wurden. So ist es immer gewesen, zuerst schlich sich eine böse Praxis ein, und später wurde diese zu einem Glaubensartikel (Dogma) erhoben. — Wir wissen, wie Luther in der ersten Zeit und später vor allem Spener wieder

*) νίκη = der Sieg, λαός = das Volk

diesen Unterschied von Priestern und Laien, diese „Werke" und „Lehre der Nikolaiten" aufgehoben haben wollten. Sie forderten beide, daß mit der biblischen Wahrheit vom „allgemeinen Priestertum aller Gläubigen" Ernst gemacht werde. Aber auch sie sind nicht durchgedrungen mit ihrer Forderung.

Zum Schluß weisen wir noch hin auf die Aufforderung des Herrn, die sich am Ende jedes Sendschreibens findet: *„Wer ein Ohr hat, der höre, was der Geist den Versammlungen sagt."* Wir finden hier einen wichtigen Grundsatz, nämlich diesen: Wenn die Versammlung abgewichen und untreu geworden und nicht auf dem Boden der Wahrheit geblieben ist, verweist der Herr die Seinen und alle Treuen einzeln auf Sein untrügliches Wort. An diesem haben sie festzuhalten. Der Herr sagt nicht: ,,Wer ein Ohr hat, der höre, was die Kirche (oder Versammlung) lehrt oder sagt", sondern ,,was der Geist Gottes (in der Heiligen Schrift) den Versammlungen sagt." Nicht die Kirche, die abtrünnig werden konnte und abtrünnig wurde, sondern die Heilige Schrift ist maßgebend für das, was wir glauben sollen. Wie wichtig ist diese Wahrheit!

Von dem Augenblick an, da der Verfall in der ganzen Kirche oder in der einzelnen Gemeinde begonnen hat, wendet sich alsbald der Geist und das Wort Gottes an den einzelnen und ruft ihn auf, sich gegenüber der allgemeinen Strömung oder Gesinnung für den Herrn zu entscheiden und auf Seine Seite zu treten, sich also nicht vom Bösen überwältigen zu lassen, sondern zu überwinden. Der lebendige Glaube, der auf den Herrn gerichtet ist und Seinem Wort gehorcht und vertraut, ist „der Sieg, der die Welt überwindet" (1. Joh. 5, 4).

Der Herr verheißt den Überwindern zu Ephesus — und das gilt für alle Überwinder — *„zu essen vom Baume des Lebens, welcher im Paradiese Gottes ist"*. Adam, der erste Mensch, verlor durch seinen Ungehorsam das Recht, vom Baum des Lebens zu essen; er hat nie davon gegessen. Aber das, was durch die Sünde verloren ging, ist den Überwindern jetzt verliehen, und zwar in noch höherem Maße; denn sie essen nicht etwa nur von einem Baum des Lebens, der auf Erden steht, wie es in Adams Tagen war, sondern vom Baum des Lebens, der nun „im Paradiese Gottes ist".

Adam hätte nur seinen ursprünglichen Zustand zu bewahren gehabt, um vom Baum des Lebens auf Erden zu essen, aber jetzt gilt es zu überwinden. Die Sünde ist in der Welt, die Wirksamkeit des Bösen findet sich überall, selbst inmitten der Versammlung oder Kirchen. Nur durch die Treue, die sich im Gehorsam gegen Gottes Wort erweist und dieses höher stellt als jedes Menschenwort und ihm folgt, wird der einzelne Christ ein Überwinder, es ist dies eine ganz persönliche Sache.

Wenden wir uns nun dem zweiten Sendschreiben zu, dem an

Smyrna.

„Dieses sagt der Erste und der Letzte, der tot war und wieder lebendig wurde: Ich kenne deine Trübsal und deine Armut (du bist aber reich) und die Lästerung von denen, die da sagen, sie seien Juden und sind es nicht, sondern eine Synagoge des Satans. Fürchte nichts von dem, was du leiden wirst. Siehe, der Teufel wird etliche von euch ins Gefängnis werfen, auf daß ihr geprüft werdet, und ihr werdet Drangsal haben zehn Tage. Sei getreu bis zum Tode, und ich will dir die Krone des Lebens geben. – Wer ein Ohr hat, der höre, was der Geist den Versammlungen sagt! Wer überwindet, wird nicht beschädigt werden von dem zweiten Tod" (2, 8–11).

Wir haben gehört, wie der Herr Jesus schmerzerfüllt klagte, daß die Seinen „die erste Liebe verlassen" haben (Kap. 2, V. 4). Dieser ernste Rückgang im göttlichen Leben und in der innigen Verbindung mit dem Herrn öffnete dem Verfall und Verderben Tür und Tor in der ganzen bekennenden Kirche. So ist es in der Gesamtheit wie im einzelnen noch heute. Wenn das Herz, das sich zum Herrn und Heiland bekehrt hat, nicht in inniger Gemeinschaft mit seinem Erlöser bleibt, Seine wunderbare Liebe nicht treu erwidert, geht der Weg des Bekehrten niederwärts und zur Welt zurück. Aber der Herr in Seiner Treue tritt dem Untreuen oftmals durch Züchtigungen und Leiden in den Weg und hält ihn auf. So kam der Herr Seiner Gemeinde gleich zu Anfang zu Hilfe, als sie, die einst so innig zu Ihm stand, die erste Liebe verlassen hatte; Er erlaubte dem Teufel, die Kirche zu sichten, um sie durch bittere Verfolgungen von der gleißnerischen Welt, der sie sich wieder genähert hatte, wegzuwenden. Satan durfte die Geliebten des Herrn „ins Gefängnis werfen". – Wir wissen, daß die apostolische Gemeinde, wie man die Kirche bis zum Jahre 100 nach Christus nennen kann, allmählich zu einer Märtyrerkirche wurde bis zur Regierung des Kaisers Konstantin (325 n. Chr.). Es war dies die Zeit der Christenverfolgungen. –

Auf diese zweite Periode der christlichen Kirche, die Zeit der bitteren und blutigen Christenverfolgungen, weist auch schon der Name hin, den die Versammlung trägt, an die das zweite Sendschreiben gerichtet ist. Smyrna ist nämlich eine andere Form für ,,Myrrhe" und bedeutet Bitterkeit. Myrrhe ist das in Palästina und Arabien wohlbekannte wohlriechende Harz, aus dem das Salböl der Priester bereitet wurde, und auch der Balsam, mit dem man die Toten vor Verwesung schützte; ferner wurde es als duftendes Rauchwerk verbrannt.

War aber die Versammlung oder Gemeinde Christi im zweiten und dritten Jahrhundert nicht gerade mit der Flut bitterer Leiden übergossen bis zum Tod? Es war die Zeit, da die Geliebten des Herrn in den Katakomben und Gräbern sich versammeln mußten und in den Wüsten und Höhlen lebten, die Zeit der Verfolgungen und des Märtyrertodes, da Tausende für den Herrn ihr Leben opferten. Aber der Herr Jesus ruft den geliebten Seinen zum Troste zu: *„Ich bin der Erste und der Letzte, ich war tot und bin lebendig geworden!"* – Auch Er hatte Gott mit Seinem Tod gepriesen, wie sie es jetzt tun mußten, aber Er lebte nun; und Er hatte dem Tod den Stachel genommen und den Sieg. Satan konnte wohl die Gläubigen verfolgen, ins Gefängnis werfen und zum Tod führen, aber weiter reichte seine Macht nicht. Was darüber hinaus lag, war nicht mehr in Satans Bereich und Macht. Darum tröstet der Herr die Seinen und ruft ihnen zu:

„Ich kenne deine Drangsal und deine Armut, du bist aber reich . . Fürchte nichts von dem, was du leiden wirst . . Sei getreu bis zum Tode, und ich will dir die Krone des Lebens geben . . . Wer überwindet, wird nicht beschädigt werden (keinerlei Leid erfahren) *vom zweiten Tode." –*

Der zweite oder andere Tod ist die ewige Trennung der Seele von Gott, wie der erste Tod die Trennung der Seele vom Leib ist. Wenn Gott sagt: „Der Lohn (der Sold) der Sünde ist der Tod", so ist unter dem Tod hier der erste und der zweite Tod zu verstehen.

Aber der Sieger über den Tod ruft den Seinen zu: „Ich bin der Erste und der Letzte, der tot war und lebt." Wie düster auch alles für sie aussah, so konnte doch Er, der Sieger über den Tod, ihre Sache herrlich hinausführen. Er ist „der Erste und der Letzte" auf dem Plan. Und sollten sie den Tod finden, so teilten sie nun Sein Los, der selbst gestorben war, aber nun lebte. Er konnte sie verherrlicht auferwecken und ihnen die verheißene „Krone des Lebens" geben. Es ist dies die Krone, die der Herr für treue Bewährung in Trübsal und Prüfungen verleiht. So lesen wir: „Glückselig der Mann, der die Versuchung erduldet! Denn nachdem er bewährt ist, wird er die Krone des Lebens empfangen" (Jak. 1, 12). Welche Ermunterung zum Ausharren und zu treuer Arbeit liegt in dem Hinweis auf die Auferstehung des Erlösers und auf unsere eigene Auferstehung, um bei Ihm zu sein allezeit! So ermahnt auch der Apostel Paulus, nachdem er triumphierend ausgerufen hat: „Verschlungen ist der Tod in Sieg! Wo ist, o Tod, dein Stachel? Wo ist, o Tod, dein Sieg?" uns also: „Daher, meine geliebten Brüder, seid fest, unbeweglich, allezeit überströmend im Werke des Herrn, da ihr wisset, daß eure Mühe nicht vergeblich ist im Herrn" (1. Kor. 15, 54–58).

Wie tröstlich sind ferner die Worte des Herrn, des mitleidsvollen Hohenpriesters, an die verfolgten Gläubigen in Smyrna: „Ich kenne deine Trübsal und deine Armut, du bist aber reich." Mit Recht können wir singen:

„Huldreich blickst Du auf uns nieder
dort aus Deiner Herrlichkeit;
sendest Trost ins bange Herz
bei Verfolgung, Kampf und Schmerz;
jeden Schlag,
Spott und Schmach
fühlst Du als Dein eignes Leid."

Schon Seinem Volk Israel gegenüber zeigte der Herr solche Gefühle herzlichen Erbarmens. Als es im Schmelzofen von Ägypten war und Er sich anschickte, es zu befreien, sagte Er zu Mose: „Gesehen habe ich das Elend meines Volkes . . ., und sein Geschrei wegen seiner Treiber habe ich gehört; denn ich kenne seine Schmerzen und bin gekommen, um es aus der Hand der Ägypter zu erretten" (2. Mose 3, 7. 8). Und was Er sich vorgenommen, das hat Er auch getan.

Die Gläubigen in Smyrna waren arm, aber mit dieser äußeren Armut verband sich, wie das so oft der Fall ist, großer geistlicher Reichtum. Der Herr fährt fort und sagt: „Ich kenne die Lästerungen von denen, die da sagen, sie seien Juden und sind es nicht, sondern eine Synagoge des Satans." Ach, die Juden, die einst Gottes Volk gewesen, waren eine Synagoge Satans geworden. Sie hatten Gott gelästert, sie hatten Christus, Seinen Sohn, gelästert, ihren Messias; nun lästerten sie auch den Heiligen Geist, indem sie Seine Zeugen töteten und verfolgten. Der fromme, greise Polykarp z. B., der in der Versammlung von Smyrna Bischof war, wurde vornehmlich durch den Haß der Juden verfolgt, die auch seinen Märtyrertod durch Feuerverbrennung herbeiführten (im Jahre 168). Tröstend ruft der Herr den Verfolgten zu: „Fürchte nichts von dem, was du leiden wirst!" Er läßt das Leiden und das Wüten des Feindes zu, aber Er setzt ihm auch seine Grenzen. Er darf sie ins Gefängnis werfen, aber nicht in den Tod bringen; und auch die Tage ihrer Gefangenschaft bestimmt Er; es sind „zehn" Tage und nicht mehr, nicht elf oder zwölf.

Wie gut, sich nach Leib und Seele in der Hand des Herrn zu wissen, der „voll innigen Mitgefühls und barmherzig" ist, und dem zugleich „alle Gewalt gegeben ist im Himmel und auf Erden". Er ruft jedem der Seinen zu: „Fürchte dich nicht!" aber auch zugleich: „Sei getreu bis in den Tod!" –

In unseren Tagen werden in unserem Land die Christen nicht öffentlich verfolgt wie ehedem, nicht ins Gefängnis geworfen oder gar getötet um ihres Glaubens willen. Dennoch bleibt Gottes Wort wahr: „Alle aber auch, welche gottselig leben wollen in Christus Jesus, werden verfolgt werden." Eine Form der Gottseligkeit läßt sich die Welt um uns her ruhig gefallen, sie lobt sie sogar vielfach und erkennt sie an. Man kann Versammlungen besuchen, man kann sogar sagen, man sei bekehrt; das erträgt die Welt häufig noch. Wenn man aber beginnt, gottselig zu leben, d. h. wenn man im praktischen täglichen Leben und auf allen Gebieten desselben die Gesinnung des Herrn offenbart und seinen Weg nach dem Worte Gottes einrichtet, dann hebt sofort Widerstand und Verfolgung von irgendeiner Seite an. Wer davon nichts zu leiden hat, der wandelt nicht treu und lebt nicht gottselig; er trachtet neben dem Herrn noch nach mancherlei. Ein solcher Christ verliert unendlich viel; er lernt den Herrn in Seinem Mitgefühl und Seinen Tröstungen nicht kennen, bringt Ihm nicht viel Frucht und wird die Krone des Lebens nicht empfangen, wenn er auch das neue Leben besitzt und auf Grund des vollbrachten Werkes Christi nicht verloren geht.

Auch Smyrna ruft der Herr zu: „*Wer ein Ohr hat, höre, was der Geist den Versammlungen sagt!*" Er hat hier, wie später in Philadelphia, nichts zu klagen, aber jede einzelne Seele soll Seine Ermunterung hören. Wie leidensscheu sind heutzutage im großen und ganzen die Christen! So wendet sich der Geist Gottes auch an jeden einzelnen von uns und fragt uns, ob wir nicht willig und ganz auf die Seite des verachteten Heilandes treten und Seine Schmach tragen wollen. Den Treuen zu Philippi konnte Er zurufen: „Euch ist es in bezug auf Christus geschenkt, nicht allein an ihn zu glauben, sondern auch für ihn zu leiden" (Phil. 1, 29).

Das dritte Sendschreiben ist gerichtet an

Pergamus.

„Dieses sagt, der das scharfe, zweischneidige Schwert hat: Ich weiß, wo du wohnst, wo der Thron des Satans ist; und du hältst fest an meinem Namen und hast meinen Glauben nicht verleugnet, auch in den Tagen, in welchen Antipas mein treuer Zeuge war, der bei euch, wo der Satan wohnt, ermordet worden ist. Aber ich habe ein weniges wider dich, daß du solche dort hast, welche die Lehre Bileams festhalten, der den Balak lehrte, ein Ärgernis vor die Söhne Israels zu legen, Götzenopfer zu essen und Hurerei zu treiben. Also hast auch du solche, welche die Lehre der Nikolaiten festhalten gleicherweise; tue nun Buße; wenn aber nicht, so komme ich dir bald und werde Krieg mit ihnen führen mit dem Schwerte meines Mundes. – Wer ein Ohr hat, der höre, was der Geist den Versammlungen sagt! Dem, der überwindet, dem werde ich von dem verborgenen Manna geben, und ich werde ihm einen weißen Stein geben, und auf dem Steine einen neuen Namen, welchen niemand kennt, als wer ihn empfängt" (2, 12–17).

Wir haben in „Smyrna" gesehen, wie der Herr dem weiteren inneren Verfall in der Kirche entgegentrat, indem Er die blutigen Christenverfolgungen im zweiten Jahrhundert n. Chr. zuließ. Nach *außen* war damals die Kirche *arm,* aber *vor Gott* war sie wegen ihrer Treue und wegen des Trostes, den sie erfuhr, *reich.*

Als nun der Teufel merkte, daß die Gemeinde des Herrn nicht durch Gewalt, durch Feuer und Schwert auszurotten war, denn sie ist auf den ewigen Felsen, auf Jesus Christus, gegründet, so daß „die Pforten der Hölle" sie nicht überwältigen können, da änderte er seine Kampfesweise. Bis dahin war er „wie ein brüllender Löwe" gegen sie vorgegangen, nun verwandelte er sich in einen „Engel des Lichts", in eine verführerische Schlange. – Dies begann im dritten Jahrhundert unter dem Kaiser Konstantin. Dieser begünstigte die Christen, gab ihnen Ehrenstellen und Staatsämter, erhob das Christentum zur Staatsreligion, machte die heidnischen Tempel zu christlichen Kirchen und führte die christlichen Feste und Feiertage mit Zwang ein. –

Die christliche Religion war nun nicht mehr die verfolgte, sondern die herrschende im Römischen Reich. Und da der Kaiser im Jahre 330 seinen Herrschersitz von Rom weg nach der griechischen Stadt Byzanz verlegte, die nach ihm den Namen Konstantinopel erhielt, bekam die dritte Ausgestaltung oder Periode der christlichen Kirche den Namen „Griechische Kirche". Wir finden diese Religionsform in Griechenland und mit einigen kleinen Unterscheidungen in Rußland, wo sie die „orthodoxe Kirche" genannt wird.

Diese traurige Verwirrung und Verweltlichung der Kirche, die unbedingt wider das Wort des Herrn war, der von den Seinen gesagt hat: „Sie sind nicht von der Welt" (Joh. 17, 14. 16), wird nun in dem dritten Sendschreiben vom Herrn geweissagt und zugleich verurteilt, wobei Er die Treuen ermuntert und alle zur Umkehr auffordert, wie der Leser dies beim Durchlesen des Sendschreibens deutlich erkennt.

Schon bezeichnend ist es, wie der Herr sich im Eingang des Sendschreibens an Pergamus nennt: *„Der das scharfe, zweischneidige Schwert hat."* Dieses Schwert ist das Wort Gottes (Hebr. 4, 12). Es trennt und scheidet, was nicht zusammen gehört, so auch Welt und Kirche. Die wahre Kirche gehört nicht zur Welt, soll sich weder mit der Welt vermengen noch auch über sie herrschen wollen, um ein religiöses System aus ihr zu machen oder eine Einheit mit ihr zu bilden.

In demselben Gebet des Herrn Jesus, in dem Er wiederholt zu Gott, dem Vater, von den Seinen sagt: „Sie sind nicht von der Welt", fleht Er auch zu Ihm: „Heilige sie (d. h. sondere sie ab) durch die Wahrheit: dein Wort ist Wahrheit!" (Joh. 17, 17.)

Aber jetzt muß der Herr klagen: *„Ich weiß, wo du wohnst, wo der Thron Satans ist."* — Die Kirche, die himmlisch ist in ihrer Berufung, Hoffnung, Stellung und Segnung, hat sich häuslich, wohnlich da niedergelassen, wo der Thron des Satan ist. Satan aber ist „der Fürst der Welt" (Joh. 14, 30). Wohl hielt der Kern der Kirche, die wahren Gläubigen, zu Anfang, auch unter Konstantin, noch fest an der himmlischen Stellung und treuen Hingabe an den Herrn, was der Herr anerkennt: *„Du hältst fest an meinem Namen und hast meinen Glauben nicht verleugnet."*

Ja, es gab unter diesen sogar noch manche Märtyrer, wie Antipas (zu deutsch: „Einer gegen alle"). Aber das korporative (gemeinsame) Zeugnis der Kirche für Christus und für ihre himmlische Stellung war dahin. Sie hatte „der Lehre Balaams (Bileams)" gelauscht (Vers 14). Dieser falsche Prophet war einst gedungen worden vom König von Moab, um Israel, Gottes Volk, zu verfluchen. Da er dies nicht vermochte, gab er dem König den listigen, teuflischen Rat, die Kinder Israels zu den heidnischen Götzenfesten und Gelagen zu laden. Diese folgten der Einladung zu dem Fest und gaben die heilige Absonderung und Trennung von den Heiden auf (4. Mose 25, 1—2 und 4. Mose 31, 16). So führte Satan auch in Pergamus eine verderbliche Verbindung der Gläubigen mit der Welt herbei.

Pergamus (zu deutsch: Burg, Hochburg*) war die nördlichste der sieben kleinasiatischen Versammlungen. Und ohne Frage ist die griechisch-katholische Staatskirche seit Konstantin bis zu unserer Zeit in Pergamus prophetisch vorgebildet, namentlich bis zur Aufrichtung von Thyatira, d. h. der römischen Papstkirche. Die griechisch-katholische Staatskirche hatte ihre Hochburg in Konstantinopel, der Kaiserstadt. Sie nennt sich stolz die orthodoxe (d. h. die „rechtgläubige") Kirche, ist aber versteinert in toten Formen und hat keine Reformation erlebt. Heute ist ihre Hochburg schon lange nicht mehr in Konstantinopel. Sie war lange Zeit im „heiligen Petersburg" mit dem „Cäsareopapismus", dem Kaiserpapsttum, und der „heiligen Synode". Doch auch da kann man seit den Geschehnissen nach dem 1. Weltkrieg im Blick auf die griechisch-katholische Kirche nicht mehr von einer „Hochburg" reden.

*) Pergamus war auf einem Berg erbaut und war reich geschmückt. Kunst und Wissenschaft standen dort in Blüte (der Name „Pergament" kommt auch von dort). Es war dort eine Bibliothek von etwa einviertel Million Pergamentrollen (Büchern) und ein großer Altar des Zeus (von dem sich Teile jetzt in Berlin befinden) und ein berühmter Tempel des Äskulap (Gott der Heilkunde); daher heißt es wohl, daß „der Thron Satans" dort war. –

Wie ernst und wichtig ist es, in Christus, dem Erlöser, Versöhnung und Leben zu besitzen; ein bloßes äußeres orthodoxes, christliches Bekenntnis, heiße es evangelisch oder katholisch, rettet die Seele nicht, verbindet nicht mit Gott.

Nachdem der Herr die ungöttliche Beugung der Kirche unter den Geist und die Macht der Welt „dem Essen von Götzenopfer" gleichgestellt und ihre unheilige Verbindung mit der Welt geistlicherweise „Hurerei" genannt hat, fährt Er fort, noch andere Übelstände in der Gemeinde zu Pergamus, die ein Bild der bekennenden christlichen Kirche nach den Tagen Konstantins ist, aufzudecken Er sagt: *„Auch hast du solche, welche die Lehre der Nikolaiten festhalten."* – In Ephesus (dem apostolischen Zeitalter oder ersten Jahrhundert der bekennenden Kirche) zeigten sich schon Anfänge der ,,Werke der Nikolaiten". Man begann dort schon einen Unterschied zu machen in der Herde Christi zwischen ,,Priestern" und ,,Laien". Aber dieser Unterschied wurde noch nicht gelehrt; und man haßte ihn noch im allgemeinen, wie auch Gott ihn haßt (Kap. 2, 6).

In Pergamus aber war dieser Unterschied nun schon zum Dogma erhoben worden; es war „die Lehre der Nikolaiten" da, als ob Jesus Christus, der gute Hirte, die Priesterschaft (die Hierarchie) eingesetzt habe und lehre. Man verlieh ihr Schein und Glanz und forderte mit der Zeit den Arm der Obrigkeit auf, einem künstlich geschaffenen priesterlichen Amt Herrlichkeit und Macht zu verleihen gegen die, welche man „Laien" nannte, und die sich nicht alle unter die ungöttliche Autorität der Priesterherrschaft beugen mochten.

Ernst ruft der Herr der Gemeinde von Pergamus zu: „Tue Buße!" – Doch Pergamus, die stolze „Hochburg", die „orthodoxe" Kirche, hat weder über „die Lehre der Nikolaiten", noch über die Verbindung mit der Welt Buße getan, ist vielmehr auf der betretenen Bahn weitergeschritten, wie wir denn auch in der folgenden Periode, in Thyatira, der Römischen Kirche, diese Übel in noch größerem Maße herrschen sehen.

Der Herr droht „den Nikolaiten" und damit der ganzen Versammlung mit „Krieg" mit dem „Schwert Seines Mundes", welches das Wort Gottes ist. Jetzt scheidet und trennt noch dieses Schwert und befreit den, der sich warnen und unterweisen läßt, von allem Bösen zum Heil der Seele. Aber den, der sich widersetzt, der unbußfertig bleibt, trifft Gottes Wort zum ewigen Gericht. So zeigt uns die Heilige Schrift auch das Gericht des Antichristen durch das Schwert und den Odem des Mundes Christi (2. Thess. 2, 8). Und so geschieht auch das Gericht der Gottlosen bei der Wiederkunft Christi zur Aufrichtung Seines Reiches (Offb. 19, 15. 21).

Geschichtlich ist das einst blühende Pergamus tief gesunken; es ist jetzt eine kleine Stadt mit meist mohammedanischer Bevölkerung. Und über die ganze griechische Kirche samt Konstantinopel, auf welche zunächst Pergamus prophetisch hinweist, ist das Schwert Mohammeds als des Vollstreckers des göttlichen Zornes gekommen; die ,,orthodoxe Kirche" Rußlands ist durch grausige Gerichte gegangen.

Zuletzt wendet sich der Herr wie gewöhnlich an jeden, der noch ein Ohr hat für das, was der Geist den Versammlungen sagt, und ermuntert zum Überwinden inmitten der so traurigen Gestaltung der Dinge: *„Dem, der überwindet, dem werde ich von dem verborgenen Manna geben, und ich werde ihm einen weißen Stein geben, und auf dem Stein einen neuen Namen geschrieben, welchen niemand kennt, als wer ihn empfängt."*

Das „verborgene Manna" ist Christus, wie Er selbst sagt: „Ich bin das Brot des Lebens. Eure Väter haben das Manna in der Wüste gegessen ... Ich bin das lebendige Brot, das aus dem Himmel herniedergekommen ist; wenn jemand von diesem Brot ißt, so wird er leben in Ewigkeit" (Joh. 6, 48—51). Die Überwinder verschmähen das Mahl der Götzenopfer einer ehebrecherischen Welt, von welchem wir oben hörten; dafür kosten sie das süße, „verborgene Manna" der oberen, himmlischen Welt, welches „wahrhaftige Speise" ist.

In all den vergangenen Jahrhunderten gab es, so dunkel es in der Kirche aussah, immer Überwinder, und so gibt es auch heute in der erstarrten „orthodoxen Kirche" Seelen, die in Jesus Leben und Frieden besitzen, dabei aber vielleicht verfolgt und bedrückt werden; auch sie sind Überwinder. Und was Jesus ihnen in dieser Zeit war und ist, das wird ihnen auch einst noch köstlich sein in der ewigen Seligkeit des Himmels. So nahm Israel, das in der Wüste vom Manna lebte, einen goldenen Krug voll Manna mit ins Gelobte Land, wo er zum bleibenden Gedächtnis an die wunderbare Speisung in der Wüste ,,verborgen" aufbewahrt wurde in der Bundeslade, im Allerheiligsten des Tempels.

Auch einen „weißen Stein" will der Herr den „Überwindern" geben. Mit einem „weißen Stein", den in früheren Zeiten die Richter im weltlichen Gericht für einen Angeklagten in die Urne warfen, traten sie ein für dessen Unschuld und Freisprechung. So will der Herr jetzt und an Seinem großen Tag für die Überwinder eintreten, obschon sie vielleicht von der herrschenden „Kirche" auf Erden und den „Nikolaiten" nichts erfahren als Verfolgung und Verbannung. Und auf dem „Stein" soll ein „neuer Name" stehen, wie auf den Edelsteinen des Hohenpriesters die Namen der Stämme Israels standen. Diesen neuen Namen wird nur der einzelne Überwinder kennen. Ja, was Jesus den Seinen, die Ihm treu folgen, war und ist an Liebe, Huld und Treue, und wie Er sich ihnen einzeln gab und gibt, das kann jeder nur persönlich erfahren und genießen, insoweit er im Verborgenen und Öffentlichen Gemeinschaft mit Ihm, dem von der Welt verworfenen Herrn der Herrlichkeit, hat.

Wir kommen nun zum vierten Sendschreiben, das gerichtet ist an

Thyatira.

„Dieses sagt der Sohn Gottes, der seine Augen hat wie eine Feuerflamme und seine Füße gleich glänzendem Kupfer: Ich kenne deine Werke und deine Liebe und deinen Glauben und deinen Dienst und dein Ausharren, und weiß, daß deiner letzten Werke mehr sind als der ersten. Aber ich habe wider dich, daß du das Weib Jesabel duldest, welche sich eine Prophetin nennt, und sie lehrt und verführt meine Knechte, Hurerei zu treiben und Götzenopfer zu essen. Und ich gab ihr Zeit, auf daß sie Buße täte, und sie will nicht Buße tun von ihrer Hurerei. Siehe, ich werfe sie in ein Bett, und die, welche Ehebruch mit ihr treiben, in große Drangsal, wenn sie nicht Buße tun von ihren Werken. Und ihre (d. i. Jesabels) Kinder werde ich mit Tod töten, und alle Versammlungen werden erkennen, daß ich es bin, der Nieren und Herzen erforscht; und ich werde euch einem jeden nach euren Werken geben; euch aber sage ich, den übrigen, die in Thyatira sind, so viele diese Lehre nicht haben, welche die Tiefen des Satans, wie sie sagen, nicht erkannt haben: ich werfe keine andere Last auf euch; doch, was ihr habt, haltet fest, bis ich komme.

Und wer überwindet und meine Werke bewahrt bis ans Ende, dem werde ich Gewalt über die Nationen geben; und er wird sie weiden mit eiserner Rute, wie Töpfergefäße zerschmettert werden, wie auch ich von meinem Vater empfangen habe; und ich werde ihm den Morgenstern geben. Wer ein Ohr hat, höre, was der Geist den Versammlungen sagt!" (Offb. 2, 19–29.)

Thyatira ist das heutige Akhissar, die „weiße Stadt", an der Straße von Pergamus nach Sardes gelegen und zeitweilig bekannt durch bösen Opiumhandel. Heute noch ist dort eine kleine Gemeinde von christlichen Bekennern.

Welche Kirche aber ist in der Geschichte auf die morgenländische, die sogenannte griechische Kirche, gefolgt und in den Vordergrund getreten? Die römische. – Schon lange zwar hatten die römischen Bischöfe sich Ansehen zu verschaffen gewußt und wurden mit den Bischöfen in Konstantinopel, Antiochien, Jerusalem und Alexandrien „Patriarchen" genannt. Als aber die germanischen Völker – die Goten, Lombarden, Franken, Angelsachsen und andere Stämme – das christliche Bekenntnis annahmen und in Verbindung mit der römischen Kirche kamen, erlangte diese eine sehr hohe Bedeutung. War bis in das 7. Jahrhundert die griechische Kirche der Mittelpunkt der christlichen Welt, so trat nun die römische, die sich später auch ganz von der griechischen trennte, an deren Stelle. Sie, die römische Kirche, ist in dem vierten Sendschreiben, in Thyatira, prophetisch vorgebildet.

Wie auch bei den früheren Sendschreiben die Namen der Gemeinden schon einen Schlüssel bildeten zum Verständnis der prophetischen Bedeutung der einzelnen Sendschreiben*), so auch hier; Thyatira heißt nämlich die Opfernde, die „Weihrauchspenderin". Ist dieser Name nicht sehr bezeichnend für die Kirche Roms? Auf Tausenden von „Altären" wird in der römischen Kirche, deren Macht und gewaltige Größe auf viele Millionen wie ein Zauberbann wirkt, das ein für allemal vollgültige und ewig vollkommene Opfer des Sohnes Gottes vorgeblich „wiederholt"; es wird nach ihrer Lehre unblutig immer und immer wieder erneuert, und zwar für Tote und für Lebende.

Dies alles steht im vollen Widerspruch zu den Zeugnissen der Heiligen Schrift. Weiter steigen aus zahllosen Rauchfässern in Rom die „Opfer des Dankes" auf, die man darbringt statt der geistlichen Opfer des Dankes und Lobes, die Gott jetzt sucht und allein annimmt, indem die Gläubigen in der Jetztzeit Ihm, dem Vater, nur „im Geist und in der Wahrheit" Anbetung bringen sollen (Hebr. 13, 15; 1. Petr. 2, 5; Joh. 4, 23. 24). Wie entsetzlich und verwerflich sind in Gottes Augen alle vermeintlichen „Wiederholungen" des großen, ein für allemal geschehenen Opfers Jesu Christi, des hochgelobten eingeborenen Sohnes Gottes! Gottes Wort zeigt uns, daß dieses Opfer nie wiederholt werden kann: es ist „ein für allemal geschehen"; und es zeigt uns, daß es auch nie mehr der Wiederholung bedarf: es gilt für ewig (Hebr. 9 und 10).

Betrachten wir nun das Sendschreiben näher. In der Anrede nennt sich der Herr „der Sohn Gottes". Wir wissen, daß Er als solcher der Grund und Fels Seiner Kirche ist. Auf die Frage des Herrn: „Wer sagen die Menschen, daß ich, der Sohn des Menschen, sei?" ergriff Petrus das Wort und antwortete im Namen

*) Ephesus: „die Liebliche", so war die Gemeinde, und so sollte sie sein und bleiben; Smyrna (Myrrhe): „die Bittere", die Märtyrerkirche im 2. Jahrhundert; Pergamus: „die Hochburg", die Weltkirche seit dem 3. Jahrhundert.

der Jünger: „Du bist Christus, der Sohn des lebendigen Gottes." Und anspielend auf seinen Namen antwortete der Herr dem Petrus: „Du bist Petrus (ein Stein); und auf diesen Felsen*) (daß Ich, Christus, der Sohn des lebendigen Gottes bin) werde ich meine Versammlung bauen, und die Pforten des Hades werden sie nicht überwältigen" (Matth. 16, 18).

In diesem Chrarakter also, als der Fels und Mittelpunkt und das Haupt Seiner Kirche, stellt Jesus Christus sich hier als der „Sohn Gottes" bezeichnenderweise Thyatira vor. Das Bekenntnis, daß Jesus Christus „der Sohn des lebendigen Gottes" ist, ist der Form nach in Thyatira geblieben. Aber findet Er hier Seine volle Anerkennung als Fels, Mittelpunkt und Haupt? — Laß die römische Kirche darauf antworten! Er durchforscht alles. Er wird Seine Ehre keinem anderen lassen. *„Seine Augen sind wie eine Feuerflamme und seine Füße gleich glänzendem Kupfer."* — Vor Seinem Blick sind auch die verborgensten Tiefen bloß und aufgedeckt; und Seine Füße, die gleich Erz sind, das im Ofen glüht (vgl. Kap. 1, 14), deuten an, wie heilig und rein Sein Wandel ist, wie Er unbeugsam ist und gerecht als Richter über alles Sündhafte und Unreine, das Er auf Seinem Gang durch

---

*) Ein anderes, wenn auch verwandtes Wort im Griechischen. Was nun Vers 19 (Matth. 16) betrifft, und „die Schlüssel des Reiches der Himmel", von denen dort die Rede ist, so ist es wichtig, daran zu erinnern, daß „das Reich der Himmel", das aufgeschlossen werden sollte, auf Erden ist und nicht im Himmel (Matth. 13, 24). Es wird nur „das Reich der Himmel" genannt, weil es vom Himmel aus gegründet worden ist. Petrus hat als Arbeiter des Herrn „das Reich der Himmel" insofern aufgeschlossen, als er der erste war, der unter den Juden (Apg. 2) und dann unter den Heiden (Apg. 10 und 11) das Evangelium verkündigte. Damit hat er die Schlüssel gebraucht und nachher nie wieder; auch hat er sie niemandem übertragen; denn wenn eine Tür geöffnet ist, bedarf es keiner Schlüssel mehr, sie aufzutun. — Das Bauen der wahren Kirche aber nimmt der Herr selbst vor (V. 18). Petrus sollte nur aufschließen unter Juden und Heiden, d. h. unter ihnen die erste Arbeit tun dürfen. Mit Schlüsseln wird bekanntlich auch nicht gebaut. Fels und Bauherr, Herr und Haupt der Kirche ist also einzig Jesus Christus, der Sohn Gottes.

die Versammlungen findet.

Doch zunächst lobt und erkennt der Herr, wie überall, so auch hier in Thyatira alles gern und willig an, was Er loben und anerkennen kann. — Er sagt: *„Ich kenne deine Werke und deine Liebe und deinen Glauben und deinen Dienst und dein Ausharren, und daß deiner letzten Werke mehr sind als der ersten"* (V. 19). Also viel Eifer, Tatkraft und Werktätigkeit war in Thyatira vorhanden; ja, die Zahl der Werke hatte zugenommen. Auch an Hingabe, Liebe und Glauben fehlte es nicht in der Mitte derer, die so eifrig und ausharrend waren in ihrem Tun. Neben Liebe und Glauben fehlt nur die Hoffnung; sie wird nicht genannt. Dies war offenbar ein großer Mangel. Denn wer die Zugehörigkeit zu Christus kennt und über alles schätzt und Sein Wort hoch hält in Seiner Abwesenheit, der hofft auf Ihn und wartet sehnsuchtsvoll auf die Erfüllung Seiner Verheißung, auf Seine persönliche Rückkehr. In Thessalonich waren alle drei Tugenden und Kennzeichen da, die den wahren Christen schmükken: *Glaube, Liebe, Hoffnung* (1. Thess. 1, 3). Wenn die Hoffnung auf die Wiederkunft des Herrn und Heilandes im Herzen schwindet, kehrt Weltförmigkeit ein, und man macht sich da heimisch und sucht da Geltung und Rechte, wo man ein Fremdling sein sollte. — Ist es nicht so mit der bekennenden Kirche, besonders der römischen ergangen, die da herrschen möchte, wo sie fremd und arm und gering sein sollte?

Wohl ist die römische Kirche reich an „Werken"; aber meist sind es selbsterwählte tote Werke einer wertlosen, eigenen Gerechtigkeit, wie Wallfahrten, Hersagen von Gebeten nach vorgeschriebener Zahl, Kasteiungen usw. Doch der Herr, der jedes einzelne Herz kennt und jedes für sich voll Liebe ansieht und prüft, sieht bei einzelnen auch wahre Liebe, lebendigen Glauben, treues Ausharren, wenn auch vielfach überdeckt und fast erstickt von dem Schutt eitler Zeremonien und wertloser Formen. Der Herr sieht das Herz und die Beweggründe des Herzens an; und was aus Liebe zu Ihm geschieht, das erkennt Er an, das dient zu Seiner Verherrlichung.

Nachdem der Herr so in Thyatira anerkannt, was Er loben kann, klagt Er: *„Aber ich habe wider dich, daß du das Weib Jesabel duldest, die da sagt, sie sei eine Prophetin, und sie lehrt und verführt meine Knechte, Hurerei zu treiben und Götzen=opfer zu essen."* — Wahrlich, das ist eine schwere Anklage!

„Jesabel" heißt „die Unberührte", „Keusche". Ein schönes, ho=hes Bekenntnis liegt in diesem Namen. Aber wer war Jesabel ursprünglich? Auf wen geht der hier nur bildlich gebrauchte Name zurück? Jesabel war, wie wir aus der biblischen Geschichte wissen, das gottlose Weib des Königs Ahab von Israel. Sie war eine Heidin, die nie auf den Thron Israels hätte kommen dürfen, und die auf diesen Thron den Fluch der Kanaaniter brachte. Und das Unheil machte nicht einmal halt in Israel, sondern drang auch bis in das Reich Juda hindurch; denn Jesabels Tochter wurde dem Könige Joram von Juda angetraut, und so wurde auch dieser verderbt (2. Kön. 8,16—18). Ja, wenn der Geist Jesabels erst zur Herrschaft kommt, dringt ihr verderbenbringender Einfluß weithin über Land und Leute. Es hätte nicht viel gefehlt, so wäre durch Jesabels Tochter Athalja die ganze königliche Nachkommenschaft Davids, aus welcher der Messias kommen mußte, umgebracht worden (2. Kön. 11). Durch Jesabel kam also Tod und Verderben zu Israel und Juda. Sie führte den Baalsdienst mit all seinen Greueln und seiner Unsittlichkeit in Israel ein und verdrängte dann völlig die Verehrung Jehovas; der Baalsdienst wurde die Religion des Volkes, gleichsam Staatsreligion, und die Propheten Baals überschwemmten das Land und lebten am Tisch der Königin. Außerdem war Jesabel eine Mörderin, die fanatische Verfolgerin der Zeugen des Herrn.

Ja, Jesabel hat in ihren Tagen, wie es in unserem Sendschrei=ben bildlich von einer geistlichen bösen Richtung in der Kirche heißt, „die Knechte Gottes verführt, Hurerei zu treiben und Götzenopfer zu essen"; denn die Heilige Schrift nennt Abtrün=nigkeit von Gott bildlich „Hurerei" und „Ehebruch". Tatsächlich aber herrschten auch grobe Fleischessünden zur Zeit Jesabels in Israel, wie sie sich auch in schrecklicher Weise in dem von ihr vorgebildeten geistlichen System finden. Im 9., 10. und 11. Jahrhundert brach eine besonders dunkle und böse Zeit in der Kirchengeschichte an. Die himmlische Stellung und die himmlischen Ziele der wahren Kirche wurden völlig verleugnet. Die bekennende Kirche kämpfte mit allen Mitteln um die Weltherrschaft; die Fürsten der Erde sollten einzig noch dem Glanz und der Machtstellung der Kirche untertan und dienstbar sein, ihr, der hohen Herrin und Gebieterin. – Von Gottes lauterem Wort und Evangelium, das uns sagt, daß für uns verirrte und verlorene Menschenkinder nur im Namen Jesu, des Sohnes Gottes, Heil und Seligkeit zu finden ist, und daß Sein Reich und somit auch das Reich der Seinen nicht von dieser Welt ist (Apg. 4, 10–12; Joh. 18, 36), wich die Kirche gänzlich ab. Sie lehrte jetzt, daß in ihr, und zwar durch das Halten und Tun ihrer Vorschriften und Werke, das Heil zu finden sei. Fort und fort stritt sie zugleich mit Kaisern und Königen um das Reich und die Herrschaft in dieser Welt. An der Stelle des dienenden, demütigen, alleinseligmachenden Heilandes, der da rief und glücklicherweise heute noch ruft: ,,Kommet her zu mir alle, ihr Mühseligen und Beladenen, und ich werde euch Ruhe geben" (Matth. 11, 28), stand nun eine herrschende ,,alleinseligmachende Kirche", welche die Seelen bedrückte und Geld und Opfer, Ehre und Ansehen von der Welt forderte.

Wie von alters durch die ungöttliche Verbindung der „Söhne Gottes" mit den „Töchtern der Menschen" die Riesen entstanden, so entstand aus der innigen Verbindung der „Kirche" mit der Welt, die Satan zuwege gebracht, ein großes gewaltiges Gebäude und System, das bis zur Stunde die Bewunderung der Menge erregt, soweit sie nicht von Gottes Wort erleuchtet ist. Zugleich begann dieses mächtige System aus dem Mittelalter – Jesabel als Prophetin inmitten von Thyatira – mit Folter, Scheiterhaufen und Schwert alle zu verfolgen und zu töten, die Gottes Wort höher stellten als Menschen Wort. Doch hielt „die Kirche" dabei immer ihre eigenen Hände scheinbar rein von dem Blut „der Ketzer", das in Strömen floß; denn sie übergab diese ja zur Verfolgung und Hinrichtung nur dem „weltlichen Arm", d. h. der ihr unterworfenen und dienstbereiten Obrigkeit. So ließ auch im Alten Bund Jesabel, Ahabs Weib, das von ihr geschriebene Todesurteil Naboths mit des Königs Siegel versiegeln und dann auf Grund dessen den Gerechten steinigen (1. Kön. 21). Ja, die Papstkirche hat stets die Zeugen Gottes verfolgt und viel gerechtes Blut vergossen. Aus diesem System einer ungöttlichen Verbindung oder Durchdringung von geistlich-religiösen und fleischlich-weltlichen Bedürfnissen und Grundsätzen sind „Kinder" hervorgegangen (Kap. 2, 23), Auswüchse, Personen und Einrichtungen, die Gott, wenn dereinst das System erst ausgereift sein wird, wie wir das in der Offenbarung 17 und 18 geschildert finden, schwer heimsuchen und richten wird.

Gott gab im Lauf der Jahrhunderte *Thyatira „Zeit, Buße zu tun"*. Wie mancher Versuch zu einer Reformation an Haupt und Gliedern hat bis in die neueste Zeit an ihren ehernen Pforten geklopft und Einlaß begehrt; aber vergeblich. Die Gefängnisse und Scheiterhaufen in Deutschland, Schottland und England, in Frankreich, der Schweiz, Italien und Spanien im 16. und 17. Jahrhundert, wie auch die späteren Austreibungen und Verbannungen frommer Christen z. B. aus Salzburg und dem Zillertal, und die stete Forderung des Widerrufs aller Proteste ernster Männer gegen „Rom", bis in unsere Tage hinein, bezeugen: *„Sie will nicht Buße tun"*, wie der Herr in diesem Sendschreiben dies auch vorher gesagt hat.

Wie furchtbar, wenn das Ohr abgewandt wird von Gottes Wort und Lehre, um auf die Eingebungen des eigenen Herzens oder auf die Stimme der Menschen zu hören! Dies führt die Hörer unter ein hartes Joch und in Götzendienst und Verderben. Wie lieblich und gesegnet dagegen ist die lebendig- und seligmachende Stimme des Evangeliums, die ja die Stimme des Herrn Jesus, des guten Hirten, selbst ist! Sie führt den, der auf sie hört und ihr gehorcht, zu Heil und Frieden, zur wahren Freiheit und zum ewigen Leben. Jedoch gab es und gibt es zu allen Zeiten, seit dem finsteren Mittelalter bis auf den heutigen Tag, auch in dem dunklen „Thyatira", in der römischen Kirche, so abtrünnig sie ist, erlöste Seelen, die der Herr als die Seinen liebt und anerkennt, wenn es Ihm auch gewiß schmerzlich ist, daß sie in einer solchen Verbindung und Umgebung stehen. Wie wertvoll ist das Wort, das der Apostel gerade im Blick auf die damals noch künftige, nun aber in so großem Maße vorhandene Verwirrung und geistliche Finsternis in der Christenheit sagt: „Der Herr kennt, die sein sind" (2. Tim. 2, 19).

Der Herr wendet sich, nachdem Er das verderbte System der Gemeinde zu Thyatira und das böse Treiben der Jesabel in ihr, wie wir sahen, genügend gekennzeichnet hat, an einen Überrest, der inmitten des Systems verblieb, weil er das Böse darin nicht erkannte, vor allem auch nicht den satanischen Ursprung desselben. Er schreibt ihnen: *„Euch aber sage ich, den übrigen, die zu Thyatira sind, so viele diese Lehre nicht haben, welche die Tiefen des Satan, wie sie sagen, nicht erkannt haben: Ich will keine andere Last auf euch werfen; doch was ihr habt, das haltet fest, bis ich komme"* (V. 24. 25).

Gott hatte und hat also in der Mitte von Thyatira, „der Weihrauchspenderin", wie ihr Name heißt, die mit ihrem Pomp, ihrer Heiligen- und Reliquienverehrung, ihrem äußeren Zeremonien-, Werk- und Bilderdienst, ihrem Ablaßkram, Meßopfer und Marienkult leider der Person des Sohnes Gottes und Seinem ein für allemal vollbrachten und vollkommenen Erlösungswerk nicht den rechten und allein gebührenden Platz einräumt, auch noch eine Schar von wahrhaft gläubigen Seelen, die in ihrer Kindes- und Herzenseinfalt „die Tiefen des Satan nicht erkannt" haben und erkennen. Sie hängen heilsverlangend an der Person und dem Werk des Herrn und Heilandes; und alles andere erkennen und verstehen und begehren sie nicht. In Christus allein, dem Gekreuzigten, suchen sie mit Recht das zu finden, was ihr Gewissen und Herz begehrt: Vergebung der Schuld und Barmherzigkeit und Trost für den Weg durch die rauhe, böse Welt zur Ewigkeit. Auf diese Gläubigen nun will der Herr „keine andere

Last werfen"; sie sind ja ohnehin genug beschwert. Ihnen fehlt ja durchweg aus Mangel an genügender und klarer Schrift- und Heilserkenntnis der volle, göttliche Frieden und die Gewißheit des Heils, welche das teure Evangelium doch jedem wahrhaft gläubigen Christen verleiht.

Zwei Dinge noch können wir den obigen Worten des Herrn an die „übrigen" entnehmen. Zunächst dies, daß der Herr nicht mehr die ganze Kirche anerkennt als Sein Zeugnis, sondern nur noch einen Überrest darin. Und weiter noch: Thyatira wird als kirchliches System neben den drei folgenden Gemeinden Sardes, Philadelphia und Laodicäa bestehen bleiben bis zur Wiederkunft Christi. Denn Er sagt in obigen Worten: „Was ihr habt, das haltet fest, bis ich komme." Das volle Gericht über Thyatira wird erst nach der weiteren Entwicklung und vollen Ausreifung des Bösen stattfinden und ist uns gegen Ende des Buches der Offenbarung berichtet.*) Thyatira wird, da sie, wie wir dies in Vers 21 sehen, „nicht Buße tun will", vorangehen im Bösen, bis Christus zum Gericht kommt.

Bemerkenswert ist auch, daß in dem Sendschreiben an Thyatira zum erstenmal (wie nachher in den drei folgenden Sendschreiben) das Wort: „Wer ein Ohr hat, der höre usw.", nicht mehr vor der Belohnung steht, die dem Überwinder verheißen ist, sondern erst nachher, also erst ganz am Schluß (vgl. Offb. 2, 7. 11. 17 mit 2, 29 und 3, 6. 13). Auch dieser Umstand zeigt, daß der Herr von der Gesamtheit der christlichen Kirche keine Umkehr und Heilung oder Herstellung mehr erwartet, indem Er sich nur noch an die einzelnen wendet. Bis dahin war der Überwinder oder das hörende Ohr doch noch in Verbindung mit dem Gesamtzeugnis der Kirche gedacht, jetzt aber steht das hörende Ohr allein und für sich da.

Der Herr ruft also den Überwindern in Thyatira zu: „Was ihr habt, das haltet fest, bis ich komme!" Wenn der Leser

*) Es ist das in Kap. 17 und 18 beschriebene Gericht über „Babylon, die Große". Es scheint so, daß sich christliche und nicht-christliche religiöse Benennungen unter der Führung Roms zusammenschließen und zu „Babylon, der Großen" werden.

beachtet, was wir oben von manchen einfältigen Seelen in Thyatira gesagt haben, so versteht er diesen Zuruf des Herrn gut. In Wahrheit besitzen oder „haben" diese Seelen etwas, was wert ist, festgehalten zu werden. Sie halten fest, daß die Bibel das ewige Wort Gottes ist, und daß der Herr Jesus Christus der ewige Sohn Gottes ist, während Zehntausende, vielleicht Millionen sogenannter Protestanten unter der Leitung ihrer freisinnigen modernen Theologie, Professoren und Lehrer diese herrlichen Wahrheiten von der Inspiration der Heiligen Schrift und von der Gottheit Jesu Christi, Seinem Opfertod und Seiner Auferstehung schnöde leugnen und verwerfen. – Und wie ermunternd ist es für diese „Überwinder", zu hören, daß Christus, der für sie am Kreuz hing, den sie lieben, wiederkommt.

Wenn der Herr dann sagt: *„Wer überwindet und meine Werke bewahrt bis ans Ende"*, so stellt Er selbst sich den Überwindern als Vorbild hin. Nie offenbarte Christus Seine Macht oder tat Er Werke, um hier, in der gefallenen Welt, für sich Gunst und Ansehen zu erlangen. Nein, der Herr Jesus tat nur, was der Vater Ihn tun hieß. Er suchte nie Seine eigene Ehre, sondern in all Seinen Werken trachtete Er nur nach der Verherrlichung des Vaters. Und hierin dürfen die „Überwinder" Ihm ähnlich sein. Sind wir Ihm ähnlich? Es gilt, *bis ans Ende* „Seine Werke zu bewahren". In welch schrecklichem Gegensatz zu Christus steht aber Thyatira mit Jesabel, die in dieser Welt unter der Tiara (Papstkrone) zu herrschen begehrt und mit Fürsten und Königen um die Herrschaft streitet, und zwar, wie in den endlosen Fehden des dunklen Mittelalters zwischen Päpsten und Kaisern, so noch heute, wenn auch nicht so augenfällig.

Die wahren Gläubigen haben mit Christus ihr Teil nicht auf Erden; ihr Reich ist nicht von dieser Welt. Sie werden aber dann, wenn Er regiert, mit Ihm die Krone und Herrschaft teilen. Sie werden Ihn begleiten, wenn Er kommt, um die Welt zu richten und, wie es im 2. Psalm geweissagt ist, die Nationen zu beugen und „mit eiserner Rute zu weiden". Die Erlösten des Herrn werden in der Tat einmal auf Erden die Oberhand haben und hier herrschen; aber so soll es nicht in der Jetztzeit sein, in der Zeit der Verwerfung ihres Erlösers. Jetzt gilt es, mit Ihm Schmach zu tragen und später erst die Krone, wenn ihr Erlöser als der Messiaskönig, ja, als der „Herr der Herren" und „König der Könige" auf Erden herrschen wird. So ist es ihnen auch im Sendschreiben an Thyatira geweissagt.

Weiter ruft der Herr jedem Überwinder in Thyatira zu: *„Ich will ihm den Morgenstern geben."* Dies ist weitaus das Köstlichste in der Verheißung für ein Herz, das Jesum liebt. Er stellt mit diesen Worten Seine Ankunft in Aussicht, wie auch schon in Vers 25: „Was ihr habt, haltet fest, bis ich komme!" Er selbst ist der helle „glänzende Morgenstern" in Seiner himmlischen Schönheit. Als solcher stellt Er sich den Herzen der Seinen vor als ihre Hoffnung während ihrer Wallfahrt und Wartezeit auf Erden. Als solcher kündigt Er sich Seiner Braut, der Gesamtheit Seiner Gläubigen, an, während sie in dieser dunklen Zeit, wie in der Nacht, Ihm entgegengeht. Und sie ihrerseits ruft Ihm entgegen: „Komm!" „Amen; komm, Herr Jesus!" (Offb. 22, 16. 17. 20.)

Als die „Sonne der Gerechtigkeit" wird Jesus Christus mit der Glut Seines Zornes über die Welt kommen (Mal. 4). Als der „Morgenstern", der vor der Sonne am Himmel erscheint, holt Er vor dem Ausbruch der Gerichte Seine Braut, die Gemeinde, in den Himmel. Und auch die Überwinder in Thyatira, sowie alle, die in der Gnadenzeit zu Christus kommen, gehören zu dieser Braut.

Beachtenswert ist, daß der Herr in den ersten drei Sendschreiben zur allgemeinen Buße und Rückkehr zum ersten Zustand auffordert, während Er in Thyatira zum erstenmal und in den kommenden Sendschreiben den Blick in die Zukunft richtet. Er erwartet keine allgemeine Besserung oder Wiederherstellung der Kirche, sondern erweckt, tröstet und ermuntert alle, die ein Ohr für Seine Stimme haben, durch den Hinweis auf Seine Wiederkunft.

Betrachten wir nun das Sendschreiben an

Sardes.

„Dieses sagt, der die sieben Geister Gottes hat und die sieben Sterne: Ich kenne deine Werke, daß du den Namen hast, daß du lebest und bist tot. Sei wachsam und stärke das Übrige, das sterben will; denn ich habe deine Werke nicht völlig erfunden vor meinem Gott. Gedenke nun, wie du empfangen und gehört hast, und bewahre es und tue Buße. Wenn du nun nicht wachen wirst, so werde ich über dich kommen wie ein Dieb, und du wirst nicht wissen, um welche Stunde ich über dich kommen werde. Aber du hast einige wenige Namen in Sardes, die ihre Kleider nicht besudelt haben; und sie werden mit mir einhergehen in weißen Kleidern, denn sie sind es wert. Wer überwindet, der wird mit weißen Kleidern bekleidet werden, und ich werde seinen Namen nicht auslöschen aus dem Buch des Lebens und werde seinen Namen bekennen vor meinem Vater und vor seinen Engeln. – Wer ein Ohr hat, höre, was der Geist den Versammlungen sagt!" (Offb. 3, 1–6.)

Mit Sardes, der fünften Gemeinde, beginnt ein Neues; der Name Sardes meint nach hebräischer Deutung „Überrest" oder „ein Entronnenes". Wir haben in ihr die Geschichte des Protestantismus vor uns, wie er mit dem 16. Jahrhundert anhebt. Es ist hier ein neuer Anfang, wie dies auch aus der Anrede an Sardes hervorgeht. Der Herr stellt sich nämlich der Gemeinde in Sardes in ähnlicher Weise vor, wie im Anfang der Kirche der ersten Gemeinde. Er sagt: *„Dieses sagt, der die sieben Geister Gottes hat und die sieben Sterne" (3, 1; vergl. dazu 2, 1!)*

Wohl „hält" Jesus hier die sieben Sterne nicht „in Seiner Rechten" wie dort. Es ist nicht mehr die erste Machtentfaltung da; aber der Herr selbst ist noch immer da, Er hat noch immer die sieben Sterne, die höchste Autorität über die Gemeinde oder Kirche. Und zum Trost aller, die Ohren haben, um zu hören, was der Geist den Versammlungen zu sagen hat, erklärt Er, daß Er „die sieben Geister hat", d. h. daß beim Herrn noch immer alle Fülle des Geistes und der Gnade und des Segens zu finden ist. Es ist also nicht nötig, zu verzagen und zu ermatten oder aufzuhören, ein Zeugnis für Ihn zu sein; niemand braucht zu Schanden zu werden, der auf Ihn hört und auf Ihn vertraut!

Aber zu keiner Gemeinde muß der Herr, das Haupt der Kirche, so ernste Worte reden wie zu Sardes. Nur zu Laodicäa, die das letzte und traurigste Stadium der bekennenden Kirche auf Erden bezeichnet, kurz bevor sie „ausgespien" wird, d. h. ehe der Herr sich völlig von ihr lossagt, redet Er noch ernstere Worte. Wir hören Ihn zu Sardes sagen: *„Ich kenne deine Werke, daß du den Namen hast, daß du lebest und bist — tot."* Welch ein schreckliches Wort aus dem Munde dessen, der der gerechte Richter ist, dessen Augen wie Feuerflammen sind, der Herz und Nieren prüft! Gegen Sein Urteil und Gericht gibt's keine Berufung in Zeit und Ewigkeit.

Welch ein herrliches und großes Werk tat Gott in der evangelischen Reformation! Der Herr, der „die sieben Geister Gottes hat und die sieben Sterne", hatte ein Neues gewirkt, hatte Sein ewiges, teures Wort, die Heilige Schrift, dem Volk wiedergegeben, die Quelle des Lichts und Heils; Er hatte Seine Gnade und Wahrheit, die Er heilbringend allen gebracht, den Herzen neu vor Augen gestellt und sie belehrt, daß der Mensch nicht durch Gesetzeswerke, sondern durch den Glauben an das vollkommene, ewig vollgültige Opfer von Golgatha gerechtfertigt und errettet wird. Und Gottes Wort wurde wieder als die Richtschnur des Glaubens und Lebens anerkannt.

Ja, welch ein herrlicher Anfang, welch ein großes und gesegnetes Werk von Gott war die Reformation! Aber der Fortgang entsprach dem Anfang nicht. War die Reformation ohne Frage ein Werk Gottes, so ist der Protestantismus*) ebenso sicher ein Werk von Menschen. Der Geist des Herrn begann das Werk; der Wille des Menschen, das Fleisch, setzte es fort. Gott ließ alle hören, daß der Mensch nicht aus eigenen Werken gerechtfertigt wird und nur durch Jesu Christi Opfer in den Himmel kommt.

*) Der Name Protestant rührt her von der Protestation (dem Einspruch), den die evangelischen Stände 1529 gegen den Reichstagsbeschluß von Speyer, wonach alle kirchlichen Reformen verboten sein sollten, einlegten. Nachher wurden alle Anhänger der Reformation Protestanten genannt.

Die große Masse des Volkes griff zu und nahm „die neue Lehre" an, wie man sie nannte, aber sie blieb dabei – mit Ausnahme eines kleinen Teiles – geistlich tot. Da war keine wahre Buße zu Gott, kein lebendiger Glaube an den Herrn Jesus Christus und darum keine Herzenserneuerung. Die Masse der Bekenner blieb ohne Geist und Leben.

Fürsten und Völker nahmen im großen und ganzen ein Glaubensbekenntnis an ohne Glauben, ohne Jesus und Sein Heil. Sie waren wohl ausgegangen aus Babel und seinen Fesseln und erhoben Protest gegen sie, aber sie waren nicht eingegangen in das göttliche Licht und Leben. Das Volk hatte ein orthodoxes oder biblisches Bekenntnis angenommen – „einen Namen, daß du lebest" –, aber im großen und ganzen war und blieb es – „tot".

Der Herr hat in Sardes zwar nichts zu tadeln über böse Lehren oder gottlose Verderbnis. Diese hatte die Prophetin Jesabel in Thyatira eingeführt, und aus ihr ging Sardes infolge einer Reformation hervor. Aber es fehlte dabei der Masse an göttlichem Leben und geistlicher Tatkraft. Der Herr ruft Sardes tiefbetrübt zu: *„Ich kenne deine Werke, daß du den Namen hast, daß du lebest und bist tot. Sei wachsam* (eigentlich: werde wachend, d. h. wache auf!) *und stärke das Übrige, das sterben will; denn ich habe deine Werke nicht völlig erfunden vor meinem Gott!"*

Es war wohl in Sardes — im Gegensatz zu Thyatira — ein orthodoxes, d. h. rechtgläubiges, biblisches Bekenntnis, aber es fehlte den meisten Bekennern das göttliche Leben, das durch die wiedergebärende Kraft des Wortes Gottes und des Heiligen Geistes hervorgebracht wird. Und weil das Leben und der lebendige Glaube fehlten, war es ganz begreiflich, daß auch „die Werke nicht völlig" erfunden wurden. – Orthodoxe Glaubensbekenntnisse genügen nicht vor Gott und geben keine Kraft. – Sardes soll aufwachen, um das, was sterben will, zu befestigen.

Wenn nun auch Sardes im großen Ganzen durch den Tod gekennzeichnet war, so waren doch noch Lebenskeime und Segenskanäle da, die aber, weil es an Leben und Energie gebrach, ersterben und versiegen wollten.

Der Herr fordert darum den Engel zu Sardes auf, sich aufzuraffen, um das zu erhalten und zu stärken, was noch an Leben und Segen vorhanden ist.

Und weiter ruft der Herr noch Sardes zu: *„Gedenke nun, wie du empfangen und gehört hast und tue Buße!"*

Mit diesen Worten erinnert der Herr die protestantische Kirche an den schönen Anfang, den Er gegeben hatte; Er hatte ein Neues gewirkt. Nach den dunklen Jahrhunderten des Mittelalters hatte Er in Gnaden eine neue Zeit herbeigeführt. Und was war es, das sie aus Gnaden „empfangen" und „gehört" hatten? Es war Gottes ewiges Wort, Seine untrügliche Wahrheit. – An dieses beides nun, wie sie „empfangen" und „gehört" hatten, an Gottes Gnade und Wahrheit also, sollten sie gedenken und dann Buße tun.

Aber hat Sardes daran gedacht, und hat es den verliehenen Segen, Gottes Gnade und Wahrheit, in Dankbarkeit festgehalten oder Buße getan? Nein! Wohl sind die Bekenntnisschriften der Reformatoren geblieben, aber Bekenntnisschriften sind nicht Leben, wenn sie auch denen, die sie angenommen haben, den Schein oder Namen geben, daß sie leben.

Und selbst an den orthodoxen Bekenntnisschriften der Reformatoren rütteln heute in Sardes Professoren der Theologie an den Universitäten und mit ihnen weithin auch die Prediger in den Kirchen und die Religionslehrer an den höheren Lehranstalten und an den Volksschulen. Nur wenige allgemein anerkannte Führer in der theologischen Wissenschaft von Sardes glauben noch an die göttliche Eingebung der Heiligen Schrift, die doch durch Gottes Gnade seit der Reformation wieder als der Grund und die alleinige Richtschnur in Glaubenssachen anerkannt worden war. – Zugleich wird von vielen Leitern und Lehrern in Sardes die Gottheit Jesu Christi geleugnet, Sein Opfertod am Kreuze, die ewige Erlösung durch Sein Blut, Seine siegreiche Auferstehung, Seine Wiederkunft zum Gericht. Und fern davon, darüber Buße tun zu wollen, wird in den protestantischen Volkskirchen die Abkehr von Gottes Wort immer deutlicher.

Und was sagt der Herr dazu? „*Wenn du nun nicht wachen wirst, so werde ich über dich kommen wie ein Dieb, und du wirst nicht wissen, um welche Stunde ich über dich kommen werde.*"

Siebenmal, mit Einschluß dieser Stelle, lesen wir im Neuen Testament, daß der Herr über die Welt kommen werde, „wie ein Dieb", d. h. ganz unerwartet und in der Nacht. Aber für die Seinen will Er nicht so kommen, sondern von ihnen freudig erwartet und ersehnt als der Bräutigam, als der „glänzende Morgenstern", der die Wartenden, Wachenden ins Vaterhaus führt (Joh. 14, 3; Offbg. 3, 10; 22, 16 und 17).

Daß aber der Herr Jesus zu Sardes von Seinem Kommen redet als dem Kommen eines Diebes, zeigt, daß Er Sardes im ganzen nicht als zu Seiner Braut gehörig betrachten und behandeln kann, sondern als zur Welt gehörig (1. Thess. 5, 1–3). Und ist nicht in Sardes die Welt am Ruder? Während *Thyatira* (die Papstkirche) widerrechtlich nach der *Herrschaft* strebt *über die Welt*, sehen wir in *Sardes* (in den protestantischen Volkskirchen) das Gegenteil: die *Welt herrscht über die Kirche.* – Beides ist verkehrt. Welt und Kirche sind nach Gottes Gedanken zwei ganz verschiedene Begriffe und Gebiete, die säuberlich voneinander getrennt und geschieden bleiben sollten. Wohl warf die Kirche zur Zeit der Reformation ein schweres Joch ab, aber die Landesfürsten, welche die Klöster entleerten und die aufgehäuften Kirchengüter einzogen, wurden die Herren der Kirche. Und bis zu dieser Stunde gehört jeder Getaufte und Konfirmierte im Land zur Kirche. Von der Wiedergeburt und dem Geist Christi, ohne welchen doch niemand zu Christus und zu Seiner Kirche oder Gemeinde gehört, wird die Zugehörigkeit zur Volkskirche denn auch nicht im geringsten abhängig gemacht.

Doch auch hier in Sardes hören wir ein gesegnetes „aber": „*Aber du hast einige wenige Namen in Sardes, die ihre Kleider nicht besudelt haben; und sie werden mit mir einhergehen in weißen Kleidern, denn sie sind es wert."*

Das Wort Gottes, das in der Reformation Sardes wiedergegeben worden, ist wahrlich hier nicht fruchtleer geblieben. Hin und wieder wurden viele Seelen durch „den unvergänglichen Samen" des Wortes Gottes wiedergeboren (1. Petr. 1, 22 u. 23). Sie erlangten durch den Glauben an den Sohn Gottes und an Sein teures Opfer göttliches Leben und das Kleid der göttlichen Gerechtigkeit. Diese alle begnügen sich nicht mit dem Namen und dem orthodoxen Bekenntnis. Sie haben Leben aus Gott und Seine Gerechtigkeit in Christus Jesus erlangt und wandeln nun mit Gott.

Ja, auch in „Sardes", welches das prophetische Bild der protestantischen Kirche ist, hat Gott Seelen, die durch Sein teures Wort und Seinen Geist *erneuert* oder *wiedergeboren* sind. Sie sind Gottes Kinder, „die ihre Kleider nicht besudelt haben". Diese alle gehören dem Herrn Jesus an, der die Seinen überall kennt; und sie werden ewig mit Ihm im Himmel sein. Sie werden mit Ihm „in weißen Kleidern einhergehen; denn sie sind es wert". Sie haben ihre Kleider gewaschen im Blut des Lammes und sind mit Ihm durch die böse, abtrünnige Welt vorangegangen. Sie sind lebendige, wahrhaft wiedergeborene Christen inmitten eines weltlichen Bekenntnisses. Sie werden auch geächtet sein bei denen, die „den Namen haben, daß sie leben und sind tot", deren Namen wohl in den Kirchenbüchern, nicht aber in Gottes „Buch des Lebens" zu finden sind.

„Wer überwindet", so sagt der Herr den Seinen in Sardes, *„der wird mit weißen Kleidern bekleidet werden; und ich will seinen Namen nicht auslöschen aus dem Buch des Lebens und will seinen Namen bekennen vor meinem Vater und vor seinen Engeln."*

Was immer diese Gläubigen inmitten des toten weltlichen Bekenntnisses an Verachtung erfahren haben mögen, der Herr wird sie, wenn Er einst erscheinen wird, öffentlich ehren mit dem Schmuck der Gerechtigkeit Seiner Treuen (Offbg. 19, 7 u. 8). Er hat alle Namen Seiner Frommen unauslöschlich in Seinem

„Buch des Lebens" stehen und wird sie auch vor Seinem Vater und vor Seinen Engeln bekennen als Gottes Kinder, die durch Sein Wort und Seinen Geist wiedergeboren und versiegelt waren.

Der Herr sagt: *„Wer überwindet, wird mit mir in weißen Kleidern gehen."* Sind wir „Überwinder"? Gilt auch uns inmitten einer gleichgültigen, toten Christenheit das Wort Gottes und der Name des Sohnes Gottes und Sein Zeugnis mehr als alle Weisheit und Ehre bei den Menschen? – *„Wer ein Ohr hat, höre, was der Geist den Versammlungen sagt!"*

Der Herr wendet sich nun an

Philadelphia.

„Dieses sagt der Heilige, der Wahrhaftige, der den Schlüssel des David hat, der da öffnet und niemand wird schließen, und schließt und niemand wird öffnen: Ich kenne deine Werke. Siehe, ich habe vor dir gegeben eine geöffnete Tür, die niemand zu schließen vermag, denn du hast eine kleine Kraft und hast mein Wort bewahrt und hast meinen Namen nicht verleugnet. Siehe, ich gebe aus der Synagoge des Satan von denen, welche sagen, sie seien Juden und sind es nicht, sondern lügen; siehe, ich werde machen, daß sie kommen werden und huldigen vor deinen Füßen und erkennen, daß ich dich geliebt habe. Weil du das Wort meines Ausharrens bewahrt hast, so werde auch ich dich bewahren vor der Stunde der Versuchung, die über den ganzen Erdkreis kommen wird, um die zu versuchen, die auf der Erde wohnen. Ich komme bald; halte fest, was du hast, auf daß niemand deine Krone nehme! Wer überwindet, den werde ich zu einer Säule machen in dem Tempel meines Gottes, und er wird nie mehr hinausgehen; und ich werde auf ihn schreiben den Namen meines Gottes und den Namen der Stadt meines Gottes, des neuen Jerusalem, das aus dem Himmel herniederkommt von meinem Gott, und meinen neuen Namen. – Wer ein Ohr hat, höre, was der Geist den Versammlungen sagt!" (Offb. 3, 7–13.)

Überblicken wir der Reihe nach die sieben Gemeinden, die uns in ihrer Gesamtheit ein prophetisches Bild geben von der Entwicklung oder Geschichte der christlichen Kirche von ihrem Anfang bis zum Schluß, so finden wir in *Ephesus* den beginnenden *Verfall* der Kirche; in *Smyrna* darauf eine grausame, bittere, aber für das innere Leben der Kirche heilsame *Verfolgungszeit;* in *Pergamus,* nachdem Satan seinen Plan geändert, die Vereinigung der Kirche mit der Welt und damit ihre *Verweltlichung;* in *Thyatira* alsdann innere *Verderbtheit* und Hierarchie (Priesterherrschaft); in *Sardes,* trotz der in der Reformation empfangenen reichen Segnungen, bis auf einen kleinen Bruchteil nur tote Orthodoxie (äußere Rechtgläubigkeit) und *Scheinleben.*

In *Philadelphia* nun haben wir die *Gläubigen der Endzeit,* soweit sie inmitten der zunehmenden Ungerechtigkeit und der Gottentfremdung in der bekennenden Christenheit und kurz vor dem völligen Abfall der bekennenden Kirche ihre Zuflucht nehmen zur Person und zum ewigen Wort des Herrn Jesus, des Sohnes Gottes, und treu zu Ihm halten, wenn auch in kleiner Kraft. Es ist das letzte helle und gesegnete Aufleuchten des Zeugnisses des Herrn in der bekennenden Christenheit, ehe Er kommt, um Seine Braut (die Gesamtheit der wahren gläubigen Christen auf Erden) von hier abzurufen, so wie Er Henoch vor der großen Flut lebend gen Himmel nahm. Nach der Aufnahme der Braut 1. Thess. 4, 17 u. 1. Kor. 15, 51. 52) sagt sich nämlich der Herr völlig los von der lauen, toten und abtrünnigen Christenheit; Er »speit sie aus Seinem Munde aus", wie uns das in der nächsten oder siebenten Gemeinde, im Sendschreiben an Laodicäa, gezeigt wird.

Doch gehen wir nun näher ein auf das ermunternde, liebliche Sendschreiben an Philadelphia, deren Geschichte in unsere Zeit fällt.

Philadelphia, zu deutsch die Bruderliebe, lag gleichfalls in Kleinasien, und zwar in Lydien, südöstlich von Sardes. Ihren Namen erhielt die Stadt von dem König Atallus II. Philadelphus, der sie im Jahre 154 v. Chr. gründete. Sie hatte viel durch wiederholte Erdbeben zu leiden, aber sie blieb stehen. Zur Zeit der Apostel war sie eine der kleinsten und ärmsten Städte im Römi=

schen Reich. Aber der Herr der Herrlichkeit hatte dort eine kleine Versammlung von Gläubigen, die treu und unentwegt zu Ihm und Seinem Wort hielten. Und wie wunderbar, daß Er sie auch bewahrte vor dem Untergang, weil sie Seinen Namen und Sein Wort bewahrte, ganz nach Seiner Verheißung (Offb. 3, 10). Die kleine Stadt Philadelphia besteht noch heute (zur Zeit der Abfassung dieses Buches) während die übrigen kleinasiatischen Städte zerstört wurden und nur noch Trümmerfelder sind. Die Stürme der Mongolen und Türken, die ringsum alles verheerten, gingen an ihr gnädig vorüber, und sie besteht heute noch mit einer Gemeinde von etwa 2000 griechisch-katholischen, christlichen Bekennern. Ob und wieviele wahre, gläubige Christen darunter sind, wissen wir nicht. Die Stadt trägt heute den schönen türkischen Namen Allaschehr, d. h. die Gottesstadt.

Wie in allen Sendschreiben, so stellt sich auch hier der Herr der Versammlung in einem besonderen Charakter dar, ganz wie es den vorliegenden Zuständen entspricht. Hier nennt Er sich „der *Heilige*, der *Wahrhaftige*" (V. 7). Dies ist kein amtlicher Titel des Herrn, sondern nur eine Bezeichnung Seiner persönlichen Herrlichkeit und Vortrefflichkeit. So offenbarte Er sich selbst zu aller Zeit; Er ist heilig und wahr und treu: der Heilige und Wahrhaftige, welcher Treue hält, aber auch Heiligkeit und Wahrheit fordert von denen, die Sein sind. Heiligkeit und Wahrheit sollen ihren Pfad und ihr Zeugnis kennzeichnen, sollen ihre Richtschnur sein und ihr Schmuck im Wandel wie im Bekenntnis. Diese Worte Heiligkeit und Wahrheit erinnern uns an das herrliche Gebet des Herrn Jesus für die Seinen zu Gott, dem Vater: „Heiliger Vater, bewahre sie in deinem Namen!" „Heilige sie durch die Wahrheit, dein Wort ist Wahrheit" (Joh. 17). Und während die Gläubigen persönlich und gemeinsam den Herrn Jesus, ihren Erlöser und Herrn, als „den Heiligen und Wahrhaftigen" anerkennen und ehren, finden sie in Ihm auch inmitten des Verfalls und der Lauheit der toten Christenheit für ihre eigenen Herzen und für ihr Zeugnis Trost und Halt, Kraft und Ausharren!

Daß Jesus „der Heilige und Wahrhaftige" ist, kennzeichnet also Philadelphia; Heiligkeit und Wahrheit sind ihr Schmuck und ihre Kraft; darin besteht ihr ganzes Zeugnis. Fallen diese hin, so fällt das Zeugnis hin! Darum „wer den Namen des Herrn nennt, stehe ab von der Ungerechtigkeit!" (2. Tim. 2, 19.)

Neben dem schwachen Überrest der Gläubigen von Philadelphia, in deren Mitte – ihrem Namen entsprechend – neben der Heiligkeit und Wahrheit auch „die Bruderliebe" gefunden wurde, bestehen noch Pergamus, d. i. die orthodoxe Kirche; sodann die machtvolle, verfolgende Priesterkirche von Thyatira, die römische Kirche; ferner Sardes, welches die meist leblosen protestantischen Volkskirchen darstellt. Von diesen allen hat Philadelphia keine Anerkennung zu erwarten. Ja, käme es auf diese, besonders auf die beiden ersten kirchlichen Systeme an, so würde Philadelphia, welche sich frei und brüderlich um Jesus, ihren Herrn und Heiland, schart, bald erdrückt werden, und alle freien Gemeinschaftsbewegungen gläubiger Christen, wie wir sie nun seit vielen Jahrzehnten über die ganze Erde finden, wären unmöglich. Aber was sagt uns der Herr Jesus? *„Ich bin der Heilige und Wahrhaftige, der den Schlüssel des David hat, der da öffnet und niemand wird schließen, und schließt und niemand wird öffnen."* Und weiter: *„Ich habe vor dir gegeben eine geöffnete Tür, die niemand zu schließen vermag."* Was wird uns damit gesagt? – Während Sardes, die protestantische Kirche, als sie nach den dunklen Jahrhunderten des Mittelalters in Erscheinung trat, sich selbst die weltlichen Behörden als kirchliches Oberhaupt erkoren hat, weil ihr nur so ihre Erhaltung vor dem Untergang sicher schien, hat heute der Herr für Philadelphia, den schwachen Überrest, eine offene Tür gegeben: Er selbst ist ihr Schutz.

So hat der Herr sich in Philadelphia ein Zeugnis aufgerichtet inmitten des Verfalls der bekennenden Christenheit, noch kurz vor Seinem Kommen. Und dieses Zeugnis besteht darin, daß Seine kostbare Person, Er selbst, der „Heilige und Wahrhaftige", den Seinen teuer ist, daß Seine innigen Zuneigungen genossen und erwidert werden. Der Herr will das Herz! Ihm genügt es nicht, daß man Seinen Namen trage oder auch im christlichen Bekenntnis orthodox und korrekt sei und darum einen Namen hat, zu leben, dabei aber tot ist. Wenn der Herr der Herrlichkeit in Seiner kostbaren Person der Anziehungspunkt, Sammel= und Mittelpunkt der Herzen ist, dann ist ein Zeugnis für Ihn da in einer Welt, die Ihn nicht erkannt und darum verworfen hat und Ihn noch heute für nichts achtet. Auch brauchen diese Herzen sich nicht umzuschauen oder umzutun nach der Macht der Welt und nach den Menschen, um hier Schutz zu finden; denn Christus ist es, der „den Schlüssel des David" hat, „der da öffnet und niemand wird schließen". Der Herr ordnet in Seiner Vorsehung die Dinge so, daß das Zeugnis für Ihn in der feindlichen Welt und inmitten ernster Zustände und mannigfacher Schwierigkeiten bestehen kann, wenn Er auch in diesen bösen letzten Zeiten scheinbar die Dinge gehen läßt, wie sie gehen. Er steht hinter den Dingen und hält die Fäden in der Hand. Er war es auch, der einst vor David her aufschloß und ihm den Weg zum Thron bahnte, als alles in Israel im Verfall und gegen ihn war. Und aus Jesaja 22, 22, wo wir vom Schlüssel Davids hören, sehen wir, daß unter diesem Schlüssel das Recht der Verwaltung und Regierung, die in der Hand des Herrn liegt, zu verstehen ist. Als Er als Mensch auf Erden war, inmitten des abtrünnigen Israel und des feindlichen jüdischen Systems, tat Gott, der Türhüter, Ihm auf; und niemand konnte vor Ihm schließen, nicht Herodes, „der Fuchs", noch auch die Pharisäer und Schriftgelehrten und andere Feinde.

Aber es gab noch einen besonderen Grund dafür, daß der Herr vor „Philadelphia" die Tür auftat, wie Er sagt: „Ich habe vor dir gegeben eine geöffnete Tür, die niemand zu schließen vermag", diesen nämlich, daß Er sagen kann: „Ich kenne deine Werke" und: „du hast eine kleine Kraft".

Welch ein Trost, eine offene Tür zu haben und zu behalten! Mag der Charakter der Zeit und Welt noch so ernst und feindlich sein, und mag der Geist des Abfalls und des Antichristen=

tums sich geltend machen, und mögen die Dinge und Zeiten noch ernster werden, die Tür wird offen bleiben, bis der Herr kommt.

Der Herr verlangt nicht, daß wir geschlossene Türen stürmen und einrennen; dies ist auch heute nicht nötig; sie sind offen; auch wäre es uns bei der „kleinen Kraft" nicht möglich. Paulus und Petrus und die ersten Christen, und auch noch Martin Luther und Wilhelm Farel und andere, hatten in ihren Tagen mehr Kraft und Energie, als wir heute alle haben.

Wichtig ist nur, daß wir die „kleine Kraft", die der Herr uns gegeben, auch bis ans Ende verwerten für Ihn, und daß wir nicht mit der Zeit die Chrarakterzüge von Philadelphia und damit auch dessen Stellung und Zeugnis vor der Welt einbüßen durch Gleichgültigkeit, Weltlichkeit und Mangel an Liebe zum Herrn und Seinem Wort. Diese Gefahr besteht und droht dem Zeugnis der letzten Tage!

Wenn der Herr zu Philadelphia sagt: „Ich kenne deine Werke", so genügt diese Anerkennung. Seinen Augen entgehen sie nicht, und Seinem Herzen sind sie teuer, mag die Welt — sei sie religiös oder gottlos — sie nicht beachten oder gar verkennen und verurteilen. Wie schwach und unansehnlich stand auch Jeremia da in seiner Absonderung und in seinem Zeugnis inmitten des Ungehorsams und Verfalls des abtrünnigen Volkes Israel! Aber Jehova kannte Seines Zeugen Tun und Werk und ermunterte ihn: „Wenn du das Köstliche absonderst vom Gemeinen, so sollst du wie mein Mund sein. Jene sollen zu dir umkehren, du aber sollst nicht zu ihnen umkehren. Und ich werde dich diesem Volk zu einer festen, ehernen Mauer machen" (Jer. 15, 15—21). Und als in späteren Tagen der Herr in Seiner großen Gnade einen Überrest frommer Juden aus der babylonischen Gefangenschaft zurückkehren ließ, da war dieser auch ein kostbares Zeugnis vor Gott, wenn auch gar schwach und unansehnlich. Die Mauer, die dieser schwache Überrest um die zerstörte, aber heilige Stadt Jerusalem zog, war ein Gegenstand des Spottes und der Verachtung für die Feinde rings um sie her, aber ein Werk, das in der Kraft Gottes ausgeführt wurde und Ihm wohlgefällig war.

Ja, die Tage der großen Kraft und ersten Energie und Frische, wie sie einst zu Pfingsten in der Kirche Gottes zu sehen war, sind dahin. Aber das Auge des Herrn ist auch in den Tagen des Verfalls und der „kleinen Kraft" noch immer auf das Herz und den Pfad der Seinen gerichtet, und Er sucht Liebe und Treue bei ihnen. Wo diese aber sind, da ist Gehorsam und Segen, wenn er auch verborgen fließt.

Der Herr schreibt dann weiter der Gemeinde zu Philadelphia: *„Du hast mein Wort bewahrt und meinen Namen nicht verleugnet"* (V. 8).

Mancher mag denken, das sei nichts Besonderes oder Großes, was der Herr mit diesen Worten den dortigen Gläubigen zuruft. Aber wie herrlich ist dieses Zeugnis! Es ist viel mehr, als wenn der Herr an sie hätte schreiben können: „Du hast große Gaben in deiner Mitte, du verrichtest Wunder und Zeichen und hast großen Erfolg." Philadelphia, wie wir schon sagten, ist prophetisch betrachtet das Zeugnis des Herrn in der Endzeit inmitten des Verfalls der bekennenden Christenheit, kurz vor Seinem Kommen; wie Er denn auch in diesem Sendschreiben zum ersten Mal sagt: „Ich komme bald!"*)

Was aber kennzeichnet die gegenwärtige Zeit vor dem Kommen Christi? Hören wir, was der Apostel Paulus von ihr weissagt: „In den letzten Tagen werden schwere Zeiten kommen ... sie haben eine Form der Gottseligkeit, aber ihre Kraft verleugnen sie ... Böse Menschen und Gaukler (Betrüger) werden im Bösen fortschreiten, indem sie irreführen und irregeführt werden" (2. Tim. 3). Ist das nicht heute alles der Fall? Die Christenheit besteht im großen Ganzen heute aus geistlich toten Beken-

*) In den Evangelien sagt der Herr zu den Seinen nur, daß Er wiederkommen werde; auch in den Briefen der Apostel fehlt das Wörtchen „bald". Hier in Philadelphia, dem prophetischen Bild der Gläubigen unserer Zeit, sagt Er: „Ich komme bald!" Und zum Schluß wiederholt Er das Wort (Off. 22, 7. 12. 20).

nern, bloßen *Namenchristen,* die nur eine Form der Gottseligkeit haben ohne göttliches Leben und darum auch ohne die weltüberwindende Kraft der Gottseligkeit. Ferner wird unsere Zeit gekennzeichnet durch die vielen *Irrlehren,* ganz wie der Apostel in der oben angeführten Weissagung schreibt: „Böse Menschen werden fortschreiten, indem sie irreführen (oder verführen) und irregeführt werden." Wo aber liegt die Sicherheit und Bewahrung vor dem geistlichen Tod und der bloßen Form und vor den Irrlehren und Verführern ohne Zahl? In der Wertschätzung des kostbaren Namens, d. i. der Person des Herrn Jesus, und im unerschütterlichen Festhalten an Seinem Wort. Darum sagt der Apostel Paulus gleich bei seiner Weissagung von den „schweren Zeiten", in denen wir heute leben: „Du aber bleibe in dem, was du gelernt hast . . ., weil du von Kind auf die heiligen Schriften kennst, die vermögend sind, dich weise zu machen zur Seligkeit . . . Alle Schrift ist von Gott eingegeben und nütze zur Lehre, zur Überführung, zur Zurechtweisung, zur Unterweisung in der Gerechtigkeit, auf daß der Mensch Gottes vollkommen sei, zu jedem guten Werke völlig geschickt" (2. Tim. 3, 14–17).

Ebenso schreibt der Apostel Judas in seiner kurzen prophetischen Epistel, darin er von der ernsten Endzeit redet, daß die gläubigen Christen für den „einmal den Heiligen überlieferten Glauben kämpfen" sollen, d. h. für die reine Lehre, welche die ersten Christen von Gott empfingen und festhielten. Das Wort Gottes ist Wehr und Waffe, um für die Wahrheit zu streiten; zugleich ist das Wort Gottes selbst die Wahrheit (Joh. 17, 17). Weiter ruft Judas den Gläubigen zu: „Erbauet euch selbst auf euren allerheiligsten Glauben!" Auch hier werden wir wieder hingewiesen auf das *Wort Gottes.* Das geschriebene Wort, die Bibel, ist zugleich *Schwert* und *Kelle* für uns in unseren bösen Tagen. Mit dem Schwert sollen wir „kämpfen", und mit der Kelle sollen wir „bauen" (Judas, Verse 3 und 20). Beides ist heute so nötig für alle Gläubigen, wenn sie das Zeugnis Gottes in den Tagen des Verfalls sein wollen, wie in Nehemias Tagen, als ein frommer Überrest aus Israel, der aus dem babylonischen

Exil ins Land der Väter zurückgekehrt war, in der einen Hand die Waffe hatte, Schwert und Spieß, um die Angriffe der Feinde abzuwehren, und mit der anderen Hand Hammer und Kelle führte, um zu bauen (Neh. 4, 17. 18).

Glückselig daher der einzelne Gläubige und glückselig jede Schar oder Anzahl von Gläubigen, welchen der Sohn Gottes, der inmitten der sieben goldenen Leuchter wandelt und genau von allem Kenntnis nimmt, in diesen Tagen des Verfalls und des sich anbahnenden völligen Abfalls einzeln oder gemeinsam zurufen kann: „Du hast mein Wort bewahrt!"

Wie wichtig ist es also, daß der Christ sich völlig dem Wort Gottes unterwirft und es im Herzen und Leben treu bewahrt. Auf der einen Seite herrscht heute der Aberglaube, wie wir das besonders in der römischen Kirche finden, wo die zahllosen menschlichen Überlieferungen das einfache, heilbringende Evangelium überwuchern und das Wort Gottes beiseite schieben, so daß die Bibel dort ein praktisch zum Schweigen gebrachtes Buch geworden ist. Auf der anderen Seite schreitet der Unglaube frech einher, wie wir das vornehmlich in der protestantischen Kirche sehen, wo manche Professoren der Theologie viel Fleiß und ihre ganze Autorität anwenden, um das untrügliche Wort Gottes vor ihren Zuhörern, den künftigen Predigern, und selbst vor dem ganzen Volk seiner göttlichen Autorität zu entkleiden. Ja, sie versuchen, es als ein rein menschliches Buch zu zerstücken und zu zerpflücken. Arme Theologie, armes Christenvolk, das auf sie hört!

Und außer diesem mächtigen *Aberglauben* und dem herrschenden *Unglauben* finden zahllose *Irrlehren* allenthalben Eingang: Irrlehren der „Heiligen der letzten Tage" und der Irvingianer, besonders derjenigen der neuen Ordnung, der Adventisten, der „Tagesanbruchleute" und „Zeugen Jehovas" und andere Geister, durch welche Tausende von Seelen verwundet und tödlich vergiftet werden. Es ist also nichts Geringes, wenn der Herr der Herrlichkeit den Seinen, die noch auf die Heilige Schrift allein als auf das ewige, unverbrüchliche Wort Gottes ihr Seelenheil gründen und es hoch über alles stellen und in Glaubenssachen ganz allein gelten lassen, zuruft: ,,Du hast mein Wort bewahrt!"

Wie nötig ferner auch, daß wir das Wort Gottes nicht nur täglich lesen und erforschen hinsichtlich des Heils und der Erlösung, sondern auch hinsichtlich des täglichen Pfades durch die Welt, sei es in irdischen oder geistlichen Angelegenheiten, es täglich befragen und befolgen. Ein Zeugnis für den Herrn Jesus kann nur der treue Christ sein, der in allen Dingen fragt: „Was sagt das Wort Gottes? Was sagt mein Herr und Heiland?" Nach dem allein, was Er uns sagt, was im Wort Gottes geschrieben steht, dürfen wir uns richten und bilden, mögen andere um uns her ihren Vernunftschlüssen folgen oder einer angesehenen religiösen Form und Einrichtung.

Wie leicht kann selbst der Besitz und die Erkenntnis der göttlichen Wahrheit und die äußere Absonderung von der Welt und ihrer Religion wiederum zu einer kraftlosen Form werden, indem das Herz gleichgültig wird und der Wandel weltförmig! Man glaubt, mehr zu besitzen an geistlichen Gütern als andere und ist dabei kurzsichtig geworden über sich selbst und hochmütig im Urteil über andere Christen, die vielleicht weniger Licht und Erkenntnis, aber mehr Ernst und Treue im praktischen Wandel und in der Hingabe an den Herrn wie in der Liebe zu den Verlorenen beweisen. Laßt uns immer bedenken, daß man nur solange und nur insoweit zu Philadelphia gehört, als man in der *Gesinnung* und im praktischen *Wandel* und *Verhalten* die hier vom Herrn anerkannten Eigenschaften wirklich besitzt!

Der Herr rühmt ferner von Philadelphia: „Du hast meinen Namen nicht verleugnet!" Es heißt dies soviel, als wenn der Herr Jesus sagen würde: „Du hast Mich in der Welt, die Mich, den Sohn Gottes, gehaßt und verworfen hat, nicht verleugnet; du hast Mich als deinen Erlöser im Glauben ergriffen und Mich als deinen Herrn und Führer inmitten der feindlichen Welt anerkannt und geehrt und dich treu zu Mir bekannt, und nur zu Mir. Ich war genug für dich."

Wie kostbar ist der Name Jesu! Welche Fülle wohnt in Ihm!

Wer Ihn anruft, wird errettet; im Glauben an Seinen Namen hat die Seele Vergebung und Frieden und ewiges Leben gefunden, und in Seinem Namen überwindet sie jeden Feind und jede Gefahr. Möge denn auch uns der Name Jesu kostbar sein und bleiben über jeden Namen! Wie stolz sind oft die Menschen darauf, zu dieser oder jener Kirche zu gehören oder zu diesem oder jenem Mann und Verein; aber kann dies sie retten? Ach nein; sie sind betrogen, wenn nicht Jesus selbst ihres Herzens Halt und Heil, ihr Trost und Teil, ihre Kraft und Zuversicht ist für Zeit und Ewigkeit.

Philadelphia ist also deshalb das treue Zeugnis Gottes in der Welt und hat deshalb die volle Anerkennung des Herrn Jesus inmitten des Verfalls der bekennenden Christenheit, weil Er zu ihr sagen kann: „Du hast mein Wort bewahrt und meinen Namen nicht verleugnet!"

Das treue Festhalten an Jesu Wort und Namen, d. h. an Ihm selbst, hat solch hohen und einzigen Wert für Gott! Kein Christ gehört praktisch zu Philadelphia, d. h. gehört zu dem Zeugnis des Herrn in dieser Zeit des Verfalls und Abfalls, dem Jesus nicht auch persönlich dieses Zeugnis ausstellen kann. Er will Wirklichkeit sehen im Herzen und im praktischen Leben. Und Sein liebendes Herz befriedigt nichts anderes als eine freudige und dankbare Hingabe des Herzens und Lebens an Ihn. Das sahen wir schon im ersten Sendschreiben, wo Er klagen mußte: „Du hast deine erste Liebe verlassen!" Wenn unser Herz ganz für Ihn schlägt, dann wird unser praktischer Weg und Wandel in Tat und Wahrheit Seinem heiligen Wort entsprechen. Freudiger Gehorsam gegen Sein Wort, das Halten Seiner Gebote wird unseren täglichen Pfad kennzeichnen bis ans Ende. Der Herr verheißt herrliche Belohnungen für solche Treue.

Die *aus der Synagoge des Satan, welche vorgeben, Juden zu sein und es doch nicht sind,* sollen einst sich beugen und werden anerkennen müssen, wie teuer und wert Philadelphia dem Herzen Christi auf Erden war. Wie hoch dünkt sich „die Kirche", Thyatira, oder auch Sardes, die den Namen hat, zu leben und ist tot, die in ihrer Form und Einrichtung so vieles hat, das noch zum Kultus und den Schatten der Juden gehört, ohne daß sie Juden sind!*) Sie alle aber werden einst beschämt erkennen müssen, wie das von ihnen tief verachtete Häuflein von treuen Gläubigen hin und her auf Erden vom Herrn der Herrlichkeit so innig geliebt war: *„Sie werden kommen und huldigen zu deinen Füßen und erkennen, daß ich dich geliebt habe."*

Aber eine größere Belohnung noch verheißt der Herr! Er fährt fort: *„Weil du das Wort meines Ausharrens bewahrt hast, will auch ich dich bewahren vor der Stunde der Versuchung, die über den ganzen Erdkreis kommen wird, um zu versuchen, die auf der Erde wohnen."*

Als der Herr hienieden wandelte, harrte Er aus inmitten des Widerspruchs der Sünder. Und noch heute harrt Er aus, während Er von Israel und der Welt verworfen ist und geduldig droben wartet, bis Gott Ihm Sein Reich auf Erden gibt und Ihm die Braut, die Vollzahl von Gläubigen aus allen Völkern der Erde, sammelt und zuführt. Die treuen Gläubigen warten mit dem Herrn Jesus auf diese Vollendung der Sammlung der Braut aus allen Völkern der Erde und schauen sehnsuchtsvoll aus nach Ihm, dem Bräutigam. Sie rufen Ihm entgegen: „Amen, komm, Herr Jesus!" Und weil sie so treu und innig zu Ihm stehen, verheißt Er ihnen jetzt, sie vor „der Stunde der Versuchung zu bewahren", d. h. Er will sie, ehe die Stunde der schweren antichristlichen Trübsalszeit kommt, die der Aufrichtung des Reiches Christi vorangehen muß, zu sich hinauf in den Himmel holen. Nur so kann Er sie, da „die Versuchung über den ganzen Erdkreis kommt", „bewahren". — Auch sagt der Herr nicht, daß Er sie nur inmitten der Versuchung schirmen

---

*) Sie sagen es nicht in Worten, aber in ihren Werken und Einrichtungen, daß sie Juden seien. Das wahre Christentum hat z. B. keine besonderen heiligen Personen mehr (wie Klerus und Priesterkaste), noch auch heilige Zeiten (Feste) und Orte (z. B. Gebäude, wie „Tempel" und „Gotteshäuser" und Wallfahrtsorte). So war's einst im Judentum. Im Christentum sind alle Personen und alle Orte und alle Zeiten heilig, durch die oder woselbst Gott in Wahrheit gedient und verherrlicht wird: jeder Mensch, jeder Platz, jede Stunde.

und bewahren wolle; nein, Er fügt hinzu: „vor der Stunde", d. h. ehe die Zeit beginnt will Er sie schon bergen.

Von diesen großen Drangsalen „des Tages Jehovas" reden die Propheten viel*), auch die Schriften des Neuen Testaments**). Der Herr Jesus will aber, wie wir hören, die Seinen, da sie das Wort Seines Ausharrens bewahrt haben, vor dieser schrecklichen Zeit bewahren oder, mit anderen Worten, sie vorher zu sich nehmen, wie Er Henoch vor der großen Flut zu sich nahm (1. Mose 5, 24; Hebr. 11, 5). So hat Er auch uns verheißen: „Ich komme wieder und werde euch zu mir nehmen, auf daß, wo ich bin, auch ihr seiet!" (Joh. 14, 3.) Welch eine herrliche Verheißung! Und der Herr ist nahe. Er ruft den Seinen in diesen Tagen in besonderer Weise zu: *„Ich komme bald; halte fest, was du hast, auf daß niemand deine Krone nehme!"*

Dies ist eine Ermunterung und ein Trost, gleichzeitig aber auch eine Warnung vor dem Feind und vor ernster Gefahr. Der Feind weiß wohl, daß er uns nicht aus der Hand des Herrn Jesus, des treuen Hirten, rauben kann. Aber er kann uns viel Kraft und Segen für eine Zeitlang nehmen, manches Vorrecht, manchen Gewinn sogar für die ganze Dauer unserer Lebenszeit hienieden rauben, ja, er kann uns selbst die Krone nehmen, die unsere besondere Zierde und Belohnung in der Herrlichkeit droben sein sollte. Sind wir uns dessen genügend bewußt? — Der Herr hat uns viel Licht über Seine Gnade und Wahrheit, viel Erkenntnis aus Seinem Wort gegeben. Verwerten wir dieses Licht als Leuchte für unseren Wandel? Setzen wir die Erkenntnis des Willens Gottes um in die Tat? Nur auf diese Weise können wir „festhalten, was wir haben", und kann der Herr uns größere Gnade, vermehrte Erkenntnis darreichen. „Sehet nun zu, wie ihr höret; denn wer irgend hat (d. h. wer das, was er hört, wirklich ins Herz aufnimmt und in seinem Wandel und

*) Vgl. z. B. Jes. 2, 12–21; 13, 1–13; Dan. 12, 1; Joel 2, 1–11; 3, 12–21; Amos 5, 18; Zeph. 1, 14–18; 3, 8; Mal. 4 u. a.

**) Vgl. z. B. Matth. 24; Offb. 6, 1 f.

Verhalten zur Darstellung bringt), dem wird gegeben werden; wer aber irgend nicht hat, von dem wird selbst, was er zu haben scheint (oder meint), genommen werden."

Der Herr findet in Philadelphia nichts zu tadeln, aber Er ruft warnend: „Halte fest, was du hast!" Denn „wem viel gegeben ist, von dem wird viel verlangt werden, und wem man viel anvertraut hat, von dem wird man desto mehr fordern" (Luk. 12, 48). Daher, „wer zu stehen sich dünkt, sehe zu, daß er nicht falle!" (1. Kor. 10, 12.)

Wir sehen also, daß, obwohl der Herr zunächst für Philadelphia nur Anerkennung hat und ihren Zustand loben kann, doch auch hier allgemeiner Rückgang möglich ist. Darum wendet der Herr sich, wie auch in den übrigen Sendschreiben, am Schluß an jeden einzelnen, indem Er sagt: *„Wer überwindet, den will ich zu einer Säule machen in dem Tempel meines Gottes, und er wird nie mehr hinausgehen; und ich werde auf ihn schreiben den Namen meines Gottes und den Namen der Stadt meines Gottes, des neuen Jerusalem, das aus dem Himmel herniederkommt von meinem Gott, und meinen neuen Namen."*

Hienieden sind die Gläubigen, die inmitten der toten Bekenner treu an Gottes Wort und an Jesu Namen festhalten, in den Augen der Welt schwach und unansehnlich; aber der Herr kennt ihre Werke und will sie dereinst, zum Lohn für ihre Treue hienieden, zu einer Säule im Tempel Gottes machen. Eine Säule ist das Bild der Kraft und ist die Stütze des Tempels. Weiter will der Herr noch drei Namen auf Seine Getreuen schreiben: den Namen Seines Gottes; den Namen der Stadt Seines Gottes, d. h. des neuen Jerusalem; und Seinen eigenen, neuen Namen. Das sind drei Namen: der Name des Vaters, der Name der Braut und der Name des Bräutigams, der die Braut von Seinem Vater empfing. Sie erinnern uns an das Wort des Herrn in Seinem herrlichen Gebet zum Vater: „Du hast sie mir gegeben" (Joh. 17, 6). Hier sind alle drei: Vater, Braut und Bräutigam dicht zusammengestellt.

Daß wir doch angesichts solcher vom Herrn in Aussicht gestellten, wunderbaren Belohnungen und eingedenk der innigen Zuneigungen, die darin zum Ausdruck kommen, die Gnade Gottes nicht vergeblich empfangen haben mögen, sondern so wandeln, daß wir zur Freude Seines Herzens und zum Preise Seiner Gnade den ewigen Lohn wahrer Treue von Ihm empfangen können!

Fragt aber jemand: Wo finde ich heute Philadelphia? so müssen wir ihm antworten: Philadelphia wird nicht gebildet durch die Zugehörigkeit zu dieser oder jener Schar von Gläubigen. Es ist eine Frage des einzelnen Herzens in seiner wahren und klaren Stellung zum Herrn und Seinem Wort. Allerdings werden Herzen, die innig und treu zu ihrem Erlöser und Herrn und Seinem Wort stehen und halten, sich auch zusammenfinden und „sich befleißigen, die Einheit des Geistes zu bewahren in dem Bande des Friedens". — Aber immer kommt bei dem Herrn die Stellung des Herzens zu Ihm und zu Seinem Wort in erster Linie in Betracht. Darum ruft Er auch denen, die treu zu Seinem Namen und zu Seinem Wort stehen, wie wir sagten, warnend zu: „Halte fest, was du hast, auf daß niemand deine Krone nehme!"

Nun folgt das Sendschreiben an

Laodicäa.

„Dieses sagt der Amen, der treue und wahrhaftige Zeuge, der Anfang der Schöpfung Gottes: Ich kenne deine Werke, daß du weder kalt noch warm bist. Ach, daß du kalt oder warm wärest! Also, weil du lau bist und weder kalt noch warm, so werde ich dich ausspeien aus meinem Munde. Weil du sagst: Ich bin reich und bin reich geworden und bedarf nichts, und weißt nicht, daß du der Elende und der Jämmerliche und arm und blind und bloß bist. Ich rate dir, Gold von mir zu kaufen, geläutert im Feuer, auf daß du reich werdest; und weiße Kleider, auf daß du bekleidet werdest und die Schande deiner Blöße nicht offenbar werde; und Augensalbe, deine Augen zu salben, auf daß du sehen mögest. Ich überführe und züchtige, so viele ich liebe. Sei nun eifrig und tue Buße! Siehe, ich stehe an der Tür und klopfe an; wenn jemand meine Stimme hört und die Tür auftut, zu dem werde ich eingehen und das Abendbrot mit ihm essen und er mit mir. – Wer überwindet, dem werde ich geben, mit mir auf meinem Throne zu sitzen, wie auch ich überwunden und mich mit meinem Vater gesetzt habe auf seinen Thron. – Wer ein Ohr hat, höre, was der Geist den Versammlungen sagt!" (Offb 3, 14–22.)

Wir kommen zu der letzten der sieben Gemeinden in der Offenbarung, die, wie einst sinnbildlich der siebenarmige Leuchter im Heiligtum Israels, hätten ein Licht, und zwar ein vollkommenes Licht und Zeugnis für Gott auf Erden sein sollen. Die sieben Gemeinden bilden ja zusammen eine Einheit; sie stellen, wie wir wiederholt sagen mußten, die bekennende christliche Kirche dar in ihrer Verantwortlichkeit, und zwar in ihrer ganzen Geschichte von den Tagen der Apostel an bis zu dem Augenblick, wo sie völlig lau und kraftlos werden wird. Das ist die Zeit, da Christus, ihr Herr und Haupt, sich gänzlich von ihr lossagen muß. Dieses letzte traurige Stadium in der Geschichte der äußeren bekennenden Kirche haben wir in Laodicäa, nachdem wir zuvor in Philadelphia noch ein letztes Aufleuchten, ein klares, helles und gesegnetes Zeugnis für den Herrn Jesus sahen.

Laodicäa lag, wie auch die übrigen Gemeinden, in Kleinasien, und zwar südöstlich von Philadelphia, nahe bei Kolossä. Sie trug ihren Namen von der schrecklichen Gemahlin des syrischen Königs Antiochus II.*) Sie war eine reiche Stadt, deren Reichtum vom Geschichtsschreiber Tacitus gerühmt wird. – Im Jahre 1402 wurde sie aber, wie auch Ephesus, durch die wilden Horden des Timur Lenk der Erde gleich gemacht. Da, wo sie stand, ist heute ein Ruinenfeld, das nach einer der Ruinen den Namen Eski-Hissar, d. h. das alte Schloß, trägt. Dies ist alles, was nach Gottes Gericht von der einst angesehenen Stadt übrig geblieben ist.

Laodicäa heißt „die Volksgerechte". Wie auch die übrigen Namen der kleinasiatischen Gemeinden eine Bedeutung haben,

*) Auf ihn wird Daniel 11, 10—19 hingewiesen.

bezeichnend für den Zustand der einzelnen Gemeinden, so paßt auch der Name „die Volksgerechte" für den Zustand der Dinge in Laodicäa. Die christliche Kirche steht in Laodicäa in ihrem Endstadium vor uns; sie ist die Zukunftskirche, wie die Welt sie sich wünscht, wie sie dem unbekehrten Volk, das sich nicht von Gottes Wort und Geist mehr strafen lassen will, gefällt und so dem Volk gerecht und recht ist: eine Kirche ohne Christus, eine Schale ohne Kern. Mit den Lehren der Bibel kann's hier jeder halten wie er will. Das Evangelium, das uns die großen Taten Gottes verkündigt; die Sendung des Sohnes Gottes in die Welt, um zu suchen und zu retten, was verloren ist; die Wunder des Herrn Jesus Christus; Sein Opfertod auf Golgatha; Seine Auferstehung aus den Toten; Sein Sieg über Satan, Welt, Sünde und Tod; Seine Himmelfahrt; Sein Thronen zur Rechten Gottes; Seine Wiederkunft — dies alles ist veraltet und längst aufgegeben; alle diese Wahrheiten sind in der ersehnten Zukunftskirche, die heute vor unseren Blicken sich schon aufbaut, längst abgetan, wonach kein Mensch mehr fragt.

Aber wie der Name der Gemeinde bezeichnend ist, so auch der Titel, den sich Jesus Christus am Anfang jedes Sendschreibens selbst beilegt. Er nennt sich hier: *„der Amen, der treue und wahrhaftige Zeuge, der Anfang der Schöpfung Gottes"* (V. 14). Das sind drei Namen. Zunächst nennt Er sich „der Amen"*), d. h. der Bestätiger und Erfüller aller Verheißungen Gottes. Jesus Christus ist der große Amen alles dessen, was Gott verheißen hat und geben wird. „In ihm ist das Ja und in ihm das Amen, Gott zur Herrlichkeit" (2. Kor. 1, 20). Auch die Kirche Christi hätte das „Amen" auf die Gedanken Gottes sein sollen. Aber sie hat ihrer hohen Berufung nicht entsprochen; sie ist nicht das Amen der Gedanken und Absichten Gottes gewesen. Wie sehr hat es an reinem Wandel und reiner Liebe bei ihr gefehlt!

Weiter nennt sich Christus „der treue und wahrhaftige Zeu=

*) „Amen" ist hebräisch und bedeutet „es geschehe", „es werde bestätigt".

ge". Was die Kirche hätte in der Welt sein sollen und leider nicht gewesen ist, wie uns die Geschichte der bekennenden Kirche von Anfang an beweist, das ist der Herr Jesus in Vollkommenheit für Gott: „der treue und wahrhaftige Zeuge". Er nennt sich hier so, wo Er sich von der bekennenden Christenheit, die zuletzt nur noch ein dummes, gehaltloses „Salz" sein wird, lossagen muß. Er selbst tritt an ihre Stelle.

Weiter nennt Er sich hier „der Anfang der Schöpfung Gottes". Auch dieser Titel ist bezeichnend: Er ist das Haupt von allem, sowie der Ausdruck und der Zeuge von dem, was die Gemeinde oder Versammlung Christi, soweit sie von Gott stammte, als „neue Schöpfung" auf Erden hätte sein sollen.

Wir lesen im Wort Gottes: „Ist jemand in Christus, so ist er eine neue Schöpfung" (2. Kor. 5, 17). In ihr ist alles von Gott geschaffen. Die wahrhaft wiedergeborenen Christen sind „die Erstlingsfrüchte der neuen Schöpfung" (Jak. 1, 18), und sie sind berufen und befähigt, dies als Zeugen für Gott auf Erden in ihrem ganzen Verhalten zu beweisen. Aber wie offenbart sich die neue Schöpfung? — Was ist die Frucht des Geistes Gottes? Gott sagt es uns: „Liebe, Freude, Friede, Langmut, Freundlichkeit, Gütigkeit, Treue, Sanftmut, Enthaltsamkeit" (Gal. 5, 22).

War die bekennende Christenheit im großen und ganzen die Darstellung dieser herrlichen Tugenden und Kennzeichen der neuen Schöpfung durch den Heiligen Geist inmitten einer dunklen, gottentfremdeten Welt? Nein! Kaum war die Kirche gegründet, kaum stand sie da in ihrer ersten Schönheit, so säte, als die Menschen schliefen, der Feind Unkraut mitten unter den Weizen. Ja, die Christenheit bildete mit der Zeit im großen Ganzen eine Masse von unbekehrten Menschen, die durch die Taufe oder den äußeren Unterricht den christlichen Namen angenommen hatten, aber keine Spur von neuem, göttlichem Leben besaßen. Von solchen sagt das Wort Gottes: „Sie haben eine Form der Gottseligkeit, aber ihre Kraft (welche Sünde und Welt und Satan überwindet) verleugnen sie" (2. Tim. 3, 5).

Wie ernst und sichtend ist auch heute für jeden christlichen

Bekenner das Wort des Herrn: *„O, daß du kalt oder warm wärest!"* — Wie steht's um uns? Gilt auch uns das Wort? Auch der durch Gottes Wort und Geist Wiedergeborene prüfe sich: Schlägt mein Herz warm und treu dem Erlöser und Herrn? Hange ich Ihm völlig an und folge und diene ich Ihm mit ungeteiltem Herzen? Bemühe ich mich, Ihm wohlzugefallen? — Wie leicht kann auch der wahre Christ „ermatten"; er kann „kurzsichtig" werden und steht dann „träge" da und „fruchtleer" (2. Petri 1, 5–10). Darum ruft der Geist Gottes, der die Gefahr aller Gläubigen kennt, „lau" zu werden: „Wache auf, der du schläfst und stehe auf aus den Toten, und der Christus wird dir leuchten." Er wird in Seiner Liebe, Kostbarkeit und Herrlichkeit neu dein Herz mit Freude und Kraft erfüllen, daß du Ihm lebst, der für dich gestorben ist.

In der Tat, gar ernste Worte sind es, die der Herr an Laodicäa, die prophetische Vertreterin der bekennenden Kirche in ihrem letzten Stadium des Verfalls, richtet. Er sagt zu ihr: *„Also, weil du lau bist und weder kalt noch warm, so werde ich dich ausspeien aus meinem Munde."* Er kündet der bekennenden Kirche, die Seinen Namen trägt, die Verwerfung an: Er sagt sich völlig los von ihr. Schon im Evangelium hatte Er gesagt: „Ihr seid das Salz der Erde; wenn aber das Salz dumm (kraftlos) geworden ist . . ., taugt es zu nichts mehr, als hinausgeworfen und zertreten zu werden." Einst war dieses Salz und Zeugnis auf Erden Israel; es wurde aber dumm, kraft- und gehaltlos und ist darum bis zu dieser Stunde verworfen. An Israels Stelle trat die Kirche als Gottes Zeugnis auf Erden. Auch sie steht als Ganzes „lau", darum geistlich kraftlos da, und auch sie wird „hinausgeworfen", „ausgespien" werden.

Der Apostel Paulus zeigt uns dieses Gericht an Israel und der Kirche in dem Gleichnis vom Ölbaum im Römerbrief, Kap. 11. Dort lesen wir die Warnung an die Christenheit: „Sei nicht hochmütig, sondern fürchte dich! denn wenn Gott die natürlichen Zweige (Israel) nicht verschont hat, daß er auch dich nicht verschonen werde. Siehe nun an die Güte und die Strenge Gottes: gegen die, die gefallen sind (d. i. Israel), Strenge; gegen dich aber Gottes Güte, wenn du an der Güte bleibst, sonst wirst auch du herausgeschnitten werden; und jene (Israel), wenn sie nicht im Unglauben bleiben, werden wieder (in den Ölbaum der Segnungen und des Zeugnisses Gottes) eingepfropft werden."

Ganz so wird's auch geschehen; die Christenheit, die nicht blieb in der Gemeinschaft mit Gott, in den Segnungen und in der Wahrheit, wird wieder „herausgeschnitten" werden aus dem „Baum" des Zeugnisses Gottes auf Erden. Sie wird, wie's im Evangelium heißt, als kraftloses Salz „hinausgeworfen", als „lau" aus dem Munde Christi „ausgespien" werden.

Es handelt sich dabei natürlich nicht um die wirklich Gläubigen, um die wahren Glieder Christi; diese werden vor dem Gericht zur Hochzeit hinaufgerufen in den Himmel; sie werden „entrückt" werden, wie das im Sendschreiben an Philadelphia noch einmal geweissagt ist. — Und ist der Kern fort, die wahre Kirche, die Braut Christi, die Gesamtheit aller wiedergeborenen Christen, die durch *einen* Geist zu *einem* Leibe getauft sind, dann bleiben die toten christlichen Bekenner zurück als leere Schale. Der Herr sagt sich damit von der bekennenden „christlichen Kirche" als Seinem Haus und Zeugnis für immer völlig los.

Noch sind bis jetzt die wahren Gläubigen, Christi Braut, auf Erden. Aber der Geist und Zustand der Lauheit und Blindheit und Überhebung von Laodicäa ist auch schon da; er umgibt uns ringsum. Man spricht: *„Ich bin reich und reich geworden und bedarf nichts."*

Aber was muß der Herr antworten? *„Du weißt nicht, daß du der Elende und der Jämmerliche und arm und blind und bloß bist."* — Es ist schrecklich, wenn jemand völlig krank und arm und zugrunde gerichtet ist und es nicht einmal weiß. Wie furchtbar ernst muß für einen solchen Kranken und Armen das Erwachen sein!

Solange der Herr die Seinen hienieden hat, ist auch der Heilige Geist noch hier; denn „der Geist und die Braut" verlassen zusammen die Erde (Offbg. 22, 17). Und bis dahin ist der Herr auch noch als Erlöser auf dem Plan. So hören wir Ihn auch noch zu Laodicäa sagen: *„Ich rate dir, Gold von mir zu kaufen ... und weiße Kleider ... und Augensalbe ... So viele ich liebe, überführe und züchtige ich. Sei nun eifrig und tue Buße!"* — Das Gold ist in der Bibel vielfach ein Bild von der göttlichen Gerechtigkeit. Im Feuer des Leidens und Gerichts am Kreuz wurde dieses Gold von Christus für den Sünder erworben. Die weißen Kleider sind ein Bild des reinen Wandels und der Gottseligkeit, die nur bei denen gefunden werden kann, die das neue Leben aus Gott haben. Und unter der Augensalbe ist die Wirkung des Heiligen Geistes zu verstehen, durch welche die Augen des Herzens aufgetan werden, um die Dinge ringsumher zu sehen wie Gott sie sieht.

Die Seelen in Laodicäa waren blind für ihre Armut und Blöße vor Gott, hatten kein Bedürfnis nach Versöhnung und Erlösung, nach dem Gold der göttlichen Gerechtigkeit und nach dem weißen Linnen praktischer Heiligkeit. Vor allem aber waren die Augen und Herzen in Laodicäa blind und verschlossen für den Wert und die Herrlichkeit Jesu Christi, des Sohnes Gottes. Während die Seelen in „Philadelphia" gerade gekennzeichnet werden durch ihre Wertschätzung der Person Jesu Christi und durch ihre Liebe und Treue zu Ihm, herrscht in Laodicäa Gleichgültigkeit gegen die Person des Herrn Jesus. Die Herzen sind ohne wahre Zuneigung und Liebe zu Ihm. Und doch ist nur da wirkliches Christentum, wo Christus, der Sohn Gottes, in Wahrheit erkannt, geliebt, geehrt und erhoben wird durch Wort und Wandel. Wenn das Auge sehend ist, weiß der Mensch, wie arm und sündhaft er ist vor Gott; er erkennt sich in seiner Schuld vor Gott und erkennt Gott in Seiner Heiligkeit. Das Herz sehnt sich nach Erlösung; und diese findet es allein in Jesus Christus, dem Sohn Gottes, dem Heiland; Ihn liebt das Herz darum über alles und findet in Ihm seine ganze Freude.

Obwohl Jesus Christus, der Erlöser und Herr, in Laodicäa keine Liebe mehr fand, keine Herzenszuneigung, keine Hin=

gabe an Seine Person und Sein Werk, vielmehr vollständige Lauheit und Gleichgültigkeit, dazu – welche Blindheit! – noch Stolz und Eigenruhm, ist der Herr in Seiner göttlichen Langmut doch noch immer hier tätig mit Seiner strafenden, suchenden Erlöserliebe. Er sagt: „Ich überführe und züchtige, so viele ich liebe. Sei nun eifrig und tue Buße! *Siehe, ich stehe an der Tür und klopfe an.*"

Wie hat sich dieses Wort auch bis heute bestätigt! Viele, viele Herzen in der bekennenden, toten Christenheit, besonders in der protestantischen Kirche, sind in den letzten Jahrzehnten von der Hand und dem Wort des Herrn ergriffen worden zu ihrem Heil und Segen. Leiden und Trübsale haben in vielen Kreisen und Häusern dem Wort Gottes und damit Christus selbst Tür und Tor geöffnet; Herzen, die bis dahin ganz gleichgültig waren über ihr Seelenheil, erkannten, daß sie „arm und blind und bloß" waren vor Gott; sie haben Buße getan, wie der Herr es fordert, und sich heilsverlangend zu Ihm gewandt. Bei Ihm und in Ihm fanden sie das lautere Gold der göttlichen Gerechtigkeit, das Er für verlorene Sünder im Feuer der Leiden, im Tod am Kreuz erworben hat. Sie sind nun geborgen in Christus und wandeln, von Seinem Geiste geleitet und von Seiner Gnade getragen, in den „weißen Kleidern" der Gottseligkeit einher, „eifrig", Gott zu dienen.

Und noch immer steht der Heiland an der Herzenstür von Tausenden und klopft und ruft und bittet um Einlaß. Er sagt es auch zu dir, mein Leser, wenn du noch nicht Sein Eigentum bist, wenn Er noch nicht dein Herz besitzt: „Gib mir, mein Sohn, meine Tochter, dein Herz!"

Aber nicht nur vor der Tür der einzelnen Herzen steht der Herr, Einlaß begehrend, Er hat auch aus der Mitte der Gemeinde von Laodicäa weichen müssen. Er steht draußen vor der Tür und klopft an. Wenn es richtig steht mit der Versammlung nach Gottes Gedanken, so steht Jesus Christus in ihrer Mitte. Er sagt: „Wo zwei oder drei versammelt sind in meinem Namen, da bin ich in ihrer Mitte" (Matth. 18, 20).

Gar schmerzlich ist es, daß Laodicäa in seiner Lauheit und Blindheit keinen Platz mehr hat für Christus, den Sohn Gottes: Er ist draußen vor der Tür. Wie furchtbar doch! Wie konnte das geschehen?

Schnell kann es geschehen, daß der Herr unvermerkt, so nach und nach, aus der Mitte eines Kreises von Gläubigen verdrängt wird, nicht schon dem Bekenntnis nach, aber praktisch, und schließlich an der Tür stehen, ja draußen stehen und klopfen und Einlaß begehren muß! Sehen wir daher wohl zu, ob Er in unserer Mitte steht!

Und wie steht es in der großen bekennenden Christenheit? Steuert nicht besonders der Protestantismus — Sardes — mit vollen Segeln auf dieses Ziel von Laodicäa los, während die katholische Kirche — Thyatira — sich mehr und mehr nach einer anderen Seite, nach Babylon hin, entwickelt?

Als Ende Mai 1907 unter großer Beteiligung der 23. Deutsche Protestantentag in Wiesbaden tagte, sagte einer der Redner, ein bekannter protestantischer Pfarrer aus Berlin: „Der Katholizismus ist die Idee der Verkirchlichung der Welt*) . . . und der Liberalismus (dessen Vertreter der „Protestantismus" weithin ist) will das Christentum verweltlichen." Aber das verweltlichte Christentum ist nichts anderes als Laodicäa, zu deutsch: die Volksgerechte, die dem Volk entsprechende Kirche, ein Christentum ohne Christus. — Weiter sagte der Redner in seinem Vortrag: „. . . Man scheue sich schließlich auch nicht vor dem Wort Sozialdemokratie. In der Schweiz gibt es bereits sozialdemokratische Pfarrer. Weshalb sollte nicht auch bei uns einmal ein Pfarrer diesen Weg gehen?"**) — Und noch bezeichnender für das Ziel, das die protestantische liberale Theologie verfolgt, waren folgende Worte: „Wir müssen die Christologie los wer-

*) Der Redner hat recht; die angestrebte kirchliche Herrschaft und Macht Roms über die Welt und die Verquickung der Welt mit der Kirche ist Babylon. Siehe auch Fußnote Seite 57.

**) Aus der damals gestellten Frage ist längst Wirklichkeit geworden.

den ... Deshalb Befreiung vom christologischen Joch!"

Gläubiger Leser, weißt du, was das „christologische Joch" ist, das Tausende von protestantischen Predigern um jeden Preis los werden und abwerfen wollen? Es ist die Lehre und Wahrheit von der Gottheit der Person Jesu Christi; Er soll nicht der ewige Sohn Gottes, nicht der Erlöser sein durch Sein Blut. Er soll nicht auferstanden sein, nicht aufgefahren sein zur Herrlichkeit, nicht wiederkommen als der Herr und Weltenrichter, dem einst alle Knie sich beugen müssen. Darum lautet ihr Bestreben kurz: Fort mit Christus, dem Sohn Gottes, aus der protestantischen Kirche!

Ist das nicht Laodicäa? — Die Gläubigen, die in der protestantischen Kirche sind, fühlen wohl, um was es sich in ihrer Mitte handelt. Als einen Monat früher, im April 1907, in Berlin „die Landeskirchliche Vereinigung der Freunde der positiven Union" tagte, sagte unter anderm ein Wirklicher Oberkonsistorialrat D. N. in seinem Vortrag: „Ich werde bei den religiösen Kämpfen immer erinnert an die Geschichte von der Mutter mit den Kindern im Schlitten, die von Wölfen verfolgt wird, und die ein Kind nach dem andern hinauswirft, um wenigstens das eine zu retten. Aber ich sehe doch den Zeitpunkt kommen, wo sie (die Kirche nämlich) auch dieses letzte Kind hinauswerfen wird! Und das ist Christus. In der Tat, dieser Zeitpunkt scheint doch jetzt gekommen!"

Ja, das ist Laodicäa: Christus draußen, Christus hinausgeworfen. — Geschichtlich ist Laodicäa noch nicht völlig in die Erscheinung getreten, aber der Geist und Zustand des Sattseins und der Lauheit von Laodicäa ist schon lange da und macht sich mächtig fühlbar, selbst teilweise unter denen, die bekennen, zu Gott bekehrt zu sein und dem Herrn Jesus anzugehören.

Wenn erst der Herr Jesus gekommen ist und Seine Erlösten heimgeholt, hinaufgenommen hat in den Himmel, dann ist der Zustand von Laodicäa in der Christenheit völlig ausgereift. Der Herr ist nahe; der Mitternachtsruf ist ausgegangen: ,,Siehe, der Bräutigam!" Und Seine Stimme: ,,Ich komme bald!" hat ein Echo geweckt in den

Herzen der wahren Gläubigen, sie rufen: ,,Amen, komm, Herr Jesus!"

Was wird nun bald erfolgen? Wir lesen: „Die bereit waren (die das Öl des Heiligen Geistes hatten), gingen mit ihm zur Hochzeit; und die Tür ward verschlossen" (Matth. 25, 10). Alsdann werden viele geistlich tote Bekenner des Christentums Einlaß begehren; sie werden an die Tür klopfen und rufen: „Herr, Herr, tue uns auf!" Aber vergeblich. – Er, der heute überall an die Tür klopft und Einlaß sucht, wird dann denen nicht öffnen, die hier am Tage des Heils Ihm nicht aufgetan hatten.

Jesus weiß, daß die Gemeinde von Laodicäa, die ein Bild von der lauen, abtrünnigen Christenheit der Endzeit ist, als ein Ganzes Ihn nicht mehr aufnehmen wird. Sie hat einst bei ihrem Beginn sicher ganz anders gestanden, aber jetzt ist sie völlig blind, stolz und satt, ganz von sich selbst erfüllt; Er, der Sohn Gottes, der Heilige und Wahrhaftige, der treue Zeuge, hat keinen Wert mehr für die Herzen und darum auch keinen Platz mehr in ihrer Mitte: Er steht draußen. Aber solange Er als der Richter das angedrohte Gericht an ihr noch nicht ausgeführt und sich nicht völlig von ihr losgesagt, sie also nicht „ausgespien" hat, klopft Er noch als Retter an und begehrt Einlaß bei dem einzelnen. Er sagt daher: *„Wenn jemand meine Stimme hört und die Tür auftut, zu dem will ich eingehen."*

Wir hören Ihn nicht einmal mehr von „zwei oder drei" reden, von dieser kleinen Zahl von gläubigen, treuen Seelen, in deren Mitte Er, wie Er einst gesagt, weilen wollte und weilen will, wenn sie in Seinem Namen zusammenkommen. Er sagt nur noch: „Wenn jemand."

In der Tat, wie manche christliche „Kirche" in Stadt und Land mag es wohl jetzt schon geben, in welcher der Herr und Heiland keine „zwei oder drei" Seelen mehr findet, die Ihn, den Sohn Gottes, in Wahrheit als ihren Erlöser kennen und darum Sein ewiges Eigentum geworden sind!

Aber noch währt, wenn auch nicht lange mehr, die herrliche

Gnadenzeit, und „wenn jemand auftut", so findet er seine Belohnung. Der Herr sagt: *„Zu dem will ich eingehen und das Abendbrot mit ihm essen (das Mahl mit ihm halten) und er mit mir. Wer überwindet, dem will ich geben, mit mir auf meinem Thron zu sitzen, wie auch ich überwunden und mich mit meinem Vater gesetzt habe auf seinen Thron."*

In dieser letzten Verheißung ist dem, der noch kurz vor dem Kommen des Herrn auf Seine Stimme hört und Ihm auftut, zugesagt, daß er noch mit Ihm vereinigt werden und bald droben mit Ihm herrschen soll. Hier, noch gerade vor dem endgültigen Schluß der Gnadenzeit, die mit dem „Abendbrot", dem letzten Mahl am Tage, verglichen wird (vgl. Luk. 14, 16), wird der Seele Leben und Verbindung mit Christus geschenkt; sie gehört nun zu Ihm und „hat teil an der ersten Auferstehung"; sie wird also mit Christus herrschen, mit Ihm auf dem Thron sein.

Wie in allen Sendschreiben, ruft der Herr auch hier am Schluß aus: *„Wer ein Ohr hat, höre, was der Geist den Versammlungen sagt!"*

Das ist Jesu Christi letztes Wort in den sieben Sendschreiben. Hinfort ist von Seiner Gemeinde oder Versammlung in dem Buch der Offenbarung nicht mehr als auf Erden befindlich die Rede. Wir sehen im nächsten Kapitel eine Tür in dem Himmel aufgetan, und die Erlösten schaut man dort in der Herrlichkeit (Kap. 4, 1 f. und 5, 1 f.). Der Herr hat dann Seine Verheißung wahrgemacht und die Seinen alle heimgeholt ins Vaterhaus (Joh. 14, 3). Sie sind „entrückt" worden, um nun „allezeit beim Herrn" zu sein (vgl. 1. Kor. 15, 51; 1. Thess. 4, 17).

Mit Kapitel 6 unseres Buches beginnt dann die Schilderung der „Stunde der Versuchung", d. h. der Gerichte und der antichristischen Drangsalszeit, die nach der Weg- oder Aufnahme der Gläubigen „über den ganzen Erdkreis kommen" soll (Kap. 3, 10. 11).

Zweiter Teil

Kapitel 4

Gott als Schöpfer

„Nach diesem", so lesen wir, wird dem Seher Johannes eine Tür im Himmel aufgetan, und eine Stimme ruft ihm zu: *„Komm hier herauf, und ich werde dir zeigen, was nach diesem geschehen muß" (Offb. 4, 1).*

Damit beginnt der letzte Teil des richterlichen Buches. Wir fanden dessen Einteilung im Kapitel 1, Vers 19. Dort hörten wir: „Schreibe nun,

a) was du gesehen hast (die richterliche Erscheinung des Herrn, Kap. 1),

b) was ist (die sieben Sendschreiben mit der prophetischen Schilderung der christlichen Kirche, zu welcher Johannes selbst gehörte, Kap. 2 und 3), und

c) was geschehen wird nach diesem" (Kap. 4 und folg.).

„Nach diesem", also nach der Aufnahme der Braut Christi, die der Kern der bekennenden Christenheit ist, in den Himmel (vgl. Offb. 3, 11 mit 1. Thess. 4, 17) und nach der gleichzeitigen Verwerfung und Beiseitesetzung der bekennenden Christenheit als Lichtträger Gottes auf der Erde (Offb. 3, 16) wird Johannes im Geist von Patmos weg in den Himmel hinaufgenommen.

Die Entrückung der Gläubigen ist selbst nicht in unserem Buch berichtet. Die „Offenbarung" betrachtet nämlich die Gemeinde des Herrn, solange sie auf Erden ist, nicht in ihren Vorrechten, sondern in ihren Pflichten und in ihrer Verantwortlichkeit. Auch berichtet sie die Dinge nicht wie ein gewöhnliches

Geschichtsbuch, nacheinander in zeitlicher Folge, sondern gruppiert sie nach gewissen Gesichtspunkten, anscheinend ganz unvermittelt. – Hier hat der Seher mit den Gerichten zu tun, erst mit denen über die Gemeinde (Kirche), dann mit denen, die im Anschluß daran über die Erde oder Welt kommen, wenn die himmlische Braut von hier entrückt ist. Die Entrückung oder Hinwegnahme wird uns angedeutet und in Aussicht gestellt, aber die Art und Weise, wie sie geschehen soll und geschehen wird, finden wir in anderen Teilen der Heiligen Schrift berichtet (1. Thess. 4, 16. 17; 1. Kor. 15, 51. 52).

Der Seher erzählt nun, was er schaute: *„Alsbald war ich im Geiste; und siehe, ein Thron stand im Himmel, und auf dem Thron saß einer. Und der da saß, war von Ansehen gleich einem Jaspisstein und einem Sardis, und ein Regenbogen rings um den Thron her, von Ansehen gleich einem Smaragd. Und rings um den Thron vierundzwanzig Throne, und auf den Thronen vierundzwanzig Älteste sitzend, bekleidet mit weißen Kleidern und auf ihren Häuptern goldene Kronen."*

Hier auf Erden ist nun die Tür der Gnade geschlossen. Hinter der Tür geborgen und in Sicherheit gebracht, im Himmel, wo später die Hochzeit des Lammes stattfinden wird, sind die Erlösten. Wir sehen sie dargestellt in dem Bild von vierundzwanzig Ältesten, die „bekleidet mit weißen Kleidern, mit goldenen Kronen auf ihren Häuptern", auf Thronen sitzen. Die weißen Kleider zeigen an, daß sie Priester sind, die „Kronen" und die „Throne", daß sie Könige sind; also sind sie Priester und Könige zugleich. Eben dies wurde aber von den Gläubigen in Israel und der Kirche gesagt (2. Mose 19, 6 und Offbg. 1, 6).

Die symbolische Zahl vierundzwanzig (zweimal zwölf) soll wohl zeigen, daß alle Erlösten, sowohl aus Israel wie aus der christlichen Haushaltung, droben sind. Im Alten Bund unter David, dem Gesalbten des Herrn, der ein Vorbild auf Christus ist, gab es vierundzwanzig Priesterabteilungen, ebenso vierundzwanzig Sängerabteilungen (1. Chron. 24 und 25). Wir werden finden, daß die „Priester und Könige" im Himmel auch zugleich Sänger sind (siehe Offbg. 5, 8–10).

Diese vierundzwanzig Ältesten, im Bilde also alle Erlösten*, sitzen auf Thronen um den Thron des Höchsten her in völliger Sicherheit und Ruhe; und doch *gehen aus dem Thron,* wie berichtet wird, *„Blitze und Stimmen und Donner hervor"*.

Der Thron Gottes ist der Ausgangspunkt der Gerichte, die jetzt, nachdem die Gnadenzeit vorüber ist, über die Welt ihren Anfang nehmen (vgl. Kap. 6 folg.). Die Drangsalszeit beginnt, vor welcher der Herr die Seinen bewahren wollte und daher entrückt hat; der richterliche „Tag des Herrn" mit seinen Schrecken bricht für die Welt an. Die Erlösten dagegen sind geborgen und thronen in Ruhe mit dem „Richter des ganzen Erdkreises", der nun nicht mehr inmitten der sieben goldenen Leuchter wandelt (Kap. 1, 13), sondern auf dem Thron des Gerichts sitzt, vor dem sieben Feuerfackeln brennen. Er steht im Begriff, mit der Worfschaufel die Tenne durch und durch zu reinigen, nachdem Er den Weizen in die Scheune gesammelt hat. Er nimmt das Buch zur Hand (Kap. 5, 1), in dem die Gerichte, die über die Welt kommen sollen, niedergeschrieben sind.

Wir werden allerdings während der Drangsalszeit, die über die Erde kommt (Kap. 6 und folg.), auch wieder Gläubige auf Erden finden, erst aus Israel, später auch aus den Nationen; aber sie werden erst in der Drangsalszeit bekehrt, da ja Christus alle Gläubigen, die vorher da waren, in den Himmel heimgeholt hat. Diese haben, wie wir wissen, den Schauplatz verlassen, ehe der Antichrist, dessen Auftreten den Höhepunkt der Drangsalszeit bringen wird, in Erscheinung tritt (2. Thess. 2, 7. 8). Sie werden auch erst wieder herniederkommen, wenn im Himmel die Hochzeit gewesen ist (Offb. 19, 7—9) und Christus mit ihnen zum Schlußgericht auf die Erde kommt, um hier Sein Reich in Macht und Herrlichkeit zu errichten und mit ihnen tausend Jahre zu herrschen (Kap. 19, 11–20, 6).

Betrachten wir nun den Thron des Gerichts und Den, der darauf sitzt. Wer es ist, wird nicht gesagt. Sein Name wird hier

*) Andere Ausleger sehen in den 24 Ältesten nur die Erlösten der christlichen Haushaltung. Sie setzen die Zeit für die Auferstehung der Gläubigen aus Israel an den Anfang des 1000-jährigen Reiches als die Auferstehung der Gerechten.

nicht genannt; wir lesen nur „auf dem Throne saß Einer" (4, 2). Doch später rufen Ihm die vier lebendigen Wesen zu: „Heilig, heilig, Herr, Gott, Allmächtiger." Ja, es ist der ewige Gott, „der da war und der da ist und der da kommt." Er wird „Herr" genannt, denn Er ist der Jehova des Alten Bundes, und „Gott", d. i. Elohim, und ferner der „Allmächtige", d. i. El Schaddai, vor dem schon Abraham wandelte (1. Mose 17, 1). Er sitzt jetzt nicht mehr auf dem Thron der Gnade, sondern auf dem des Gerichts, wie „die Blitze und Stimmen und Donner" zeigen, die aus dem Thron hervorgehen, und *„die sieben Feuerfackeln vor dem Thron"*. Um den Richter her, der wie Jaspis strahlt und wie Sardis, in welcher Herrlichkeit auch einst die Erlösten gesehen werden, wenn sie mit Christus vom Himmel wiederkommen werden zum Gericht und Reich in dieser Welt (Kap. 21, 10. 11. 19. 20), sehen wir einen Regenbogen, das Bundeszeichen des Schöpfers mit der Schöpfung seit Noahs Tagen. – Gott wird also auch in Seinem Gericht, das Er alsdann über die Erde bringen muß, zunächst noch an Seinen Bund mit der Erde denken.

Ganz so sehen wir später, ehe Gott Seine besonderen Gerichte über Israel bringt (Kap. 12), den Himmel offen und die Bundeslade, Israels Gnadenstuhl, der im Tempel war, im Himmel stehen (Kap. 11, 19). Gott gedenkt dort Seines Bundes mit Seinem irdischen Volk Israel, hier Seines Bundes als Schöpfer mit der Schöpfung.

Weiter sehen wir vor dem Thron „sieben Feuerfackeln" brennen, welches „die sieben Geister Gottes sind". Heute ist der Geist Gottes noch in einer anderen Weise tätig; Er erforscht das Herz und wirkt Buße zu Gott und Glauben an Jesus Christus zum ewigen Heil. Es ist jetzt noch die Zeit der Gnade. Dort sehen wir den Geist Gottes als das verzehrende Feuer, das den Richterstuhl Gottes erhellt. Wer wird vor Ihm bestehen?

Auch *„ein gläsernes Meer"* ist dort vor dem Thron, *„wie Kristall"* (V. 6). Es ist nicht mehr ein Meer voll Wasser, in dem die Personen sich baden und reinigen können, sondern ein Meer von lauterem Glas. Heute gebraucht der Heilige Geist noch das Wasserbad des Wortes, d. h. Er wendet das Wort Gottes an als das lebendige Wasser zur Reinigung der Herzen und zur Mitteilung eines neuen Lebens. Und bei den bereits Wiedergeborenen benutzt Er das Wort, wie einst die Priester im Alten Bunde sich am ehernen Meer die Füße wuschen, um sie von jeder Befleckung im Wandel zu reinigen und herzustellen. Dort aber vor dem Richterthron Gottes ist eine Reinigung und Rettung nicht mehr möglich für die Unbekehrten, denn es ist die Zeit der Gerichte gekommen; und für die Erlösten, die im Himmel sind, ist eine Reinigung der Füße und Herstellung der Herzen nicht mehr nötig; denn sie umgeben den Richter, thronen mit Ihm in der gleichen Herrlichkeit und im Frieden.

Ferner schaut der Seher *„inmitten des Thrones und um den Thron her vier lebendige Wesen, voller Augen vorn und hinten"* (V. 6–8). Die Cherubim im Alten Bund (vgl. z. B. Hesek. 1) und „die lebendigen Wesen" hier sind dem Wesen nach dieselben. Wir kennen sie aus dem Alten Testament als die Hüter der heiligen Stätte der Gegenwart Gottes, als Wahrer und Vertreter Seiner Rechte, Seiner Heiligkeit und Gerechtigkeit. Wir sehen sie nach dem Sündenfall am Eingang des Gartens Eden mit flammendem Schwert, sehen sie dargestellt in der Stiftshütte und im Tempel, besonders auch eingewebt im Vorhang, der dem sündigen Menschen den Zugang wehrte in Gottes Nähe. – Hier sehen wir „die vier lebendigen Wesen" als einen Teil des Thrones; sie sind „inmitten des Thrones und um den Thron her". Sie zeigen den Charakter des Sohnes Gottes und Seiner Gerichte, die mit Einsicht ausgeführt werden; deshalb sind sie „ringsum und inwendig voller Augen" (Vers 8). In Hesekiel 10, 12 hatten die Cherubim nur „ringsum" Augen, nicht auch inwendig, wie hier im Himmel. Es ist also eine höhere Einsicht und Unterscheidungsgabe damit ausgedrückt.

Dagegen haben die vier lebendigen Wesen in Hesekiel auch „Räder" (Hesek. 10, 12) und nicht nur „Flügel", was bezeichnend ist, denn in Hesekiel sehen wir sie mehr mit der Erde in

Verbindung; in der Offenbarung mehr mit dem Himmel, weshalb sie hier nur mit Flügeln gesehen werden. Sie haben sechs Flügel, um ihre Geschwindigkeit und Dienstbereitschaft auszudrücken. So sehen wir in Jes. 6, 2 auch die Seraphim dargestellt.

Die „vier lebendigen Wesen" sind bildlich hergenommen von der Schöpfung Gottes auf Erden als die vier Häupter der Lebewesen hier: *das erste ist gleich einem Löwen,* das Haupt der wilden Tiere; *das zweite ist gleich einem Kalb* (oder besser Stier), dem Vertreter der Haustiere; *das dritte hat das Angesicht eines Menschen,* also des mit Vernunft begabten Wesens; *das vierte ist gleich einem Adler,* dem Haupt der Vögel. So ist die ganze Schöpfung in ihnen dargestellt; und um diese handelt es sich; denn Gott wird hier gepriesen als der Schöpfer: „Du hast alle Dinge erschaffen, und deines Willens wegen waren sie und sind sie erschaffen worden" (V. 11).

Zugleich sind die „lebendigen Wesen", wie wir schon andeuteten, die Sinnbilder des Charakters des Thrones Gottes in der Art der Ausübung Seiner heiligen Gerichte. Der Löwe ist das Bild der Stärke und majestätischen Gewalt; der Stier das Bild der Standhaftigkeit und Ausdauer; ein Stier zieht z. B. nicht ruckweise wie ein Pferd, sondern anhaltend, beständig; der Mensch ist das Bild der Weisheit und Einsicht; der Adler das Bild der Schnelligkeit und bekannt wegen seines hohen Flugs. Diese alle *„hören Tag und Nacht nicht auf, zu sagen: Heilig, heilig, heilig, Herr, Gott, Allmächtiger, der da war und der da ist und der da kommt!"* (V. 8.)

Ja, Gott ist Licht und darum vollkommen heilig auch in der Ausübung Seiner Gerichte, von der die vier lebendigen Wesen ein Sinnbild sind, wie vom Wesen Seines Thrones, Seiner Regierung.

Und was tun die vierundzwanzig „Ältesten", die Priester und Könige, die Erlösten, die nun mit Christus droben thronen? Wir lesen: *„Wenn die lebendigen Wesen Herrlichkeit und Ehre und Danksagung geben dem, der auf dem Throne sitzt, der da lebt in Ewigkeit, so werden die vierundzwanzig Ältesten niederfallen* *vor dem, der auf dem Throne sitzt; sie werden ihn anbeten ... und werden ihre Kronen niederwerfen vor dem Throne und sagen: Du bist würdig, o unser Herr und Gott, zu nehmen die Herrlichkeit und die Ehre und die Macht; denn du hast alle Dinge erschaffen, und deines Willens wegen waren sie und sind sie erschaffen worden"* (V. 11).

Wie wunderbar! Diese Ältesten in ihrer himmlischen Stellung, einst doch Sünder auf Erden, die aber erlöst wurden am Tag des Heils, sind nun hier in Gottes, des Richters, Nähe vollkommen glücklich; und wenn „die vier lebendigen Wesen" Ihm das dreimal „Heilig!" zurufen, da verlassen sie unaufgefordert ihre Sitze um den richterlichen Thron her, auf denen kein Donner und Blitz des Gerichts sie erschütterte und aus der Ruhe brachte, und sie fallen nieder vor Gott, dem Schöpfer, und beten Ihn an, ja noch mehr, sie legen ihre Kronen vor Ihm nieder.

Die Erkenntnis dieser ehemaligen Sünder, aber nun auf ewig Erlösten vor Gott ist also viel größer und inniger als die der „vier lebendigen Wesen"; denn sie fallen nieder vor Ihm und beten Ihn an. Das Gleiche sehen wir die Ältesten später noch mehrmals tun.

Vor allem aber sehen wir die hohe und nahe Stellung der „vierundzwanzig Ältesten" als Anbeter vor Gott, wenn wir das folgende Kapitel lesen.

Sie preisen dort Gott und das Lamm vor Beginn der Gerichte für die wunderbare Erlösung der aus allen Völkern und Nationen und Sprachen von der Erde Erkauften; sie singen voll Anbetung in ihrer Seligkeit das neue Lied: „Würdig ist das Lamm!"

Kapitel 5

Das Lamm auf dem Thron und das Buch mit den sieben Siegeln

Wir sahen im vorhergehenden Kapitel unseres Buches Gott, den Schöpfer und Weltenlenker, auf dem Thron.

Hier nun, im fünften Kapitel, sehen wir Gott als den Richter, wie Er „das ganze Gericht dem Sohn übergibt" (Joh. 5, 22. 27). Und so begegnen wir zugleich dem Lamm, dem Erlöser. So hoch und herrlich das Lob ist, das Gott, dem Herrn, gebracht wird über Seine Schöpfung und Vorsehung, so ist doch Seine Herrlichkeit auf Grund der Erlösung weit größer, denn ewige Anbetung wird Ihm durch sie zuteil.

Wir hörten im vierten Kapitel niemand singen, kein eigentliches Lied wurde schon im Himmel vernommen; anders jetzt, da die Ältesten das Lamm sehen, das für sie Sein teures Blut vergoß und sie so aus allen Völkern der Erde für Gott erkaufte. Welch ein Segen und Heil ist uns durch das Lamm, das für uns gestorben ist, geworden! Nicht nur wurden unsere Sünden durch Sein Opfer am Kreuz gesühnt und getilgt, auch der Stachel des Todes ist dort für uns gebrochen worden; und wir selbst stehen jetzt Gott nahe, die wir Ihm einst so fern und Seine Feinde waren. Die Herzen, einst voll Finsternis und Feindschaft, sind nun erfüllt von Licht und Liebe und beten hochbeglückt Gott an im Geist und in Wahrheit.

Das erste aber, was Johannes auffällt beim Anblick dessen, der auf dem Thron sitzt, ist eine von innen und außen beschriebene und siebenfach versiegelte Buchrolle in Seiner Rechten*).

*) Solche Buchrollen, Pergamentstreifen, auf einen Stab aufgerollt, waren schon in Israel bei den Gottesdiensten im Gebrauch; vergl. Hesek. 2, 9. 10; Luk. 4, 17. – In der Regel waren diese Rollen nur

Völlig ist sie beschrieben, völlig aber auch, nämlich siebenfach, versiegelt. Die Rolle, die, wie es eigentlich heißt, auf der rechten Hand Gottes liegt, gleichsam jedem zum Öffnen hingehalten, enthält die Ratschlüsse Gottes und Seine Gerichte bezüglich der Erde. Aber *„wer ist würdig, das Buch zu öffnen und seine Siegel zu brechen?"*

So ruft ein starker Engel mit mächtiger Stimme. So laut er aber auch ruft, ihm wird keine Antwort. Welch banges, feierliches Schweigen! – Johannes weint. *„Niemand im Himmel, noch auf der Erde, noch unter der Erde vermochte das Buch zu öffnen, noch es anzublicken."* – Im weiten Weltenraum ist keine Kreatur, kein erschaffenes Wesen, kein Mensch, kein Engel unter den zahllosen Heerscharen, Fürstentümern und Gewalten, der würdig und imstande gewesen wäre oder ein Recht gehabt hätte, Gottes Ratschlüsse zu erfüllen und Seine Gerichte auszuführen. Kein Engel nimmt das Wort, kein Seraph, kein Cherub, kein Michael, kein Gabriel; auch alle die treuen Zeugen aus dem Alten Bund schweigen: Abel; Henoch, den doch Gott entrückt hatte; Abraham, welcher der „Freund Gottes" hieß auf Erden; David, der große und geliebte Sänger; Salomo, der mächtige und weise Fürst; Mose, der Mittler, und Aaron, der große Hohepriester, und die Propheten alle, sie schweigen ohne Ausnahme auf Gottes Ruf.

Wie nun der Seher, tief ergriffen, heftig weint, weil niemand gefunden wird, der würdig ist, Gottes Ratschlüsse zu eröffnen und Seine Gedanken und Gerichte auszuführen, da tröstet ihn einer der „Ältesten", also einer der himmlischen Erlösten mit den Worten: *„Weine nicht! Siehe, es hat überwunden der Löwe, der aus dem Stamme Juda ist, die Wurzel Davids, das Buch zu öffnen und seine sieben Siegel."*

Welche Lösung der bangen Not des greisen Sehers, der, während alles ringsum schweigt, seine heißen Tränen weint, und

---

auf der Innenseite beschrieben; aber hier ist's auch die Außenseite; mit anderen Worten: das Buch war überreich an Inhalt.

welch große Erlösung für uns alle! Ja, einer war und ist würdig, Gottes herrliche Ratschlüsse und Gedanken auszuführen, betreffen sie nun die Erde oder den Himmel, die Zeit oder die Ewigkeit: „der Löwe aus dem Stamm Juda", „die Wurzel Davids".

Schon einmal war aus dem Stamm Juda, von dem der sterbende Patriarch Jakob in seinem Segen Großes geweissagt hatte, ein Löwe erstanden, der König David, der die Philister, die Erbfeinde Israels, schlug und ihren Zwischenkämpfer Goliath durch einen Wurf hinstreckte und dann enthauptete; aber hier ist ein anderer, ein stärkerer Löwe, gemeint: Jesus Christus, Davids Sohn und Davids Herr. Er, der aus dem Geschlecht und Stamme Davids ist, ist auch „die Wurzel Davids".

Jesus Christus, der Löwe aus dem Stamm Juda, hat überwunden. Er, der Sohn Gottes, hat sterbend am Kreuz auf Golgatha für immer Satan geschlagen und überwunden und seine Macht auf ewig gebrochen. Dort hat Er in scheinbarem Unterliegen im größten Kampf, der je gekämpft worden ist, den ewigen Sieg erstritten, „als er die Fürstentümer und Gewalten ausgezogen und sie öffentlich zur Schau stellte, indem er durch dasselbe — durch das Kreuz — über sie einen Triumph hielt" (Kol. 2, 15).

So wurde auch die früheste Weissagung auf den Erlöser, das uralte Evangelium, erfüllt, das Gott an den Pforten des Paradieses gleich nach dem Sündenfall hören ließ, als Er vor den Ohren des gefallenen Menschenpaares an den Satan, die Schlange, die Worte richtete: ,,Ich werde Feindschaft setzen zwischen dir und dem Weibe und zwischen deinem Samen und ihrem Samen. Er wird dir den Kopf zermalmen, und du wirst ihm die Ferse zermalmen" (1. Mose 3,15).

Sobald Johannes von dem mächtigen Löwen hört aus Judas Stamm, von dem großen Überwinder, dem Einzigen im Weltall, der würdig erfunden wurde, Gottes Buch zu öffnen und seine Siegel zu brechen, wendet er sich, um nach dem Löwen zu schauen; und siehe da, er erblickt *ein Lamm,* und zwar ein Lamm, das Wunden trägt, *„wie geschlachtet"*. Aber das Lamm ist nicht tot, auch liegt es nicht da, nein, der Seher sieht es

„stehen", d. h. es lebt und thront als Sieger in Würde und Hoheit. Ja, es steht *„inmitten des Thrones und der vier lebendigen Wesen und inmitten der Ältesten"*.

Das Lamm, das durch Sein Leiden, durch Seinen Tod Gott verherrlicht und die Erlösung der sündigen, verlorenen Menschenkinder erwirkt hat, bildet also den Mittelpunkt des Thrones Gottes – das Lamm ist nicht auf dem Thron, sondern „inmitten des Thrones" –, es bildet den Mittelpunkt der Ratschlüsse Gottes und zugleich Seiner Regierung, Vorsehung und Gerichte, aber auch den Mittelpunkt aller Erlösten. Alles schart sich um Ihn, den Versöhner und Erlöser.

Der Seher sieht also Jesus, das Lamm Gottes. Aber das Lamm hat hier *„sieben Hörner und sieben Augen, welche die sieben Geister Gottes sind, die gesandt sind über die ganze Erde"* (V. 6). Die Zahl sieben kennen wir bereits als die Zahl der Einheit und Vollkommenheit, verbunden mit Mannigfaltigkeit und Allseitigkeit. Die *„sieben Hörner"* drücken des Lammes *Macht* aus über die ganze Erde, während die *„sieben Augen"* Seine vollkommene *Einsicht* und *Weisheit* im Heiligen Geist darstellen, um die ganze Erde zu regieren.

Als das Lamm, das „geschlachtet" worden und mit Macht und Weisheit ausgerüstet ist, um das Gericht über die Erde auszuüben, empfängt es nun das Buch aus der Hand Gottes, der auf dem Thron sitzt. Alsbald fallen ohne jede Aufforderung einmütig die vier lebendigen Wesen, die Vertreter der Schöpfung und Regierung Gottes, und die vierundzwanzig Ältesten, die Erlösten, vor Ihm nieder; *„und diese hatten ein jeder eine Harfe und goldene Schalen voll Rauchwerk, welches die Gebete der Heiligen sind"*. Die weißgekleideten Ältesten (Kap. 4, 4) mit ihren Räucherschalen zeigen sich also hier als Priester Gottes. Ihre Harfen aber schweigen noch.

Welche „Heiligen" es sind, deren Gebete die Ältesten priesterlich darbringen, wird uns nicht gesagt. Da aber die verherrlichten Heiligen, diese „vierundzwanzig Ältesten" selbst, dort im Himmel nicht mehr des Gebets bedürfen, nur noch Anbetung bringen, müssen wir annehmen, daß es „Heilige" auf der Erde sind, die erst in der Drangsalszeit bekehrt wurden. Ihre Gebete werden in diesem Weihrauch dargestellt und von den vierundzwanzig Ältesten droben priesterlich in goldenen Schalen, d. h. entsprechend der göttlichen Gerechtigkeit, dargebracht (vgl. Offbg. 6, 9–11 und 8, 3–5). Vielleicht darf man bei den „Heiligen" an Luk. 18, 7. 8 denken, wo wir den jüdischen Überrest sehen, der in seiner Not und Bedrängnis Tag und Nacht zu Gott rufen wird.

Aber die Ältesten fallen nicht nur nieder; es ist nicht etwa nur eine stumme Huldigung und Anbetung. Nein, sie singen! Und zugleich ertönen nun auch ihre Harfen. Die Erlösten singen ein Lied zum Preise des Lammes! Wir hören: Sie singen ein neues Lied*): *„Du bist würdig, das Buch zu nehmen und seine Siegel zu öffnen; denn du bist geschlachtet worden und hast**) für Gott erkauft, durch dein Blut, aus jedem Geschlecht und (jeder) Sprache und (jedem) Volk und (jeder) Nation, und hast sie unserem Gott zu Königen und Priestern gemacht, und sie werden über die Erde herrschen!"* (Verse 9 und 10.)

Welch ein Jubel ist im Himmel auf Grund der Erlösung, die der Sohn Gottes bereitet und vollbracht hat als das Lamm, das hier in der gefallenen, sündigen Welt verworfen wurde, aber für Gottes Ehre und für unser ewiges Heil litt und starb! — Ja, durch Seinen Gehorsam bis zum Kreuz und Seinen Opfertod ist Jesus Christus, der Sohn Gottes und der Menschensohn, droben der Mittelpunkt des Thrones Gottes und aller Erlösten geworden. Er ist der Gegenstand aller Gedanken und aller Wonne Gottes, wie der Anbetung all derer, die aus der Welt erkauft wurden und nun auf ewig im Himmel sind.

*) Die Worte „und sagen" kann man weglassen; sie bedeuten, daß jetzt der Inhalt des Liedes angegeben wird.

**) Das Wörtchen „uns" fehlt in Vers 9 in den ältesten Handschriften; es wurde offenbar von Abschreibern in die jüngeren Handschriften gebracht. Auch muß es in Vers 10 nicht „uns", sondern „sie" heißen.

Die vierundzwanzig Ältesten nennen sich nicht selbst in dem neuen Lied, das sie zum Preise des Lammes Gottes singen. Sie singen nämlich nicht: „Du hast *uns* erkauft." Sie nennen in ihrem Lied überhaupt keine bestimmte Klasse von Erlösten. Es geht ihnen nicht darum, im Lobgesang die Tatsache ihrer eigenen Erlösung und ihre eigene Segnung zu feiern. Sie wollen vielmehr den *Erlöser* erheben, Ihn selbst besingen und Seine große Erlösung an und für sich; hat Er doch Gott unendlich und auf ewig verherrlicht und eine unzählbare Schar aus allen Völkern der Erde aus einer gefallenen Menschheit für Gott erkauft und sie Ihm zu Priestern und Königen gemacht.

Sie stellen alle Erlösten dar, soweit sie dann im Himmel sind. Sie sind „Priester". Als solche tragen sie „weiße Kleider" und haben „goldene Schalen voll Weihrauch". Zugleich sind sie „Könige". Als solche tragen sie „goldene Kronen" (Kap. 4, 4). Und sie sind auch, wie einst die Leviten im Heiligtum, Sänger mit „goldenen Harfen"*). Aber ihr Lied und Lob gilt nicht ihren eigenen Segnungen, sondern, wie wir sagten, Ihm, dem sie diese auf ewig verdanken; Er hat durch Sein Leiden und Sterben ewige Herrlichkeit für Gott erworben und für sie selbst ewige Segnungen.

Bei der ersten Schöpfung schon hatte Gott sich Ehre und Herrlichkeit bereitet, dem Menschen aber Segen. So wollte es Gott: Ihm die Ehre, dem Menschen der Segen. — Doch die Sünde kam in die erste Schöpfung; der Mensch lauschte auf Satan, der Gott die Ehre und dem Menschen den Segen rauben wollte. Er versprach als der Lügner dem Menschen die gleiche Ehre mit Gott: „Ihr werdet sein wie Gott." Und der Mensch griff nach ihr im Raube. Aber er erlangte sie nicht, verlor zugleich dabei, von Gott gestraft und vertrieben, seinen herrlichen Platz des Segens.

*) David hatte nach Gottes Anleitung „die Harfen" und andere Musikinstrumente im Heiligtum eingeführt; und wie wir hier vierundzwanzig Älteste haben, so hatte auch David nicht nur die Priester (1. Chron. 24), sondern auch die Leviten, die Sänger, in vierundzwanzig Klassen eingeteilt (1. Chron. 25).

Auch die Ehre und Herrlichkeit Gottes schien für immer dahin zu sein; Satan hatte ja den Menschen von Gott getrennt und Sünde und Tod in die Welt gebracht.

Da kam Jesus Christus in die Welt, um das Verlorene zu suchen und zu retten und um die Sünde der Welt hinwegzutun und Tod und Satan zu überwinden. Er starb für *Gottes Ehre* und für *unser Heil.* Ja, Er legte in Seinem Tod die Grundlage zu einer neuen Schöpfung und neuen Ordnung der Dinge. Die Sünde hatte die Ordnung der Dinge, bei der Gott die Ehre hat und der Mensch den Segen, umgestürzt. Aber durch die Erlösung ist die Ordnung hergestellt, und zwar in viel herrlicherer Weise, als sie je bestand; zugleich ist sie auf ewig festgestellt und gesichert worden.

Darum verstehen wir, daß das Lamm in der ewigen Herrlichkeit den Mittelpunkt des Thrones Gottes und der ewigen Lobgesänge der Erlösten bildet, und daß Ihm alles übergeben wird.

Und wir stimmen freudig ein:
„Du bist würdig, Du allein."

Auch die Engel treten herzu, die wir im vierten Kapitel nicht sahen. Wohl sind sie nicht die Empfänger der Erlösung; denn für die gefallenen Engel gibt es keinen Erlöser, und die übrigen (bewahrt gebliebenen) Engel bedürfen keines Erlösers*). Auch wird nicht ihnen „der zukünftige Erdkreis" unterworfen**). Aber sobald Christus, dem Lamm, das Buch mit den sieben Siegeln

*) „Fürwahr, er nimmt sich nicht der Engel an" (Hebr. 2, 16).

**) Hebr. 2, 5.

überreicht wird zur Eröffnung, um Gottes Gerichte und Ratschlüsse über die Erde auszuführen, treten auch die heiligen Engel herbei und schweigen nicht in Seinem Lob.

Allerdings können sie das Lamm nicht anreden mit dem vertraulichen „Du", wie wir das bei den vierundzwanzig Ältesten, den Erlösten, sehen (V. 9); auch singen sie nicht. Hören wir, was uns der Seher Johannes von ihnen berichtet: *„Und ich sah: und ich hörte eine Stimme vieler Engel um den Thron her und um die lebendigen Wesen und die Ältesten; und ihre Zahl war Zehntausende mal Zehntausende und Tausende mal Tausende, die mit lauter Stimme sprachen: Würdig ist das Lamm!"*

Sie reden nicht das Lamm selber an, auch singen sie nicht; sie bezeugen Ihm von ganzem Herzen ihre Huldigung und sagen: „Würdig ist das Lamm!" Die Erlösten aber wenden sich im Glück ihrer Herzen im Lied zu dem Lamm hin und singen: „Du bist würdig!"

Wir sehen also, daß die große Engelschar, Tausende mal Tausende und Zehntausende mal Zehntausende, nicht den ersten Platz im Himmel und am Thron Gottes einnimmt. Nein, dem Thron und dem Lamm zunächst stehen die vierundzwanzig Ältesten, d. h. die Erlösten aus unserer sündigen, gefallenen Welt. Wie wunderbar! Näher als die Engel, diese reinen, erhabenen Wesen, die nie gefallen, nie abgewichen sind von Gott, stehen in der ewigen Herrlichkeit die ehemaligen Sünder, die aus der Mitte der abtrünnigen Menschenkinder durch das Blut des Sohnes Gottes Gnade suchten und Erlösung fanden.

Die ungeheure Engelschar steht erst um die Ältesten und die vier lebendigen Wesen her; und sie spricht mit lauter Stimme: *„Würdig ist das Lamm, das geschlachtet worden ist, zu empfangen die Macht und Reichtum und Weisheit und Stärke und Ehre und Herrlichkeit und Segnung (Lob)!"* Welch eine laute, den weiten Himmel erfüllende siebenfache Lobeserhebung muß es sein, die von den unübersehbar großen Engelscharen dem Versöhner und Weltenrichter dargebracht wird! In diese stimmt die ganze Schöpfung ein zu gewaltigem Chor. Alles Erschaffene im Himmel, auf der Erde und unter der Erde*) und was auf dem Meer ist und alles, was in ihnen ist, stimmt ein in den lauten Jubel und Lobpreis Dessen, der auf dem Throne sitzt und des Lammes; sie erkennen Ihm alle „Segnung" zu „und Ehre und Herrlichkeit und Macht in Ewigkeit".

Es sind dieselben Stücke, welche die Engel dem Lamm zuschreiben in ihrem Lob, nur in einer anderen Reihenfolge: „Segnung, Ehre, Herrlichkeit und Macht." Hier sind es vier; wohl in Übereinstimmung damit, daß die Kreatur, das Erschaffene, an die vier Ausdehnungen des Raumes und der Welt anknüpft, während die Engel sieben Stücke nennen.

Als der Erlöser, der Sohn Gottes, auf Erden war, entäußerte Er sich hier, wo der Mensch sich gegen Gott aufgelehnt hatte und alle Macht, allen Reichtum und Weisheit und Stärke und Ehre und Herrlichkeit an sich riß und damit sich verherrlichte, aller dieser Stücke. Er war hier in Knechtsgestalt und Armut, in Schmach und Schande um der Ehre Gottes und um des Heils der Verlorenen willen. Droben aber, in der Ewigkeit, wird Ihm das alles rühmend zuerkannt, worauf Er hienieden freiwillig Verzicht leistete, was Ihm gehört und ewig Sein ist: ,,Macht, Reichtum, Weisheit, Stärke, Ehre, Herrlichkeit und Lob." – Und die vier lebendigen Wesen stimmen ein und sprechen: Amen! Die Ältesten aber, die Erlösten, tun mehr: sie fallen, ganz erfüllt von der Gnade, Kostbarkeit und Herrlichkeit des Lammes, vor Ihm nieder und *beten an!*

---

*) Das Erschaffene oder „alle Kreatur", die „unter der Erde" ist, sind nicht dieselben, welche in Philipper 2 „die Unterirdischen" genannt sind; es ist eine andere Bezeichnung. – „Die Unterirdischen" in Philipper 2 sind die Verdammten, die Gottlosen, die sich wohl einst vor Christus beugen und Ihm huldigen müssen, aber nicht, wie alles Erschaffene zu Wasser und zu Land, auf der Erde und in der Erde, Gott und dem Erlöser ein Lob darbringen. – Dazu sind sie nicht fähig und würdig.

Kapitel 6

Die ersten sechs der sieben Siegel

. Wie wir schon gleich zu Anfang sagten, ist unser Buch ein *Buch der Gerichte.* Es enthält gleichsam das Programm, das, wie es im ersten Vers des Buches heißt, „Gott Seinem Sohn gibt, um Seinen Knechten zu zeigen, was bald geschehen muß". Die Knechte Jesu Christi, die sich jetzt, in der Zeit Seiner Abwesenheit und Verwerfung, in der bösen Welt für Ihn und Sein Reich bemühen, sollen zu ihrer Ermunterung und Stärkung wissen, wie und in welcher Reihenfolge sich die Dinge hienieden abwickeln bis zur völligen Beseitigung des Bösen und der Aufrichtung Seines herrlichen Reiches auf Erden.

Zunächst beginnt das Gericht, wie wir das bei der Betrachtung der sieben Sendschreiben sahen (Offbg. 2 und 3), ganz naturgemäß „am Hause Gottes"*). Und sobald der Herr die Erlösten aus dem „Hause Gottes" gen Himmel genommen hat, sagt Er sich von den bloßen Bekennern los (Offb. 3, 16).

Nachdem uns dann im vierten und fünften Kapitel des Buches der geöffnete Himmel und Gott als der Schöpfer und als der Richter und auch das Lamm auf dem Thron gezeigt wurde und alle Erlösten um den Thron her, brechen alsbald die Gerichte Gottes über die Erde herein.

Diese Gerichte sind in dem siebenfach versiegelten Buch, das der Seher in der Hand Gottes schaut, verzeichnet. Und dieses Buch wurde, wie wir sahen, unter der Anbetung der Erlösten, die das „neue Lied" anstimmten, dem Lamm überreicht, dem Sohn Gottes. Er, der Retter, der für die Sünde der Welt starb, ist nun auch ihr Richter; „alle Macht, aller Reichtum, alle Weis-

---

*) 1. Petri 4, 17

heit, alle Stärke, Ehre, Herrlichkeit und Segnung" gehören ja Ihm!

Das Lamm öffnet, umgeben von den Erlösten, sechs der Siegel des Buches nacheinander. Bei der Eröffnung der ersten vier Siegel hören wir immer eines der vier lebendigen Wesen der Reihe nach, wie mit einer Donnerstimme, rufen: „Komm!" Diese lebendigen Wesen, die zum Thron Gottes gehören und ihn kennzeichnen, wie wir sahen, rufen also die vier ersten Gerichte herbei*). Und jedesmal kommt ein Reiter zu Pferd hervor.

Der erste, auf weißem Roß, ist ein Sieger, der sich in Eile mit einem Bogen — also aus der Ferne schon — eine Krone, richtiger vielleicht einen Siegeskranz, erwirbt. Solche Eroberer, die sich in kurzer Frist, wie im Flug, große Gebiete unterwarfen, hat die Weltgeschichte viele gesehen; wir erinnern nur an Alexander den Großen und Napoleon I. — Doch zeigt uns der Bogen, den der Sieger statt eines Schwertes führt, und auch die weiße Farbe des Pferdes, daß die schnelle Eroberung dieses Reiters nicht auf dem Weg blutiger Schlachten geschieht. Es sind diese Reiter zu Pferd natürlich keine wirklichen Reiter, sondern nur Sinnbilder von großen, ernsten Ereignissen, die zu den Gerichten gehören, welche — *nach* der Wegnahme der wahren Kirche, der Braut Christi, aus der Welt — die Erde treffen. Der erste Reiter zeigt uns jedenfalls das rasche Vordringen einer Macht, der Gott den Sieg gibt, so daß sie sich ohne viel Blutvergießen große Gebiete unterwirft.

Bei der Eröffnung der nächsten drei Siegel, also auf den zweiten, dritten und vierten Zuruf „Komm!" kommen drei weitere Reiter hervor; der erste auf einem feuerroten Pferd mit einem „großen Schwert". Das ist ein großer Krieg mit seinen Schrekken. Dann folgt ein weiterer Reiter mit der Waage in der Hand

*) Der Zusatz „und siehe" (in den Versen 1. 3. 5. 7) fehlt in den alten Handschriften. Der Zuruf: „Komm!" gilt also nicht Johannes, dem Seher, sondern immer dem Reiter, der das Gericht ausübt.

auf schwarzem Pferd, das ist eine Hungersnot*). Und zuletzt, im Anschluß an Krieg und Teuerung, kommt der vierte Reiter auf fahlem Roß, das ist die Seuche und der Tod und dazu wilde Tiere. Mit diesen vier Plagen: „Schwert und Hunger und bösen Tieren und der Pest" hat Gott schon in Hesek. 14, 21 den abtrünnigen Menschenkindern Seine Strafe angedroht. Gott weiß in Seiner Allmacht und Gerechtigkeit die Erde mit Seinen Gerichten zu schrecken und zu treffen. Die Fortschritte der Menschen in ihrer Kultur und Technik halten Gottes Zorn nicht auf und bieten der Welt keine Zuflucht und Sicherheit. – *Vor Ihm* kann man sich *nicht verbergen;* aber man kann und soll sich *bergen* bei Ihm und *in Ihm.* Und dazu ist uns jetzt noch der Tag des Heils gegeben.

Wie nun das fünfte Siegel an dem Buch der Gerichte von Jesus Christus, dem Lamm Gottes, geöffnet wird, hört Johannes, der Seher, kein neues „Komm!" Auch bedeutet das Auftun des fünften Siegels keine Fortsetzung der Gerichte, wenn auch einen Fortschritt im Gang der Ereignisse.

Johannes sieht unter einem Altar die Seelen derer, die um des Wortes Gottes und um des Zeugnisses willen getötet worden waren. Zugleich hört er statt des Rufes „Komm!" eine laute Stimme rufen: *„Bis wann, o Herrscher, der du heilig bist und wahrhaftig, richtest und rächst du nicht unser Blut an denen, die auf der Erde wohnen?"* – Der Altar wird im Himmel gesehen, wohin ja dem Seher (Kap. 4, 1) eine Tür aufgetan worden war. Daß aber die Seelen unter dem ,,Altar" sind, deutet an, daß sie ihr Leben als Zeugen oder Märtyrer für Gott gelassen, aufgeopfert hatten, und zwar, wie wir hörten, ,,um des Wortes Gottes und

*) Das Getreide wird hier gewogen, nicht gemessen, damit nicht ein Körnlein zuviel gegeben werde (3. Mose 26, 26 und Hes. 4, 16). Es deckt sich das Gekaufte kaum mit dem Tagesbedarf des einzelnen, geschweige denn mit demjenigen einer Familie. Für einen Denar, der den Tageslohn eines Arbeiters ausmachte (Matth. 20, 2), bekommt dieser gerade soviel, als er für sich braucht. Wo aber ist das Brot für die Familie? Und wo das Geld für Obdach und Kleidung?

um des Zeugnisses willen".

Sobald die Kirche Christi, d. h. die Gesamtheit aller wahren Christen, zum Himmel entrückt worden ist, erweckt sich Gott andere Zeugen aus Seinem alten jüdischen Bundesvolk, das wir heute noch weitgehend zerstreut und im Unglauben dahingehen sehen. Von diesen Zeugen werden viele, obwohl erst eben bekehrt und zu Gott gekommen, in der Zeit der Drangsale ihr Leben lassen müssen. Davon redet der Herr Jesus schon zu Seinen Jüngern, die Er als Vertreter der gläubigen Juden in späteren Tagen ansieht, in Seiner letzten Rede auf dem Ölberg: ,,Dann werden sie euch in Drangsal überliefern und euch töten" (Matth. 24,9).

Von diesen Märtyrern sah also Johannes eine große Schar unter dem Altar. Zunächst waren es nur „die Seelen", die er sah und reden hörte (Offb. 6,9); denn ihre Leiber waren noch nicht auferweckt. Dies geschieht erst später beim Beginn des Reiches.

Diese „Seelen" rufen, und zwar mit lauter Stimme, damit ihr Ruf allerwärts vernommen werde. Sie fragen und rufen nach dem Gericht und der Rache über die, welche „auf der Erde wohnen" und hier ihr Blut vergossen haben.

So völlig unpassend das Herbeirufen des Gerichts und der Rache Gottes für den Christen wäre, so ganz und gar geziemend ist dieser Ruf für die Gläubigen und Zeugen aus Israel. Die Stellung der *Christen ist die der Gnade;* wir rufen mit dem Herrn am Kreuz und mit Stephanus, dem ersten Märtyrer: ,,Vater, vergib ihnen!" — Aber die Märtyrer aus *Israel* haben eine ganz andere Stellung und Berufung; und sie rufen mit Recht zu dem ,,Herrscher" der Erde um *Gericht* und um *Rache,* wie wir das auch so oft in den Psalmen finden. Sie tun es nicht um ihretwillen, sondern um der Ehre und Herrlichkeit des ,,Herrschers" und Seines Reiches willen; denn solange die Feinde und Widersacher nicht im Gericht beseitigt sind, solange kann auch Christi Herrlichkeit und Reich nicht auf der Erde, dem Schauplatz ihrer Segnungen, aufgerichtet werden.

Nur aus diesem Grund hören wir hier den Ruf, wie so oft schon in den Psalmen: „Bis wann?"*) — Unser Ruf, der Ruf „des Geistes und der Braut", dem Herrn entgegen, ist ein anderer. Wir rufen: „Komm, Herr Jesus!" *Unser Platz* der Segnungen ist *der Himmel.* Und von Christi Liebe durchdrungen, bitten wir zugleich an Seiner Statt die Menschen: „Laßt euch versöhnen mit Gott!" und: „Wen da dürstet, der komme; wer da will, der nehme das Wasser des Lebens umsonst!"

Aber wer sind denn die, welche „auf der Erde wohnen", auf die Gottes Gericht herabgerufen wird?

Mit diesem Ausdruck, dem wir noch mehrfach in dem Buch der Offenbarung begegnen, werden die Weltbürger bezeichnet, die da, wo sie nur Pilger und Fremdlinge sein sollten, ohne Gott und wider Gott leben, als wären sie die „Herrscher" und „Gebieter". Die Seelen unter dem Altar dagegen nennen den Herrn mit Recht den „Herrscher"; und sie rufen Sein Gericht herbei, damit Er auf Erden endlich zu Seinem Recht komme. Wie die gottlosen Kanaaniter einst in dem Land wohnten, das Israel gehörte, dem Volk Gottes, und wie diese unter Josua, ihrer Sünden wegen, vertrieben und vertilgt werden mußten, so wird der wahre Josua, Jesus Christus, einst über alle, die „auf der Erde wohnen", die Ihn mißachtet und das Blut Seiner Zeugen vergossen haben, Sein gerechtes Gericht bringen.

Doch noch müssen die Seelen unter dem Altar „eine kleine Zeit" verziehen, wie auch wir heute noch „eine kleine Zeit", eine kleine Weile warten, bis der Herr Jesus kommt, um uns hinaufzunehmen dahin, wo Er schon ist (Joh. 14, 3; Hebr. 10, 37). Es wird den Seelen inzwischen „ein weißes Gewand" gegeben in Anerkennung ihrer Reinheit und ihres gerechten Wandels auf Erden (vgl. Offb. 3, 4). Dieses Gewand ist auch zugleich ein Unterpfand für die Erfüllung ihrer Hoffnung und Erwartung. Uns ist heute ein höheres Unterpfand für unsere Hoffnung und den Besitz unseres Erbes gegeben: der Heilige

*) z. B. Ps. 74, 10; 79, 5; und 94, 3.

Geist, der uns zugleich dem kommenden Bräutigam und dem Vaterhaus entgegenführt.

Auf was oder „bis wann" aber müssen die Seelen unter dem Altar warten? – Sie müssen noch ruhen, bis die Zahl ihrer Brüder und Mitknechte, die noch getötet und beim Herrn vollendet werden sollen, voll ist (Kap. 6, 11). Und wir, wir warten auf unseres Erlösers Kommen, bis gleichfalls die Zahl der Erlösten und Geretteten vollzählig ist (2. Petri 3, 9. 15).

Wir sehen denn auch im Verlauf der Offenbarung, daß, entsprechend der Antwort, die die Seelen unter dem Altar empfangen, während der Drangsalszeit noch andere Zeugen des Herrn in der abtrünnigen Welt unter Satans Macht getötet werden (vgl. Kap. 12, 17 und 20, 4).

Aber nicht nur eine Antwort erhalten die Seelen auf ihren Ruf um Rache; ihr Ruf führt auch die Eröffnung des sechsten Siegels herbei: ein ernstes Gericht, schrecklicher noch als alle früheren. Wir lesen: *„Es geschah ein großes Erdbeben; und die Sonne wurde schwarz wie ein härener Sack, und der ganze Mond wurde wie Blut, und die Sterne des Himmels fielen auf die Erde, wie ein Feigenbaum, geschüttelt von einem starken Winde, seine unreifen Feigen abwirft. Und der Himmel entwich wie ein Buch, das aufgerollt wird, und jeder Berg und jede Insel wurden aus ihrer Stelle gerückt. Und die Könige der Erde und die Großen und Obersten und die Reichen und die Starken und jeder Knecht und Freie verbargen sich in die Höhlen und in die Felsen der Berge"* (V. 12–15).

Manche Leser werden in dieser Schilderung schon das letzte Weltgericht sehen, den Untergang von Himmel und Erde, wie der Herr gesagt hat: „Himmel und Erde werden vergehen, aber meine Worte werden nicht vergehen!" – Aber wenn auch sicherlich, wie wir das schon bei der Kreuzigung des Herrn gesehen, Himmel und Erde bewegt werden und einmal auch untergehen müssen, so ist es doch nicht so, daß bei der Eröffung des sechsten Siegels schon das Weltende gekommen ist, sondern eine allgemeine mächtige Erschütterung der menschlichen Gesellschaft, ein völliger Umsturz der bestehenden sittlichen und bürgerlichen Ordnung und der Throne und Mächte der Welt. Wir wissen, daß Gott, „dessen Stimme damals — als Er Sein Gesetz von Sinai gab — die Welt erschütterte", geweissagt hat: „Noch einmal werde ich nicht allein die Erde bewegen, sondern auch den Himmel. Aber das „noch einmal" deutet die Verwandlung der Dinge an, welche erschüttert werden als die, welche gemacht sind, auf daß die, welche nicht erschüttert werden, bleiben" (Hebr. 12, 26. 27).

Diese Erschütterung aller Ordnung und den Umsturz der bestehenden Dinge sehen wir in unseren Tagen sich schon anbahnen und vorbereiten. Was ernste Männer unserer Tage sorgenvollen Herzens kommen sehen, wird bei der Eröffnung des sechsten Siegels völlig in Erscheinung treten: der Umsturz aller Ordnung. Die Ordnung im Land ist von Gott; wir alle genießen ihren Segen und sollten es dankbaren Herzens tun. Und Gott ermahnt uns, die Seinen, für die Obrigkeit zu beten, „für alle, die in Hoheit sind", ja, „für alle Menschen". Aber wenn die Erlösten und mit ihnen der Heilige Geist die Erde verlassen haben, dann werden die Grundfesten der Erde wanken, denn die Säulen der Ordnung hienieden sind dann hinweggenommen. Was das Auftreten des Bösen, des „Menschen der Sünde", aufhielt, was ihm im Wege war, ist fort (2. Thess. 2, 6. 7). Das Gebäude stürzt ein.

Von diesem Einsturz redet unser Abschnitt in bildlicher Rede. Sonne, Mond und Sterne, wie auch die Berge und Inseln sind hier, wie wir meinen, nur Sinnbilder für die Regenten und Autoritäten, Mächte und Ordnungen, die bestehen. — Dabei mögen auch Zeichen geschehen am Sternenhimmel, wie das für eine noch spätere Zeit in jener Periode der Weltgeschichte mit Sicherheit geweissagt ist, „Zeichen an Sonne, Mond und Sternen" (Matth. 24, 29 folg.); aber hier haben wir zunächst eine bildliche, jedoch treffende Schilderung der schrecklichen Zeit einer allgemeinen Erschütterung und Beseitigung aller menschlichen und sittlichen Ordnungen und Einrichtungen auf Erden. Die Greuel der großen blutigen französischen Revolution gegen Ende des achtzehnten Jahrhunderts, jene furchtbaren ,,Schreckenstage", waren sicher ein schwaches Vorspiel dieser Zeit*).

Eine allgemeine Bestürzung ergreift alle Bewohner der Erde, hoch und niedrig, besonders die Hohen und Großen der Welt. Alle erheben in ihrer großen Herzensangst und Not ihre Stimme zum Bitten und Flehen, aber nicht zum allmächtigen Gott und Richter selber, noch weniger zum Erlöser. Sie fühlen und wissen, daß jetzt keine Zeit der Begnadigung und Rettung mehr ist; sie rufen zu den gefühllosen und harten Bergen und Felsen, in deren Höhlen sie vergeblich Schutz und Sicherheit gesucht haben: *„Fallet auf uns und bedecket uns!"* Welch eine Bitte, welch eine „Gebetsversammlung!" Diese Unglücklichen verschmähten am Tag des Heils, zu dem ewigen Gott, dem Gott-Heiland, um Rettung zu flehen und sich zu bergen in Christus, „dem ewigen Felsen". Nun aber, am Tag des gerechten Gerichtes, suchen sie vergeblich Rettung bei den Bergen der Erde und flehen zu diesen und zu den Hügeln um Bedeckung vor den Augen des ewigen Richters auf dem Thron. Ihr ernstes, aufrichtiges, aber nutzloses Gebet zu den Bergen und Hügeln heißt: ,,Fallet auf uns und *verberget uns vor dem Angesicht dessen, der auf dem Thron ist, und vor dem Zorn des Lammes; denn gekommen ist der große Tag seines Zornes, und wer vermag zu bestehen?"*

Lieber Leser, betest du? *Wann* betest du? Jetzt, am Tag des Heils, zur Zeit der Annehmung? Oder wirst du später erst beten, wenn die Grundfesten der Erde wanken und die Gnadenpforte längst geschlossen ist? *Zu wem* betest du? Zu Gott, dem Allmächtigen, der allein uns ein freies und ewiges Heil in Christus anbietet, oder später zu den Felsen und Steinen der Erde?

---

*) In Jes. 13, 9. 10; 34, 2—4; Joel 2, 10. 11; 3, 15. 16; Hes. 32, 7. 8 haben wir eine ähnliche sinnbildliche Darstellung schwerer Zeiten und Gerichte Gottes auf Erden.

Und *um was* betest du? Nur um Schutz vor zeitlichen Gerichten oder um Rettung deiner unsterblichen Seele und um dein Heil zum ewigen Leben? Gewiß ist es vernünftiger und besser, heute von Herzen zu beten: „Gott, sei mir, dem Sünder, gnädig!", als am Tage des Gerichts zu rufen: „Ihr Berge, fallet auf uns, und ihr Felsen, bedecket uns!"

Ja, nur der ist gut bedeckt für Zeit und Ewigkeit, dessen Sünden zugedeckt sind durch Christi Blut. Der Gläubige kann zu Gott im Namen Jesu Christi jubeln:

„Gericht und Tod mich nicht mehr schreckt,
Sein Blut mich allzeit schirmt und deckt!"

Und wir begreifen gut, daß Gott selbst einen solchen Menschen glückselig preist: „Glückselig der, dessen Übertretung vergeben, dessen Sünde zugedeckt ist!" (Ps. 32.) Jene Menschen, die am Tag der Gerichte Gottes zu den Bergen rufen und flehen, reden wohl von dem Lamm Gottes. Aber wie furchtbar! Sie reden von „dem Zorn des Lammes".

Ja, Jesus Christus, der Heiland der Welt, der Retter jetzt, ist dereinst der gerechte Richter. Wenn die Zeit der Gnade vorüber ist, folgt der Tag Seines Zornes.

Wie glücklich dagegen ist das Herz in Zeit und Ewigkeit, das Ihn als Heiland kennt und in Ihm geborgen ist: „Wer an ihn glaubt, wird nicht gerichtet" (Joh. 3, 18). Er gehört zu jenen Seligen, in deren Namen der Apostel spricht, wenn er von der kommenden allgemeinen Erschütterung aller Dinge weissagt: „Deshalb, da wir ein unerschütterliches Reich empfangen, so laßt uns dankbar sein!" (Hebr. 12, 28.) In der Tat, welch eine Ursache zum ewigen Dank und Lob Gottes ist Seine große Errettung, Sein freies, volles Heil in Christus Jesus, Seinem Sohn!

Und wie ernst ist das letzte Wort, die Frage jener „Beter" und Unglücklichen am Tag des Gerichts und des „Zornes des Lammes", der noch nicht einmal der letzte und größte Tag der Gerichte ist, wie sie meinen! Sie rufen: „Und wer vermag zu bestehen?"

Ja, wer vermag zu bestehen, wenn Er, der gerechte Richter,

richtet? – Niemand, „niemand!" – Nur der Erlöste besteht, denn er besitzt die Gerechtigkeit Gottes aus Glauben durch Jesus Christus; und „er kommt nicht in das Gericht" (Joh. 5,24). „Da ist keine Verdammnis für die, welche in Christus Jesus sind" (Röm. 8, 1).

Kapitel 7

Einschaltung zwischen dem sechsten und siebenten Siegel:
Die 144000 aus Israel
und die große Volksmenge aus den Nationen

Wir hörten, welch ernste Gerichte und Umwälzungen auf der Erde die Folge der Eröffnung des sechsten Siegels sein werden (Offbg. 6, 12–17). Ehe nun im Himmel das siebente Siegel am Buch der Gerichte eröffnet wird, zeigt uns der Herr in dem vorliegenden Kapitel, wie Er zwei große Scharen von Menschen aus dem Gerichte noch retten und lebend in Sein Reich auf Erden einführen wird. So bildet das vorliegende siebente Kapitel eine Unterbrechung oder Einschaltung in der Aufzählung der Gerichte.

Wir lesen: *„Und nach diesem sah ich vier Engel auf den vier Ecken der Erde stehen, welche die vier Winde der Erde festhielten, auf daß kein Wind wehe auf der Erde, noch auf dem Meere, noch über irgendeinen Baum. Und ich sah einen anderen Engel von Sonnenaufgang heraufsteigen, welcher das Siegel des lebendigen Gottes hatte; und er rief mit lauter Stimme den vier Engeln, welchen gegeben worden war, die Erde und das Meer zu beschädigen, und sagte: Beschädigt nicht die Erde, noch das Meer, noch die Bäume, bis wir die Knechte unseres Gottes an ihren Stirnen versiegelt haben. Und ich hörte die Zahl der Versiegelten: 144000 Versiegelte, aus jedem Stamme Israels"* (Kap. 7, 1–4).

Das Wort „nach diesem", das wir, wie hier in Vers 1, so auch in Vers 9 wiederfinden, zeigt uns neu, daß wir mit diesen Dingen und Ereignissen im dritten oder letzten Abschnitt der Offenbarung stehen, daß wir also Ereignisse vor uns haben, die erst nach der Entrückung der Gläubigen stattfinden werden.

Wer die vier Engel sind, die ,,an den vier Ecken der Erde*)" stehen und die Hauptwinde der Erde zurückhalten, wird uns nicht gesagt. Vielleicht sind es dieselben, die später am Euphrat gesehen werden (Kap. 9, 14); jedoch hat ja Gott der dienstbaren Geister unzählige. Warum Erde und Meer nicht durch Winde und Gerichte beschädigt werden sollen, wird uns gleich durch einen anderen Engel, der von Sonnenuntergang herkommt, mit lauter Stimme verkündigt. Es sollen nämlich „die Knechte Gottes" zuvor versiegelt werden. Bis dahin also, bis Gottes Knechte vor den kommenden Gerichten durch ein überallhin sichtbares Zeichen, das an den Stirnen aller angebracht wird, sichergestellt sind, dürfen die Gerichte nicht beginnen, dürfen Erde, Meer und Bäume nicht durch „die Winde", d. h. durch die Gerichte, getroffen werden. Während das „Meer" ein Bild der unruhig hin und her wogenden Völker ist (vgl. Offbg. 17, 15; Jes. 17, 13), bezeichnet „die Erde" ein festes Land mit ruhigen, staatlich geordneten Verhältnissen. Das war zur Zeit des Sehers Johannes das Römische Reich, das auch in der Zukunft wieder erstehen wird. Also über „die Erde" und „das Meer", kurz über alle Völker, sollen keine weiteren Gerichte kommen, bis die Knechte Gottes versiegelt sind; auch nicht über „die Bäume", die wohl ein Bild von Schutz und Fruchtbarkeit sind, vielleicht von Ordnung und Blüte in Handel und Gewerbe.

Wer aber sind „die Knechte Gottes", die dann auf Erden sind und durch die Gerichte gehen müssen, jedoch, wie einst Noah, darin bewahrt werden? — Sie sind der ganze Überrest aus Israel, also gläubig gewordene Juden, wie uns die folgenden Verse zeigen.

*) Eigentlich „Biegungen der Erde".

Israel, das seinen Messias verwarf und seitdem selbst verworfen und unter alle Völker der Erde (auf ,,Erde" und ,,Meer") zerstreut ist, soll noch einmal gesammelt werden. ,,Er, der Israel zerstreut hat, wird es wieder sammeln" (Jer. 31, 10). Das bezeugen die Propheten Israels einstimmig. Auch im Neuen Testament hören wir: »Israel ist zum Teil Verstockung widerfahren, bis daß die Vollzahl aus den Nationen eingegangen ist, und also (oder: dann) wird ganz Israel errettet werden" (Röm. 11, 25). Wir leben heute noch in dieser Zeit, die nun schon über 1900 Jahre währt, in der Gott aus allen Heiden (Nationen) der Erde die Ihm zuvor bekannte „volle Zahl" errettet. Und ist diese – die Gemeinde oder Kirche Christi – in den Himmel eingegangen und entrückt, so kommt die Zeit, da, unter ernsten Gerichten, die „über den ganzen Erdkreis kommen werden" (Offbg. 3, 10), zunächst eine Schar von Juden gläubig, also „ein Überrest" aus Israel errettet und für das Königreich Christi bewahrt und versiegelt wird.*)

*) Die Zahl 144000, aus 12 x 12 x 1000, ist vielleicht nicht buchstäblich zu nehmen, sondern deutet an, wie groß und frei die Gnade ist, die einmal aus dem heute noch blinden und tauben Israel eine große Schar retten und in die Segnungen des kommenden Reiches einführen wird. – Die Zahl 12 = 3 x 4 ist wohl die Zahl des Bundes Gottes (3) mit dem Menschen (4); sie ist die Zahl der Regierung Gottes auf Erden. Zwölf ist darum auch die Zahl der Stammväter Israels und die Zahl der Apostel; auch hat das neue Jerusalem im kommenden Reich 12 Tore und 12 Grundlagen. – Die Zwölfzahl mit sich selber vervielfältigt = 12 x 12 = 144 und wieder mit der Zahl der menschlichen Verantwortlichkeit 10 in ihrer dritten Potenz = 10 x 10 x 10 = 1000 vervielfältigt = 144000 ist das Bild des Reiches Gottes auf Erden in seiner Vollendung. – Auf die besondere Anordnung der 12 Stämme, unter denen Juda voransteht, aus welchem David kam und Christus, wollen wir hier nicht näher eingehen; auch nicht auf die verschiedenen Mutmaßungen, warum der Stamm Dan in Offb. 7 fehlt; manche nehmen nämlich an, daß der Antichrist, welcher ja ein Jude sein wird (vgl. z. B. Dan. 11, 37), aus dem Stamm Dan kommen werde (vgl. 1. Mose 49, 17; 5. Mose 33, 22). Andere denken, daß Dan in der babylonischen Gefangenschaft schon untergegangen sei (siehe 1. Chron. 4—7; aber vgl. damit wieder Hes. 48, 1).

Von den ernsten Seelenübungen, welche die Juden bei ihrer Rettung und Versiegelung durchmachen, hören wir hier nichts, wohl aber anderswo. Sie werden unter schweren Gerichten, wie einst die Brüder Josephs, ehe sie Josephs Gnade und Herrlichkeit erfuhren, ihre Schuld erkennen müssen und über ihre Schuld trauern; sie werden sich zu Gott bekehren und wiedergeboren werden. Gott vergibt keine Sünden, die nicht vor Ihm wirklich erkannt, verurteilt und bekannt worden sind. – In der gleichen Weise wirkt Gott ja auch heute. Auch heute versiegelt Gott Seelen, und zwar für Sein himmlisches Reich und Erbe. Aber auch heute wirkt Gott zuvor Buße und Reue über die Sünden des Lebens und göttliche Trauer über das im Herzen wohnende Böse; alsdann schenkt Er der Seele das Bewußtsein der Vergebung und Frieden. Gott gibt die Gewißheit des Heils durch Sein Wort allen denen, welche in ihrer Sündennot zu Ihm ihre Zuflucht nehmen und Seine Erlösung in Christus Jesus im Glauben ergreifen. Erst nach der Vergebung versiegelt Er. Bei den Geretteten aus Israel dereinst wird die Versiegelung durch ein äußeres Zeichen geschehen, aber heute geschieht diese Versiegelung durch die Mitteilung des Heiligen Geistes, den Gott allen denen gibt, die von Herzen an Seinen Sohn glauben, der am Kreuz für ihre Sünden starb und auferstanden ist (Joh. 7, 39; Eph. 1, 13. 14; Gal. 3, 26; 4, 6).

Außer der glücklichen Schar der Erretteten aus den zwölf Stämmen Israels, den 144000 Versiegelten (V. 1—8), sehen wir in unserem Kapitel dann noch eine andere „große Volksmenge" aus den Nationen. Auch sie wird für die kommende Zeit des Segens und Reiches Christi auf Erden errettet und bewahrt und geht lebend in das Reich ein. Wir lesen von dieser zweiten Schar: *„Nach diesem sah ich: und siehe, eine große Volksmenge, welche niemand zählen konnte, aus jeder Nation und aus Stämmen und Völkern und Sprachen, stehend vor dem Throne und vor dem Lamme, bekleidet mit wei-*

ßen Gewändern, und Palmen in ihren Händen. Und sie rufen mit lauter Stimme: Das Heil sei unserem Gott, der auf dem Throne sitzt, und dem Lamme!" (V. 9 und 10.)

Diese Menge aus den Nationen trägt „weiße Gewänder", das Sinnbild der Gerechtigkeit, und „Palmen in der Hand", die Sinnbilder des Sieges und Friedens. Zugleich rühmt diese Menge, daß sie „das Heil" oder ihre Rettung Gott verdanke, Ihm, „der auf dem Thron sitzt, und dem Lamm". Sie preisen also nicht zunächst die Erlösung durch das Blut, wie das die Schar der Erlösten in Kap. 5 tut, welche die Braut des Lammes ist, die Kirche Christi, die jubelt: „Dem, der uns liebt und uns von unseren Sünden gewaschen hat in seinem Blut und uns gemacht hat zu Königen und Priestern" (Offb. 1, 5. 6). Auch singt diese „Volksmenge" nicht „das neue Lied" vor dem Lamm: „Du ... bist geschlachtet worden und hast (uns) für Gott erkauft durch dein Blut aus jedem Geschlecht" (Offb. 5, 9). Nein, diese weißgekleideten Sieger mit Palmen rühmen nur, daß sie Gott, der auf dem Thron ist, und dem Lamm ihr Heil verdanken. Gott, der „auf dem Thron" ist, hatte für sie eingegriffen und sie durch die Gerichte, die Er über ihre Feinde brachte, gerettet. Und Christus, „das Lamm", hat ihnen dann durch Sein Reich auf Erden die ersehnte Zeit der Ruhe und des Friedens gebracht. Allerdings haben auch sie ihre Gewänder nur „rein und weiß gemacht in dem Blut des Lammes".

Diese Sieger sind also nicht die Kirche Christi, gehören nicht zu ihr, denn die Kirche sehen wir bereits in Kap. 4 und 5 unseres Buches im Himmel „um den Thron her". Diese Erlösten mit Palmen stehen auf der Erde „vor dem Thron". Sie haben in der großen Drangsalszeit zu Gott gerufen; und Gott, der „auf dem Thron" ist, hat ihr Rufen gehört und sie in und aus der Not errettet. Es steht ja geschrieben, gerade von dieser Drangsalszeit: „Und es wird geschehen, ein jeder (aus Juden und Heiden), der den Namen Jehovas anrufen wird, wird errettet werden" (Joel 2, 32). Nun gehen sie, in Weiß gekleidet und mit Palmen in der Hand, wie die wie die 144000 aus Israel lebend ein in die Zeit der Ruhe und des Segens, die beim Kommen Christi auf Erden beginnt.

Über die Bewahrung und Rettung dieser beiden Scharen aus Israel und den Nationen freuen sich auch die Engel und die Ältesten und die vier lebendigen Wesen im Himmel droben. Sie fallen vor dem Throne nieder, den sie umgeben, und beten Gott an und sagen: „Amen!" (V. 11 und 12.)

Dann wendet sich einer der Ältesten zu Johannes mit der Frage: *„Diese, die mit weißen Gewändern bekleidet sind, wer sind sie, und woher sind sie gekommen?"* Und Johannes sprach zu ihm: *„Mein Herr, du weißt es."* Der Älteste antwortete darauf: *„Dies sind die, welche aus der großen Drangsal kommen, und sie haben ihre Gewänder gewaschen und haben sie weiß gemacht in dem Blute des Lammes. Darum sind sie vor dem Throne Gottes und dienen ihm Tag und Nacht in seinem Tempel. Und der auf dem Throne sitzt, wird sein Zelt über ihnen errichten. Sie werden nicht mehr hungern, auch werden sie nicht mehr dürsten, noch wird je die Sonne auf sie fallen, noch irgendeine Glut; denn das Lamm, das in der Mitte des Thrones ist, wird sie weiden und sie leiten zu Quellen der Wasser des Lebens, und Gott wird jede Träne abwischen von ihren Augen!"*

Wie selig ist das Teil aller, die sich zu Gott wenden, zu Ihm ihre Zuflucht nehmen, ehe es zu spät ist! – Sie sind vor dem Thron Gottes und dienen Ihm Tag und Nacht in Seinem Tempel;*) und Er, der auf dem Thron sitzt, wird Sein Zelt über ihnen errichten. Sie sind ja, wie wir hörten, nicht droben um den Thron her, wie die Engel und Ältesten, sondern nur vor dem Thron, sind noch auf Erden, nicht im Himmel. Es wird, während das Reich Christi auf Erden besteht, vom Himmel her ein Zelt oder eine Hütte über Jerusalem und über die Bewohner ausgebreitet sein. An diesem Schutz und den Segnungen des Reiches auf Erden hat die große Schar aus den Nationen teil.

*) Ähnliches wird von der Prophetin Hanna gesagt in Luk. 2, 37

Wir lesen: „Über die ganze Herrlichkeit wird eine Decke sein. Und eine Hütte wird sein zum Schatten bei Tag vor der Hitze, und zur Zuflucht und zur Bergung vor Sturm und vor Regen" (Jes. 4, 5. 6).

Auch an den anderen Verheißungen und Segnungen, die Israel im Reich Christi auf Erden haben wird, nimmt die große, weißgekleidete Schar der Erretteten aus den Nationen Anteil. Wir lesen in Jesaja von jener Zeit auf Erden: „Sie werden nicht hungern und nicht dürsten, und weder Kimmung*) noch Sonne wird sie treffen. Denn ihr Erbarmer wird sie führen und wird sie leiten an Wasserquellen" (Jes. 49, 10). Und weiter: „Und der Herr, Jehova, wird die Tränen abwischen von jedem Angesicht, und die Schmach seines Volkes wird er hinwegtun von der ganzen Erde" (Jes. 25, 8).

Der Seher Johannes schaut hier im voraus, wie nach der Aufnahme der Kirche und nach „der Stunde der Versuchung, die über den ganzen Erdkreis kommt" (Offbg. 3, 10), zwei große Scharen, nämlich

1. „die 144000 Versiegelten" aus den Juden und
2. eine weißgekleidete, unzählbare Schar aus den Heiden (oder besser aus den Nationen)

aus „der großen Drangsal"**) kommen, um lebend in das Reich Christi auf der Erde einzugehen.

Eine ernste Frage liegt nun nahe: Werden in jener großen Schar, die während der großen Trübsalszeit aus den Völkern der Erde errettet und lebend in das Reich eingehen wird, noch irgend welche bekennende Christen sein?

---

*) Die tückische, täuschende Luftspiegelung in der Wüste von Wasser und von Bäumen usw.

**) In Luthers Übersetzung heißt es: „aus großer Trübsal". Aber das ist ungenau; es heißt im Text: „aus der großen Trübsal". Es ist somit hier eine ganz bestimmte Drangsalszeit gemeint, die ja bereits in Offbg. 3, 10 angedeutet war und so oft im Alten Testament schon als „der Tag Jehovas", als die Zeit Seiner heiligen Gerichte geweissagt ist, wie auch im Neuen Testament.

Werden die Ungläubigen, die bei der Entrückung der Braut auf Erden zurückbleiben mußten, sich in der antichristlichen Drangsalszeit noch zu Gott bekehren können? — Wir können es nach der Heiligen Schrift nicht wohl annehmen. Hat die Christenheit nicht jahrhundertelang Gottes Gnadenbotschaft vernehmen dürfen? War Gottes teures Wort nicht in so vielen Häusern und Händen in den „christlichen" Ländern und Völkern? Hatten sie nicht lange Zeit und Gelegenheit, sich zu bekehren? Aber ach! sie ließen die Zeit der Gnade unbenutzt verstreichen; sie versäumten die große Errettung. Wie sollten sie nun noch dem Gericht entfliehen können, nachdem sie „die Liebe zur Wahrheit nicht angenommen", als die Sonne der Gnade, der Tag des Heils noch über ihnen leuchtete? Nunmehr wird Finsternis und Nacht des Gerichts über sie hereinbrechen, und Gott „ihnen kräftige Irrtümer senden, daß sie der Lüge glauben, auf daß alle gerichtet werden" (2. Thess. 2, 10. 11).

Einzelne Menschen jedoch, die inmitten der toten Christenheit wirklich nicht Gelegenheit hatten, das teure Evangelium zu hören am Tag des Heils, werden gewiß dann noch gerettet werden, indem auch ihnen noch während der großen Drangsalszeit Gelegenheit und die Gnade Gottes geschenkt werden wird, das Evangelium zu hören und anzunehmen. Denn wir lesen, daß aus den gläubig gewordenen Juden in jener Zeit einige als Boten auch nach Tarsis, das ist doch wohl Spanien, und nach anderen Ländern geschickt werden, um dort das Evangelium des Reiches und der Herrlichkeit des Herrn zu predigen (Jes. 66, 18. 19).

Hiermit stimmt auch eine vorbildliche gnädige Anordnung des HERRN in Israel überein, daß nämlich die Felder in der Erntezeit nicht völlig abgeerntet werden durften, um eine Nachlese zu lassen „für die Armen und den Fremdling" (3. Mose 23, 22).

Aber während wir annehmen dürfen, daß Gott in Seiner Gnade „den Armen und Fremdlingen" noch eine Gelegenheit in der antichristischen Drangsalszeit gibt, um dem gerechten Gericht Gottes zu entrinnen, so hat dies doch keine Anwendung auf die tote Christenheit im großen Ganzen; über sie kommt der gerechte Zorn des Herrn.

Auch gehören die in der großen Drangsalszeit Erretteten jedenfalls nicht mehr zur Gemeinde oder himmlischen Braut des Herrn, die den ersten und vornehmsten Platz im Herzen des Erlösers und an Seiner Seite hat in Zeit und Ewigkeit.

Jedoch hören wir auch von ihnen, daß sie glücklich sein werden. Gott, der auf dem Thron sitzt, wird Sein Zelt über ihnen errichten. So naht ihnen hinfort kein Mangel mehr, noch irgendeine Trübsal; sie werden nicht mehr hungern, auch werden sie nicht mehr dürsten, noch wird je die Sonne auf sie fallen, noch irgendeine Glut. „Denn – und wie lieblich und herrlich ist, was uns noch weiter von ihnen verkündigt wird! – das Lamm, das in der Mitte des Thrones ist, wird sie weiden und sie leiten zu Quellen der Wasser des Lebens, und Gott wird jede Träne abwischen von ihren Augen!"

Kapitel 8,1

Das siebte Siegel

Nun erst wird das siebte Siegel am Buch der Gerichte aufgebrochen: *„Und als es* (nämlich das Lamm inmitten des Thrones Gottes) *das siebente Siegel öffnete, ward ein Schweigen in dem Himmel bei einer halben Stunde."*

Ein ernster, bedeutungsvoller Augenblick ist gekommen. Die Gerichte, die in Kap. 6 geschildert sind, sind vorüber; sie sind erst „der Anfang der Wehen" (Matth. 24, 8). Wir stehen hier vor noch ernsteren Gerichten, die der Herr Jesus in Seiner letzten Rede „die große Drangsal" nennt (Matth. 24, 21). Eine feierliche Stille, „ein Schweigen bei einer halben Stunde" tritt ein. Warum? Es soll das letzte Siegel des ernsten Buches, welches das Lamm Gottes allein würdig war, hinzunehmen und zu öffnen, erbrochen werden.

Kapitel 8, 2—13

Die ersten vier der sieben Posaunen

Zunächst schaut der Seher ein neues Gesicht:

„Und ich sah die sieben Engel, welche vor Gott stehen, und es wurden ihnen sieben Posaunen gegeben. Und ein anderer Engel kam und stellte sich an den Altar, und er hatte ein goldenes Rauchfaß; und es wurde ihm viel Rauchwerk gegeben, auf daß er Kraft gebe den Gebeten aller Heiligen auf dem goldenen Altar, der vor dem Throne ist. Und der Rauch des Rauchwerks stieg mit den Gebeten der Heiligen auf aus der Hand des Engels vor Gott. Und der Engel nahm das Rauchfaß und füllte es von dem Feuer des Altars und warf es auf die Erde; und es geschahen Stimmen und Donner und Blitze und ein Erdbeben (eigentlich: ein Erbeben, eine Erschütterung)" (V. 2—5).

So seltsam und verwunderlich es erscheinen mag, so ist doch anzunehmen, daß „der andere Engel", den wir am Altar sehen nach dem Vortritt von sieben Engeln mit sieben Trompeten oder Posaunen, kein anderer ist als *der Herr selbst,* der Sohn Gottes. Er tritt in dem Buch der Offenbarung erst wieder am Schluß der Gerichte öffentlich und offenbarlich auf. Bis dahin tut Er sich nur in der Gestalt eines Engels kund, so schon in Kap. 7, 2. Dieselbe Merkwürdigkeit finden wir schon im Alten Testament, dessen Charakter das letzte Buch des Neuen Testaments, die Offenbarung, in etwa trägt, weil es sich auch wieder vornehmlich mit der Erde und mit Israel beschäftigt, wie der Alte Bund. Auch dort stehen die Ausdrücke „der Engel Jehovas" und „Jehova" oftmals für eine und dieselbe Person.*)

Hier nun zeigt sich der Herr zugleich noch in Seinem Charak-

*) Vgl. z. B. 1. Mose 16, 9. 13; 2. Mose 3, 2. 4; Jes. 63, 9 u. a. m.

ter als *Mittler* und *Hoherpriester.* Er tritt für die Heiligen ein, die in jener ernsten Zeit auf der Erde sind, für die in der Drangsal zu Christus bekehrten Juden, die um ihres Glaubens und Zeugnisses willen aufs schwerste bedrängt werden. Christus verleiht ihren Bitten und Gebeten Kraft bei Gott (V. 4 und 5). Schon einmal hörten wir zur Zeit der Gerichte von der Erde her Stimmen des Gebetes, nämlich in Kap. 6, 9 und 10; aber dort waren es die Bitten von Seelen, die unter dem Altar waren, d. h. also von Märtyrern, die, wie einst Christus, hier Verwerfung und den Tod gefunden hatten. Sie waren schon „vollendet",*) wenn auch ihre Leiber noch nicht auferweckt waren. Diesmal jedoch (in Kap. 8) sind es Gebete von Heiligen, die noch auf der Erde leben und, obwohl sie zu ihrer Bewahrung zuvor versiegelt worden waren (Kap. 7), nun in ihrer Bedrängnis doch immer wieder von neuem der Fürbitte und Kraft bedürfen, weshalb Christus im Himmel als ihr Mittler und Hoherpriester ihre Gebete vor Gott darbringt und sich für sie verwendet (V. 4). Zugleich nimmt der Herr, ihr großer Fürsprecher, Feuer vom ehernen Altar, legt es in Sein Rauchfaß und wirft dann das Feuer zum Gericht auf die gottlose Erde als Antwort auf die Gebete dieser Seiner Heiligen und Zeugen.

Da wir heute in der Zeit der Gnade leben, mag es mancher Gläubige nicht verstehen, daß die Heiligen, die in jener Zeit, nach der Aufnahme der Kirche, auf Erden sind, Gottes Gerichte herbeirufen, und daß der Herr ihnen mit Feuer antwortet; aber durch die Gerichte erst lernen die Bewohner der Erde Gott kennen. Durch die Gerichte wird zugleich die Herstellung Israels bewirkt und das Königreich Christi auf Erden mit Macht eingeführt (Jes. 1, 27; 26, 8 folg.).

Als Antwort auf die Fürbitte Christi im Himmel und die

*) Vergleiche zu dem Ausdruck „vollendet" die Stelle Hebr. 12, 23: „Geister der vollendeten Gerechten", worunter alle entschlafenen Gläubigen gemeint sind. Ihre Seelen („Geister") sind im Himmel, und deshalb sind sie „vollendet" (Offbg. 6, 11).

Gebete der Heiligen auf Erden kommen also neue Gerichte Gottes über die Erde. Die Zeichen der Macht Gottes, „Stimmen, Donner und Blitze", werden gesehen, wie schon zuvor bei der Aufrichtung des richterlichen Thrones (Kap. 4, 5), und eine allgemeine Erschütterung folgt, ähnlich wie in Kap. 6, 12, wodurch der Umsturz der ganzen Ordnung und aller auf Erden bestehenden Verhältnisse herbeigeführt wird. Die Posaunen oder Trompeten, die nun ertönen, künden laut die nahe bevorstehende Dazwischenkunft Gottes an. Wie die sieben Siegel (und vorher die sieben Sendschreiben), so teilen sich auch die sieben Posaunen in zwei Gruppen; die eine zählt vier, die andere drei Posaunen. Die ersten vier Posaunen führen Gerichte herbei über die Umstände und Verhältnisse der Menschen. Diese Gerichte werden in einer bildlichen Sprache geschildert; die Bedeutung der Sinnbilder finden wir jedoch in der Heiligen Schrift selbst.

Die erste Posaune bringt ein plötzliches Gericht vom Himmel („Hagel und Feuer") über die Großen der Erde („die Bäume") und über den allgemeinen Wohlstand („das grüne Gras"). Aber auch „Blut" wird auf Erden gesehen, also Gewalttat, Morden von Menschen, wird stattfinden, besonders wohl unter den Großen der Erde. –

Wenn hierbei die Rede ist von „dem dritten Teil" der Erde, wie auch oft noch nachher, so ist damit wohl das Gebiet innerhalb der ehemaligen Grenzen des Römischen Reiches gemeint.*)

Bei der zweiten Posaune (V. 8 und 9) wird innerhalb desselben Gebiets *„ein brennender Berg ins Meer geworfen"*, d. h. ein mächtiges Reich wird zerstört. Der Berg wird ins Meer der Völker, die sich in Aufruhr und Anarchie befinden, geworfen. Hier verbreitet er „Blut", d. h. den Tod. Menschen werden getötet, und was zu ihrem Lebensunterhalt diente und zum geschäft=

*) Das Römische Weltreich wird nämlich, wie wir später finden werden, wiederhergestellt werden, und zwar wahrscheinlich ziemlich in seiner früheren Ausdehnung, wobei der Charakter der Herrschaft wichtiger sein mag als die beherrschten Gebiete.

lichen Verkehr (Schiffe) gehört, das geht unter.

Bei der dritten Posaune (V. 10 und 11) hören wir, daß eine Macht oder große Persönlichkeit („ein großer Stern") vom Himmel losgelöst wird. Sie verläßt ihren von Gott angewiesenen Platz, von wo sie einst Licht und Segen verbreitete, sie stürzt und verbreitet unter den Menschen Verderben; sie verdirbt die „Ströme" und „Quellen", d. h. die sittlichen Ausgänge des Segens in Volk und Land. Anstatt des Segens gehen nun von dort nur noch giftige Einflüsse aus, die Sitten und Gesetze zerstören und verderben („Wermut" und tödliches „bitteres Wasser"). Wie manchmal sehen wir heute schon solche für jung und alt verderblichen Einflüsse und Strömungen durch die Gesetzgebung und Presse ausgehen von ungläubiger, gottfeindlicher Seite! Wahrlich, es ist bitterer Wermut! (Vgl. schon 5. Mose 29, 18.) Erinnert sei wieder an ein Vorspiel jener Gerichte, an die Zeit der großen französischen Revolution am Ende des 18. Jahrhunderts und an ihre gottfeindlichen Änderungen der bestehenden und gesegneten Ordnungen und an die Erlasse gottloser Bestimmungen für Schule und Volk.

Bei der vierten Posaune (V. 12 und 13) wird der dritte Teil der regierenden Gewalten („Sonne, Mond und Sterne") verfinstert, daß sie statt Licht Finsternis verbreiten; somit haben sie aufgehört, als Mächte zu gelten, die, wie heute, von Gott verordnet und eingesetzt sind (Röm. 13, 1). Dieses Gericht und Verderben geht aus, wie wir später erst erfahren, von Satan, „dem Drachen" (Kap. 12, 3. 4).

Wie ernst sind Gottes Gerichte! Auf dem Gebiet des christlichen Abendlandes also, wo das Licht des Evangeliums so hell geleuchtet hat wie nirgendwo in der Welt, wird bald das Licht verschwunden sein und dichte, schreckliche Finsternis herrschen. Schon heute sehen wir Unglauben und Aberglauben über die Millionen der christlichen Bekenner mehr und mehr ihre Flügel ausbreiten, um, wenn möglich, alle in ihren Bann zu schlagen.

Aber gegenwärtig ist noch der Heilige Geist auf Erden und Christi Braut, die Gemeinde der Gläubigen; so wird noch immer Gottes seligmachendes Evangelium — vielen zum Heil! — verkündigt und verbreitet. Nach der Hinwegnahme der Braut und des Heiligen Geistes von der Erde (vgl. Offbg. 22, 17. 20) wird aber die Christenheit ohne Salz und Licht sein, ein Schauplatz des Abfalls, wo „Babylon", die abtrünnige Kirche (Offbg. 17—19), ihre Herrschaft entfalten wird, getragen „von dem Tier", dem wiedererstandenen Römischen Reich. Dann werden kräftige Irrtümer und Lügen allgemeine Verbreitung und Annahme finden (2. Thess. 2, 11. 12). Ja, wo heute der Heilige Geist inmitten des Volkes Gottes wirkt und wohnt, wird nach Seinem Weggang ein Tummelplatz böser Geister sein, und Satan selbst wird dort mit seinen abtrünnigen Engeln seinen Wohnplatz nehmen, bis er seinen Ort im Abgrund findet (12, 7 folg.).

Nachdem die vierte Posaune ertönt ist, erblickt der Seher noch einen fliegenden Adler (diesmal nicht einen Engel). Dieser ist wohl das Bild der Schnelligkeit und Kraft, mit welcher die folgenden Gerichte über die Erde kommen werden; er ruft denn auch ein dreifaches Wehe aus über die, „welche auf der Erde wohnen",*) wegen der drei Posaunen und Gerichte, die noch kommen.

Kapitel 9

Die fünfte und sechste Posaune

Die drei letzten Posaunen sind also „Wehe"-Posaunen. Die durch sie herbeigerufenen Gerichte sind ernster noch als die früheren; sie treffen nicht nur die Verhältnisse und Umgebung der Menschen, sondern diese selbst.

---

*) Dieser Ausdruck begegnete uns schon früher (3, 10; 6, 10). Er kommt in der Offenbarung zwölfmal vor. Es sind darunter gewiß, wie wir weiter oben schon angedeutet haben, religiöse Bekenner verstanden, deren Herzen nur auf das Irdische gerichtet und ohne göttliches Leben sind, keine Liebe zum Herrn und keine himmlische Hoffnung haben. Vgl. Phil. 3, 19 und im Gegensatz dazu V. 20!

Das erste „Wehe" (V. 1–11)
trifft diesmal die Menschen im *Morgenland,* also in Palästina; die Bezeichnung „die Erde" oder „das Land", wie man das Wort übersetzen kann, das in diesem Abschnitt so oft vorkommt, deutet dies an. – „Das Land", kurzweg so genannt, ist das Land der Verheißung. Deutlicher erhellt dies aber noch aus dem vierten Vers unseres Kapitels, denn das Gericht wird hiernach auf dem Schauplatz der „Versiegelten" stattfinden. Wir hören nämlich, daß die, welche vom Gericht betroffen werden, *„nicht* das Siegel Gottes an ihren Stirnen" haben; sie wohnen also da, wohin uns schon Offbg. 7, 1–8 versetzte. Die dort genannten 144000 Versiegelten, wie auch die, denen das Siegel Gottes fehlt, sind Juden, die in das Land ihrer Väter zurückgekehrt sind. Die einen sind also *gläubige,* die anderen aber *ungläubige* Israeliten.

Wir lesen: *„Und der fünfte Engel posaunte: und ich sah einen Stern, der vom Himmel auf die Erde gefallen war; und es wurde ihm der Schlüssel zum Schlund des Abgrundes gegeben. Und er öffnete den Schlund des Abgrundes, und ein Rauch stieg auf aus dem Schlunde, wie der Rauch eines großen Ofens, und die Sonne und die Luft wurde verfinstert von dem Rauch des Schlundes. Und aus dem Rauch kamen Heuschrecken hervor auf die Erde, und es wurde ihnen Gewalt gegeben, wie die Skorpione der Erde Gewalt haben. Und es wurde ihnen gesagt, daß sie nicht beschädigen sollten das Gras der Erde, noch irgend etwas Grünes, noch irgendeinen Baum, sondern die Menschen, welche nicht das Siegel Gottes an ihren Stirnen tragen. Und es wurde ihnen gegeben, daß sie sie nicht töteten, sondern daß sie gequält würden fünf Monate; und ihre Qual war wie die Qual eines Skorpions, wenn er einen Menschen schlägt. Und in jenen Tagen werden die Menschen den Tod suchen und werden ihn nicht finden und werden zu sterben begehren, und der Tod flieht vor ihnen."*

Nachdem dann noch die Gestalt der Heuschrecken beschrieben wird, fährt der Seher fort: *„Sie haben über sich einen König, den Engel des Abgrundes; sein Name ist auf Hebräisch Abaddon, und im Griechischen hat er den Namen Apollyon."*

Hier hören wir, daß ein Engel, „der Engel des Abgrundes", dessen Name „Verderber" ist (das bedeuten die Fremdworte „Abaddon" und „Apollyon"), das Haupt der schrecklichen Plagegeister oder Werkzeuge des Gerichts ist, wohl Satan selbst.

Dieser Engel des Abgrundes, „der Verderber", war ehedem in einer gesegneten Machtstellung bei Gott, „ein Stern" (vgl. Jes. 14, 12–19 und Hes. 28, 1–19). Aber er fiel ab („vom Himmel zur Erde"). Nun ist er ein Werkzeug des Gerichts geworden. – Wie die Engel Gottes „ausgesandt sind zum Dienst derer, welche die Seligkeit ererben" (Hebr. 1, 14), so gibt es auch „Engel des Unglücks" (Ps. 78, 48. 49), die als Werkzeuge des Gerichts zur Bestrafung der Gottlosen dienen; doch nicht nur böse Engel, auch heilige Engel, die nicht abgefallen sind, werden Vollstrecker der Gerichte Gottes sein. Sie waren es schon oft und werden es im kommenden Weltgericht noch mehr sein (vgl. Matth. 13, 49. 50; 25, 31 u. a.).

Der „Abgrund" aber, den „der Verderber" öffnet, ist der Ort, an dem das Böse gefesselt ist.*) Aus ihm steigt alsbald zum Gericht, das Gott sendet, ein „Rauch" empor, d. h. ein böser, satanischer Einfluß geht in das Land aus. Dieser verdunkelt „die Sonne und die Luft", d. h. die Quellen des Lichts und Heils werden in Finsternis gehüllt und denen entzogen werden, die in dem Unglauben verharren, in welchem ihre Väter einst das wahre Licht und das volle Heil, Jesus Christus, ihren Messias, als Er zu ihnen gekommen war, verwarfen.

Aber nicht nur werden „Sonne und Luft" den Ungläubigen durch „den Rauch" verdunkelt und entzogen, aus dem Rauch entstehen auch ganze Scharen von Werkzeugen einer satanischen Macht. Diese werden wohl wegen ihrer großen Zahl „Heuschrecken" genannt, die im Morgenland wie eine Rauchsäule oder Wolke oft Sonne und Luft verdunkeln. Aber während sonst die Heuschrecken das Grüne des Landes abnagen, tun diese Werkzeuge Satans das nicht; sie quälen eine bestimmte Zeit

*) Vgl. Luk. 8, 31; Offb. 20, 1–3; 1. Petr. 3, 19; 2. Petr. 2, 4.

von fünf Monaten (denn es ist noch nicht das Endgericht) die ungläubigen Juden wie „Skorpione" mit ihren Stacheln. Sie verursachen solche Qualen und Angst, daß die Menschen lieber sterben möchten, als diese Not noch länger erdulden; aber der Tod flieht sie

Wenn dann gesagt wird, daß diese Werkzeuge der Qual auch Kriegsrossen glichen, die Kronen hatten und Menschenangesichter und Haare wie Weiberhaare, ferner Zähne wie die der Löwen, und daß sie Panzer trugen, so soll damit ihre siegreiche Kraft und Wut gezeigt werden, wobei sie aber andererseits bei näherer Betrachtung oder hintennach besehen, Schwäche und volle Unterwürfigkeit unter eine höhere Macht („Weiberhaare") verraten. Zudem sind sie ausgerüstet mit zerstörender Gewalt und gepanzert gegen alle Gefühle des Mitleids und Erbarmens.

Möglicherweise sind diese Heuschrecken Dämonen, böse Geister, nicht wirkliche Kriegsheere, denn sie werden solchen nur verglichen; daher das oft wiederholte Wörtchen „wie" in der Beschreibung.

Große Qualen, ernster als der Tod, verbunden mit Verfinsterung des Herzens ist das Teil des einst so gesegneten Volkes Israel. Wie ernst sind Gottes Gerichte!

Am Schluß unseres ernsten Abschnitts hören wir noch: *„Ein Wehe ist vorüber; siehe, es kommen noch zwei Wehe nach diesen Dingen."*

„Und der sechste Engel posaunte: und ich hörte eine Stimme aus den vier Hörnern des goldenen Altars, der vor Gott ist, zu dem sechsten Engel, der die Posaune hatte, sagen: Löse die vier Engel, welche an dem großen Strome Euphrat gebunden sind. Und die vier Engel wurden gelöst, welche bereitet waren auf die Stunde und den Tag, den Monat und das Jahr, auf daß sie den dritten Teil der Menschen töteten" (V. 13–15).

Mit diesem Gericht wird durch den sechsten Engel das zweite Wehe eingeleitet (vgl. Kap. 8, 13; 9, 12). Es kommt über das zu jener Zeit wieder bestehende Römische Reich, das Gebiet des „Tieres", jedoch nicht im Abendland, sondern im Morgenland, mit Ausschluß von Palästina. Es kommt also das zweite „Wehe" über den *Osten* des dann neu entstandenen *Römischen Reiches* – am Euphrat –, während das erste „Wehe" (V. 1–12) über die ungläubigen Juden in Palästina kam.

Der goldene Altar, von dem hier die Rede ist, ist der Altar des „Rauchwerks", also der Fürbitte. Er stand, obwohl getrennt durch den Vorhang, vor der Bundeslade und dem Gnadenstuhl. Dort sahen wir sinnbildlich auch „den anderen Engel" stehen, der die Gebete der Heiligen auf Erden vor Gott brachte (Kap. 8, 3. 4). Die Stimme, die das Gebot erteilt, die vier Engel am Euphrat zu lösen, geht aus den Hörnern des goldenen Altars hervor; sie ist also die Antwort Gottes auf die von dort zu Ihm aufgestiegenen Gebete. Die ganze Sache ist natürlich, wie alle Ereignisse von Kap. 4 an, jetzt noch zukünftig. Wohl mag man in den Einfällen der zahllosen Horden, die einst das Römische Reich im Morgenland überfluteten und dort zerstörten, eine teilweise Erfüllung der angekündigten Gerichte sehen, aber die eigentliche Ausführung des „Wehes" liegt in der Zukunft. Das geht auch schon daraus hervor, daß jene Einfälle in früherer Zeit keine Antwort waren auf Gebete der Gläubigen. Und die Anrufung Gottes seitens der Gläubigen um Seine Gerichte über die Feinde ist ja ohnehin erst nach der gegenwärtigen Gnadenzeit am Platz, wenn das Reich Christi in dieser bösen Welt in Macht aufgerichtet werden wird.

Daß Engel am Euphrat „gebunden" waren, hören wir erst hier; nur lesen wir bei Petrus in seinem zweiten Brief (Kap. 2, 4) und bei Judas (V. 6), daß Engel, die einst ihre Stellung nicht bewahrten, vielmehr mit Menschen unerlaubt verkehrten, wie umgekehrt heute die Menschen mit Dämonen in verbotene Verbindung treten, in Ketten gebunden sind. Zu diesen gebundenen Engeln mögen jene am Euphratstrom, als an den Ort ihrer Verschuldung gekettet, gehören. Nun werden sie zur Ausübung des Strafgerichtes Gottes über die Gottlosen für eine Zeit gelöst und üben das Gericht zu der von Gott festgesetzten Stunde aus.

Der Euphrat bildete ehedem die Grenze des Römischen Reiches, das, wie wir wiederholt sagten, noch einmal neu erstehen wird (Offb. 13, 1 und 17, 7—11). Das mächtige Haupt des wiederkommenden Römischen Reiches wird, wie wir bald finden werden, über die gläubigen Juden schwere Verfolgungen bringen, darum werden gerade auch über dieses Reich schwere Gerichte kommen. Obwohl diese nicht gleich zur Ausführung gebracht werden, werden sie, wie wir hier sehen, doch schon zuvor „bereitet" auf „die Stunde und den Tag und den Monat und das Jahr" (Kap. 9, 15). Diese genaue Zeitangabe bezieht sich nicht, wie manche meinen, auf die Dauer des Wehes, sondern bestimmt den Zeitpunkt seines Anfangs.

„Und die Zahl der Kriegsheere zu Roß war zwei Myriaden) mal Myriaden; ich hörte ihre Zahl."* Diese ist zwar viel kleiner als die der Engel (Kap. 5, 11), aber doch ein gewaltiges Heer, das von jenseits des Euphrat kommt. Die Schilderung der Rosse „mit Löwenköpfen", aus deren Mäulern „Feuer, Rauch und Schwefel" hervorströmt, wodurch ein Drittel der Menschen getötet wird, und die Schilderung der Reiter mit ihren „feurigen, hyazinthenen (oder blauschwarzen, rauchfarbenen) Panzern" zeigt, daß diese Vollstrecker des Strafgerichts Gottes Mächte des Bösen sind. Feuer, Rauch und Schwefel sind ja Sinnbilder der Hölle und ihrer Strafe. Das Gericht kommt so schnell wie die „Rosse", ist gewaltig wie die „Löwen" und satanisch in seiner Wirkung; die Rosse verbreiten Tod und Verderben aus ihren Mäulern und Schwänzen, die „Schlangen" sind mit Köpfen. Also quälen sie die durch Feuer und Schwefel tödlich Getroffenen noch hinterher mit ihren giftigen Bissen.

Ob nun diese Reiter wilde Menschenhorden sind, die aus dem Innern Asiens kommen mit satanischer Macht und Bosheit, oder ob sie Dämonen sind, ihr Kommen wird ein besonders schweres Gericht sein.

---

*) Zweimal zehntausend mal zehntausend = 200 Millionen; diese Zahl will wohl nur die unbestimmte, aber ungeheure Größe des Heeres andeuten.

Aber der Trotz und die Auflehnung der Betroffenen gegen Gott ist nicht gebrochen. Zweimal lesen wir (V. 20 und 21): *„sie taten nicht Buße"*. Sie leben weiter in der Verehrung der Werke ihrer Hände,*) in der Anbetung der „Dämonen" und der verschiedenen „Götzenbilder".

Wie ernst ist dies und wie furchtbar, daß die sogenannten christlichen Länder noch einmal der Schauplatz des Götzendienstes und der Tummelplatz der Dämonen oder bösen Geister sein werden. So werden die Menschen in den Gerichten auch nicht Buße tun von ihren gottlosen Werken, von „Mord, Zauberei (Verkehr mit finsteren Mächten), Hurerei und Dieberei", also von ihrer Sittenlosigkeit und Gesetzlosigkeit. Ihr Herz ist verhärtet.

Kapitel 10 und 11, 1—14

Weitere Folgen der sechsten Posaune (Kap. 10)

Wie früher, zwischen der Eröffnung des sechsten und siebenten Siegels am Buche der Gerichte, eine Unterbrechung stattfand und eine Einschaltung zu finden ist (Kap. 7), so haben wir auch hier zwischen der sechsten und siebenten Posaune eine Unterbrechung, eine Einschaltung (Kap. 10, 1—11, 14). Nur sei auf einen Unterschied hingewiesen. Bei der ersten Einschaltung gehören die uns (Kap. 7) mitgeteilten Ereignisse zu dem nachfolgenden Teil, hier aber, bei der vorliegenden Einschaltung (Kap. 10 folg.), gehören die uns berichteten Ereignisse noch zu dem vorangehenden Teil, also noch zur sechsten Posaune oder zum zweiten Wehe (siehe Kap. 11, 14).

Es ist insofern von Bedeutung, dies zu bemerken, weil wir hierdurch erkennen können, wann und wo das zweite Wehe stattfindet.

*) Vgl. V. 20 mit Apgsch. 7, 41.

Diese vorliegende Einschaltung, die also noch zu der sechsten Posaune, dem zweiten Wehe, gehört, berichtet uns zwei Dinge:

1. die Bekanntmachung des „starken Engels" mit dem geöffneten Büchlein in der Hand, daß „keine Frist mehr" sei, und daß das „Geheimnis Gottes" bald vollendet werden wird (Kap. 10) und

2. die Schilderung des Zustandes des Landes, auf das Gottes Gedanken gerichtet sind, noch ehe die Ereignisse, die der Engel Gottes verkündigt, in Erfüllung gehen (Kap. 11, 1—14).

1. Der starke Engel und das Büchlein in seiner Hand

„Und ich sah einen anderen starken Engel aus dem Himmel herniederkommen, bekleidet mit einer Wolke, und der Regenbogen war auf seinem Haupt, und sein Angesicht war wie die Sonne, und seine Füße wie Feuersäulen; und er hatte in seiner Hand ein geöffnetes Büchlein. Und er stellte seinen rechten Fuß auf das Meer, den linken aber auf die Erde; und er rief mit lauter Stimme, wie ein Löwe brüllt. Und als er rief, redeten die sieben Donner ihre Stimmen. Und als die sieben Donner redeten, wollte ich schreiben, und ich hörte eine Stimme aus dem Himmel sagen: ‚Versiegle, was die sieben Donner geredet haben und schreibe dieses nicht'" (Kap. 10, 1—4).

Wir sahen bereits früher in diesem Buch (Kap. 7, 2 folg.) Christus unter der Gestalt eines Engels dargestellt; Er ist ja der „Engel des Bundes", nach dem Israel ausschaut (Mal. 3, 1). Und als solcher bringt Er Befreiung für Israel, mit dem Er einen Bund gemacht hat. Unser Abschnitt redet von der Zeit, da diese ersehnte Befreiung nahe ist. Darum ist es ganz begreiflich, daß Christus hier als der „starke Engel" eintritt. Und seine Schilderung bestätigt, daß es Christus ist: Er ist mit einer „Wolke" bekleidet, dem bekannten Sinnbild der Gegenwart Jehovas, besonders im Gericht: „Gewölk und Dunkel sind um ihn her; Gerechtigkeit und Gericht sind seines Thrones Grundfeste" (Ps. 97, 2). Und als der Sohn des Menschen wird Er wiederkommen

„in Wolken mit großer Macht und Herrlichkeit“, um Sein Volk Israel zu erlösen.

Weiter hat der Engel einen Regenbogen über sich, der das Zeichen des bleibenden Bundes Gottes mit der Erde ist, der auch um Seinen Thron her gesehen wird (Kap. 4, V. 3). Und wenn ferner noch von dem Engel gesagt wird, daß „Sein Angesicht wie die Sonne“ leuchtet und Seine Füße wie „Feuersäulen“ sind, so stimmt das ganz mit der Schilderung des Herrn der Herrlichkeit, „der da wandelt inmitten der sieben goldenen Leuchter“ überein (Kap. 1, V. 15 und 16).*) Der starke Engel, also Christus, Jehova, als „der Engel des Bundes“ für Israel, hat in Seiner Hand „ein geöffnetes Büchlein“. Dieses ist nicht „versiegelt“ wie das frühere Buch (Kap. 5). Von einem „versiegelten“ Buch ist der Inhalt noch unbekannt, von einem geöffneten ist der Inhalt geoffenbart, aber er muß vielleicht noch „gegessen“, d. h. in das Herz aufgenommen werden, wie das hier geschieht, indem Johannes, der Seher, das Büchlein nachher „essen“ muß (V. 9 und 10).

Das erste oder versiegelte Buch (Kap. 5, 1) war ein Buch der Gerichte, die zwar im Alten Testament schon angezeigt waren, deren Reihenfolge und Ausführung aber unter dem Aufbrechen der Siegel und Ertönen der Posaunen (Kap. 6 f.) eine neue Offenbarung war. Dieses zweite Büchlein ist jetzt ein geöffnetes Buch der Weissagung, die der Seher nur noch in sich aufnehmen und verstehen soll.

Im Alten Bund lesen wir, „daß die Erde Jehovas ist und ihre Fülle, der Erdkreis und die darauf wohnen“ (Ps. 24, 1), und daß Gott Seinem Gesalbten, also Christus, „die Nationen zum Erbteil geben will und zum Besitztum die Enden der Erde“ (Ps. 2, 8). In Übereinstimmung mit dieser und vielen anderen Weissagungen hören wir nun von dem starken Engel, dem Gesalbten Got-

*) Wir haben also Christus hier als Jehova vor uns, der im Alten Bund in einer „Wolke“, wie hier, Seine Gegenwart dem Volk zeigte, und im letzten Buch des Alten Bundes, in Maleachi (Kap. 4, 2), sich als die „Sonne“, wie hier, ankündigt.

tes: „Er stellte seinen rechten Fuß auf das Meer (Bild der Völker im Aufruhr oder ohne geordnete Zustände), den linken aber auf die Erde (die Völker unter gordneten Zuständen)." Hiermit nimmt Er Besitz von der ganzen Erde oder dem Erdkreis und allen, die darauf wohnen.

Aber das erste, was der Herr tut, wenn Er „die Nationen zum Erbteil empfängt", ist das Gericht: „Du wirst sie zerschmettern mit eisernem Szepter" (Ps. 2, 9). So hören wir denn gleich von Seinem, d. i. des „Königs" Zorn, der „wie das Brüllen eines jungen Löwen" ist (Spr. 19, 12): „Und er rief mit lauter Stimme, wie ein Löwe brüllt. Und als er rief, redeten die sieben Donner ihre Stimmen" (Kap. 10, 3).

Der Seher wollte alsbald niederschreiben, was Gott in Seiner Majestät durch die sieben Donner redete, aber es wurde ihm gewehrt; er soll ihre Rede noch versiegeln. Will Gott dem Gericht noch einen Augenblick Einhalt tun, oder soll erst das „dritte Wehe" (Kap. 11, 14) die Erfüllung bringen? –

Jedenfalls ist der Abschluß der Gerichte für die ganze Erde nahegekommen. Der Gesalbte Gottes erhebt Seine Ansprüche auf die ganze Erde, wie wir sahen, und Er beginnt mit Seinen Endgerichten, die von lange her geweissagt waren: „Jehova wird brüllen aus der Höhe und seine Stimme (Donner) erschallen lassen aus seiner heiligen Wohnung. Ein Getöse dringt bis an das Ende der Erde, denn Jehova rechtet mit den Nationen. Er hält Gericht mit allem Fleisch" (Jer. 25, 30–31).

Wir hören, daß Christus Seine Rechte zum Himmel erhebt und schwört bei Dem, der ewig lebt und alles Erschaffene ins Dasein rief, *„daß keine Frist mehr sein wird; sondern in den Tagen der Stimme des siebenten Engels, wenn er im Begriff steht, zu posaunen, wird auch das Geheimnis Gottes vollendet sein, wie er seinen eigenen Knechten, den Propheten, die frohe Botschaft verkündigt hat"* (V. 5–7).

Alles ist dem Abschluß nahe, und sobald die siebte Posaune ertönt, soll „das Geheimnis Gottes vollendet werden". Alsdann ertönt die Stimme vom Himmel: „Das Reich der Welt unseres

Herrn und seines Gesalbten ist gekommen, und er wird herrschen in die Zeitalter der Zeitalter" (Kap. 11, 15).

Den Propheten hatte Gott bekannt gemacht, daß Sein Christus erst leiden und später herrschen werde auf Erden. Sie redeten „von den Leiden, die auf Christus kommen sollten, und von den Herrlichkeiten danach" (1. Petr. 1, 11). Wieviel Zeit aber zwischen den Leiden und der Verwerfung Christi einerseits und Seiner herrlichen Wiederkunft und Regierung in Macht andererseits liegen würde, das war ihnen verborgen (vgl. Mark. 13, 32). Es ist dies die Zeit, da Gott schweigt und das Böse in der Welt ausreifen läßt. Daß Gott dies tut, ist vielen Gerechten dunkel und unbegreiflich geblieben (vgl. Ps. 73 und viele andere Stellen). Deshalb wird diese Zeit, wo Gott im allgemeinen dem Bösen seinen Lauf läßt, das „Geheimnis Gottes" genannt. Doch dies Geheimnis wird herrlich enden, indem Gott in Macht hervortreten und durch schreckliche Gerichte die Erde reinigen und Seinem Gesalbten, Christus, dem verherrlichten „Sohn des Menschen" die Regierung in Macht übergeben wird.

Auf diesen „Tag des Herrn", den „Morgen ohne Wolken" (2. Sam. 23, 4), da Friede und Gerechtigkeit auf der Erde herrschen werden unter Christi Zepter, blickten die Propheten von altersher voll freudiger Sehnsucht hinaus. Jesus sagt: „Abraham ... frohlockte, daß er meinen Tag sehen sollte, und er sah ihn (im Geiste voraus) und freute sich" (Joh. 8, 56). „Diese alle (die Gläubigen des Alten Bundes) haben die (Erfüllung der) Verheißungen nicht empfangen, sondern sahen sie von ferne und begrüßten sie" (Hebr. 11, 13).

Ja, die zahlreichen Weissagungen im Alten Testament, die von der Zeit der „Wiederherstellung aller Dinge" redeten, waren für die Propheten und Gerechten, die Knechte Gottes, stets eine „frohe Botschaft" (V. 7; Apg. 3, 21). Nicht die Gerichte, von denen ja die Propheten so oft reden mußten, bildeten die „frohe Botschaft", sondern die Stellung, die Jehova-Christus, der Messias, in oder vielmehr nach den Gerichten auf Erden einnehmen sollte, Sein Reich und jene Segenszeit in dem Reich, da

„die ganze Erde voll sein wird von der Erkenntnis Jehovas".

Uns läßt Gott in dieser Zeit eine andere und höhere „frohe Botschaft" verkünden, das „Evangelium der Herrlichkeit" von Seinem Sohn. Wir, so viele es angenommen, sind nun errettet für das himmlische und ewige Reich. Möchten wir nun während der kurzen Frist hienieden treu für Christus, den Herrn der Herrlichkeit leben! — „Das Wort ist gewiß; denn wenn wir mitgestorben sind, so werden wir auch mitleben; wenn wir ausharren, so werden wir auch mitherrschen; wenn wir verleugnen, so wird auch er uns verleugnen! wenn wir untreu sind — er bleibt treu" (Seiner Wahrheit, Heiligkeit und Gerechtigkeit gegenüber), denn „er kann sich selber nicht verleugnen" (2. Tim. 2, 11—13).

Nun wird der Seher Johannes, wie einst der Prophet Hesekiel (Kap. 3, 3), aufgefordert, das Buch zu essen (Offbg. 10, 9). Sie sollten beide das, was sie anderen verkündigen mußten, zuerst in ihr eigenes Innere aufnehmen und sich so damit vor Gott eins machen. Wie wichtig ist dies für jeden Zeugen Gottes! Bei Johannes, wie bei Hesekiel, war das Büchlein im Munde süß wie Honig. Das ist das Wort Gottes für den Gläubigen stets: „es ist süßer als Honig und Honigseim" (Ps. 19). Aber bei dem Seher Johannes wurde es nachher in seinem Innern bitter. Als Christ, der den Heiligen Geist hatte, trug er tiefes Leid, mehr noch als der alttestamentliche Prophet, über das Gericht, das über die Erde und besonders über das Volk Israel kommen sollte. Wie völlig sehen wir die beiden Seiten, Freude und Schmerz, bei dem vollkommenen Zeugen Gottes, bei Jesus Christus. Wie glücklich war Er einerseits über Gottes Tun und Wege: „Er frohlockte." Aber wenn Er an das Gericht dachte und die Stadt ansah, dann „weinte er über sie" (Luk. 10, 21; 19, 41).

Mit dieser Erkenntnis, die er durch das in sich aufgenommene Büchlein erlangt, soll Johannes nun noch weiter weissagen „über Völker, Nationen und Sprachen und viele Könige" (Kap. 10, 11).

2. Die Schilderung der Dinge im Lande (Kap. 11, 1—14)

„Und es wurde mir ein Rohr gegeben, gleich einem Stabe, und gesagt: Stehe auf und miß den Tempel Gottes und den Altar und die darin anbeten. Und den Hof, der außerhalb des Tempels ist, wirf hinaus und miß ihn nicht, denn er ist den Nationen gegeben worden, und sie werden die heilige Stadt zertreten zweiundvierzig Monate. Und ich werde meinen zwei Zeugen Kraft geben, und sie werden weissagen tausendzweihundertsechzig Tage, mit Sacktuch bekleidet. Diese sind die zwei Ölbäume und die zwei Leuchter, die vor dem Herrn der Erde stehen" (Kap. 11, 1—4).

Hier haben wir also die Schilderung jenes Teils der Erde, auf den Gottes Augen und Gedanken stets gerichtet sind (5. Mose 11, 12), das Land Palästina; und zwar eine Schilderung der Dinge kurz vor dem Eintreffen der Ereignisse, die uns im zehnten Kapitel vorhergesagt sind.

Die Propheten reden viel von einer heidnischen Macht, die über Jehovas Land und Volk herrscht, aber von Jehova gebrochen und beseitigt werden wird, weil Er sich Seines Volkes und Landes annimmt und Christus, Seinen Gesalbten, auf den Thron in Zion setzen will.

Dieser ernste Kampf mit der heidnischen, feindlichen Macht tritt gegen Schluß des Buches der Offenbarung in den Vordergrund, und damit wird über die hierher gehörigen prophetischen Stellen aus dem Alten Bund volleres Licht verbreitet. Hier, im elften Kapitel, erscheint zunächst Jerusalem und der Tempel vor uns. Und der Seher wird aufgefordert, Gottes Heiligtum und den Altar und die, welche dort anbeten, zu messen. Sie werden damit von Gott anerkannt; nicht aber der Vorhof: „der Hof außerhalb des Tempels".

Was sollen wir daraus lernen?

Aus mehreren prophetischen Stellen der Bibel geht hervor, daß ganze Scharen von Juden noch vor Anbruch der antichristischen großen Trübsalszeit nach Palästina, dem Land ihrer Väter, zurückeilen.*) Tatsächlich vollzieht sich dieses Ereignis in unseren Tagen vor unseren Blicken. Im wiedererstandenen Staat Israel wohnen bereits rund 2 Millionen Juden. Sie sind noch im Unglauben, d. h. sie erkennen den verworfenen, gekreuzigten Messias noch nicht an. Im Unglauben werden sie auch den Tempel wieder aufbauen. Auf diese Zeit vor der Drangsal blickt der Seher hin und überblickt die ganze Zeit bis zur nahen Errichtung des Königtums Christi, vor dem er jetzt steht (Kap. 11, 15). Es hat sich um diese Zeit inmitten der Ungläubigen eine kleine Schar von gläubigen Juden, ein Überrest, abgehoben. Gott unterscheidet ihn von der ungläubigen Masse des Volkes. Wegen dieses von Ihm anerkannten gläubigen Überrestes nennt der Heilige Geist den an der Stelle des alten Heiligtums aufgebauten Tempel schon „den Tempel Gottes"; Jerusalem aber, obwohl es andererseits noch „Sodom" genannt zu werden verdient (V. 8), nennt Er die „heilige Stadt" (V. 2). Von den wenigen gläubigen Juden wird anerkannt, daß sie „anbeten" (V. 1). Die ungläubige Masse der Juden bezeichnet Gott, gegenüber dem Überrest, nur als „Vorhof", d. h. als die Draußenstehenden. Dieser „Vorhof soll noch zweiundvierzig Monate" (3½ Jahre) den Nationen zum Zertreten übergeben oder überlassen werden. Wie schon gesagt, steht das jüdische Volk im großen Ganzen noch im Unglauben da und dazu noch unter heidnischem Druck. Die „Zeiten der Nationen" (Luk. 21, 24), die mit der Zerstörung des Königtums Juda unter Nebukadnezar begannen und bis zur Aufrichtung des Königtums Israel unter Christi Herrschaft dauern werden, sind noch nicht beendigt oder erfüllt. Die Nationen „zertreten" die Stadt noch weiter. Den Grund hierfür betrachten wir später und folgen jetzt zunächst der Erweckung und dem

*) Vgl. z. B. Jesaja 18.

Auftreten der „beiden Zeugen".

Der Herr selbst wird sich die zwei Zeugen erwecken und ihnen inmitten der Feinde Kraft verleihen; und sie werden weissagen 1260 Tage. Dies ist dieselbe Zeitdauer, wie die zuvor genannten „42 Monate", in denen Jerusalem noch weiter „von den Nationen zertreten" werden wird (V. 2) vor der endgültigen Aufrichtung des Reiches Christi (V. 15).*) Es ist ferner die gleiche Zeitdauer, die genannt wird „Zeit (ein Jahr), Zeiten (zwei Jahre) und eine halbe Zeit" (ein halbes Jahr), also 3½ Jahre (Kap. 12, 14). Diese 3½ Jahre bilden die letzte Hälfte der „letzten Jahrwoche" (wie eine Woche sieben Tage hat, so besteht eine prophetische Jahrwoche aus sieben Jahren), von welcher der Prophet Daniel geweissagt hat (Dan. 9, 25–27).**) Diese ganze Zeit der letzten halben Jahrwoche der Drangsale hindurch hat also der Herr Seine zwei Zeugen in Jerusalem und durch sie Tag für Tag ein ununterbrochenes und nach Gottes Wort (vgl. 5. Mose 19, 15) auch vollständiges Zeugnis. Sie erdulden zwar Leiden und Schmach, sie sind „in Sacktuch gekleidet", aber sie verfügen über die Macht eines Elia und Mose, die, als Gottes Volk sich in Abfall und Sklaverei befand, den Himmel verschlossen, daß es nicht regnete, und das Wasser in Blut ver-

---

*) Wird erst Christi Reich in Macht errichtet, dann sind auch „die Zeiten der Nationen" vorüber. Sie begannen, wie oben bemerkt, als Jerusalem und das Reich Juda, in dessen Mitte Gott Seinen Thron auf Erden hatte, zerstört wurden. Damals ging die Herrschaft Gottes über die Erde gleichsam in die Hände der Nationen über. Nacheinander entstanden die vier heidnischen Weltreiche, von denen das letzte, das Römische, wie wir schon hörten, in der Drangsalszeit noch einmal erstehen wird, um dann vom Herrn Jesus selbst besiegt und vernichtet zu werden, indem Er Sein herrliches Tausendjähriges Reich auf Erden errichtet.

**) Über die 70 Jahrwochen Daniels, wie man sie nennt (eigentlich sind es 70 x 7 = 490 Jahre), d. h. über den Beginn derselben im Jahre 457 vor Christus in Nehemias Tagen (Neh. 2, 1–8 und Esra 7, 6–26) und die Unterbrechung der „Wochen" bei dem Tod Christi (Dan. 9, 26), wie auch über die letzte, noch ausstehende Woche (Dan. 9, 27), reden wir später.

wandelten (V. 6 und 7). Diese beiden Zeugen treten ein für die Rechte und Ansprüche „des Herrn der Erde", dem die ganze Erde und besonders auch das Gelobte Land, Palästina, gehört, obwohl dann dort noch die Feinde herrschen und „die Stadt zertreten". Doch diese Feinde haben keine Macht über die beiden Zeugen. „Feuer", Gottes Urteil und Gericht, unterstützt ihr Zeugnis (V. 5), das sie für den „Herrn der Erde" ablegen, der das Königtum Israel wiederherstellen wird. Der Prophet Sacharja schaut in seinem Gesicht von dem Leuchter und den zwei Ölbäumen (Sach. 4, 3–14) bereits diese Wiederherstellung Israels; denn diese beiden Ölbäume, von denen er redet, sind die Bilder oder Repräsentanten vom hergestellten Königtum und Priestertum Israels. Hier aber, bei den beiden Zeugen in Offbg. 11, ist die Herstellung noch nicht erfolgt, jedoch wird sie durch die Zeugen klar bezeugt und verbürgt. Die beiden Zeugen sind eher Repräsentanten des hergestellten Priester- und Prophetentums in dem dann an den Tag getretenen gläubigen Überrest der Juden und somit Repräsentanten von diesem Überrest selbst. Auch dieser ganze Überrest wird gleichsam „in Sacktuch" gekleidet sein, d. h. er wird trauern, denn er ist in Buße darüber, daß er Christus so lange verkannt und verworfen hat, zugleich ist er in großen Drangsalen, die ihm um seines Glaubens und Zeugnisses willen für Christus bereitet werden. Der jüdische Überrest kann sich nicht „allezeit freuen", wie das den Christen heute durch Gottes Gnade möglich ist (Phil. 4, 4; 1. Thess. 5, 11; 2. Kor. 6, 10). Und während wir als Christen für unsere Feinde beten, sie segnen, wird der Überrest, wie dies die beiden Zeugen tun, Gottes Gericht und Seine Rache über die Feinde herabrufen, weil sie Gottes Feinde sind, wie wir dies so oft in den Psalmen lesen.

Sobald die beiden Zeugen aber, die wirklich geschichtliche Persönlichkeiten sein werden, ihr Zeugnis abgelegt haben und somit ihr Dienst vollendet sein wird, tritt ihnen „das Tier aus dem Abgrund" entgegen.

Von diesem „Tier" haben wir bis jetzt in dem Buch der Offenbarung nichts gehört, wohl aber in dem Buch Daniel. Das Tier wird Krieg mit den beiden Zeugen führen *„und wird sie überwinden und töten. Und ihr Leichnam wird auf der Straße der großen Stadt liegen, welche geistlicherweise Sodom und Ägypten heißt, wo auch ihr Herr gekreuzigt wurde"* (V. 7 und 8).

Der letzte Umstand zeigt klar, wo der Schauplatz des Zeugnisses und Todes der beiden Männer ist: in Jerusalem. Wenn auch der Name des Herrn da und dort auf Erden gelitten hat, so hat Er selbst doch allein in Jerusalem den Tod erlitten. Daß Jerusalem der Ort ist, bezeugt auch das Gesicht von dem „Tempel Gottes und dem Altar" in Vers 1 unseres Kapitels.

Jerusalem wird uns hier von zwei Seiten gezeigt. Nach Gottes Ratschluß, und weil sich dort der Überrest sammelt, ist es „die heilige Stadt" (V. 2), aber unter der satanischen Macht, dem „Tier aus dem Abgrund", und da hier der Sohn Gottes getötet wurde und nun auch die beiden Zeugen hier sterben, ist es „Sodom und Ägypten".

Wir haben also um diese Zeit zwei Parteien im Gelobten Land, die im Gegensatz zueinander stehen: die beiden Zeugen und der zurückgekehrte trauernde, leidtragende gläubige Überrest der Juden einerseits, und „das Tier aus dem Abgrund" und die ungläubigen Juden andererseits.

Worin besteht aber wohl das Zeugnis der zwei Zeugen und des Überrestes? Ohne Frage ist es die Verkündigung der Wiederkunft des Messias, des Königs von Israel. Aus verschiedenen Büchern der Heiligen Schrift wissen wir, daß vor dem Kommen des Messias wieder ein gläubiger Überrest in Jerusalem sein wird, der unter großer Bedrängnis, auch unter allerlei Zeichen am Himmel und auf Erden, in einer Zeit vieler und schrecklicher Wirren ringsum, Leid tragen wird über die Verwerfung des Herrn und Seinen Tod. Aber es wird ihm zugerufen werden: „Erhebet eure Häupter, denn eure Erlösung naht!" (Luk. 21, 25–28; Sach. 12, 2–11.) So hören wir hier, daß der mächtige Engel, der Vertreter Christi, kurz vor dem Ertönen der siebenten Posaune die ganze Erde gleichsam in Besitz nimmt und schwört,

„daß keine Frist mehr sein wird" (Kap. 10, 5–7), und daß nachher, bei dem Ertönen der siebenten Posaune, Stimmen in dem Himmel rufen: „Das Reich der Welt unseres Herrn und seines Christus ist gekommen!" (Kap. 11, 15.)

Und welches ist nun die zweite Partei, die dem Überrest und besonders den beiden Zeugen widersteht, ja, diese tötet? Es ist, wie wir hörten, „das Tier, das aus dem Abgrund heraufsteigt" und sein Anhang (Kap. 11, 7. 10). Mit kurzen Worten wird hier „das Tier" zum ersten Mal erwähnt. Näheres über dasselbe hören wir aber in Kap. 13 und Kap. 17, auch noch in Kap. 19, wo von ihm gesagt wird (in V. 19), daß es sich vor seinem endgültigen Sturz noch soweit erhebt, daß es sogar Krieg führt wider den aus dem Himmel kommenden „König der Könige" und „Herrn der Herren" und Seine Heerscharen.

Zuerst hören wir, daß „das Tier aus dem Abgrund steigt", daß es also einen satanischen Ursprung oder Ausgang hat. Weiter hören wir, daß es „zehn Hörner und sieben Köpfe hat... Und der Drache (Satan) gab ihm", so fährt der Seher fort, „seine Macht und seinen Thron und seine Gewalt. Und ich sah einen seiner Köpfe wie zum Tode geschlachtet. Und seine Todeswunde wurde geheilt, und die ganze Erde verwunderte sich über das Tier... Und es wurde ihm Gewalt gegeben zu wirken zweiundvierzig Monate (also auch dreieinhalb Jahre)... Und es wurde ihm gegeben, mit den Heiligen Krieg zu führen und sie zu überwinden; und es wurde ihm Gewalt gegeben über jeden Stamm und jedes Volk und jede Sprache und Nation" (Kap. 13, 1–10).

Aus Kap. 17 lernen wir noch weiter, daß das Tier „war und nicht ist und sein wird" (V. 8), und daß seine „sieben Köpfe sieben Berge sind, auf welchen das Weib sitzt" (V. 9). Nach allen diesen Stellen haben wir unter dem Tier eine Nation zu verstehen, die zur Zeit, da Christi Wiederkunft in Herrlichkeit als Messias nahe ist, in Jerusalem die Herrschaft besitzt oder doch dort die Oberhoheit hat, aber zugleich in der Siebenhügelstadt Rom ihren Thron.

Das Römische Weltreich ist das letzte der vier Weltreiche, die nach Nebukadnezars Traum und nach den Gesichten Daniels nacheinander in der Weltgeschichte auftreten und die oben genannten „Zeiten der Nationen" auf Erden ausmachen sollten. Diesem Weltreich sollte und wird Christi Ankunft, wie die eines Steines, „der sich losriß ohne Hände", ein Ende bereiten; damit wird Christi Reich auf Erden errichtet werden (Dan. 2, 31–45; 7, 7 folg.).*) Roms Weltreich *war,* ist aber durch die germanischen Völker zerstört worden, so daß es gegenwärtig *„nicht ist"*, wie es in Vers 8 von Kap. 17 unseres Buches heißt; aber zur Verwunderung der ganzen Erde wird „seine Todeswunde geheilt werden" (Kap. 13, 3). Ja, es wird aus dem Abgrund, also unter Satans Einfluß, *neu erstehen.* Näheres über dieses kommende Römische Weltreich und seine Feindschaft wider Gott und wider den gläubigen Überrest der Juden im Gelobten Land hören wir später bei der weiteren Betrachtung unseres Buches.

Diese beiden Parteien also – der Überrest der Juden, die nach Palästina zurückgekehrt sind, samt den zwei Zeugen in Jerusalem, woselbst der Tempel neu gebaut sein wird, und die neu

*) Diese vier Weltreiche sind das Assyrisch-babylonische (Nebukadnezar); das Medo-persische (Cyrus); das Griechisch-mazedonische (Alexander) und das Römische. Unter letzterem wurde Christus (der Messias) geboren, aber verworfen, „weggetan", d. h. getötet (Dan. 9, 26). Dann trat eine Unterbrechung in dem Gang der Ereignisse ein. Christus, in der Welt verworfen, wurde als der „Sohn des Menschen" zur Rechten Gottes im Himmel erhöht, und der Heilige Geist kam hernieder. Dieser ruft nun aus allen Völkern der Erde durch das herrliche Evangelium Sünder zu Jesus, daß sie in Ihm Vergebung finden und mit Ihm auf ewig vereinigt werden. Sie bilden zusammen, wie wir schon oft sagten, Christi himmlische Braut. Diese Unterbrechung der Ereignisse bildet unsere gegenwärtige Gnadenzeit. – Bis diese vollendet ist, ist Israel als Volk verworfen. Aber „er, der Israel zerstreut hat, wird es (wieder) sammeln" (Jer. 31, 10). Nicht lange nach Vollendung dieser Gnadenzeit wird die noch ausstehende 70. oder letzte Jahrwoche Daniels beginnen, und dann wird Christus, der Messias, wiederkommen zur Aufrichtung Seines längst verheißenen Königtums (Dan. 9, 24–27). Um diese Zeit wird Rom als Weltmacht neu bestehen, wird aber durch Christus endgültig zerbrochen und gerichtet werden.

entstandene römische Weltmacht – stehen einander in jener Zeit, von der wir reden, gegenüber. Der geistlich wiedergeborene Überrest ist schon von Gott angenommen und anerkannt, die unbekehrte Masse des Volks noch nicht; sie ist aus der Meßlinie „hinausgeworfen" worden (Kap. 11, 2). Das Haupt der letzten Weltmacht tötet, wie wir sehen, die zwei Zeugen. Und viele aus allerlei Völkern, die in Jerusalem wohnen, freuen sich darüber und erlauben nicht, daß sie bestattet werden. Vielleicht fürchten sie, daß auch sie wie einst „ihr Herr" (V. 8) aus dem Grab auferstehen werden. Aber ihre Freude ist von kurzer Dauer. Nach drei und einem halben Tag kehrt „der Geist des Lebens aus Gott" in die auf der Straße liegenden Leichname zurück. *„Und sie standen auf ihren Füßen; und große Furcht fiel auf die, welche sie schauten. Und ich hörte eine laute Stimme aus dem Himmel zu ihnen sagen: Steiget hier herauf! Und sie stiegen in den Himmel hinauf in der Wolke, und es schauten sie ihre Feinde"* (V. 11 und 12).

In diesem Stück, daß ihre Himmelfahrt auch von den Feinden gesehen wird, unterscheidet sie sich von derjenigen „ihres Herrn". Bei Seiner Aufnahme waren nur die Gläubigen Zeugen. Und die Welt, die den Herrn der Herrlichkeit zuletzt sah, als Er die Dornenkrone trug und in Schmach und „Schwachheit gekreuzigt" ward, wird Ihn nicht wiedersehen, bis Er kommt in den Wolken mit Macht und großer Herrlichkeit, gekrönt mit vielen Kronen und begleitet von allen himmlischen Heerscharen. Gott sendet hier bei der Hinwegnahme der beiden Zeugen gleichzeitig ein großes Erdbeben, und durch die Erschütterung der Erde fällt ein Zehntel der Stadt, und 7000 der Feinde kommen um. Die übrigen erschrecken, wenn auch nur vorübergehend, bei den gewaltigen Ereignissen, und sie geben Gott Ehre. Doch wahre Buße ist es nicht! Das zeigt die Folge.

„Das zweite Wehe ist vorüber; siehe, das dritte Wehe kommt bald" (V. 14).

Kapitel 11, 15—19

Die siebte Posaune

„Und der siebente Engel posaunte; und es geschahen laute Stimmen in dem Himmel, welche sprachen: Das Reich der Welt (das Weltreich) unseres Herrn und seines Christus ist gekommen, und er wird herrschen in die Zeitalter der Zeitalter (oder *in die Ewigkeit der Ewigkeiten)"* (V. 15).

Die siebte Posaune, die letzte der Posaunen, ertönt. Bei ihrem Ton erhebt sich im Himmel freudige Zustimmung und darauf Lob und Anbetung. Laute Stimmen rufen, daß nunmehr das Reich Gottes und Seines Christus, das von altersher verheißen war, gekommen sei. Die Weltmonarchien sind nun zu Ende; die Herrschaft über die Reiche der Welt, die so lange in den Händen abtrünniger Menschen lag, liegt nun endlich in den gesegneten Händen Gottes, des Herrn, und in den Händen Seines Christus. Das bedeutet fürwahr ein ernstes „Wehe" für alle Feinde, aber große Freude und einen vollen Sieg für alle im Himmel und auf Erden, die auf der Seite Gottes und Seines Gesalbten sind. Das herrliche Reich ist gekommen, von dem geschrieben steht: „In jenen Tagen wird der Gerechte blühen und Fülle von Frieden wird sein . . . Und er wird herrschen . . . bis an die Enden der Erde. . ., alle Könige werden vor ihm niederfallen, alle Nationen ihm dienen" (Ps. 72). Dann ist das Wort erfüllt: „Jehova wird König sein immer und ewiglich!" — „Jehova regiert! er hat sich bekleidet mit Hoheit" (2. Mose 15, 18; Ps. 93). Mit welch freudigem Herzen werden die Bewohner des Himmel rufen: „Das Reich unseres Herrn ist gekommen!" (V. 15.) Er ist ihr „Herr" und, wie Ihn die Ältesten nennen: „der Herr, Gott, der Allmächtige", der „Jehova-Elohim-Schaddai" des Alten Bundes.

Zugleich aber ist das auf Erden errichtete Reich das des Gesalbten, d. h. das Reich Christi, wobei der Geist Gottes hier nicht hervorhebt, daß später, wenn ein neuer Himmel und eine neue Erde da sein werden, Christus alle Herrschaft Gott zurückgeben wird (1. Kor. 15, 24. 28).

Hören wir aber nun, wie die „24 Ältesten", d. h. die Erlösten, die bereits vor Beginn der antichristlichen Drangsalszeit in den

Himmel aufgenommen wurden und nun dort auf Thronen sitzen, das große Ereignis feiern. Wir lesen:

„Und die 24 Ältesten, die vor Gott auf ihren Thronen sitzen, fielen auf ihre Angesichter und beteten Gott an und sprachen: Wir danken dir, Herr, Gott, Allmächtiger, der da ist und der da war, daß du angenommen hast deine große Macht und angetreten deine Herrschaft!" (V. 16. 17.)

Zum ersten Mal sehen sie, hoch erfreut, Gottes Rechte und Herrschaft auf Erden allgemein anerkannt und ausgeübt, und zugleich zum ersten Mal Christus, den Schöpfer und ihren Erlöser, auf dem Thron Seines verheißenen Reiches; darum steigen sie eilends von ihren Thronen herab und huldigen und beten an. Sie sagen: „Wir danken dir, daß du angenommen hast deine große Macht und angetreten deine Herrschaft! *Und die Nationen sind zornig gewesen, und dein Zorn ist gekommen und die Zeit der Toten, um gerichtet zu werden, und den Lohn zu geben deinen Knechten, den Propheten, und den Heiligen und denen, die deinen Namen fürchten, den Geringen und den Großen, und die zu verderben, welche die Erde verderben"* (V. 18).

Sie verherrlichen also Gott und Seinen Gesalbten und preisen Sein zeitliches und ewiges Reich. Dabei verkünden sie, was gekommen ist und kommen wird. „Gewesen" ist des Menschen Zorn, aber nun ist „gekommen" Gottes Zorn und die Zeit Seines Gerichtes über die Lebenden und die Toten. Und kommen wird die Belohnung und Befreiung der Gerechten. Die Gerechten jener Zeit auf Erden werden bestehen aus drei Klassen:

Es sind erstlich die „Propheten", die in der Drangsalszeit das kommende Reich des Herrn verkündigten.

Es sind ferner ,,die Heiligen", von denen schon im Buch Daniel geredet ist in Kap. 7, 18, also gläubige Israeliten, die von den feindlichen Mächten verfolgt wurden. Aber nun ist ihr Messias, Christus, gekommen, um ,,die Sanftmütigen zu schmücken mit Rettung" (Ps. 149,4); denn ihnen gehört das Reich wie Christus es schon in der Bergpredigt gesagt hat (Matth. 5,5).

Die dritte Klasse der Gerechten besteht aus denen, ,,die Seinen Namen (den Namen Gottes) fürchten" unter den Nationen; dies sind also keine Juden. Wir begegnen diesen Gottesfürchtigen aus den Nationen auch in Matth. 25, 34—40. Sie ererben mit den ,,Brüdern" des Herrn, d. h. mit den gläubigen Juden, das Reich.

Zuletzt erwähnen die Ältesten bei ihrer Huldigung, daß Gott nun „die verderben werde, welche die Erde verderben". Es wird dies ein furchtbares Gericht sein. — Alles aber, was die 24 Ältesten hier rühmend melden von den gerechten Gerichten, die über die Welt kommen müssen vor der Aufrichtung des Reiches Christi auf Erden, erinnert uns an die ernsten Worte im 2. Psalm.

Die „zwei Zeugen", von denen wir oben hörten, hatten gleichsam gerufen, wie es im 2. Psalm heißt: „Und nun, ihr Könige, seid verständig, laßt euch zurechtweisen, ihr Richter der Erde! Huldigt dem Sohne, daß er nicht zürne und ihr nicht umkommet auf dem Wege!" Aber ein großer Teil der Könige und Richter der Erde wollte nicht hören; nein, sie blieben dabei: „Laßt uns zerreißen seine Bande und von uns werfen seine Seile!" Doch Gott „lacht ihrer" und hält fest an Seinem „Beschluß", Christus als König in den Erdkreis einzuführen. Er sagt: „Vom Beschluß will ich erzählen: Habe ich doch meinen König gesalbt auf Zion, meinem heiligen Berge." Ja, diesen „Beschluß" wird Gott, ungeachtet allen Widerstandes, ausführen. Er sagt zu Seinem Sohn, dem Er das Gericht über die Welt übergeben hat: „Fordere von mir, und ich will dir zum Erbteil geben die Nationen und zum Besitztum die Enden der Erde. Mit eisernem Zepter wirst du sie zerschmettern, wie ein Töpfergefäß sie zerschmeißen" (Ps. 2, 9).

Die Schilderung der ernsten Gerichte Gottes, die über die Reiche der Welt kommen müssen, ehe Christus Sein Weltreich hier errichten kann, ist der Gegenstand vieler Weissagungen in den Propheten und Psalmen. Der Herr Jesus selbst spricht wiederholt davon (vgl. Matth. 24). Doch erst das Buch der Offenbarung berichtet uns die Gerichte, die dem kommenden Reich Christi den Weg bereiten, ausführlicher. Und die „24 Ältesten" geben hier gleichsam, indem sie Gott ihre Huldigung darbringen, das Programm zu dem folgenden Teil unseres Buches; denn in Kap. 19 und 20 erst sehen wir tatsächlich Christi Wiederkunft und Reich auf Erden, dessen Erscheinen die Ältesten hier schon im Geist schauen und mit dem lauten Ruf: „Das Reich unseres Herrn und seines Christus ist gekommen!" jubelnd ankündigen.

Der Thron Gottes tritt jedoch, obwohl seine Aufrichtung auf Erden der Grund des Jubels der Ältesten ist und der Grund ihrer Huldigung Gottes, einstweilen noch zurück. Statt dessen wird dem Seher Johannes, der in den geöffneten Himmel blickt, droben „der Tempel Gottes" gezeigt, und zwar gleichfalls geöffnet. Und in ihm schaut er die Bundeslade, das wichtigste Gerät im Heiligtum: *„Und der Tempel Gottes im Himmel wurde geöffnet, und die Lade seines Bundes wurde in seinem Tempel gesehen; und es geschahen Blitze und Stimmen und Donner und ein Erdbeben und ein großer Hagel" (V. 19).*

Die letzte, schwerste Zeit der Endgerichte, auch gerade für Israel, ist gekommen, „jener Tag ohnegleichen", „die Zeit der Drangsal für Jakob" (Jer. 30, 7), „dergleichen von Anfang der Welt bis dahin nicht gewesen ist, noch auch je sein wird" (Matth. 24). Da ist der Blick auf die Lade des Bundes Gottes Seinem Volk Israel eine Stärkung des Glaubens. Ihr Anblick bietet die Bürgschaft, daß Gott Sein altes Bundesvolk wohl sichten und richten, aber nicht vernichten werde. Aus gleichem Grund – zur Stärkung des Glaubens – hatte der Herr früher, als die Gerichte über die Schöpfung eingeleitet wurden, sich mit einem Regenbogen um den Thron gezeigt, also mit dem Zeichen des Bundes, den Gott mit der Erde gemacht hatte. Der Regenbogen um den Thron deutete an, wie wir in Offb. 4, 3 sahen, daß die Erde nicht durch diese Gerichte vernichtet, sondern vielmehr gereinigt und frei gemacht werden sollte, um ihre vollen Segnungen zu genießen.

Kapitel 12

Gottes Überrest in Israel und dessen Bedränger

Hier beginnt die Offenbarung gleichsam aufs neue, aber diesmal in Verbindung mit dem gläubigen Überrest in Israel, der Frau und den drei mächtigen Widersachern, den Werkzeugen der Finsternis: Satan (Kap. 12) und den beiden „Tieren" (Kap. 13).

„Die Frau" und Satan (Kap. 12)

Solange die Kirche Christi, d. i. die Gemeinde Gottes, auf Erden war, war sie der Angriffspunkt der feindlichen Mächte der Finsternis und Bosheit. Doch haben wir gesehen, daß der Herr nach der Entrückung Seiner Braut in den Himmel von neuem mit Seinem alten Bundesvolk Israel auf Erden Seine Beziehungen anknüpft. Der Leser erinnert sich, was wir bei Kap. 11 unseres Buches hierüber gesagt haben: Ein gläubiger anbetender Überrest aus Israel ist zu jener Zeit wieder in Jerusalem, während das Volk Israel im großen Ganzen, wenn auch zum Teil schon in Jerusalem wohnend, noch nicht gläubig ist, darum als „Hof" von Gott noch nicht anerkannt und nicht „gemessen" wird. Darum wird Jerusalem und das Gelobte Land noch für eine weitere Zeit in den Händen und unter der Zertretung der fremden Nationen stehen.

Am Schluß des 11. Kapitels sahen wir dann, wie dem Seher die Bundeslade des Volkes Gottes gezeigt wurde, die seit Israels Wegführung aus dem Gelobten Land in die babylonische Gefangenschaft verschwunden war. Der Seher sieht sie, indem er einen Blick in den geöffneten Himmel und in den Tempel Gottes tun darf. Die Bundeslade war, solange sie im Tempel zu Jerusalem war, der Mittelpunkt und das Sinnbild der Gegenwart Jehovas auf Erden, war das Unterpfand Seines Bundes mit Israel und Seiner Treue und Fürsorge für das Volk. Zugleich aber war die Bundeslade in Jerusalem das Zeichen der Macht Jehovas gegen Seine Feinde, wie sich das in der Geschichte Israels so oft gezeigt hat. Es sei erinnert an die Teilung des Jordan und an die Einnahme Jerichos, dessen Mauern vor der Bundeslade niederfielen; es sei ferner erinnert an die Plagen der Philister durch die Gegenwart der Bundeslade. Darum geschehen denn auch hier, sobald die Bundeslade im Himmel gezeigt wird, „Stimmen und Donner und Blitze und Erdbeben auf Erden". So ist die Erscheinung der Bundeslade im Himmel das Zeichen, daß Israel wieder auf den Schauplatz tritt als Gottes Bundesvolk und Zeugnis auf Erden.

Bald aber wird Israel, wie es zuvor die Kirche war, der Gegenstand der bitteren Feindschaft Satans. Was immer hier teuer und wert ist für Gott, das ist ja dem Haß Satans, des großen Widersachers Gottes, ausgesetzt.

Der Seher berichtet: *„Und ein großes Zeichen erschien in dem Himmel: Eine Frau bekleidet mit der Sonne, und der Mond unter ihren Füßen, und auf ihrem Haupte war eine Krone von zwölf Sternen ... Und es erschien ein anderes Zeichen in dem Himmel: und siehe, ein großer feuerroter Drache, welcher sieben Köpfe und zehn Hörner hatte und auf seinen Köpfen sieben Diademe . . . Und der Drache steht vor der Frau, die im Begriff war zu gebären, auf daß er, wenn sie geboren hätte, ihr Kind verschlänge. Und sie gebar ein Männliches, einen Sohn, der alle Nationen weiden soll mit eiserner Rute; und ihr Kind wurde entrückt zu Gott und zu seinem Throne"* (Kap. 12, 1—5).

Wer aber ist diese „Frau"? Unverkennbar Israel. Allerdings nicht Israel in seinen Sünden und in seiner Schande, sondern in seinem Schmuck, wie es nach Gottes Gedanken und Ratschlüssen dastehen soll und dastehen wird, dessen „die Sohnschaft ist und die Herrlichkeit und die Bündnisse und die Gesetzgebung und der Gottesdienst" (Röm. 9, 4). Israel ist darum hier bekleidet mit der Sonne, d. h. der höchsten Autorität und der Regierung; Gott selbst herrschte ja einst in Israel und wird Israel wieder Macht und Herrlichkeit geben, so daß Seine Herrschaft von Jerusalem ausgehen wird über die Völker der Erde. Die Frau trägt eine Krone von zwölf Sternen, d. h. Israel besitzt im kommenden Reich Christi die Macht einer vollkommenen Verwaltung auf Erden; und der Mond, der das Bild ist einer von der Sonne, der höchsten Quelle des Lichts, entliehenen Regierung und Leitung, steht unter Israels Füßen.

Sollte aber noch ein Zweifel bestehen, wer „die Frau" ist, so zeigt der Sohn, den die Frau gebiert, daß es Israel ist. Denn der Sohn ist nach Vers 5 der in Psalm 2 geschilderte Messias, der „mit eiserner Rute die Nationen weiden wird" (vgl. Ps. 2, 8. 9 und Offb. 2, 26. 27 mit 12, 5). Also „die Frau" ist Israel, „aus welchem dem Fleische nach der Christus ist" (Röm. 9, 5; vgl. Jes. 9, 6). Indem uns aber die Frau gezeigt wird in Geburtswehen, will uns der Geist Gottes daran erinnern, wie die ganze Geschichte Israels von jeher eine Geschichte der Schmerzen gewesen ist, und wie alles bei ihm darauf abzielte, daß aus ihm der Messias hervorkommen sollte.

Israel aber, der Frau und in ihrem Schmuck, steht „der Drache", der alte Erzfeind Gottes und des Menschen, entgegen. Er ist „groß" an Macht und List; und „feuerrot"; er zeigt sich in der Farbe der Höllenglut. Er ist, wie uns der 9. Vers klar zeigt, der Teufel oder Satan*). Seine Feindschaft und sein Mordgelüst wider die Frau und ihren Samen, den Sohn, besteht von Anbeginn, wie das auch schon in der ersten messianischen Weissagung zum Ausdruck kommt, wo Gott zu der „Schlange", dem Satan, spricht: „Ich will Feindschaft setzen zwischen deinem Samen und ihrem (d. h. des Weibes) Samen; er wird dir den Kopf zermalmen, du aber wirst ihm die Ferse zermalmen" (1. Mose 3, 15). Kaum war auch Christus geboren, so wurde dem Kindlein „nach dem Leben getrachtet". Und kaum trat der Messias auf, so wurde Er von Satan in die Wüste geführt, um versucht zu werden. Besonders aber sehen wir in Gethsemane und

*) „Teufel" (griech.) heißt „Verkläger" und „Satan" (hebr.) heißt „Widersacher". Er ist beides: „Lügner" und „Mörder".

auf Golgatha, wie Satan seine ganze Höllenmacht und Feindschaft gegen Christus offenbarte.

Doch hier erscheint uns Satan, der erste und größte Widersacher Gottes und Seines Volkes, in einer besonderen Form, nämlich in Verbindung mit dem Römischen Reich, das in der Endzeit wieder auf dem Schauplatz der Geschichte erscheinen wird. Darum hat der feuerrote, d. h. mit Höllenglut beseelte Drache „sieben Köpfe und zehn Hörner". Ein ähnliches oder vielmehr das gleiche Tier sah schon der Prophet Daniel: „Siehe, ein schreckliches Tier ... es hatte zehn Hörner" (Dan. 7, 7). Und Daniel erklärt uns dann, daß diese zehn Hörner zehn Könige seien (V. 24). Näheres über das Römische Reich und seine Form finden wir nachher auch in unserem Buch (Offb. 13, 1—10; 17, 8 und folg.).

Der Drache zieht „den dritten Teil der Sterne" nach sich und wirft sie auf die Erde. Diese „Sterne" sind weltliche Mächte und Reiche, die mit dem dann wiedererstandenen Römischen Weltreich verbunden sein werden, wenn sie nicht gar vom Satan verführte gefallene Engel sind, die mit Satan, ihrem Haupt und Verführer, aus dem Himmel auf die Erde geworfen werden (vgl. V. 4 mit V. 9). Dann wird die Erde der Schauplatz gewaltiger finsterer Mächte und ihrer Werke sein.

Christus, „der Sohn", den „die Frau" (Israel) gebiert (vgl. V. 5 mit Röm. 9, 5), wird „entrückt zu Gott und zu seinem Throne". Es ist dies ein deutlicher Hinweis auf die Himmelfahrt Christi, als Er nach vollendetem Erlösungswerk und nach Seiner Auferstehung Seinen Platz einnahm zur Rechten Gottes in der Höhe.

Dies geschah einige Jahrzehnte vor Abfassung des Buches der „Offenbarung". Warum aber wird Christi Himmelfahrt hier nochmals erzählt inmitten von Begebenheiten, die etwa zwei Jahrtausende nach ihr eintreten, die heute noch nicht eingetreten sind, aber nunmehr bald geschehen werden? —

Dafür gibt es zwei Gründe. Zunächst berichtet uns unser Kapitel Dinge, die kurz vor Schluß oder vor der letzten Entscheidung in dem großen Kampf zwischen Licht und Finsternis geschehen, und da hebt der Geist Gottes die herrliche Tatsache neu hervor, daß schon der Sieg in dem großen Kampf gesichert sei: Christus ist entrückt zu Gott und Seinem Thron; Er weilt zur Rechten Gottes. Von dort wird Er kommen und „den Zeiten der Nationen", der Herrschaft der gottwidrigen Weltreiche ein Ende machen (Luk. 21, 24; Offb. 11, 15). Dann wird Er Sein Reich auf Erden einführen und als der erhöhte Sohn des Menschen alle Nationen weiden mit eiserner Rute (Ps. 2, 8–9; Offbg. 12, 5; 19, 15). Und Satan, „der große Drache", „die alte Schlange", wird, nachdem er vom Himmel auf die Erde geworfen worden ist, bald für immer hinweggetan sein. Dann ist „das Heil und die Macht und das Reich unseres Gottes und die Gewalt seines Christus gekommen" (Offb. 12, 10).

Der zweite Grund für die Erwähnung der Entrückung Christi zur Rechten Gottes geht uns an. Wo werden wir, die Gläubigen, die Gott, der Vater, Ihm „aus der Welt gegeben hat" (Joh. 17, 6. 9), in jenen ernsten Stunden des letzten Kampfes sein? — Die Heilige Schrift läßt uns darüber nicht im Ungewissen. Die Worte des Herrn sagen uns klar, daß Er uns, die Erlösten, Seine himmlische Braut, da haben will und bergen wird, wo Er selbst ist (Joh. 14, 3; 17, 24). Noch ehe das antichristische Reich beginnt, wird der Herr uns zu sich holen, so daß in der Jetztzeit jeder wahre Christ freudig sprechen darf:

„Er ist das Haupt, ich bin Sein Glied,
das Er endlich nach sich zieht."

Die Verheißung von der Entrückung der Braut vor den Endgerichten ist uns, wie wir wiederholt schon im Lauf unserer Betrachtung betonten, oft im Wort Gottes zugesagt. Die Braut und der Geist des Herrn (denn sie sind es, die noch das Erscheinen des Antichristen und der Endgerichte „zurückhalten": 2. Thess. 2, 6–10) müssen gen Himmel genommen sein — die Braut muß wie Christus und durch Christus zu Gott und Seinem Thron entrückt worden sein — ehe die letzte Entscheidung im größten Kampf der Welt fällt.

Da nun nach Gottes Wort die himmlische Braut Christi, Seine Versammlung, zugleich der Leib Christi ist und mit Christus, dem himmlischen Haupt, ein Ganzes bildet (vgl. z. B. Ephes. 1, 21. 22; 5, 23f.; 1. Kor. 12, 12), so wird die Entrückung der Braut oder Gemeinde des Herrn Jesus mit Seiner eigenen Entrückung (obwohl etwa 2000 Jahre zwischen den beiden Entrückungen liegen) als *ein* Ereignis betrachtet.

Hier nun, in unserem Kapitel, wo die Gewißheit des Sieges, der durch die Entrückung Christi zur Rechten Gottes gesichert ist, neu hervorgehoben werden soll, wird uns auch neu gezeigt oder in Erinnerung gebracht, wie sicher und geborgen die himmlischen Heiligen während der letzten Drangsalszeit sein werden: Sie sind in und mit Christus entrückt, im Himmel droben. —

Was dann die irdischen Heiligen betrifft, den gläubigen Teil des Volkes Israel, das uns in unserem Kapitel als „die Frau" gezeigt wird, so wird uns auch deren Schutz und Sicherheit während des letzten, schweren Endgerichts an gleicher Stelle erwähnt: *„Und die Frau floh in die Wüste, woselbst sie eine von Gott bereitete Stätte hat, auf daß man sie daselbst ernähre tausendzweihundertsechzig Tage"* (V. 6).

So wird uns hier die ganze Sachlage während der Drangsalszeit klar gezeigt: die *himmlischen* Heiligen haben *droben* ihre Wohnung und ihren Platz, sie sind im *Himmel* in Sicherheit; die *irdischen* Heiligen, d. h. die bekehrten Juden, denen die Erde gehört und die hier ihre Macht und Herrschaft ausüben werden, finden durch Gottes Dazwischenkunft und Fürsorge *auf der Erde* ihre Zufluchtsstätte, solange der Feind noch wütet.

Wo aber die Wüste ist, in der „die Frau", der gläubige jüdische Überrest, während der Herrschaft des Antichristen und des römischen „Tieres" eine Zufluchtsstätte findet, wird uns hier nicht ausdrücklich gesagt. Doch dürfen wir wohl aus manchen Andeutungen im Alten Testament schließen, daß es die Länder und Nationen um Palästina her sein werden. Da ist die Wüste Kedar im Nordwesten von Arabien, die an das südliche Palästina grenzt; ferner Mesech im Norden Palästinas, gegen den östlichen Teil von Kleinasien hin (lies Psalm 120, 5; Jes. 21, 14. 15). Da ist ferner Philistäa (Zeph. 2, 7—9), sodann Moab, südöstlich von Palästina, das sogar ausdrücklich genannt wird als ,,Schatten" für ,,die Vertriebenen", als ein ,,Schutz vor dem Verwüster" (Jes. 16, 3. 4). Alle diese Länder könnten einen Teil der ,,Wüste" bilden, wo der größte Teil der gläubigen Juden in der zweiten Hälfte der letzten ,,Drangsalswoche" Zuflucht, Bewahrung und Versorgung von seiten Gottes findet, während einige der Zeugen in jenen Tagen in Jerusalem zu bleiben scheinen, wo sie natürlich der ganzen Wut des Antichristen ausgesetzt sind. Jedenfalls geschieht die Flucht in ,,die Wüste" eilig; es wird sogar nachher gesagt: ,,Es wurden der Frau die zwei Flügel des großen Adlers gegeben, auf daß sie in die Wüste *fliege*, an ihre Stätte, wo sie ernährt wird eine Zeit und Zeiten und eine halbe Zeit, fern von dem Angesicht der Schlange" (V. 14).

Von dieser eiligen Flucht der gläubigen Juden der Endzeit, vor der letzten schweren Drangsalszeit, redet der Herr Jesus schon selbst vor Seinem Kreuzestod mit Seinen Jüngern, die Er hier noch als gläubige Israeliten behandelt und daher in ihrer Stellung eins macht mit den viele Jahrhunderte später lebenden bekehrten Juden in der Drangsalszeit, von der die Offenbarung redet.*) Er ruft ihnen zu: „... daß alsdann die in Judäa sind, auf die Berge fliehen! ... Betet aber, daß eure Flucht nicht im Winter geschehe, noch am Sabbat, denn alsdann wird große Drangsal sein, dergleichen von Anfang der Welt bis jetzthin nicht gewesen ist, noch je wieder sein wird" (Matth. 24, 16. 20. 21).

Die Zeit aber, in der ,,die Frau" während der Drangsal in der „Wüste" verborgen und geborgen ist, währt 3½ Jahre;

*) Die dazwischenliegende Zeit von nahezu 2000 Jahren, in denen der Herr Jesus Seine himmlische Braut (die Kirche, „Versammlung" oder „Gemeinde") aus allen Völkern der Erde sammelt und nimmt, wird dabei von Ihm nicht in Betracht gezogen (vgl. Ephes. 3 über dieses „Geheimnis").

„eine Zeit (ein Jahr), Zeiten (2 Jahre) und eine halbe Zeit" (1/2 Jahr), wie es Vers 14 heißt. Wohl um den ganzen Ernst der furchtbaren Zeit und Lage auszudrücken, darin Israel sich kurz vor der Erscheinung des Herrn Jesus, ihres Messias und Königs, befinden wird, wird diese Zeit von 3 1/2 Jahren auch in Tagen ausgedrückt; es sind „1260 Tage" (V. 6). Zugleich wird aber auch damit gesagt, daß der Herr, der die Haare auf dem Haupt der Seinen zählt, auch die Zahl der Tage und Stunden, darin Seine Zeugen leiden, genau festgestellt hat; das Leiden darf nicht *einen* Tag und *eine* Stunde länger währen, als Er es zugibt (vgl. auch Offbg. 2, 10). Ja, der Herr sitzt wachend und wartend wie ein Schmelzer am Tiegel, in dem die Seinen im Feuer geläutert werden, um, sobald Er den rechten Augenblick gekommen sieht, den Tiegel rasch vom Feuer zu ziehen (vgl. Mal. 3, 2. 3; Klagel. 3, 31–33).

Diese 3 1/2 Jahre, die zweite Hälfte der letzten Woche der 70 Jahrwochen, von denen der Prophet Daniel spricht (Dan. 9, 25), werden, wie wir schon bemerkten, wiederholt in Gottes Wort genannt. Ebensolange und zur gleichen Zeit wirken ja die zwei Zeugen in Jerusalem (Offb. 11, 3). Und ebensolange, nämlich „42 Monate", wird Jerusalem vor dem Beginn des Reiches Christi noch „von den Nationen zertreten" werden (Kap. 11, 2).

Und nun berichtet uns der Seher etwas bis dahin Unerhörtes, einen

„Kampf in dem Himmel!"

„Michael und seine Engel kämpften mit dem Drachen. Und der Drache kämpfte und seine Engel, und sie siegten nicht ob, auch wurde ihre Stätte nicht mehr in dem Himmel gefunden. Und es wurde geworfen der große Drache, die alte Schlange, welcher Teufel und Satan genannt wird, der den ganzen Erdkreis verführt, geworfen wurde er auf die Erde, und seine Engel wurden mit ihm hinabgeworfen" (V. 7–9).

So unerhört ein solches Ereignis ist, so ist es doch gut begreiflich. Der Apostel Paulus, dem das Geheimnis von der Gemeinde Christi und ihrer innigen, lebendigen und ewigen Einheit mit Christus besonders anvertraut war, belehrt uns, daß der Antichrist und mit ihm gewiß die finsteren Mächte nicht auf Erden in Erscheinung treten, noch ihre Herrschaft völlig hier ausüben können, solange Christi Gemeinde und Sein Geist noch auf Erden sind (2. Thess. 2, 3–7).*) Mit den Erlösten, die durch die Innewohnung des Heiligen Geistes den Tempel Gottes und zugleich Christi himmlische Braut bilden, geht auch der Heilige Geist von der Erde weg (vgl. Offbg. 22, 17). Dann ist hier auf Erden Platz und Raum für das Auftreten des Antichristen und für die Herabkunft und unbeschränkte Wirksamkeit der satanischen Mächte. — Im Himmel, wo Christus und Seine himmlische Braut, die Christi Fülle und Vollendung darstellt (Eph. 1, 22. 23), und auch der Heilige Geist ist, können hinfort Satan, der bis dahin droben geduldet wurde,**) und sein Anhang nicht mehr bleiben. Sie werden vielmehr nach ernstem Kampf aus dem Himmel geworfen.

Hiermit ist auch die „Erlösung (Ergreifung) unseres erworbenen Besitzes" vollzogen worden (Ephes. 1, 14). Unser himmlisches Erbe droben ist gegenwärtig noch in fremden Händen, da wir es noch nicht bewohnen und feindliche Mächte noch dort weilen. Es gehört uns wohl; Gott hat es uns gegeben und hat

---

*) Ihr wisset, „was zurückhält" und „welcher zurückhält". Es ist also eine Sache: die Gemeinde; und es ist eine Person: der Heilige Geist (Verse 6 und 7).

**) Vgl. Hiob 1, 6; 2, 1; Sach. 3, 1–2; Eph. 6, 11–12. Wenn der Herr Jesus in Luk. 10, 18 sagt: „Ich schaute den Satan wie einen Blitz aus dem Himmel fallen", so sah Er den Sturz Satans im voraus. — Vgl. zu dem Sturz und Gericht Satans und seiner Engel auch Jes. 24, 21! — Wenn in Jud. 6 und 2. Petr. 2,4 gesagt wird, daß schon abtrünnige Engel aus dem Himmel geworfen wurden und in Ketten liegen, so sind Satan und die hier in Offb. 12 erwähnten Engel darin noch nicht einbegriffen.

uns auch, bis wir dort einziehen, schon „den Heiligen Geist als Unterpfand" geschenkt. Er selbst bewahrt es für uns im Himmel (1. Petr. 1, 4; Kol. 1, 5). Aber es muß durch Gottes Kraft noch „erlöst" und von uns nach unserem Einzug in den Himmel tatsächlich und praktisch in Besitz genommen werden.*) Ähnlich war es einst mit Gottes irdischem Volk Israel und der Besitzergreifung des Landes Kanaan. Das Land war Israel von Gott geschenkt worden; aber die Kananiter wohnten dort; und erst, als die Kinder Israel in das Land einzogen und die Ureinwohner des Landes wegen ihrer Gottlosigkeit vertrieben wurden, nahm Gott das Land mit dem Volk Israel in Besitz. So müssen auch Satan und seine Engel, die von Gott abgefallen und nicht in der Wahrheit und in ihrer Stellung verblieben sind (Joh. 8, 44; 1. Tim. 3, 6; Jud. 6), wenn ihre Bosheit den Höhepunkt erreicht hat, dem Volk Gottes im Himmel Platz machen.

Als Anführer der Engel Gottes in dem Kampf mit Satan**) und seinen Engeln sehen wir den Erzengel Michael. Sein Name ist bezeichnend: Er heißt: „Wer ist wie Gott?" Hatte Satan im Paradies auf Erden den ersten Menschen bei der Verführung vorgelogen: „Ihr werdet sein wie Gott", so tritt ihm hier, wo die erlösten Menschenkinder ins himmlische Paradies eingeführt werden, ein Erzengel entgegen, der da heißt: „Wer ist wie Gott?" und wirft ihn hinaus, hinab auf die Erde.***)

Wir begreifen gut den Jubel im Himmel, den uns der Seher gleich im nächsten Vers meldet: *„Und ich hörte eine laute Stimme in dem Himmel sagen: Nun ist das Heil und die Macht und das Reich unseres Gottes und die Gewalt seines Christus gekommen; denn hinabgeworfen ist der Verkläger unserer Brüder,*

*) Ähnlich ist es auch mit der „Erlösung unseres Leibes"; auch auf diese warten wir noch (Röm. 8, 19—23), und auch sie geschieht durch Gottes Kraft (Phil. 3, 21; Röm. 8, 11).

**) Er wird ausführlich genannt „der große Drache (das ist er aus der „Schlange" geworden), die alte Schlange, der Teufel (d. h. Verleumder, Verkläger) und Satan (d. h. Widersacher)" (V. 9).

***) Weiteres über Michael siehe Dan. 10, 13. 21; 12, 1.

der sie Tag und Nacht vor unserem Gott verklagte. Und sie haben ihn überwunden um des Blutes des Lammes und um des Wortes ihres Zeugnisses willen, und sie haben ihr Leben nicht geliebt bis zum Tode. Darum seid fröhlich, ihr Himmel und die ihr in ihnen wohnt!"

Diese Stimme des Jubels geht wahrscheinlich von den himmlischen Heiligen aus, von den „vierundzwanzig Ältesten", denn die Engel können wohl kaum von erlösten Menschenkindern sagen „unsere Brüder".

Diese „Brüder" gehören, obwohl sie durch „das Blut des Lammes" vor Gott gereinigt waren und durch „das Wort ihres Zeugnisses" vor Menschen treu bestanden, nicht selbst zur Gemeinde, zur himmlischen Braut des Herrn. Müssen sie auch jetzt noch auf Erden sein, so haben sie doch nicht mehr von Satan in dem Sinne zu leiden, daß er sie droben vor Gott verklagen und sie „durch feurige Pfeile" verwunden kann. Sie erfahren indessen noch Satans Feindschaft auf Erden durch „das Tier", d. h. durch das dann wiedererstandene Römische Reich, und durch den Antichristen, „den falschen Propheten".

Was sie, die gläubigen Juden, von diesen beiden „Tieren" zu leiden haben, wird allerdings sehr schrecklich sein. Daher hören wir auch gerade hier, wie sie bei Beginn der zweiten Hälfte der letzten oder siebzigsten Jahrwoche Daniels vor Satan fliehen und eine ernste Prüfungszeit von vollen 3 1/2 Jahren zu bestehen haben, ehe das Reich Gottes und Seines Christus tatsächlich aufgerichtet wird (V. 13—17).

Wenn aber, „dem Himmel und denen, die darin wohnen", zugerufen werden kann, daß sie „fröhlich" sein möchten, so wird gleichzeitig ausgerufen: *„Wehe der Erde und dem Meere: denn der Teufel ist zu euch hinabgekommen*) und hat große Wut,*

---

*) Auch aus diesem Umstand schon erhellt, daß die Gläubigen, die in jener Zeit noch auf Erden sind, nicht Christen (Glieder der himmlischen „Brautgemeinde" Christi) sein können; denn diese kennzeichnet gerade ein Kampf „wider Fürstentümer ... und geistliche Mächte der Bosheit in den himmlischen Örtern" (Ephes. 6, 12). Es sind also

da er weiß, daß er wenig Zeit hat."

Die Frau in der Wüste

„Der Drache", Satan, der nun auf die Erde hinabgeworfen ist und darum im Himmel keine Anklage mehr gegen die Heiligen zu erheben vermag, richtet seine ganze Wut nun auf Erden gegen sie, verfolgt sie und sucht ihr Zeugnis zu vernichten. Aber „die Frau", d. i. im weiteren Sinne Israel, aber im engeren und eigentlichen Sinne nur der gläubige Überrest aus Israel, flieht. Die Stunde seiner Befreiung ist noch nicht da; sie kommt erst mit der Erscheinung Jesu Christi, des Messias, und mit Seinem Reich. Mittlerweile bleibt ihm nur die Flucht übrig. Gott aber verwendet sich für *„die Frau, die das männliche Kind geboren hatte"*, und gibt ihm *„die zwei Flügel des großen Adlers, auf daß sie in die Wüste fliege* (vgl. Matth. 24, 15–21; Mark. 13, 14–19), *woselbst sie ernährt wird eine Zeit* (eine Kalenderzeit, d. h. ein Jahr), *zwei Zeiten* (2 Jahre) *und eine halbe Zeit* (1/2 Jahr), *fern vom Angesicht der Schlange."* – Es heißt nicht „die Flügel eines Adlers", sondern „des großen Adlers". Sollte damit nicht Jehova selbst gemeint sein? Hat Er Sein Volk, das jetzt vernichtet werden soll, nicht selbst aus Ägypten erlöst? Hat Er es nicht „auf Adlers Flügeln" getragen und zu sich gebracht?*) Ja, Jehova selbst wird Sein Volk schir-

---

sicher Gläubige einer anderen Haushaltung, die in der Drangsalszeit noch auf Erden sind. Der Epheserbrief ist eigentlich der für die Versammlung oder Kirche charakteristische Brief. (Es ist auch fraglich, ob in Ephes. 1, 1 im Urtext die Worte „die in Ephesus sind", standen; sie fehlen jedenfalls in einigen wertvollen Handschriften. Der Brief war dann, wenn diese nähere Bezeichnung wirklich fehlt, wohl als Zirkular- oder Generalepistel an die ganze Kirche, d. h. alle bestehenden Versammlungen, gerichtet, um sie in besonderer Weise über ihre himmlische Stellung und Berufung zu belehren.)

*) Lies 2. Mose 19, 4; 5. Mose 32, 11; Psalm 36, 7 (in Luthers Übersetzung Vers 8).

men und es in der Wüste bergen (vgl. auch V. 6). Die Schlange vermag der „Frau" an jenen Orten in der Wüste nichts anzuhaben.*) Der HERR wird sie bergen, bewahren und pflegen und auch hier das Wort des Glaubens in besonderer Weise erfüllen: „Du bereitest vor mir einen Tisch angesichts meiner Feinde."

Aber Satan ruht nicht; er *„wirft Wasser, wie einen Strom, hinter ihr her"*, damit er sie hinwegreiße, fortschwemme. Der Strom ist ohne Frage das Bild von einer daherstürmenden Heeresmacht.**) Aber Gott läßt die „Erde" — das Bild eines geordneten Systems oder geordneter Zustände, darin Menschen wohnen — „den Strom verschlingen". Es ist nicht nötig, daß hier an ein Eingreifen Gottes durch „ein Erdbeben" gedacht wird, wie vorher in Kap. 11, 13. Wir haben die gleiche Verfolgung und Rettung hier, die wir in Vers 6 unseres Kapitels haben, die der Herr Jesus, wie wir früher schon sagten, auch in Matth. 24, 15—21 ankündigt. — Gott kann auch auf andere Weise als durch ein Erdbeben die Heere der römischen und antichristlichen Macht in ihrem Lauf stillstellen und den „Strom verschlingen", d. h. den Sieg und Fortgang oder die Wirksamkeit der feindlichen Heere völlig aufheben; Ihm stehen ja unzählige Mittel und Wege zu Gebote, an die wir nicht gedacht hätten. — Nun wendet sich Satan, „der Drache", der voll Zorn wider die Frau ist, gegen „die übrigen ihres Samens"; das sind die einzelnen, die dem treuen jüdischen Überrest angehören, die an dem Wort Gottes und dem Zeugnis Jesu festhalten, die als Zeugen in Jerusalem zurückgeblieben sein mögen oder jedenfalls aus irgend welchem Grund nicht mit in die Wüste fliehen konnten. —

Diese ernste Drangsalszeit „der Frau" in der Wüste und der „übrigen ihres Samens" unter Satans Wut und Zorn dient unter Gottes Zulassung zur nötigen Sichtung des Volkes und zur Läuterung des „Überrestes", wovon so oft im Wort Gottes durch die Propheten

---

*) Die Stelle steht auch mit Jes. 26, 20 in Verbindung.

**) Vgl. z. B. in Jes. 8, 7. 8 und Jerem. 47, 2 das gleiche Bild; es ist auch in den Psalmen zu finden.

die Rede ist.*) So ist auch hier Satan mit seinen Helfershelfern nur das Werkzeug in der Hand Gottes zum Gericht und zum Segen.

„Und ich", fährt der Seher fort, *„stand auf dem Sande des Meeres"* (V. 18). Nach mehreren Handschriften heißt es: „er stand"; das wäre dann „Satan, der Drache", der auf der Erde steht, voll List und voll Groll. –

Kapitel 13

Die beiden „Tiere"

Satan bedient sich in seiner Feindschaft gegen Israel, das Gott sich in der Endzeit wieder als Sein Volk und Zeugnis erwecken und hinstellen wird, zweier mächtiger Widersacher auf Erden, zweier menschlicher Werkzeuge, die aber „Tiere" genannt werden.

Die beiden „Tiere" kommen aus der Tiefe hervor. Das erste wird uns als ein „Tier" mit zehn Hörnern geschildert, das aus dem „Meer" aufsteigt, das zweite als ein „Tier" mit zwei Hörnern, das aus „der Erde" aufsteigt. Sie sind, wie gesagt, Menschen, erweckt von Satan und ausgerüstet mit seiner Macht; sie heißen nur wegen ihrer Bosheit und Wildheit „Tiere".**) Sie sind nicht die *einzigen* Werkzeuge Satans; aber in ihnen gipfelt Satans Macht und die Feindschaft der Welt. Satan war schon seit dem Abfall des Menschen von Gott, besonders seit der Verwerfung des Sohnes Gottes, der „Fürst der Welt", ja er wird

*) Vgl. z. B. Hos. 2, 13 folg.; Jes. 4, 3. 4; Sach. 13, 8. 9.

**) Das griechische Wort bedeutet „wildes Tier", so überhaupt in Kap. 13 und 14.

der „Gott dieser Welt“ genannt. Aber wenn der Heilige Geist und Christi himmlische Braut die Erde verlassen haben und Satan auf die Erde herabgeworfen ist, dann wird die arme, abtrünnige Menschheit, die von goldener Freiheit träumte, als sie von Gott abfiel, erst recht von Satan geknechtet und aufs äußerste gegen Gott getrieben. Die ganze Erde befindet sich dann Gott gegenüber gleichsam im Kriegszustand. Die gottfeindliche Welt hat dann zwei sichtbare Häupter unter Satan, der selbst unsichtbar bleiben mag, aber als ihr Oberhaupt auf Erden wohnen wird. Das erste ,,Tier" ist das Haupt der *weltlichen, politischen* Macht, das zweite ,,Tier" das Haupt der *religiösen* und wohl *sozialen* Macht.

Hören wir nun zunächst eine teilweise Schilderung des ersten Tieres, des Hauptes der weltlichen Macht:

1. *Das Römische Weltreich*

Das erste „Tier“ (Kap. 13, 1—10)

„Und ich sah aus dem Meere ein Tier aufsteigen, welches zehn Hörner und sieben Köpfe hatte, und auf seinen Hörnern zehn Diademe, und auf seinen Köpfen Namen der Lästerung. Und das Tier, das ich sah, war gleich einem (weiblichen) Pardel und seine Füße wie die eines Bären, und sein Maul wie eines Löwen Maul. Und der Drache gab ihm seine Macht und seinen Thron und große Gewalt. Und ich sah einen seiner Köpfe wie zum Tode geschlachtet. Und seine Todeswunde wurde geheilt, und die ganze Erde verwunderte sich über das Tier“ (V. 1—3).

„Der Drache“, Satan also, der einst in der Versuchung seine Macht und seinen Thron und seine Gewalt Jesus Christus anbot, die der Herr ausschlug, aber einst von Gott, Seinem Vater, empfangen und annehmen wird, gibt hier einem Menschen, dem „Tier“, „seinen Thron und seine Macht und Gewalt“. Und alle Welt verwundert sich über „das Tier“, einmal wegen seiner Größe, aber auch um deswillen, daß es, obwohl einst tödlich verwundet, nun wieder „geheilt“ ist und mächtig vor aller

Augen dasteht.

Wir haben in dem ersten „Tier“, wie wir schon früher bemerkten, das wiedererstandene Römische Weltreich, das aber dann in einer anderen Gestalt dastehen und einen satanischen Charakter haben wird. Wir lesen von ihm nachher: „Das Tier, welches du sahst, *war* und *ist nicht* und *wird* aus dem Abgrund heraufsteigen ... und die auf der Erde wohnen ... werden sich verwundern, wenn sie das Tier sehen, daß es war und nicht ist und da sein wird. Hier ist der Verstand, der Weisheit hat: Die sieben Köpfe sind sieben Berge“ (Kap. 17, 7–9). Das „Tier“ oder sein Sitz ist in Rom, der Siebenhügelstadt. Die Beschreibung, die uns der Engel von dem Tier gibt, läßt uns darin das Römische oder Lateinische Weltreich erkennen. –

Wie überraschend ist auch die Ähnlichkeit der Schilderung dieses „Tieres“ mit der, die uns der Prophet Daniel von dem letzten der vier Weltreiche, dem Römischen gibt. Er sah die vier Winde des Himmels auf das große Meer losbrechen: „Und vier große Tiere stiegen aus dem Meere hervor; das erste war gleich einem Löwen, das zweite gleich einem Bären ... und ein anderes gleich einem Pardel. Nach diesem schaute ich ein *viertes Tier*, schrecklich und furchtbar und sehr stark ... Und es war verschieden von allen Tieren, die vor ihm gewesen waren, und es hatte zehn Hörner“ (Dan. 7, 1–7). Also hier wie dort besitzt das Tier „zehn Hörner“ und kommt „aus dem Meer“, das heißt aus einer wogenden, nicht geordneten Völkermasse.*) „Das Tier“ hier in Kap. 13 der Offenbarung vereinigt in sich den wilden Charakter der drei vorangegangenen Weltreiche: „des Pardels“, d. h. der Schnelligkeit und Behendigkeit Alexanders des Großen und seines schnellentstandenen Mazedonischen Reiches; „des Bären“, d. h. der Grimmigkeit des mit einem ungeheuren Heer alles zermalmenden Medo-persischen Reiches; und „des Löwen“, d. h. der königlichen Hoheit und des Ernstes des Babylonischen

*) „Die Wasser, die du sahst, ... sind Völker und Völkerscharen und Nationen und Sprachen“ (Offb. 17, 15).

Reiches. Daß der Seher Johannes die vier Reiche in umgekehrter Reihenfolge sieht wie Daniel, der zuerst „den Löwen" schaute, dann die anderen Tiere, ist gut begreiflich, denn Daniel, der am Hof von Babel lebte, blickte vorwärts, Johannes dagegen rückwärts auf die vier Weltreiche, deren letztes das Römische war, zu dessen Zeit Johannes lebte. – Diesem Weltreich aber, das die Eigenschaften aller vorherigen Weltreiche, wie Daniel sie sah, in sich vereinigte, gab Satan seine große Macht und seinen Thron. Es „war", d. h. es bestand noch, als Johannes lebte; „es ist nicht" in der Gegenwart; aber „es wird sein", d. h. es wird noch einmal aufsteigen, wenn nicht aus dem „Meer",*) dann doch aus dem „Abgrund" (Kap. 17, 8).

Dann fährt der Seher fort: „Ich sah einen seiner Köpfe wie zum Tode geschlachtet. Und seine Todeswunde wurde geheilt, und die ganze Erde verwunderte sich über das Tier."

Ja, die Verwunderung wird begreiflicherweise groß und allgemein sein, wahrscheinlich schon wegen der überraschenden Schnelligkeit, mit der das Römische Weltreich neu ins Dasein treten wird, und zwar, wie wir wissen, wie es aber die Welt natürlich nicht ahnt, kurz vor der Errichtung des Königreiches Jesu Christi auf Erden (Dan. 7, 8. 9. 13. 14).

Während die „zehn Hörner", die „das Tier" nach Daniel wie nach Johannes besitzt, zehn Häupter sind, die unter und gleich-

---

*) Ob die Römische Weltmacht auch beim zweiten Mal aus dem „Meer", einem Chaos (Durcheinander) von Völkern hervorgehen wird, scheint manchen Auslegern nicht sicher. Während nämlich mehrere annehmen, daß erst nach einem Zusammenbruch oder auch blutigen Umsturz der bestehenden Staaten und Ordnung der Dinge das Lateinische oder Römische Weltreich wieder erstehen kann, nehmen andere an, daß es nur beim ersten Mal aus dem „Meer" entstanden sei, aber seine Neuerstehung, die der Seher mit der ersten Erstehung zusammenfasse, eher politischen und diplomatischen Verhandlungen, die still und unbemerkt gepflogen würden, verdanken werde. Auch bei dieser Auslegung würde das „Tier", wenn nicht neu aus „dem Meer", so doch aus dem „Abgrund" (17, 8), d. h. aus satanischem Ursprung kommen.

zeitig mit dem Oberhaupt des Römischen Reiches*) herrschen werden (Kap. 17, 12), sind die „Köpfe", die zugleich die sieben Berge vorbilden, wo das Tier seinen Sitz hat (Kap. 17, 9), auch ein Bild von sieben bildlichen Königen (Kap. 17, 10), was hier soviel sagen will, wie sieben Regierungsformen, denn es heißt, fünf sind „gefallen", d. h. vorübergegangen, nicht etwa „sind gestorben". Es sind keine Personen, sondern sieben Staatsformen, Verfassungen.**)

Das Römische Reich hatte zur Zeit, da der Seher Johannes schrieb, schon in fünf verschiedenen Gestalten oder Regierungsformen bestanden; er sagt: „fünf von ihnen sind gefallen" (Kap. 17, 10). Die sechste Regierungsform, die kaiserliche, bestand zur Zeit, als Johannes schrieb, deshalb sagt er: „einer ist"; das war die sechste Form. Dann fährt er fort (Kap. 17, 10): „der andere (d. h. die siebente Regierungsform) ist noch nicht gekommen; und wenn er kommt, muß er eine kleine Weile bleiben". Sie blieb nur „eine kleine Weile", wie wir lesen. Dies war der Fall in den Tagen Napoleons I., der auch König von Rom war, den Quirinal in Rom sich zum Kaiserpalast herrichten ließ und sich selbst „Kaiser des Kontinents" nannte. Ihm waren mehrere Könige, die zwar für sich selbständig waren, im Krieg

*) Offb. 13, 1; 17, 7; Dan. 7, 7.

**) Hier seien die verschiedenen Regierungsformen des Römischen Reiches aufgeführt: 1. Könige; 2. Konsuln; 3. Dezemvirn; 4. Kriegstribunen; 5. Diktatoren; 6. Kaiser. – Die siebente (und achte) Form dürfte wieder ein Imperium sein, aber in neuer Gestalt, in Form von zehn Reichen unter einem Oberhaupt (Offbg. 17, 10. 11). – Rom wurde gegründet im Jahre 753 vor Chr. – Das Römische Reich erhob sich als das vierte Weltreich (Dan. 2, 40 folg. und Dan. 7, 7 folg.); es folgte dem Griechischen, dem es den Todesstoß versetzte, als es im Jahre 146 vor Chr. Korinth eroberte. – Im Jahre 395 nach Chr. zerfiel das Römische Reich in das Oströmische und das Weströmische Reich. Letzteres ging schon 476 durch Odoaker unter. – Das Oströmische, auch Byzantinische Reich, das in Europa die Länder Griechenland, Mazedonien, Thrazien usw. besaß, und in Asien, Kleinasien, Syrien (mit Palästina), in Afrika, Ägypten usw., ging erst im Jahre 1453 unter, als die Türken Konstantinopel eroberten.

und im Frieden unterworfen. So wird es in dem kommenden Römischen Weltreich sein: es werden zehn Häupter mit und unter einem Oberhaupt regieren. Dieses ist „das Tier". Und diese neue letzte Form des Römischen Reiches wird die „achte" Regierungsform sein, und ist doch eigentlich „von den sieben". Sie ist, wie andere übersetzen, „aus den sieben" entsprungen und geht „ins Verderben" (V. 11).

Das nächste große in der Weltgeschichte zu erwartende politische Ereignis ist also die Wiederherstellung des Römischen oder Lateinischen Weltreiches, aber in einer neuen, siebenten oder auch achten Regierungsform (weil die siebente unter Napoleon I. nur kurz, „eine kleine Weile", bestand), in Gestalt von zehn selbständigen Reichen unter einem Oberhaupt.*)

Wir lesen darüber: „Und die zehn Hörner, die du sahest, sind zehn Könige, welche noch kein Königreich empfangen haben, aber Gewalt wie Könige empfangen, eine Stunde mit dem Tiere. Diese haben einen Sinn und geben ihre Macht und Gewalt

---

*) Das kommende Römische Weltreich wird vielleicht so ziemlich wieder in seinen früheren Grenzen erstehen. Es umfaßte einst Italien, Frankreich, Spanien, Portugal, England, Belgien, Deutschland bis zum Rhein und Main, die Schweiz, Österreich, Ungarn bis zur Donau, Jugoslawien, Rumänien, Bulgarien, die europäische Türkei, Griechenland, Nordafrika (Marokko, Algier, Tunis, Tripolis, Ägypten), ferner Kleinasien, Syrien, Palästina. – Natürlich fällt Palästina nicht wieder zum Römischen Reich, denn es wird ein eigenes Reich bilden; auch nicht Ägypten, welches wohl das „Reich des Südens" bilden wird.

**) Aus Daniel 7, 8 und 24 lernen wir noch einen neuen Umstand, daß sich nämlich neben den zehn Königreichen ein Reich hervortut, zunächst unscheinbar, als ein „anderes kleines Horn". Dieses „Horn" wird drei der Könige „ausreißen" und jedenfalls durch andere ersetzen und über die übrigen die Oberherrschaft erlangen. Ähnlich handelte Napoleon I., das Vorbild des „Tieres" schon; er setzte Könige ab, schuf auch neue Reiche und besetzte die Throne mit seinen Brüdern und Feldherren. Dieses „Horn" nun ist „das Tier", das seiner Lästerungen wegen später ins Verderben geht (vgl. Dan. 7, 11. 23 mit Offbg. 13, 4–6 und 19, 19. 20).

dem Tiere" (V. 12 vgl. dazu Kap. 13, 1 und Dan. 7, 7**). Das ,,Tier aus dem Abrund", das Haupt des Römischen Reiches in seiner letzten satanischen Gestalt, muß also noch erscheinen.

Wenn wir nun lesen, daß einer der Köpfe des Tieres „wie zum Tode geschlachtet wurde", so wird darunter wohl die oben erwähnte, nur kurze Zeit dauernde Herrschaft Napoleons I. als die siebente Regierungsform des lateinischen Weltreiches zu verstehen sein. Er wurde gleichsam „geschlachtet", und das sich anbahnende Römische Reich erhielt „eine Todeswunde". Aber „die Todeswunde" wird „geheilt" werden, und zwar zur Verwunderung der ganzen Erde. Somit wird das kommende Römische Weltreich in enger, geheimnisvoller Verbindung stehen mit der vorangegangenen siebenten Form desselben. Wie, das wird man wohl erst sehen und verstehen, wenn es gekommen ist. – Zudem wird das kommende Römische Weltreich unter seinem Oberhaupt, wie schon gesagt, aus zehn verschiedenen Reichen bestehen, die gemeinsam mit ihm „eine Stunde herrschen", d. h. die volle Zeit hindurch oder ebensolang wie „das Tier". Wir lesen ja, daß das Tier „zehn Hörner hat und auf diesen Hörnern zehn Diademe"; und die Erklärung lautet: „die zehn Hörner ... sind zehn Könige, welche ... Gewalt empfangen mit dem Tiere eine Stunde. Diese haben einen Sinn und geben ihre Macht und Gewalt dem Tiere" (13, 1; 17, 12. 13). Diese „eine Stunde" gemeinsamer Herrschaft unter und mit dem „Tier" währt „42 Monate" oder 3½ Jahre (Kap. 13, 5), d. h. also bis zur Erscheinung Christi, wenn Er Sein Reich hier in Macht auf Erden errichten wird (Dan. 2, 34. 35). In diesem genannten Zeitraum von „42 Monaten" werden die gläubigen Juden ihre größte Bedrängnis erfahren, aber auch von Gott wunderbar beschützt und versorgt werden.

Wenn das Haupt des vierten oder Römischen Weltreiches wieder hergestellt sein wird, wird die ganze Erde sich über dieses Ereignis verwundern und – das ist das Furchtbare – den Drachen, d. h. also Satan anbeten, weil er dem „Tier" seine Gewalt gibt. Und zugleich beten sie auch das „Tier" an (V. 4).

Dabei werden sie verwundert und bewundernd fragen: *„Wer ist dem Tiere gleich? Und wer vermag mit ihm zu kämpfen?"* – Von Gott, dem lebendigen und ewigen Gott, hat man sich dann auf Erden völlig losgesagt, und an Seiner Stelle wird Satan angebetet und „das Tier". Das ist das Ende allen Fortschritts, aller Entwicklung und Bildung der stolzen abtrünnigen Menschheit! – Der Mensch ist das machtlose Werkzeug Satans geworden; er liegt huldigend und anbetend vor ihm im Staub! Von Gott, dem Gütigen und Allwissenden, der Licht und Liebe ist, „der Vater aller Erbarmungen und Gott alles Trostes", wollte der Mensch frei sein und unabhängig, obwohl Abhängigkeit von Ihm nur Leben bedeutet und Seligkeit; zuletzt liegt er ganz in Satans Macht und huldigt ihm, der der „Lügner" ist und der „Menschenmörder".

Wie lange hat Gott mit den Menschen in Langmut und Geduld sich bemüht, hat freundlich und ernst mit ihnen geredet, Jahrtausende lang! Er hat die Welt also geliebt, daß Er Seinen eingeborenen Sohn für sie gab, aber die Welt wollte Sein Heil und Seine Liebe nicht. Und nun gibt Gott die Menschen dahin, die bittere Frucht und die Folgen ihrer Herzenshärtigkeit zu genießen. –

„Und es wurde ihm (dem Tier) ein Mund gegeben, der große Dinge und Lästerungen redete; und es wurde ihm Gewalt gegeben zu wirken 42 Monate." Das „Tier" empfängt von Satan Macht und Gewalt, in maßloser Weise Gott zu lästern und Seine schon verherrlichte Kirche und auch die Heiligen auf Erden. Wir hören: *„Und es öffnete seinen Mund zu Lästerungen wider Gott, seinen Namen zu lästern, und wider seine Hütte und wider die, welche ihre Hütte im Himmel haben"* (V. 6).

Während der kurzen aber schrecklichen Zeit von 42 Monaten dürfen Satan und „das Tier" ihre ganze Wut und Feindschaft auf Erden offenbaren. So lange muß auch Israel im Feuerofen sein, damit das Silber von den Schlacken gereinigt werde (Jes. 48, 10); und so lange soll auch der Mensch auf Erden voll und ganz kosten, was es heißt, Satan und nicht Gott zu seinem Herrn und Gebieter erwählt zu haben. Satan und „das Tier" haben darum volle Gewalt und vollen Sieg in ihrem Kampf wider Gottes Volk und über alle Menschen: *„Es wurde ihm gegeben, mit den Heiligen Krieg zu führen und sie zu überwinden; und es wurde ihm Gewalt gegeben über jeden Stamm und jedes Volk und Sprache und Nation. Und alle, die auf der Erde wohnen, werden es anbeten, ein jeder, dessen Name nicht geschrieben ist im Buche des Lebens des geschlachteten Lammes von Grundlegung der Welt an"* (V. 7–8).

Hier fällt uns wieder die Ähnlichkeit auf zwischen „dem Tier" im letzten Buch der Bibel und dem „kleinen Horn", das der Prophet Daniel an dem vierten „Tier", dem Römischen Weltreich, sah. Von diesem lesen wir: „Ich sah, wie dieses Horn Krieg wider die Heiligen führte und sie besiegte" (Dan. 7, 21). Und vom „Tier" heißt es: „Es wurde ihm (Recht und Gewalt) gegeben, mit den Heiligen Krieg zu führen und sie zu überwinden" (Offb. 13, 7). Das ,,kleine Horn" in Daniel ,,wird Worte reden gegen den Höchsten" (Dan. 7, 25). Und vom ,,Tier" heißt es: ,,Es öffnete seinen Mund zu Lästerungen wider Gott" (Offb. 13, 6). Ferner wissen wir, daß die Macht und die Herrlichkeit dem kleinen ,,Horn" eine Zeit (ein Jahr) und Zeiten (zwei Jahre) und eine halbe Zeit (ein Halbjahr) in seine Hand gegeben werden" (Dan. 7, 25). Die Gewalt des ,,Tieres" aber währt ebensolang, nämlich ,,zweiundvierzig Monate" (Offb. 13, 5). Das ,,kleine Horn" in Daniel ist also, wie wir klar sehen, das Oberhaupt des Römischen Weltreiches der letzten Tage.*)

In dieser Zeit steigen die Gebete der verfolgten jüdischen Gläubigen ohne Unterlaß auf zu Gott, wie das Flehen jener Witwe im Gleichnis des Herrn im Ev. Lukas, die täglich zu dem Richter kam, bis er ihr endlich Recht verschaffte. Dieses Gleichnis hat der Herr Jesus dem gläubigen Überrest Israels zur Ermunterung für jene ernste Zeit gegeben und hinzugefügt: „Sollte Gott das Recht seiner Auserwählten, die Tag und Nacht zu ihm schreien, nicht ausführen? Und ist er in bezug auf sie langmütig (d. h. langsam)?" Nein, Er hält sie nicht hin: „Er wird ihr Recht

---

* Beachtenswert ist: das Tier hat Gewalt über jeden Stamm, jedes Volk und Sprache und Nation; *alle,* die auf der Erde wohnen, beten es an. Das zeigt die weltweite Herrschaft, siehe Fußnote Seite 128.

schnell ausführen" und „eine abgekürzte Sache auf Erden machen". Indessen fügt Er die ernste Frage hinzu: „Doch wird wohl der Sohn des Menschen, wenn er wiederkommt, den (diesen) Glauben (des Ausharrens und Flehens) finden auf der Erde?" (Luk. 18, 1—8.) Der gläubige jüdische Überrest wird in seiner großen Not rufen: „Gott! Die Nationen sind in dein Erbteil gekommen, haben deinen heiligen Tempel verunreinigt, haben Jerusalem zum Trümmerhaufen gemacht ... Bis wann, Jehova, willst du zürnen immerdar, soll brennen wie Feuer dein Eifer? ... Hilf uns, Gott unseres Heils, um der Herrlichkeit deines Namens willen, und errette uns und vergib uns unsere Sünden um deines Namens willen! Laß vor dich kommen das Seufzen der Gefangenen; nach der Größe deines Armes laß übrigbleiben die Kinder des Todes! ... So werden wir, dein Volk, und die Herde deiner Weide dich preisen ewiglich, dein Lob erzählen von Geschlecht zu Geschlecht" (Ps. 79).

So und ähnlich, wie wir aus vielen Psalmen wissen, werden die jüdischen Heiligen Gottes in dem Feuerofen der Läuterung rufen, während die Gottlosen voll Hohn in ihrer Überhebung reden werden: „Es ist kein Gott! Er wird nicht nachforschen. Gott vergißt; er verbirgt sein Angesicht; niemals sieht er's" (Ps. 10, 4—11).

Aber es gibt auch ein Wort der Warnung für die Seufzenden inmitten der Schilderung ihrer furchtbaren Bedrückung und Lage: *„Wenn jemand ein Ohr hat, so höre er: Wenn jemand in Gefangenschaft führt, so geht er in Gefangenschaft; wenn jemand mit dem Schwerte töten wird, so muß er mit dem Schwerte getötet werden. Hier ist das Ausharren und der Glaube der Heiligen"* (Offbg. 13, 9. 10). Sie sollen nicht in ihrer Bedrückung wie einst Petrus (Matth. 26, 51) das Schwert ergreifen, sondern im „Ausharren und im Glauben der Heiligen" auf die Rettung Jehovas warten.

2. *Der Antichrist*

Das zweite „Tier" (Kap. 13, 11–18)

„Und ich sah ein anderes Tier aus der Erde aufsteigen: und es hatte zwei Hörner gleich einem Lamme und redete wie ein Drache. Und die ganze Gewalt des ersten Tieres übt es vor ihm aus, und es macht, daß die Erde und die auf ihr wohnen das erste Tier anbeten, dessen Todeswunde geheilt wurde. Und es tut große Zeichen, daß es selbst Feuer vom Himmel auf die Erde herabkommen läßt vor den Menschen!" (V. 11–13.)

Neben das erste Tier, das Römische Weltreich in seiner kommenden Gestalt, tritt also ein „zweites Tier". Das erste, eine politische Weltmacht, entsprang dem „Meer", ging also hervor aus einer in Aufruhr oder in Umwälzung befindlichen Völkermasse.*) Das geheimnisvolle „andere Tier" aber steigt aus der „Erde" empor, also aus dem Festland, d. h. aus dem Boden einer bestehenden festen Ordnung. Ja, wir können vielleicht noch bestimmtere Angaben machen über „die Erde", aus der dieses zweite „Tier" entsprang. – Wie sich nämlich am dritten Schöpfungstag „die Erde", das feste Land, abhob aus dem Wasser, so schied Gott nach Adams Fall und nach dem Gericht in Noahs Tagen aus der Mitte des Völkermeeres der Nationen Israel als festes Land. Hiernach ist „die Erde" das Volk Israel.

Das zweite „Tier" tritt denn auch wirklich, wie wir aus anderen Stellen der Schrift erkennen, aus dem Volk Israel hervor. –

Das „*Tier*" erscheint zunächst wie ein „Lamm". Auch das ist bedeutungsvoll. Es ist eine *Nachahmung des wahren Lammes,* des Sohnes Gottes. Es hat zwei harmlose „Hörner", wie ein Lamm. „Hörner" sind Bilder der Macht. Nun ist Jesus Christus, das wahre Lamm, Priester und König. Diese doppelte Macht und Ehre wird auch das zweite „Tier" erstreben. – Aber ein Ohr, das von Gott belehrt ist, das zwischen gut und böse unterscheiden kann, wird nicht getäuscht, denn „das Tier" hat die

*) Vgl. jedoch die Anmerkung auf S. 170.

Stimme Satans: „es redete wie ein Drache". Im besonderen, ja im vollen Sinn haben manche Warnungen des Herrn Jesus auf dieses „Tier" bezug. So, wenn Er sagt: „Hütet euch vor den falschen Propheten, die in *Schafs*kleidung zu euch kommen, inwendig aber sind sie reißende *Wölfe!*" (Matth. 7, 15.) „Das Tier" ist in der Tat ein „falscher Prophet", ja, es ist „der falsche Prophet", der Antichrist.

Oft hat der Herr Jesus und Sein Geist durch die Propheten davon geredet, daß in Israel später, wenn es als „Erde" (d. h. als gesammeltes, politisch geordnetes Volk) erst wieder in Erscheinung zu treten beginne, der falsche Messias auftreten und dort Aufnahme finden werde. So hören wir z. B. den Herrn Jesus zu den ungläubigen Juden sagen: „Ich bin in dem Namen meines Vaters gekommen, und ihr nehmet mich nicht auf. Wenn ein anderer in seinem eigenen Namen kommt, den werdet ihr aufnehmen" (Joh. 5, 43). Das ist eben der Antichrist, der falsche Messias Israels, den Satan als „Prophet" und „König" erwecken wird. Er wird nicht gleich als „der Gesetzlose", als „der Mensch der Sünde und der Sohn des Verderbens" auftreten, aber zuletzt wird er sich so offenbaren und wird sich als „ein Gegenstand der Verehrung in den Tempel Gottes setzen und sich selbst darstellen, daß er Gott sei" (2. Thess. 2, 3—10).

Wir haben also den „Antichristen" vor uns, wie ihn der Apostel Johannes wiederholt nennt, der vor Israel „leugnet, daß Jesus der Christus (der Messias) ist" (1. Joh. 2, 22a), der aber auch in der abtrünnigen Christenheit, wenn er da sein wird, seine Anhänger finden wird, und dessen Geist jetzt schon in der Christenheit wirksam ist und für sie bezeichnend, ,,den Vater und den Sohn leugnet" (1. Joh. 2, 22b). Er ist ,,der König", von dem Daniel weissagt, ,,der nach seinem Gutdünken handeln wird, der sich erheben und groß machen wird über Gott . . . und Gelingen haben wird, bis der Zorn (über Israel) vollendet ist" (Dan. 11, 36; vgl. auch Jes. 30, 33). Weiter ist er ,,der Hirte", der im Lande Palästina verderblich handeln wird, und den der Herr schließlich ,,durch Seine Hand richten" und ,,durch den Hauch Seines Mundes verzehren wird" (Sach. 11, 16—17; 2. Thess. 2, 8). Dieser Antichrist geht also aus dem jüdischen Volk hervor, wie auch aus Dan. 11, 37 ersichtlich ist, wo von dem Gott seiner „Väter" und von „der Sehnsucht der Frauen", d. h. von der Erwartung des rechten Messias geredet wird. Wohl jede gläubige Frau in Israel hoffte, daß ihr Sohn der verheißene und ersehnte Retter und Messias des Volkes werden oder sein möchte. Der Antichrist aber achtet nicht auf „Jehova", noch auch auf den „Gesalbten Gottes", den verheißenen Messias. Indessen auch ohne diese Schriftstelle müssen wir aus anderen Gründen unbedingt annehmen, daß der *falsche Messias*, der Antichrist, ein *Jude* ist. Würde er überhaupt irgendwelche Aussichten haben, von den Juden als der „Messias" angenommen zu werden, wenn er nicht ein Jude wäre? —

Wenn wir nun an die Stellung oder Lage des jüdischen Volkes zur Zeit des Auftretens des Antichristen denken, so können wir die satanische List wahrnehmen, die ihn dann als den „Messias" auftreten läßt. Der Überrest steht nämlich um jene Zeit in Erwartung des Messias; die Zeugen verkündigen Seine nahe Ankunft und die Beseitigung der heidnischen Weltmacht durch die Aufrichtung Seines Reiches. Jetzt tritt Satans Prophet und König, der Antichrist, auf. Die Auserwählten erkennen ihn an seiner Stimme, denn es ist „die Stimme des Drachen", d. h. Satans und nicht die des guten „Hirten". Wahrlich, von den Lippen des Antichristen kommen keine Worte der Erquickung und des Friedens für die Mühseligen und Beladenen. Und der Herr hat deutlich vor ihm gewarnt wie vor allen „falschen Propheten" und falschen „Christi" jener Zeit (Matth. 24, 23—27).

Aber die Macht der Verführung und die Gefahr der Versuchung wird groß und ernst sein für die Juden der letzten Zeit. Zunächst wird der Antichrist oder falsche Prophet, dieses zweite „Tier", mit dem ersten „Tier", dem Haupt des Römischen Reiches, einen Vertrag und Bund machen, wodurch er eine hohe, gebietende Machtstellung erlangt. Dieser Bund zwischen dem Antichristen und dem Römischen Reich richtet sich, wie aus mehreren Propheten hervorgeht, gegen eine feindliche, politische Macht, die sich noch vor der Wiederkunft Christi und vor Jerusalems Befreiung im Norden Palästinas, wo einst Assyrien, der grimmigste Feind Israels, sein Reich hatte, erheben wird; es wird der „König des Nordens" sein. Wir lesen von diesem Bündnis im Propheten Jesaja, wo der König des Nordens wiederholt „eine überflutende Geißel" genannt wird, gegen die der Antichrist sein Land allerdings vergeblich zu schützen sucht (Jes. 28, 15—21). Auch der Prophet Daniel spricht davon, daß die Römische oder westliche Weltmacht, „das kleine Horn" (vgl. Dan. 7, 8), mit „den Vielen", d. h. mit der Masse der jüdischen Bekenner, an deren Spitze der Antichrist steht, einen Bund machen wird (Dan. 9, 27).

Zu dieser hohen Machtstellung des Antichristen infolge seines Bundes mit dem Haupt der Römischen Weltmacht, wobei er „die ganze Gewalt dieses ersten Tieres vor demselben ausübt" und alle zur Verehrung desselben zwingen wird (er ist also gleichsam der Priester des römischen Oberhauptes; V. 12 unseres Kapitels), kommt noch die Tatsache, daß er große „Zeichen und Wunder" zu verrichten vermag. Wie wir im Buch Hiob sehen, kann Satan — allerdings nur unter Gottes Zulassung — in die Naturereignisse eingreifen; er brachte Sturmwind und Feuer über Hiobs Eigentum. So gibt Satan auch seinem letzten und größten Werkzeug, dem Antichristen, solche Kräfte. Wir hören von diesem zweiten Tier: „Und es tut große Zeichen, daß es selbst Feuer vom Himmel auf die Erde herabkommen läßt vor den Menschen" (V. 13). Was also Elia auf Karmel tun durfte, um sich gegenüber den Priestern Baals als der Zeuge des allein wahren Gottes zu erweisen, das tut hier das zweite „Tier", der Antichrist, als Satans Werkzeug, um seine Ansprüche und Rechte geltend zu machen! Und wie einst Jesus Christus sich als der Sohn Gottes in Israel „erwiesen hat durch mächtige Taten und Wunder und Zeichen" (Apgsch. 2, 22), so wird sich auch der Antichrist als der Messias auszuweisen suchen. Wir lesen von ihm, daß seine „Ankunft nach der Wirksamkeit des Satan ist, in aller Macht und allen Zeichen und Wundern der Lüge" (2. Thess. 2, 9). Wir hören, er verführt die, welche auf der Erde wohnen, und fordert sie auf, dem (ersten) Tier ein Bild zu machen. Ja mehr noch: *„Es wurde ihm gegeben, dem Bilde des (ersten) Tieres Odem zu geben, auf daß das Bild des Tieres auch redete; und es machte, daß alle getötet wurden, die das Bild des Tieres nicht anbeteten" (V. 14. 15).*

Das zweite „Tier", der Antichrist, läßt also dem Haupt des kommenden Römischen Weltreiches ein „Bild" errichten, vielleicht ein Standbild, und gibt ihm „Odem",*) daß es redet, und so verführt er erfolgreich die ungläubigen Juden und alle, „die auf der Erde wohnen", das Bild des (ersten) Tieres, „das die Wunde des Schwertes hatte und lebte", anzubeten. Und alle, die „das Bild des Tieres" nicht anbeten, werden getötet.

Gott läßt diesen satanischen Betrug zu; denn da die Menschen, besonders auch Israel, keine „Liebe zur Wahrheit" zeigten, sendet Gott ihnen nun ein Strafgericht, „eine wirksame Kraft des Irrtums, daß sie der Lüge glauben, auf daß alle gerichtet werden, die der Wahrheit nicht geglaubt, sondern Wohlgefallen gefunden haben an der Ungerechtigkeit".

Wir müssen annehmen, daß der Osten, und zwar Jerusalem, der Ort sein wird, wo der Antichrist das Bild des im Westen, in Rom, thronenden Herrschers aufrichten wird, um so den Juden und allen Verführten im Osten ein sichtbares Abzeichen für das abwesende und darum unsichtbare Haupt des letzten Weltreiches vor die Augen zu stellen; und indem sie hier das Bild anbeten, beten sie das „Tier" selbst an und Satan zugleich (vgl. Kap. 13, 4 und 8 mit den V.

*) In Psalm 115 werden die Götzen verhöhnt: „sie haben einen Mund und reden nicht; . . . keinen Laut geben sie mit ihrer Kehle." Nun aber hat Satan ein Meisterstück der Verführung fertig gebracht, einen Götzen, der Odem hat und reden kann. Ihm huldigen darum alle, „die auf der Erde wohnen".

12 und 15). Zuletzt, d. h. in der zweiten Hälfte der letzten Jahrwoche Daniels, wird das Bild wohl in das „Heiligtum" selbst, in den von den ungläubigen Juden errichteten Tempel gesetzt (Dan. 11, 31; 12, 11). Es heißt zwar, daß „der Sohn des Verderbens", der Antichrist, sich selbst zuletzt „in den Tempel Gottes" setzen und von sich sagen werde, „daß er Gott" sei (2. Thess. 2, 4). Aber diese Verehrung des Antichristen im „Heiligtum" hängt zusammen mit der des Satan (Offb. 13, 4) und des ersten „Tieres"*) und folgt ihr. Satan wird eine Art von Dreieinheit, die aus der Hölle stammt, auf Erden hervorzubringen wissen, um die nachzuahmen, die aus dem Himmel ist, der sich Israel und die Ungläubigen nicht zu ihrem Segen und Heil unterwerfen wollten. Es wird nämlich Satan angebetet werden (12, 9. 12; 13, 4), der an Stelle Gottes Verehrung und Anbetung empfängt. Zweitens wird der Antichrist, „der Mensch der Sünde", hier sein, der angebetet wird an der Stelle von Christus (Offb. 13, 11; 2. Thess. 2, 3. 4). Und es wird drittens „das Bild" des ersten „Tieres" da sein, das redet; denn es hat „Odem" (Geist, wie es auch übersetzt werden kann: Offbg. 13, V. 15). Dieses Bild steht an Stelle des Heiligen Geistes, durch den wir, die Erlösten Gottes, Gott, den Vater und den Sohn, in Seligkeit anbeten in Zeit und Ewigkeit.**)

Wahrlich, solch ernstes und furchtbares Strafgericht von Gott haben die Bewohner der abtrünnigen Welt nie zuvor gesehen, nie zuvor erduldet. Aber so wenig die Getreuen Gottes in Daniels Tagen das goldene Bild Nebukadnezars, des Hauptes des ersten Weltreiches, anbeteten (Dan. 3), ebensowenig wird einst

---

*) Schon die heidnischen römischen Kaiser von ehedem beanspruchten göttliche Verehrung; sie ließen ihre Standbilder darum in die heidnischen Tempel setzen. So wird die Anbetung des „Bildes des Tieres", d. h. des Hauptes des wiedererstandenen Römischen Weltreiches nichts Neues sein, nur daß Satan und der Antichrist sie unterstützen. – Wenn auch der Antichrist sich zuletzt „über alles erheben" wird und sich selbst verehren läßt (2. Thess. 2, 4), so wird er doch für sich selbst Satan dienen und den „Gott der Festungen" verehren (Dan. 11, 38).

**) Andere Ausleger geben folgende Schau als satanische Imitation der göttlichen Trinität: Gott Vater ./. Teufel
Gott Sohn ./. das erste Tier
Heiliger Geist ./. das zweite Tier.

Die Bezeichnung „Antichrist" in der Einzahl kommt in der Bibel nicht vor. — Nach obiger Sicht könnte man vom ersten Tier als dem politischen, vom zweiten Tier als dem religiösen Antichristen reden.

der treue jüdische Überrest dem Bild des Tieres, also dem Haupt des letzten Weltreiches, Huldigung und Anbetung bringen. Wenn in der Mitte der letzten Jahrwoche, bei deren Beginn das Haupt des Römischen Weltreiches mit den ungläubigen Juden auf sieben Jahre einen Bund gemacht hat (Dan. 9, 27), die Not aufs höchste steigt, indem dann der „Greuel"*) der Verwüstung „an heiligem Ort", im Tempel zu Jerusalem, stehen wird, dann wird der Überrest, „die Frau" von Kap. 12, wie wir schon hörten, aus Judäa fliehen (Matth. 24, 15).

Das Malzeichen des „Tieres"

Ernst und groß wird die Bedrängnis schon vorher auf Erden, namentlich im Gelobten Land, sein. Wir lesen: *„Und es* (d. h. das zweite „Tier", der Antichrist oder „falsche Prophet") *macht, daß alle, die Kleinen* (Geringen) *und die Großen, und die Reichen und die Armen, und die Freien und die Knechte, ein Malzeichen annehmen an ihre rechte Hand oder an ihre Stirn; und daß niemand kaufen oder verkaufen kann, als nur der, welcher das Malzeichen hat, den Namen des Tieres oder die Zahl seines Namens. Hier ist die Weisheit. Wer Verständnis hat, berechne die Zahl des Tieres, denn es ist eines Menschen Zahl, und seine Zahl ist sechshundertsechsundsechzig"* (V. 16–18).

Nicht nur über die Religion also maßt sich der Antichrist, „der falsche Prophet" (Offb. 19, 20), alle Gewalt an, sondern auch über den ganzen Handel und Verkehr. Niemand kann mehr kaufen und verkaufen, niemand mehr ein Geschäft abschließen, der nicht ein Malzeichen, d. h. ein deutliches Ab- und Kennzeichen seiner Zugehörigkeit zum Weltregenten, dem römischen „Tier", an seiner rechten Hand trägt oder an seiner Stirn. Also

*) „Greuel" ist der bekannte Ausdruck in der Heiligen Schrift für „Götzendienst".

ist ein Schein von Freiheit geblieben, denn jeder darf wählen, ob er das Merkmal an seiner Hand oder am Kopf anbringt, nur muß es an der rechten Hand oder an der Stirn sein, damit es für alle sofort ersichtlich sei. Auch darin besteht ein Schein von Freiheit, daß jeder wählen darf, ob er den Namenszug des „Tieres" oder die „Zahl seines Namens" (V. 17) als Abzeichen wählt. Satan ist klug. Er läßt seine Sklaven gern in dem Wahn, sie seien freie Leute. Wehe aber jedem, der ihm nicht zu Willen ist! In jener Zeit wird also jeder, was auch sein Rang und Stand sein mag, der nicht in der einen oder anderen Form „das Malzeichen des Tieres" trägt, unweigerlich aus der Gesellschaft ausgestoßen und erbarmungslos aus Handel und Verkehr verwiesen, einerlei ob er dabei stirbt oder verdirbt. Und alle, die nicht in Israel von Gott „auserwählt" sind, und alle, „die auf der Erde wohnen", alle, deren „Name nicht geschrieben ist in dem Buche des Lebens des geschlachteten Lammes von Grundlegung der Welt an", werden das Malzeichen annehmen, obwohl sie nicht ohne ernste Warnung von seiten Gottes bleiben (lies Offb. 14, 9—12.).

Eine furchtbare Schreckensherrschaft ohnegleichen wird dann auf Erden sein statt der erhofften Freiheit! In religiöser Hinsicht herrscht dann eine starre Staatsreligion unter Satans Macht, welche die mit dem Tod bestraft, die nicht Satan und das Bild des ,,Tieres" anbeten; und im Handel und Verkehr werden gleichfalls alle mit dem Tod bestraft, die nicht ,,das Malzeichen des Tieres" tragen. Die Gewaltherrschaft irgendeiner schrecklichen Revolutionszeit über alle, die nicht ihrem Umsturz folgten; der blinde Fanatismus der religiösen Menge zu irgendeiner Zeit blutiger Verfolgung; der bekannte Terrorismus der Anarchisten gegen alle, die nicht als „Genossen" ihrer Fahne folgen; die Macht und Rücksichtslosigkeit aller „Ringe" und „Verbände" — alle diese Mächte sind vereint nur schwache Vorläufer und nur ein Kinderspiel gegenüber der Tyrannei Satans und dem eisernen Joch „des Tieres" in der Endzeit.

Dieser beispiellosen Schreckenszeit folgt dann das glückselige Reich des Friedens und der Gerechtigkeit des Herrn Jesus Christus auf Erden. Sein „Joch" wird, wie heute, auch dann für Sein Volk „sanft" sein und Seine „Last leicht". – Vorher aber muß das ernste Wort Jehovas sich erfüllen, das Er einst warnend Seinem Bundesvolk Israel zurief: „Dafür, daß du Jehova, deinem Gott, nicht mit Freude und fröhlichem Herzen gedient hast bei dem Überfluß an allem, wirst du deinem Feinde dienen ... und er wird ein eisernes Joch auf deinen Hals legen" (5. Mose 28, 47).

Die Zahl 666

Der Seher sagt: „Hier ist Weisheit! Wer Verständnis hat, berechne die Zahl des Tieres, denn es ist eines Menschen Zahl; und seine Zahl ist 666."

Mit dem Wort ,,Hier ist Weisheit!" soll wohl nur gesagt werden: Hier liegt die Lösung für den, der weise und verständig ist. Ähnlich sagt der Seher später, wenn er das Geheimnis der ,,Frau" und ,,des Tieres" enthüllen will: ,,Hier ist der Verstand, der Weisheit hat: Die sieben Köpfe sind sieben Berge" (17,9). Durch das Auffinden der Zahl 666 aus dem Namen des Fürsten kann der Einsichtsvolle und Gottesfürchtige also dereinst erkennen, daß der betreffende Herrscher — wie schön und unschuldig sein Name auch klingen mag — das ,,Tier" ist, das kommen sollte.

In den alten Sprachen haben nämlich viele *Buchstaben* bestimmte *Zahlen*werte.*) Ergibt nun die Summe der Zahlen aus

*) So steht z. B., wie jeder Leser weiß, der Buchstabe X im Lateinischen für die Zahl 10, der Buchstabe C für 100 usw.

den einzelnen Buchstaben des Namens des kommenden Fürsten die Zahl 666, so wissen die Weisen und Verständigen alsbald, daß der Träger dieses Namens das „Tier aus dem Abgrund" ist, dessen Reich das vierte Weltreich bildet, welches durch Christus, „durch den Stein, der ohne Menschenhände losgelassen wird", umgestürzt werden muß, um so dem Tausendjährigen „Reich unseres Gottes und Seines Christus" Platz zu machen (Dan. 2, 31—45; Offb. 11,15).

Vergeblich wird die Neugierde des Menschen heute versuchen, mit Hilfe der Zahl 666 die geweissagte Persönlichkeit, „das Tier aus dem Abgrund", zu finden, d. h. sie mit Sicherheit anzugeben.*) Aber nichtsdestoweniger ist für uns die Zahl 666 doch von großem Interesse.

Die Zahl 6 drückt nämlich Mühe und Arbeit aus, denn sie gibt die Zahl der Arbeits- oder Wochentage an. Wenn diese für sich bleiben, d. h. wenn der siebente Tag, der Tag der Ruhe Gottes fehlt, dann sind sie der Ausdruck der Unvollkommenheit. Die Zahl 6 ist also die Zahl der Unzulänglichkeit des Menschen, wenn er auch auf seiner Höhe steht. Der Riese Goliath, der Feind Davids, des Gesalbten Gottes in Israel, war 6 Ellen und eine Handbreit groß! Aber Gott gab den Riesen in die Hand Seines Gesalbten. — Und ist die Zahl 6 wiederholt, so tritt zu dem Begriff der Unvollkommenheit noch der Begriff der Anmaßung und der Bosheit des Menschen hinzu. Das gol-

*) So hat der Kirchenvater Irenäus († um 200) schon gefunden, daß das Wort Lateinos (d. h. der Lateinische oder Römische) nach seinem Zahlenwert 666 ist. Auch der Name Vicarius filii Dei (der an Stelle des Sohnes Gottes Stehende) hat den gleichen Zahlenwert, wie jeder Leser aus dem lateinischen Alphabet selbst finden kann: Ein D = 500; die 6 i oder I sind 6 x I = 6; ferner ein V und ein U = je 5, macht 10; ein C = 100; ein L = 50, das gibt zusammen 666. — Aber was noch interessanter ist, auch der Name Bonaparte beträgt nach dem hebräischen Alphabet in seinem Zahlenwert 666 (400 + 200 + 2 + 50 + 6 + 6 + 2). Aus diesen drei Lösungen schon ersieht man, wie vorerst die Feststellung des Namens noch nicht möglich ist.

dene Bild, welches Nebukadnezar, das Haupt der ersten politischen Weltmacht, in der Landschaft Babel errichten ließ, und das dann angebetet werden mußte, maß sechzig Ellen in der Höhe und sechs Ellen in der Breite (Dan. 3). Nun ist aber „die Zahl des Tieres" sogar 666, d. h. ein dreifaches 6. – Sie zeigt uns den sündigen Menschen auf der Höhe all seines Könnens, auf dem Gipfelpunkt alles menschlich Erreichbaren, wobei er aber „die Herrlichkeit Gottes nicht erreicht". Es liegt die Zahl 6 der Zahl 7, d. h. der Zahl der göttlichen Vollkommenheit, am nächsten, erreicht sie aber nicht. Dazu kommt, daß dieser Mensch und Herrscher der Endzeit, wie die Zahl 666, das dreifache 6, ausdrückt, sogar allen Ruhm und alle Herrlichkeit für sich in Anspruch nimmt und sich in seiner satanischen Bosheit und Verblendung wider Gott erhebt und sagt, daß er selbst Gott sei. Gott aber nennt ihn, gerade weil ihm der Schmuck und die Hoheit des Menschen, nämlich Gottesfurcht und die Abhängigkeit von Gott und die Gemeinschaft mit Gott fehlen, ein ,,Tier".

Ohne Frage ist „das erste Tier", das politische Haupt der vierten Weltmacht, wie auch „das zweite Tier", der Antichrist, der ersehnte Mensch der Zukunft, „der Übermensch", die letzte und höchste und machtvollste Erscheinung, die die Menschheit, die gefallene, feindselige Welt ohne Gott hervorbringt. Ihre Zahl ist darum 666.

Wie bezeichnend und schön erscheint uns demgegenüber der Umstand, daß der kostbare Name *Jesus* nach dem Griechischen, also nach der Grundsprache des Neuen Testaments, genau den Zahlwert 888 hat!*)

Jesus Christus, der Sohn Gottes, ist Mensch geworden, der vollkommen von Gott abhängige Mensch, der Sohn des Menschen, der in dieser abtrünnigen Welt Gott in vollem Maß verherrlicht hat. Er ist durch Seinen Tod und Seine Auferstehung

*) Jesus schreibt man im Griechischen 'Ιησοῦς. Hier ist das Ι = 10; η = 8; σ = 200; ο = 70; ῦ = 400; ς = 200.

unser Erlöser geworden, das Haupt einer neuen Schöpfung; und Gott hat Ihn über alle Fürstentümer und Gewalten erhöht und Ihm einen Platz zu Seiner Rechten gegeben und wird Ihm einst alles zu Füßen legen. – So mag es kein bloßer Zufall sein, daß der Zahlenwert Seines herrlichen Namens, in dem einst alle Knie sich beugen müssen, der Himmlischen und Irdischen und Unterirdischen, im Gegensatz zu dem des „Tieres", der nur 666 beträgt, 888 ist. Die Zahl 8 bezeichnet ja den Anfang einer neuen Ordnung der Dinge. So wurde der achte Tag des Alten Bundes (vgl. 3. Mose 9, 1; 12, 3; 14, 10; 23, 11. 36. 39), da die Woche nur sieben Tage hat, naturgemäß der erste Tag im Neuen Bund, der Tag der Auferstehung des Herrn der Herrlichkeit, darin Sein Sieg über jede feindliche Macht, über Satan, Sünde, Tod und Welt völlig erwiesen wurde.

In welch herrlichem Gegensatz steht „der Sohn des Menschen, der im Himmel ist" (Joh. 3, 13; vgl. Apg. 7, 56; Ps. 80, 17!), zu dem „Menschen der Sünde", dem Gipfelpunkt der von Gott abtrünnigen Menschheit, und auch zu dem Haupt der letzten Weltmacht, das trotz aller Macht und Größe und bei all seinem Wissen und Können in seiner Feindschaft und Erhebung wider Gott ebenfalls nur „ein Tier" ist vor Gott! –

Sehen wir nicht, wie in unseren Tagen die Selbsterhebung des Menschen zunimmt? In „dem Menschen der Sünde", dem Antichristen, „der sich selbst darstellen wird, daß er Gott sei" (2. Thess. 2, 4) und in dem Haupt des kommenden Römischen Weltreiches, das gleichfalls angebetet werden wird, wie wir hörten, ist der Höhepunkt der menschlichen Erhebung erreicht. Heute sagt man schon bezeichnenderweise nicht mehr wie früher: „Es gibt keinen Gott!" sondern man sagt, Gott ist nicht außerweltlich, Er ist überall, Er ist im Menschen; und je mehr der Mensch dies erkennt und Gott in sich zu finden glaubt, desto mehr ist er selbst Gott. Also schon wird Gott aus Seiner Stelle gerückt und der Mensch langsam erhoben, daß er selbst Gott sei. Das ist, was wir heute sehen und hören. Das kennzeichnet unsere Zeit.

Kapitel 14

Das Lamm auf dem Berg Zion und der jüdische Überrest

„Und ich sah: und siehe, das Lamm stand auf dem Berge Zion und mit ihm hundertvierundvierzigtausend, welche seinen Namen und den Namen seines Vaters an ihren Stirnen geschrieben hatten. Und ich hörte eine Stimme aus dem Himmel wie das Rauschen vieler Wasser und wie das Rollen eines lauten Donners; und die Stimme, welche ich hörte, war wie von Harfensängern, die auf ihren Harfen spielen. Und sie singen ein neues Lied vor dem Throne und vor den vier lebendigen Wesen und den Ältesten; und niemand konnte das Lied lernen, als nur die hundertvierundvierzigtausend, die von der Erde erkauft waren. Diese sind es, die sich mit Frauen nicht befleckt haben, denn sie sind Jungfrauen; diese sind es, die dem Lamme folgen, wohin irgend es geht. Diese sind aus den Menschen erkauft worden als Erstlinge Gott und dem Lamm. Und in ihrem Munde ward kein Falsch gefunden, denn sie sind tadellos" (14, 1–5).

Haben wir bis jetzt bei den beiden „Tieren",*) d. h. dem Haupt des letzten Weltreiches und dem „Antichristen" verweilen müssen, so schaut unser Auge nun, im herrlichen Gegensatz zu diesen „Tieren", auf das „Lamm". Wie erfreut Sein Anblick unser Herz! Wie gern weilen wir in Seiner beseligenden Nähe! Unser ganzes Buch, das Buch der „Offenbarung", könnte man das Buch der Rechte und Siege des Lammes nennen. Wie oft wird es auch in diesem Buch genannt! –

Sobald der Seher in den geöffneten Himmel schaut (Kap. 5), sieht er inmitten des Thrones „das Lamm". Und die Erlösten jubeln: „Würdig ist das Lamm!" Und das Lamm allein darf

*) Das griech. Wort heißt eigentlich „wilden Tieren".

das Buch der göttlichen Gerichte, die die Erde treffen und reinigen müssen, öffnen. Und die vom Gericht Getroffenen rufen bestürzt zu den Felsen und Bergen der Erde: „Fallet über uns und verbergt uns vor dem Zorn des Lammes!" (Kap. 6, 1. 16.) Die große Volksmenge aus den Nationen, die aus der großen Drangsalszeit in weißen Gewändern mit Palmen in den Händen siegreich ins Reich auf Erden eingeht, bringt Gott und dem Lamm das Lob und die Ehre. „Das Lamm leitet und weidet sie" auch (Kap. 7). Und das „Buch des Lebens" ist „das Buch des Lebens des geschlachteten Lammes" (Kap. 13). Über den Anblick des Lammes auf dem Berg Zion in unserem Kapitel reden wir gleich noch näher; es sei nur schon hier hinzugefügt, daß die Ehre und die Seligkeit derer, die Sein sind, darin besteht, daß sie „dem Lamme folgen, wohin irgend es geht" (Kap. 14, 4). Im nächsten Kapitel (Kap. 15) singen die „Überwinder über das Tier" „das Lied Moses und das Lied des Lammes". — Gegen „das Lamm" führen „das Tier", das Haupt des letzten Weltreiches, und die zehn Könige Krieg; aber „das Lamm wird sie überwinden"; denn es ist „Herr der Herren und König der Könige" (17, 12—14). Und nachdem alle Siegel des Buches der Gerichte erbrochen und alle Posaunen ertönt und alle Zornesschalen ausgegossen sind, auch „Babylon", die Hure, gefallen ist, kommt endlich die langersehnte „Hochzeit des Lammes" (Kap. 19, 7—9). Wenn dann auch Satan gefesselt und in den Abgrund geworfen und alles Gericht über diese Erde zum Schweigen gebracht ist, dann wird der Seher gerade von einem der Engel, die die letzten Gerichte auszuführen hatten, aufgefordert, „die Braut, das Weib des Lammes" zu schauen in ihrer Schönheit, wie sie als eine Stadt aus dem Himmel kommt in und mit der Herrlichkeit Gottes (Kap. 21, 9). Auf den zwölf Grundlagen der Stadt stehen „die Namen der zwölf Apostel des Lammes" (Kap. 21, 14). „Ihr Tempel ist Gott der Allmächtige und das Lamm", und „ihre Lampe ist das Lamm" (Kap. 21, 22. 23). In dieser Stadt ist kein Bewohner, der nicht „geschrieben wäre im Buche des Lebens des Lammes" (Kap. 21, 27). Und der glänzende „Strom des Wassers des Lebens", der durch die Stadt fließt, geht „aus dem Throne Gottes und des Lammes hervor" (Kap. 22, 1). Und zuletzt noch hören wir, daß „keinerlei Fluch" mehr dort sein kann — keinerlei Folge der Sünde — weil „der Thron Gottes und des Lammes" dort ist (Kap. 22, 3).

So ist das Buch der ,,Offenbarung", wie wir sagten, das Buch der Rechte und der Siege des geschlachteten Lammes. Auf der Erde, dem Schauplatz der Sünde und des Todes, hat Jesus Christus, der Sohn Gottes, einst als das Lamm gelitten und den Tod für Gottes Ehre und unser Heil erduldet; im Himmel aber wird Ihm, gerade um Seines Leidens und Todes willen, als dem Lamm alle Ehre und Herrlichkeit zuteil. Gott hat Ihn inmitten Seines Thrones erhöht, und alle Erlösten und die Engel umgeben und preisen Ihn von Ewigkeit zu Ewigkeit. Ihm müssen alle Knie sich beugen, der Himmlischen, Irdischen und Unterirdischen, und alle Zungen müssen bekennen, daß Er Herr ist, zur Ehre Gottes, des Vaters.

Doch kehren wir zu unserer Stelle zurück: „Das Lamm stand auf dem Berge Zion" (14, 1). Durch die vorhergehenden Worte: „Und ich sah; und siehe", wie durch das Wörtchen „stand", wird die Bedeutung und Größe des Anblicks „des Lammes auf dem Berge Zion" noch erhöht. Seine Macht als Sieger gegenüber den beiden „Tieren" von Kap. 13 wird so hervorgehoben. So wird auch durch die Nennung des Ortes „Zion" an die freie Gnade Gottes erinnert. „Zion" bedeutet die Dazwischenkunft Gottes in Gnade zur Rettung Seines Volkes Israel. Als es nach des Hohenpriesters Eli Untreue und nach des Königs Saul Ungehorsam mit dem Volk Israel zu Ende zu sein schien, da erweckte Gott in Seiner Gnade David, der auf Zion seine Burg hatte: durch ihn gab Gott Israel Rettung. — So wird auch der wahre David, Jesus Christus, unser Herr, der als „das Lamm" unser Erretter wurde, nach dunkler Zeit, ja nach der dunkelsten Zeit, da die Römische Weltmacht bestanden und der Antichrist geherrscht hat, eine Schar von 144 000 Treuen aus Juda retten und in Zion um sich haben; es ist Zion oder Jerusalem auf der Erde nach der Drangsalszeit, beim Beginn des Reiches.

Was uns also zu Beginn des Kap. 14 schon gezeigt wird, tritt erst nach der Drangsalszeit in Erscheinung. Aber es ist dies so die Weise in der „Offenbarung", daß der Herr dem Seher einen herrlichen Gegenstand in der Ferne zeigt und dann erst den Weg dorthin. So zeigt uns ja auch ein Freund oft in einer Landschaft von der Höhe aus zuerst einen interessanten Ort, und dann erst schildert er den Weg dorthin und die Gegend, die davor liegt. So ist's auch z. B. in Kap. 7 geschehen; da zeigte der Engel dem Seher schon die 144 000 Versiegelten aus Israel und die große Schar aus den Nationen, die nach der Drangsalszeit ins Reich eingehen werden; und nachher (Kap. 8 folg.) berichtet er uns die Drangsalszeit selbst, in deren Verlauf die 144 000 Versiegelten, die wir schon sahen, errettet werden.

Während uns in Kap. 7 eine Schar von 144 000 Versiegelten aus Israel gezeigt wird, die aus der Drangsalszeit ins Reich eingeht, sehen wir hier in Kap. 14 eine gleich große Schar aus Juda, dessen Hauptstadt ,,Zion" (Jerusalem mit der Davidsburg) war und auch wieder sein wird. ,,Denn Jehova hat Zion erwählt, hat es begehrt zu seiner Wohnstätte. Dies ist meine Ruhe immerdar; hier will ich wohnen, denn ich habe es begehrt" (Ps. 132, 13. 14). Die Zahl 144 000 (= 12 x 12000) ist vielleicht nur eine sinnbildliche, die der Vollkommenheit in der Regierung und Verwaltung Gottes entspricht, um auszudrücken, daß in der Zahl der Erlösten keiner fehlen wird.

Die durch Satan und „das Tier" Verführten hatten sich alle „das Malzeichen des Tieres" an die rechte Hand oder an ihre Stirn geheftet. Hier nun hören wir, daß die Überwinder aus Juda den Namen „des Lammes" und den Seines Gottes und Vaters weithin sichtlich, nämlich an ihrer Stirn tragen, eine bleibende Ehrung für ihr offenes Bekenntnis für Gott und den Erlöser in der dunkelsten Zeit.

Die Bewohner des Himmels frohlocken laut und mächtig über die Rettung des Überrestes aus Juda, der lebend in das Reich auf Erden eingeht (V. 2), denn er hatte unsäglich gelitten unter der Wut Satans und der beiden „Tiere".

Ein anderer Teil des Überrestes, der nicht zu den 144 000 gehört, hat in dieser Drangsalszeit den Tod erlitten; und diese Märtyrer sind nun im Himmel. Wir hören darum dort ein Lied singen wie von Harfensängern, die ihr Lied mit den Instrumenten begleiten. In Verbindung damit hören wir auf der Erde „ein neues Lied" ertönen, ein Lied der Erlösung also. Sein Inhalt, d. h. die Worte des Liedes, werden uns nicht näher mitgeteilt. „Das neue Lied" dagegen in Kap. 5 mit seinen herrlichen Worten, das die „vierundzwanzig Ältesten" singen, ist uns bekannt. In dem „neuen Lied" hier in Kap. 14 handelt es sich, wie wir schon sagten, auch um eine Erlösung oder ein „Erkauftsein" (V. 3 und 4), das aber mehr mit den Segnungen auf der Erde, im Reich, zu tun hat; die 144 000, die das Lied von den himmlischen Harfensängern lernen, sind ja auch noch auf Erden. Zwei Dinge sind indessen wichtig: Nur sie, die 144 000 aus Juda, die die schwere Drangsalszeit siegreich bestanden, können das Lied von ihren Brüdern, den Märtyrern im Himmel, lernen und singen. Und es ertönt im Anschluß an die Freude und den Gesang jener Mätyrer im Himmel; sie singen es vor dem Thron Gottes und vor den vier lebendigen Wesen und den vierundzwanzig Ältesten. Ihr Lied wird also nicht nur dort vernommen; sie stehen selbst, obwohl noch auf Erden, in Verbindung mit Gott und dem Himmel und seinen seligen Bewohnern, denn sie haben Gottes rettende, bewahrende Kraft in solch wunderbarer Weise erfahren, wie niemand außer ihnen. Sie sind zur Zeit, da Satan es aufs äußerste trieb, seinen Händen entrissen worden. Sie werden „Jungfrauen" genannt; d. h. sie blieben rein, als alles auf Erden sich verderbte. Auch wurde in ihrem Mund „kein Falsch" und Trug erfunden. Nathanael, der von dem „Feigenbaum" her (ein Bild von Juda) zu dem Herrn Jesus geführt wurde und von Ihm die Worte hörte: „Wahrhaftig, du bist ein Israelit, in dem kein Falsch („kein Trug") ist!" ist ein Vorbild von dieser glückseligen Schar; und sie wird wie er dem Herrn Jesus entgegenjubeln: „Du bist der Sohn Gottes; du bist der König Israels!" (Joh. 1, 49 und Ps. 2.) Sie werden durch Gottes rettende, bewahrende Gnade „tadellos" erfunden. Und sie werden dem Herrn Jesus, „dem Lamm", das durch Seinen Tod auch für sie die Erlösung für Zeit und Ewigkeit erwarb, wenn Er erst hier in Herrlichkeit erscheinen und in „Zion" Sein Reich errichten wird, folgen und Ihn begleiten, wohin irgend Er geht.

Es war uns (in V. 1—5) vergönnt, uns des Anblicks der Herrlichkeit zu erfreuen, die der gerettete Überrest aus Juda zu erwarten hat, wenn Jesus Christus, „das Lamm", auf Erden, auf dem Berg Zion, Sein Reich errichten wird. Dann schaut der Seher im folgenden den weiteren Verlauf der Wege Gottes während der Dauer der Endkrisis. Es sind die Wege, die Gott einschlägt, um die eben genannte Herrlichkeit des Reiches, da „das Lamm auf dem Berg Zion steht", herbeizuführen. — Der Herr redet zu Johannes durch Engel.

Die drei Engel und „das ewige Evangelium" (Kap. 14, V. 6—12)

„Und ich sah einen (anderen)) Engel inmitten des Himmels fliegen, der das ewige (ein ewiges) Evangelium hatte, um es denen zu verkündigen, die auf der Erde ansässig sind, und jeder Nation und jedem Stamm und jeder Sprache und jedem Volk, indem er mit lauter Stimme sprach: ‚Fürchtet Gott und gebet ihm Ehre, denn die Stunde seines Gerichtes ist gekommen; und betet den an, der den Himmel gemacht hat und die Erde und das Meer und die Wasserquellen!'"*

*) Das Wort „anderen" fehlt in etlichen Handschriften.

Das ist die Botschaft des ersten Engels. Gott ruft die Menschen inmitten ihrer Bosheit zur Buße. Gott macht zu einer Zeit, da die Menschheit sich zu den Götzen wendet und das Geschöpf mehr ehrt als den Schöpfer, Seine Rechte als Schöpfer geltend: „Fürchtet Gott und gebet ihm Ehre! Betet ihn an!" Dies ist nicht „das Evangelium der Gnade Gottes" (Apgsch. 20, 24), das uns in unserer Zeit der Berufung der himmlischen Braut verkündigt wird, auch nicht „das Evangelium des Reiches" (Matth. 4, 23 u. a.), das den Juden gepredigt wurde und wieder gepredigt werden wird (Matth. 10, 7. 23; 24, 14), sondern das „ewige Evangelium", das die Rechte Gottes als *Schöpfer* und *Richter* vorstellt, an denen Gott von Anfang an und zu allen Zeiten festgehalten hat. – Schon in 1. Mose 3, 15 hören wir ein „Evangelium" (gute Botschaft) mit ewigen Folgen.

Weder Israel, das in das Tausendjährige Reich eingehen wird, noch wir heute, die wir droben in den himmlischen Wohnungen des Vaterhauses unsere ewige Heimat haben, könnten unser Heil auf diese Forderungen gründen, die Gott im ,,ewigen Evangelium" stellt. Wir haben alle in der Gnade allein in Jesus Christus unser Heil gefunden. Aber im ,,ewigen Evangelium" der Endzeit fordert Gott bei jedem Volk und Land der Erde nur Anbetung, Unterwerfung unter Ihn, den Schöpfer und Richter, was auch Paulus den Heiden in Athen vorhält. Wir hören nur: ,,Fürchtet Gott, gebet Ihm Ehre, denn die Stunde Seines Gerichts ist gekommen, und betet den an, der Himmel und Erde gemacht hat!" Die abtrünnigen götzendienerischen Menschen werden auf zwei ernste klare Tatsachen hingewiesen: auf die *Schöpfung* und das *nahe Gericht*. Weniger als Gott hier fordert, hat Er nie gefordert; weniger kann Er nicht fordern. Und wer diesen Forderungen, dem Schöpfer und Richter sich zu beugen und Ihn anzubeten, in der dunklen Endzeit nachkommt, hat das Heil ergriffen. In dem schönen Psalm 96 hört man gleichsam das ,,ewige Evangelium" im Mund des Sängers, wie er es durch den Geist Gottes unter den Nationen der Endzeit vor dem Gericht und im Reiche Christi verkündigt: ,,Alle Götter der Nationen sind Nichtigkeiten, aber der HERR hat die Himmel gemacht . . . Betet den HERRN an in heiliger

Pracht! Erzittere vor ihm, ganze Erde! Sagt unter den Nationen: Der HERR regiert! . . . Denn er kommt, denn er kommt zu richten die Erde!"

Auch ist es nicht nötig, anzunehmen, daß ein „Engel" das „ewige Evangelium" predigen wird, wenn auch hier ein Engel es zunächst in Händen hat; Gott predigt den Menschen durch Menschen. Und es werden wohl „die Brüder" des Herrn Jesus, d. h. gläubige Juden, die Er öffentlich als Seine „Brüder" anerkennen wird, wenn Er hernach die Schafe von den Böcken scheidet (Matth. 25, 40), das „Evangelium des Reiches" den Juden und das „ewige Evangelium" den Nationen predigen (Matth. 24, 14; Mark. 13, 10). In Kap. 7 der „Offenbarung" ist uns schon das gesegnete Ergebnis dieser Predigt des „ewigen Evangeliums" zum voraus mitgeteilt worden: eine große Volksmenge, „welche niemand zählen konnte aus jeder Nation und aus Stämmen und Völkern und Sprachen stehen vor dem Thron und dem Lamm, bekleidet mit weißen Gewändern und Palmen in ihren Händen."

Der zweite Engel ruft: *„Gefallen, gefallen ist Babylon, die große, die mit dem Weine der Wut ihrer Hurerei alle Nationen getränkt hat"* (V. 8).

In dem Sendschreiben an die Gemeinde zu Thyatira (Kap. 2) hörten wir reden von „den Tiefen Satans" und von „dem Weibe Jesabel" und ihrer verderblichen Wirksamkeit in der bekennenden christlichen Kirche. Aber so lange der Heilige Geist und die Braut des Herrn Jesus, die wahre Gemeinde, auf Erden war, wurde auch das religiöse Böse inmitten der Christenheit noch zurückgehalten und eingedämmt. Die Gläubigen sind in der verderbten Christenheit ja noch Licht und Salz. Und solange sie hier sind, wird auch kein religiöses System auf Erden, so verderbt und böse es sein mag, „Babylon" genannt, obwohl die Charakterzüge Babylons je länger desto mehr in Erscheinung treten. Sobald aber der Heilige Geist die Erde verlassen hat und die Gemeinde des Herrn, die wahre Kirche, wie einst Henoch vor der Flut, gen Himmel entrückt ist, wird die geist- und gottlose Masse des religiösen Systems, das sich einst zu Christus bekannte und Seine Braut zu sein vorgab, mit dem Namen „Babylon" belegt, „Babylon, die große, die mit dem Kelch der Hurerei (der völligen Abtrünnigkeit) alle Nationen getränkt hat." — Manche Gläubige sind in Verbindung mit dem, was schließlich „Babylon" heißen wird; denn wenn uns später (Kap. 18) die Ausführung des schon hier vom Engel angekündigten Gerichts erzählt wird, heißt es: „Geht aus ihr hinaus, mein Volk!" — Gott will, daß die Gläubigen dem Wort und der Unterweisung Gottes zur *Absonderung* folgen, noch ehe das Gericht zur Ausführung kommt, denn sie sollen schon heute das Böse sehen und Gottes Gedanken aus Seinem Wort kennen. —

Babylon, die bittere Feindin des Volkes Gottes im Alten Bund, unter deren Hand die Kinder Israel 70 Jahre gefangen und geknechtet lagen, ist hier die „Große". Hat schon „Babylon" oder „Babel" vor alters mit „seinem Wein" „die ganze Erde berauscht" (Jerem. 51, 7), so ist doch erst von diesem Babylon gesagt, daß ihr Wein „der Wein der Wut (Tollheit und Feindschaft) ihrer Hurerei" gewesen sei: es ist nicht nur, wie früher, eine *politische*, sondern auch eine *religiöse, geistige* Macht. Sie, die Christus anzugehören bekannte, hat sich, um Ehre und Macht zu erlangen, der Welt und Satan ausgeliefert und das Weltliche mit dem Geistlichen vermengt und verquickt, was ein Greuel vor Gott ist. Wenn also in Thyatira (Rom) der Grundsatz Babylons, d. h. der Vermengung von Weltlichem und Geistlichem schon ausgeprägt ist, so ist jene Gemeinde doch heute noch nicht voll und ganz „Babylon". Auch wird sie es nicht allein sein, auch andere religiöse Systeme, wenn sie um die Weltmacht buhlen oder Geistliches mit Weltlichem verbinden, um hier zu Ansehen zu gelangen, gehören dem Grundsatz und Wesen nach zu Babylon. Der gleiche Geist ist weithin wirksam.

Der dritte Engel ruft mit lauter Stimme: *„Wenn jemand das Tier und sein Bild anbetet und ein Malzeichen an seine Stirn annimmt oder an seine Hand, so wird auch er trinken von dem Wein des Grimmes Gottes, der unvermischt in dem Kelch seines Zornes bereitet ist! . . . Hier ist das Ausharren der Heiligen, welche die Gebote Gottes halten und den Glauben Jesu"* (V. 9—12).

Noch schlimmer als „Babylon", dessen Gericht oben angekündigt, aber später erst ausgeführt und erzählt wird (Kap. 18 und 19), ist die offene Anbetung des „Tieres", des Werkzeuges Satans. In dem römischen „Tier", das die Zahl 666 tragen wird, und in dem Antichristen*) erblicken wir, wie wir früher schon ausführten, den Höhepunkt der Empörung des Menschen und seiner Auflehnung und Lästerung wider Gott. Und schrecklich ist demgemäß auch das zeitliche und ewige Gericht, das über alle angekündigt und verhängt wird, die sich dem „Tier" unterwerfen. Viel mögen jene Heiligen und Treuen, die „das Ausharren" beweisen und „die Gebote Gottes und den Glauben Jesu halten", in der antichristischen Drangsalszeit zu erdulden haben (lies Matth. 24; Mark. 13; Luk. 17, 22—36; Kap. 21). Aber was sind alle zeitlichen Leiden gegenüber dem ewigen Zorn und Strafgericht Gottes über die Ungehorsamen?

Es besteht eine deutliche Verbindung zwischen den Gerichten, die der zweite und der dritte Engel ankündigen. Nach dem Weggang des Heiligen Geistes und der Gemeinde Christi von der Erde wird alle Welt sich beugen unter die Macht eines verderbten, abtrünnigen religiösen Systems, das sich einst zu Christus bekannte, d. i. „Babylon", und unter die Forderungen Satans und des Antichristen, indem sie das „Tier" anbeten, das Haupt des Römischen Reiches, und das Malzeichen seines Namens tragen. — Allen diesen kündigen die beiden Engel jetzt die Gerichte Gottes an.

*) Siehe Fußnote Seite 182

Seligpreisung der Toten im Herrn, ,,von nun an" (Kap. 14, 13).

„Und ich hörte eine Stimme aus dem Himmel sagen: Schreibe: ‚Glückselig sind die Toten, die im Herrn sterben, von nun an!' Ja, spricht der Geist, auf daß sie ruhen von ihren Arbeiten, denn ihre Werke folgen ihnen nach!" (V. 13.)

Hier ertönt eine andere Stimme; es ist nicht mehr die Stimme des dritten Engels. Sie kommt „aus dem Himmel" und ist nicht die Ankündigung eines Gerichtes über die Verfolger, wie die Worte zuvor, sondern eine Seligpreisung der Verfolgten, und zwar der als solche Gestorbenen oder Sterbenden.

Unsere Stelle wird vielfach in der Christenheit auf alle Gläubigen bei ihrem Heimgang bezogen. Aber wenn sie auch im weiteren Sinne auf alle Christen Anwendung finden kann, so ist sie deshalb doch nicht von diesen gesagt. Das zeigt schon das Wort „von nun an", sei es nun, daß wir es, wie zulässig, vorn hin stellen: „Glückselig sind *von nun an* die Toten, die im Herrn sterben!" oder an den Schluß: „Glückselig sind die Toten, die *von nun an* sterben im Herrn!" — In dem ersten Fall werden alle, die je und je um des Glaubens willen ihr Leben verloren, als eine Klasse betrachtet, deren *volle Seligkeit nunmehr gekommen ist.* Die Zeit des Duldens und Leidens ist für immer vorüber; und es gibt keine Märtyrer mehr auf Erden. Das Reich Jesu Christi ist nahe, und bei seinem Anbruch wird Er all die Märtyrer der Drangsalszeit auferwecken zur Teilnahme an der Herrschaft und Herrlichkeit. — Und im anderen Fall sagt die Stimme aus dem Himmel, daß die Gläubigen auf Erden, die lieber den Tod erwählen wollten, als daß sie das Malzeichen des Tieres annahmen, noch *teilhaben an der ersten Auferstehung.* Wie leicht konnte bei diesen Getreuen, die nicht, wie wir heute, ihr seliges Teil im Himmel suchen, sondern vielmehr die verheißene Segnung auf der Erde erwarten, die Frage entstehen: ,,Was wird uns werden, wenn wir nun um des Zeugnisses Jesu willen sterben müssen? Wo wird unser Los im kommenden Reich sein, das wir doch mit Christus teilen möchten? Werden wir nicht durch den Tod unseres Teiles beraubt und unseren Platz in demselben verlieren?" Deshalb war eine besondere Stimme aus dem Himmel nötig, um sie zu versichern, daß auch sie noch zur ersten Auferstehung gehören sollten, von der wir lesen: „Glückselig und heilig, wer teil hat an der ersten Auferstehung! Über diese hat der zweite Tod keine Gewalt, sondern sie werden Priester Gottes und des Christus sein und mit ihm herrschen tausend Jahre" (Kap. 20, 6). Darum also diese beruhigende Stimme, die den Getreuen vom Himmel gesandt wird: „Glückselig sind die Toten, die im Herrn sterben von nun an!" — Wohl sind ihre Werke scheinbar auf Erden verloren, aber „sie folgen ihnen nach". Ihre Frucht wird im Himmel geerntet werden, wo sie für ewig ihr Teil haben werden (Kap. 20, 4). Mittlerweile „ruhen sie von ihren Arbeiten". Möglicherweise sind sie die Seligen, die das neue Lied singen vor dem Thron und vor den vier lebendigen Wesen und den Ältesten, und von denen es die 144 000 auf dem Berg Zion lernen (Kap. 14, 3).

Wer ist es aber, der zur Stärkung dieser Getreuen, die nicht das Malzeichen des Tieres annehmen, sondern lieber den Tod erleiden wollen, die ermunternden Worte vom Himmel ruft? — Ist es nicht der Herr Jesus selbst? — Es scheint so; denn der Heilige Geist bestätigt die Stimme mit einem tröstlichen „Ja!" und zeigt, daß sie jetzt ruhen von ihren Mühen, denn „ihre Werke folgen ihnen nach!"

Nachdem wir die Segnungen vernommen haben, die das Teil der treuen Überwinder sind auf dem Berg Zion und auch das der Märtyrer, die während der zweiten Hälfte der letzten Jahrwoche Daniels sterben, und nachdem wir weiter noch hören, welche schrecklichen Gerichte über Babel kommen müssen und auch über die in Ewigkeit, die das Tier und sein Bild anbeten und sein Malzeichen tragen, vernehmen wir die Offenbarung zweier neuer Gerichte auf der Erde. Wir hören nämlich bildlich von einer *Getreideernte* und von einer *Traubenlese*. —

Die Getreideernte und die Traubenlese (Kap. 14, 14—20)

1. Die Ernte (Verse 14—16)

Auf einer weißen Wolke sehen wir nunmehr den *„Sohn des Menschen"*, der plötzlich Gericht halten wird. Unter diesem Titel und Anrecht empfängt Christus Sein Reich aus Gottes Hand (Dan. 7, 13. 14). Als „Sohn des Menschen" tritt Er auch ein für die Befreiung Seines auserwählten Volkes (Ps.80,17—19). Und dies ist ferner Sein Name, wenn wir von Ihm hören, daß alles Seinen Füßen unterworfen wird (Ps. 8, 4—6; Hebr. 2, 5. 6). So kommt Er nun nach Seiner eigenen Verheißung „als der Sohn des Menschen" auf den Wolken des Himmels, um Israel die verheißene Erlösung zu bringen (Luk. 21, 27. 28). Als der Gesalbte Gottes, als der König Israels, trägt Er eine goldene *Krone* und hat als der gerechte Richter des ganzen Erdkreises die scharfe *Sichel* in Seiner Hand; *„die Erde wurde geerntet"*.—

Eine Weissagung in Joel gibt uns Licht über dieses ernste Gericht, das über das Erntefeld und den Weinstock kommt. Dort lesen wir: „Die Nationen sollen sich aufmachen und hinabziehen in das Tal Josaphat, denn dort werde ich sitzen, um zu richten alle Nationen ringsum. Legt die Sichel an, denn die Ernte ist reif; kommt, stampft, denn die Kelter ist voll; die Kufen fließen über!" (Joel 3, 12; lies auch Zeph. 3, 8 folg.!)

Hier in der Offenbarung sehen wir die Ausführung dieses von den Propheten angekündigten, furchtbaren Gerichtes. Die Propheten sagen uns auch, *wann* und *weshalb* das Gericht ausgeübt wird. Die Zeit ist die Ankunft „des Tages des Herrn", da Er die Nationen richten und Israel herstellen wird. Israel ist der Gegenstand Seiner Ratschlüsse, Jerusalem der Mittelpunkt Seiner Interessen und Zion der Mittelpunkt Seiner Regierung. Die Nationen, die Israel so lange bedrückten, sind nun versammelt zum Gericht, und die Macht und Herrlichkeit des HERRN erweisen sich zugunsten Seines auserwählten irdischen Volkes und gehen aus von der Stätte Seiner Wohnung auf Erden.

Gott hat den Nationen lange ihren freien Willen gelassen;

aber nun sind „die Zeiten der Nationen" vorüber (Luk. 21, 24). Wie weit hatte sich ihr böser Wille verstiegen? Wir haben es in dem „Tier" gesehen, dem Haupt des vierten oder Römischen Weltreiches, und in seinen Lästerungen unter Satans Führung.

Alles hier steht also in Beziehung zu Israel und dem Messianischen Reich. Und ein Engel, der aus dem Tempel kommt, dem Tempel im Himmel, in dem wir zuvor die bedeutungsvolle „Bundeslade" sahen (Kap. 11, 19), gibt das Zeichen zum Beginn des Gerichtes. –

2. Die Weinlese (Kap. 14, 17–20)

Während uns das Gericht des Herrn über die Nationen soeben als das Abernten eines großen Feldes gezeigt wurde (wobei wir nicht vergessen dürfen, daß der Weizen schon lange vorher in die himmlischen Scheunen hinaufgeholt worden ist, Matth. 3, 12; 13, 30), handelt es sich bei der Weinlese um das Gericht „des Sohnes des Menschen" über das entartete Israel, das von jeher unter dem Bild eines Weinstocks oder eines Weinbergs bekannt war (vgl. Ps. 80, 8. 14; Jes. 5, 1–7) und das in Verbindung mit den götzendienerischen Nationen ein „böses Geschlecht" geworden ist, eine Behausung von sieben unreinen Geistern nach der Weissagung des Herrn (Matth. 12, 43–45). Der gläubige Teil oder „Überrest" der Juden fällt natürlich nicht unter dieses Gericht, obwohl auch er viel zu leiden hat. Die Einleitung zu diesem Gericht geht ebenfalls, wie vorhin, von einem Engel aus, der aus dem Tempel kommt und eine „scharfe Sichel" hat. Dieses zweite Gericht ist noch furchtbarer als das erste, das noch einen Unterschied machen wird unter den Nationen (ähnlich wie bei der damit zusammenhängenden Trennung von den Böcken und Schafen in Matth. 25), während es sich hier um die Ausübung des gerechten „Grimmes Gottes" über das abtrünnige Israel *ohne* Unterschied handelt. Darum lesen wir, daß hier die eigentliche Aufforderung von einem Engel ausgeht, der aus dem „Altar" kommt und „Gewalt hat über das Feuer". Es ist das Feuer des Gerichtes, von dem Johannes der Täufer warnend Zeugnis gab: ,,Er wird euch (d. h. die Unbußfertigen und Gottlosen in Israel) mit Feuer taufen" (Matth. 3, 11. 12). Der ,,Weinstock der Erde", das Volk Israel, hat trotz aller Pflege nicht die rechte Frucht gebracht; und nun kommen seine Trauben „in die große Kelter des Grimmes Gottes". Diese wird „außerhalb der Stadt (Jerusalem) getreten", und das Blut der ungläubigen götzendienerischen Juden und der alsdann um Jerusalem versammelten feindlichen Nationen oder deren Heere fließt „tausendsechshundert Stadien weit". Dieses Maß entspricht der Größe des ganzen Landes Palästina. —

Kapitel 15

Das Schlußgericht über die antichristische Welt (Kap. 15 und 16)

Die Sänger am gläsernen Meer (Kap. 15, 1—4)

„Und ich sah ein anderes Zeichen in dem Himmel, groß und wunderbar: Sieben Engel, welche sieben Plagen hatten, die letzten; denn in ihnen ist der Grimm Gottes vollendet. — Und ich sah, wie ein gläsernes Meer, mit Feuer gemischt, und die Überwinder über das Tier und über sein Bild und über die Zahl seines Namens an dem gläsernen Meere stehen, und sie hatten Harfen Gottes. Und sie singen das Lied Moses, des Knechtes Gottes, und das Lied des Lammes, also: Groß und wunderbar sind deine Werke, Herr, Gott, Allmächtiger! Gerecht und wahrhaftig sind deine Wege, o König der Nationen! Wer sollte dich, Herr, nicht fürchten und deinen Namen verherrlichen? Denn du allein bist heilig; denn alle Nationen werden kommen und vor dir anbeten, denn deine gerechten Taten sind offenbar geworden" (15, 1—4).

Mit diesem Kapitel beginnt ein neuer Abschnitt in unserem Buch, das ein Buch der Gerichte ist, die für die Rechte „des Lammes" eintreten und dem Reich des verworfenen, aber in Herrlichkeit wiederkehrenden Christus auf Erden den Weg bereiten. Der Seher auf Patmos schaut ein neues Gesicht: „ein anderes Zeichen in dem Himmel, groß und wunderbar". Dies erinnert uns an die früheren „Zeichen in dem Himmel" in Kap. 12, 1 und 13. Damals hatte Johannes eine Frau gesehen mit der Sonne bekleidet: Israel oder Jerusalem als den Mittelpunkt Israels, wie es nach den Ratschlüssen Gottes einst dastehen soll, und im zweiten Fall den Satan, „den Drachen", der durch „das Tier", d. h. das Haupt des Römischen Reiches, Gott und Seinem Christus und Seinem Volke auf Erden entgegentritt. Hier nun (Kap. 15, 1) sehen wir in dem neuen „Zeichen" ein Bild von den letzten Plagen oder Gerichten Gottes kurz vor der Wiederkunft Christi*): „In ihnen ist der Grimm Gottes vollendet." Es ist also die Ausführung der Gerichte, die nach dem Ertönen der siebenten oder letzten Posaune von den 24 Ältesten angekündigt worden war. Als nämlich bei der siebenten Posaune die Stimmen im Himmel riefen: „Das Reich der Welt und seines Christus ist gekommen!" da sprachen die 24 Ältesten, die stets eine volle Einsicht in die Gedanken Gottes zeigen: „Wir danken dir, Herr, Gott, Allmächtiger (also dieselbe Anrede Gottes wie hier in Kap. 15; es ist der „Jehova-Elohim-Schaddai", wie Gott, der Richter der ganzen Erde, im Alten Bund heißt —) . . ., daß du angenommen hast deine große Macht und angetreten deine Herrschaft! Und die Nationen sind zornig gewesen und dein Zorn ist gekommen" (Kap. 11, 15—18). Nunmehr soll (in Kap. 15, 5 folg.) dieser zuvor angekündigte Zorn zur Ausführung kommen. Auch in Kap. 14, 10 ist von dem „Grimme Gottes" die Rede; und er wird denen angesagt, die „das Tier" und sein Bild anbeten und sein Malzeichen tragen.

---

*) Später wird auch noch „das Zeichen des Sohnes des Menschen", Er selbst, am Himmel erscheinen (Matth. 24, 30).

Sobald diese letzten Gerichte, die nun die sieben Engel bringen, vorüber und in ihnen der Grimm und Zorn Gottes ,,vollendet" sein werden, wird eine laute Stimme aus dem Himmel rufen: ,,Es ist geschehen!" (Kap. 16, 17). Und diesem ernsten, furchtbaren: ,,Es ist geschehen!" wird später ein anderes, glückseliges, herrliches ,,Es ist geschehen!" folgen, wenn erst der neue Himmel und die neue Erde in Erscheinung getreten sein werden (Kap. 21,6). Wie gesegnet, daß das Endziel der Wege Gottes nicht das Gericht ist, sondern die Offenbarung Seiner Herrlichkeit und die Vollendung und Vollkommenheit Seiner Gedanken und Ratschlüsse!

Ehe uns aber diese letzten Gerichte selbst berichtet werden, d. h. die Entleerung der sieben Zornesschalen aus der Hand von sieben Engeln, schaut der Seher, wie wir oben hörten (Kap. 15, 2—4), eine himmlische Schar von lobsingenden Märtyrern, die an einem „gläsernen Meer" stehen, gewiß schön, „gleich Kristall", wie es schon in Kap. 4, 6 vor dem Thron Gottes zu sehen war. Es ist aber diesmal mit „Feuer gemengt", also von Feuer durchglüht. Das helle, durchsichtige „gläserne Meer" erinnert uns an das eherne Meer, mit Wasser gefüllt, das für die Priester im Vorhof des Tempels stand zu ihrer täglichen Reinigung (2. Chron. 4, 2. 6). Droben aber, wo die Märtyrer jetzt sind, ist keine Reinigung mehr nötig; die Erlösten sind dort ewig rein und vollendet und verherrlicht; darum ist das Meer droben fest und gleich Kristall. Und daß es vom Feuer durchglüht ist, erinnert an den Weg der Leiden, auf dem sie dorthin gelangten, vielleicht auch an das furchtbare Gericht, das nun von dort in sieben Schalen ausgeht über die gottlose Welt.

Wer aber ist sie, diese herrliche Schar, die dort steht am kristallenen, vom Feuer durchglühten Meer, die mit „den Harfen Gottes" in der Hand „das Lied Moses, des Knechtes Gottes, und das Lied des Lammes" singt? — Der Seher sagt es uns. Es ist die Schar der Überwinder „über das Tier und über sein Bild und über die Zahl seines Namens".

Sie sollten auf Erden dem Antichristen folgen, sollten „das

Tier", das Haupt des letzten Weltreiches, und sein Bild anbeten, und sie haben es nicht getan. Sie sollten das Malzeichen des Tieres oder seines Namens Zahl tragen, und sie haben es nicht getan. Scheinbar waren sie dabei unterlegen, sie waren in der schweren Zeit der zweiten Hälfte der letzten Jahrwoche Daniels gehaßt, verfolgt und getötet worden (vgl. Matth. 24, 9). Aber vor Gott waren sie „Überwinder" gewesen; sie hatten den Sieg davongetragen. Nun jubeln sie, während alle, die Satan und seinen beiden Werkzeugen in der Endzeit auf Erden, dem Haupte des Römischen Reiches und dem Antichristen huldigten und dienten, „trinken müssen von dem Wein des Grimmes Gottes" (Kap. 14, 10).

Diese Schar der Überwinder droben ist wohl die gleiche, deren Stimme und Harfenklänge Johannes vorher vernommen hat, von denen auch die 144 000 aus Juda auf dem Berg Zion zu ihrer Ermunterung das neue Lied gelernt hatten (Kap. 14, 2. 3). Jetzt aber (in Kap. 15, 2) *sieht* er diese Harfensänger, die er zuvor nur *gehört*. Ihnen zur Tröstung hatte ja auch, als sie noch auf Erden litten und dem Tod ins Angesicht sahen, der Zuruf gegolten: „Glückselig die Toten, die im Herrn sterben, von nun an!" (Kap. 14, 13.) Sie sind um des Herrn willen durch den Tod gegangen und befinden sich nun droben in der ewigen Glückseligkeit. Hier singen sie

„das Lied Moses, des Knechtes Gottes, und das Lied des Lammes"

Als Mose Jahrtausende zuvor mit dem erlösten Volk am Roten Meer stand und Pharao im Meer umgekommen war, da sang er jenes Lied (2. Mose 15). Die Macht der feindlichen Nation, die das Volk Gottes so lange bedrückt hatte, war gebrochen. So wie Israel ergeht es nun auch diesen Märtyrern am kristallenen Meer droben; sie sind für immer befreit aus aller Angst, Bedrückung und Verfolgung und ruhen jetzt beim Herrn von ihren Mühen und Leiden.

Diese „Überwinder" singen also „das Lied *Moses*", d. h. ein Lied der Befreiung, wie Mose es mit dem befreiten Volk einst am Roten Meer sang. Zugleich singen sie „das Lied des Lammes", denn ihr Sieg ist der „des Lammes", das einst verworfen wurde und für sie gestorben ist, nun aber gepriesen wird als „König der Nationen".

Ihr Sieges- und Dankeslied hebt an: „Groß und wunderbar sind deine Werke, Herr, Gott, Allmächtiger!" Diese Worte lassen erkennen, daß die Überwinder wenigstens zum Teil aus den Juden kommen. Gott ist, wie wir schon sagten, für sie der „Jehova-Elohim-Schaddai" des Alten Bundes. Aber der Herr wird dann weiter im Lied auch als „der König der Nationen" gepriesen, und die Forderungen des „ewigen Evangeliums" werden am Schluß des Liedes anerkannt und gefeiert: „Gerecht und wahrhaftig sind deine Wege, o König der Nationen." „Wer sollte dich, o Herr, nicht fürchten und deinen Namen ehren? . . . denn alle Nationen werden kommen und vor dir anbeten, denn deine gerechten Taten sind offenbar geworden." Man vergleiche damit die Worte des Engels in Kap. 14, 7!*)

Hieraus müssen wir, da das ewige Evangelium den Nationen gepredigt werden wird, wohl schließen, daß „die Überwinder" am gläsernen Meer nicht nur aus den Juden, sondern auch zum großen Teil aus den Nationen gekommen sind. Sie sind also Märtyrer aus Juden und Heiden (Nationen), die in schwerer Zeit, als „das Evangelium des Reiches" und „das ewige Evangelium" verkündigt wurde (Matth. 24, 13; Offbg. 14, 6. 7), die frohe Botschaft Gottes von Herzen glaubten, sich Gott und Seinem Wort unterwarfen und dafür den Tod erlitten (vgl. Luk. 21, 12–19).

Während wir also früher, in Kap. 7 unseres Buches, zwei große Scharen sahen, die aus den Juden (V. 1–8) und aus den Heiden („Nationen") (V. 9–17) *lebend* aus der großen Trübsal ins Reich Christi eingehen, werden uns hier in Kap. 15 die *Blutzeugen*

*) Vgl. auch Jer. 10, 6 folg. mit unserer Stelle Offb. 15, 3 folg.

aus jener Zeit aus Juden und Heiden gezeigt, die ihr Zeugnis mit dem Tod besiegelten und nun droben sind und bei Christus ihren Sieg feiern und bald als Auferstandene und Verherrlichte mit Christus herrschen werden in Seinem Reich auf Erden.

Sie preisen in ihrem Lied die „Werke" oder „Taten" und die „Wege" des Herrn. Es sind „die Werke" Gottes, des Richters der ganzen Erde, der sich jetzt im Gericht geoffenbart hat. Seine „gerechten Taten – Gerechtigkeit und Gerichte – sind offenbar geworden" (V. 4). Und der Prophet sagt: „Wenn deine Gerichte die Erde treffen, so lernen Gerechtigkeit die Bewohner des Erdkreises" (Jes. 26, 9). Aber auch die „Wege" des Herrn werden gepriesen; diese zu erkennen, bedarf es einer größeren Einsicht; aber die Sänger des Liedes besitzen sie. Wir lesen von dem HERRN: „Er tat seine Wege kund dem Mose, den Kindern Israel seine Taten" (Ps. 103, 7). Die „Überwinder", die „das Lied Moses, des Knechtes Gottes, und das Lied des Lammes" singen werden, werden nicht nur die Erlösung kennen, sondern auch verstehen, auf welchem Weg sie zustande gekommen ist.

Der Tempel im Himmel (Kap. 15, 5–8)

Nachdem der Seher das Lied der Überwinder vernommen hat, unsere Ohren gleichsam durch ihren Gesang erquickt und unsere Augen durch den Anblick der Sänger am gläsernen Meer erfreut worden sind, müssen wir wieder zurück auf die Erde, die zu jener Zeit noch in Mitternachtsdunkel gehüllt ist. Zunächst fesselt uns zwar noch eine Szene im Himmel; aber es handelt sich nur um eine Vorbereitung zu den letzten Gerichten, die über die dunkle Erde kommen müssen. Der Seher berichtet uns: *„Und nach diesem sah ich, und der Tempel der Hütte des Zeugnisses in dem Himmel wurde geöffnet. Und die sieben Engel, welche die sieben Plagen hatten, kamen aus dem Tempel hervor, angetan mit reiner glänzender Leinwand und um die Brust gegürtet mit goldenen Gürteln. Und eines der vier* *lebendigen Wesen gab den sieben Engeln sieben goldene Schalen, voll des Grimmes Gottes, der da lebt in die Zeitalter der Zeitalter. Und der Tempel wurde mit Rauch erfüllt von der Herrlichkeit Gottes und von seiner Macht; und niemand konnte in den Tempel treten, bis die sieben Plagen der sieben Engel vollendet waren. Und ich hörte eine laute Stimme aus dem Tempel zu den sieben Engeln sagen: Gehet hin und gießet die sieben Schalen des Grimmes Gottes aus auf die Erde!"* (15, 5–16, 1.)

Der „Tempel der Hütte des Zeugnisses im Himmel" ist aufs neue der Ort, von dem aus Gott mit der Erde im Gericht handelt. Hier, wie in Kap. 11, 19, zeigt uns Gott die Lade des Bundes, den Er mit Seinem Volk Israel gemacht hatte. Sie ist der Ausgangspunkt Seiner Gerichte, weil Er darin für die Herstellung Israels, Seines alten Bundesvolkes, und für dessen Einführung in die verheißenen Segnungen auf Erden eintritt. Das sichere und gesegnete Endergebnis der ernsten Beschäftigung Gottes mit der Erde in Sachen Seines Volkes Israel wird dem Glauben verbürgt durch den Anblick der Bundeslade im Himmel; dieses Ergebnis ist ebenso sicher wie die Bundeslade selbst, die im Himmel ist, wenn auch die Macht des Bösen auf Erden in jener Zeit noch ungebrochen ist. –

Wir sehen den Tempel mit Rauch erfüllt. Das gleiche erblickte auch Jesaja, als der HERR sich ihm zeigte und ihm die Verwüstung Israels kundtat (Jes. 6). So hatte Gott sich auch Seinem Volk gezeigt, als Er ihm das Gesetz von Sinai gab: „Der ganze Berg Sinai rauchte darum, daß der HERR auf ihn herabstieg im Feuer, und der Rauch stieg auf wie der Rauch eines Schmelzofens" (2. Mose 19, 18). Gott, der *Liebe* ist, muß stets, wenn Er als Richter mit dem Bösen zu tun hat, sich als ein verzehrendes Feuer erweisen. Die Welt hat Gottes Ehre in den Staub geworfen, Seine Liebe mit Füßen getreten, Seinen Ruf zur Buße und auch Seine Gnade verschmäht und Seine Langmut verachtet; nun offenbart Gott Seine Gerechtigkeit im Gericht: „Seine gerechten Taten sind offenbar geworden."

Der Tempel im Himmel ist geöffnet, aber nicht jetzt zur Sühnung oder zur Fürbitte, sondern zur Ausübung der Gerichte Gottes. Sieben Vollstrecker Seiner Gerichte kommen aus dem Tempel hervor, in Weiß gekleidet, „in reiner glänzender Lein=wand“, ein Sinnbild unbefleckter Reinheit, und „mit goldenen Gürteln“ umgürtet, dem Ausdruck der göttlichen Gerechtigkeit; und sie halten in ihren Händen „sieben goldene Schalen“, „an=gefüllt vom Grimme Gottes, der da lebt in die Zeitalter der Zeit=alter“. Der Grimm Gottes kommt über alle, die auf Erden das Malzeichen des Tieres tragen; die glänzende Reinheit der Engel, der Vollstrecker der Gerichte, steht im Gegensatz zu der Schuld und Bosheit Babylons, deren ,,Sünden aufgehäuft sind bis zum Himmel" (Kap. 18).

Kapitel 16

Die sieben Zornesschalen

Eines der vier „lebendigen Wesen“ (vgl. Kap. 4 und 5) reicht nun den sieben Engeln die goldenen Schalen, weil es sich hier noch um die richterliche Macht Gottes als Schöpfer handelt. Die Aufforderung an die Engel, die sieben Schalen des Grimmes Gottes nun auf die Erde auszugießen, erfolgt durch eine laute Stimme aus dem Innern des Tempels.

Das Verhältnis der „sieben Posaunen“ zu den „sieben Zornesschalen“

Ehe wir über die Zornesschalen im einzelnen reden, wird es gut sein, etwas über deren allgemeine Bedeutung zu sagen. Ihre Zahl ist dieselbe wie die der Siegel und Posaunen, sieben, also die der Vollständigkeit und Vollkommenheit in ihrer Mannig=faltigkeit. Aber während die sieben Posaunen mit ihren Gerich=

ten aus dem siebenten Siegel hervorgingen, somit gleichsam die Entfaltung oder Fortsetzung des siebenten Siegels sind, sind die sieben Zornesschalen nicht die Ausführung oder Fortsetzung der siebenten Posaune. Die sieben Posaunen erstrecken sich ja mit ihren Gerichten und Ereignissen bis hin zu dem Augenblick, da Christus in Macht und Herrlichkeit herabkommt auf die Erde zu Seinem Reich (11, 15–18). Nur wird dort das Reich selbst noch nicht im einzelnen geschildert, da noch Ereignisse zu berichten waren, die der Wiederkunft Christi und Seinem Reich vorangehen.

Die sieben Zornesschalen, in denen das Gericht Gottes vor dem Reich zum Abschluß kommt, da sie die sieben „letzten Plagen" sind, erstrecken sich gleichfalls, wie die Posaunen, bis hin zur Aufrichtung des Reiches. Sie fallen also hinsichtlich der Zeit teilweise oder ganz mit denen der sieben Posaunen zusammen, nur beginnen sie später als diese, nehmen also eine kürzere Zeitperiode in Anspruch. Sie sind die Schlußgerichte.

Man beachte, wie die sieben Zornesschalen die gleiche Reihenfolge der Gerichte zeigen, wie zuvor die sieben Posaunen.

Wir zählen die Gerichte hier auf:

Gericht über die Erde:

1. Posaune: Offb. 8, 7; 1. Zornesschale: 16, 2.

Gericht über das Meer:

2. Posaune: Offb. 8, 8.9; 2. Zornesschale: 16, 3.

Gericht über Ströme und Wasserquellen:

3. Posaune: Offb. 8, 10. 11; 3. Zornesschale: 16, 4–7.

Gericht über die Sonne (und den Mond):

4. Posaune: Offb. 8, 12; 4. Zornesschale: 16, 8. 9.

Dunkelheit mit Qualen ohne Tod:

5. Posaune: Offb. 9, 1–11; 5. Zornesschale: 16, 10. 11.

Einfall feindlicher Mächte vom Euphrat her:

6. Posaune: Offb. 9, 13–21; 6. Zornesschale: 16, 12–16.

Einführung des Reiches Christi:

7. Posaune: Offb. 11, 15–18; 7. Zornesschale: 16, 17–20, 6.

Zugleich zeigen sich allerdings zwischen den Posaunen und den Zornesschalen auch Verschiedenheiten. Aber die Übereinstimmung des Fortganges ist so auffallend, daß wir mit vielen Auslegern die Gerichte der sieben Zornesschalen nicht eigentlich als neue Gerichte ansehen können, vielmehr glauben, daß uns der Herr durch diese Wiederholung zeigen will, wie die Gerichte der sieben Posaunen gegen Schluß ernster und schwerer und auch hinsichtlich der räumlichen Ausdehnung fort und fort größer werden. Jedenfalls müssen die Gerichte der Posaunen, da sie sich, wie wir schon sagten, auch ausdehnen bis zur Einführung des Reiches, gleichzeitig mit denen der Zornesschalen sein, nur daß diese später einsetzen und räumlich weiter gehen.

Wir haben hier also, wie oft in der Offenbarung, keine chronologische, d. h. *zeitlich* aufeinanderfolgende, sondern eine zyklische, d. h. eine nach *Kreisen* geordnete Darstellung der Ereignisse.

Die sieben Zornesschalen

Betrachten wir nun kurz die sieben Zornesschalen näher:

Die erste Schale ergießt sich über die Erde (Kap. 16, 2), d. h. über das Gebiet geordneter Zustände. Ob die Plage, das Geschwür, nur am Leib sein wird, wie einst bei den Ägyptern und bei den Philistern, was wohl möglich ist, denn Gott demütigt den Stolzen und bringt Schmach und Verachtung über den Spötter, oder ob das Geschwür bildlich zu verstehen ist und eine innere Pein und Not bedeutet; einerlei, es ist ein ernstes Gericht, das über alle kommt, die das Malzeichen des Tieres angenommen haben.

Die zweite Schale kommt über das Meer (V. 3), d. h. über die Masse der Völker, denn Gottes Gerichte bleiben nicht auf das „Tier", d. h. das Römische Weltreich, und seine Anbeter beschränkt. Nein, das ganze Völkermeer wird sich durch das Blutvergießen röten: „das Meer wurde zu Blut".

Die dritte Schale kommt über die Ströme und Wasserquellen (V. 4—7), d. h. über die Quellen der Erquickung und des Segens der Erde. Bei der dritten Posaune (8, 10. 11) waren Gottes Gerichte auch schon über diese gekommen, aber nur über den dritten Teil der Erde, und dabei waren diese nur bitter geworden, jetzt aber werden sie in Blut verwandelt, sie bringen den Tod, und zwar auf der ganzen Erde. Die Stimme des „Engels der Wasser" (wohl eines Vertreters der Segnungen, die Gott als Schöpfer Seinen Geschöpfen gewährt) gibt Gott in Seinen Gerichten Beifall, stimmt Ihm zu und sagt: „Du bist gerecht!" Er wird wissen, wie oft die Menschen die Segnungen Gottes z. B. in der Natur und in Familienbanden und auf anderen Gebieten gering geachtet und mit Füßen getreten haben. Nun regiert da, wo ehedem der Mensch Segnungen und Erfrischungen fand, Bitterkeit und der Tod. — Auch der Altar, wo die Blutzeugen ihr Ende fanden, stimmt Gott zu in Seinen ernsten Gerichten und ruft: *„Ja, Herr, Gott, Allmächtiger, wahrhaftig und gerecht sind deine Gerichte"* (V. 7).

Der vierte Engel gießt seine Zornesschale aus auf die Sonne (V. 8 und 9), d. h. über die höchste weltliche Autorität. Die Folge davon ist eine unerträgliche Hitze, d. h. eine despotische Bedrückung der Untertanen, wie sie oft von Fürsten, die eine große Glanzherrschaft entfalten, ausgeübt wird. Aber trotz dieser Drangsal lästern die Menschen Gott und tun nicht Buße.

Der fünfte Engel ergießt seine Schale „auf den Thron des Tieres" (V. 10. und 11), d. h. auf den Sitz und festen Bestand seiner Herrschaft, die Satan ihm gab; Sein Reich wird mit Finsternis erfüllt. Das kommende Römische Weltreich, mit Schwerpunkt in Westeuropa, wo Wissenschaft und Bildung, Kunst und Technik ihre höchsten Blüten hervorgebracht, wo der Mensch sich seiner Fortschritte und Erfolge rühmte, von neuen Triumphen und vom goldenen Zukunftsstaat und von Freiheit träumte, da ist nun der „Thron des Tieres", der Sitz der größten Bedrückung, der Tyrannei, Not und Verfinsterung. Dahin haben es die Menschen gebracht, die von Gott los sein wollten, sich über Gott stellten. Sie sind nur immer tiefer in Satans Finsternis und unter sein grausames Joch gekommen. Elend, Finsternis und Verwirrung ist ihr Teil: Sie zernagen ihre Zunge vor Pein und lästern den Gott des Himmels in ihrer Qual. Aber auch jetzt beugen sie sich nicht und tun nicht Buße.

Der Euphrat trocknet aus (Kap. 16, 12—16)

Die sechste Schale gießt ein Engel über den Euphrat aus. Dieser Strom ist uns aus dem Garten Eden bekannt (1. Mose 2, 14). An ihm lag Babylon, und er bildete in seinem oberen Lauf einst die Grenze des vierten oder Römischen Weltreiches. Durch den Inhalt der sechsten Zornesschale versiegt der Euphrat, der Grenzstrom. Damit wird uns im Bild gezeigt, wie der Weltenrichter für das Römische Weltreich, das dann wieder bestehen wird, die Mauer, den Damm, der es gegen die Völker des Ostens schützte, wegnehmen und so den ,,Königen von Sonnenaufgang" den Weg bereiten wird, um gegen das Reich des ,,Tieres", das in Rom seinen Sitz hat, in den Streit zu ziehen. Wie einst Cyrus das Bett des Euphrat trocken legte, um Babylon erobern zu können, so trocknet hier der Herr vom Himmel den Euphrat aus, damit „die große Stadt, Babylon, die starke Stadt", die in Rom ihre Macht haben wird, samt dem Reich des „Tieres" gebrochen wird. Nicht daß die Könige des Ostens, die über den Euphrat kommen werden, eigentlich gegen „Babylon", d. h. gegen „das Weib", das abtrünnige religiöse System, das auf dem „Tier" sitzen wird, ziehen werden, nein, ihr Kampf wird vielmehr gegen das „Tier" selbst, gegen das Römische Weltreich gerichtet sein, und Jerusalem wird schließlich der Gegenstand sein, um den ihr Streit sich dreht. Wir lesen aber, daß die nächste Zornesschale dem eigentlichen Gericht Babylons gilt (V. 17—20).

Wenn wir nun fragen, wer die „Könige des Ostens" oder vom „Sonnenaufgang" sind, die, nachdem der Euphrat ausgetrocknet ist und so der Damm (die schützenden Pufferstaaten?) zwischen den Reichen im Westen und Osten zerstört worden sind, gegen das Reich des „Tieres" ziehen, so können wir nur sagen, daß es die Völker aus Asien sind, die sich zuvor unter einem Haupt vereinigten, unter einem Führer, der den Platz des alten Assyrien einnehmen wird. Sonst wird der König von Assyrien der „König des Nordens" genannt, nämlich von Jerusalem und Palästina aus gerechnet,*) aber gegenüber dem Reich des „Tieres" im Westen wird von dem König von Assyrien als von Osten oder von „Sonnenaufgang" kommend, geredet.

Wer sieht nicht, wie sich heute die Völker Asiens aus dem Staub und Schlaf erheben und von sich reden machen, von Japan an, dessen Name bezeichnenderweise „Sonnenaufgang" bedeutet, und das sich schon seit dem Sieg über Rußland Sitz und Stimme sicherte im Völkerrat, welcher früher doch nur von den Mächten des Westens abgehalten wurde. Auch China ist erwacht, und durch alle Völker Asiens geht ein Beben wie im Frühjahr, wenn die Sonne das Eis schmilzt, die Decke bricht und die Schollen sich nach und nach lösen, und der ganze Fluß bis zum Meere für die Schiffahrt frei wird. Die Völker Asiens kommen in Fluß und werden sich mit der Zeit zusammenscharen gegen die westlichen Mächte. Und später werden bei Jerusalem die Könige der ganzen bewohnten Erde *„zu dem Krieg des großen Tages Gottes, des Allmächtigen"*, zusammenstoßen. (V. 14)

Drei unreine Geister werden auftreten, wie „Frösche", die im Schlamm entstehen und leben, die aus dem Mund Satans, „des Drachen", und aus dem Mund des „Tieres" d. h. des Hauptes der Römischen Weltmacht, und aus dem Mund des falschen

---

*) So wird auch von Jerusalem aus gesehen der König Ägyptens „der König des Südens" genannt. Palästina ist nämlich das Land, das allein mit göttlichem Recht „das Reich der Mitte" der ganzen Erde genannt werden kann (vgl. 5. Mose 32, 8. 9 und Hesek. 38, 12, wo es „der Nabel" oder „die Nabe" der ganzen Erde genannt wird). Auch geographisch ist Palästina die Brücke von drei Weltteilen.

Propheten, d. h. des Antichristen, kommen, „drei Geister von Dämonen". Diese werden sich aufblähen und gleichsam mit lautem Geschrei, wie es Frösche tun, die Luft erfüllen und durch ihre Zeichen und Wunder die Könige der Erde zum Krieg zusammenschließen. Die Gesamtheit der Mächte der Bosheit und Finsternis tritt mit ihnen auf den Plan wie eine teuflische Dreieinheit gegen Gott; denn der Krieg, der gegen Jerusalem gerichtet ist und auch dort ausgekämpft wird, gilt in letzter Linie Gott und Seinem Christus.

Der Ort der Zusammenkunft der Könige und ihrer Schlacht wird Armagedon*) genannt (V. 16), wohl mit Bezugnahme auf das Tal Megiddo (Richt. 5, 19. 20). Der Ort liegt in Palästina. Dorthin kamen einst die Könige Kanaans und stritten wider Israel. Aber Gott griff ein für Sein Volk gegen die vereinte Macht der Feinde. Wir lesen: „Vom Himmel her stritten, von ihren Bahnen aus stritten die Sterne mit Sisera (dem Heerobersten des Königs der Kananiter)."

Aber es ist nicht nötig, anzunehmen, daß der Sammelplatz diesmal tatsächlich wieder in Megiddo sei. Bei Jerusalem wird vielmehr der Ort sein, wo einst die Heere des Römischen Reiches aus dem Westen und die Heere der Könige aus dem Osten „zur Schlacht des großen Tages Gottes" zusammentreffen. Aber der Ort und die Schlacht wird deshalb Armagedon genannt, weil auch hier, wie einst in den Tagen der Richter, der Herr vom Himmel her für Sein Volk und Reich eintreten wird. Dort werden die Völker der Erde ihr Gericht finden, indem Christus unerwartet vom Himmel her über sie kommt.**) Darum ruft der Herr, wie früher in dem Sendschreiben an Sardes der Christenheit, so hier der Welt zu: „Siehe, ich komme wie ein Dieb!" Und für den bedrängten jüdischen Überrest, gegen den die Völker aus dem Westen und Osten herangezogen sind, fügt Er hinzu: *„Glückselig, der da wacht und seine Kleider bewahrt, auf*

*) Oder Harmagedon, d. h. Berg Megiddos.

**) Vgl. Sach. 12, 2–9; 14, 3–5; Micha 4, 11–13.

daß er nicht nackt wandle und man seine Schande sehe" (V. 15).

Wie wichtig sind doch diese Worte auch für uns! Immer neu haben wir nötig, zum Wachen ermuntert zu werden. Und wie leicht beflecken wir unsere Kleider und geben uns der Welt gegenüber eine Blöße, indem wir nicht so geschieden von ihr bleiben, wie Christus, unser Herr und Heiland, von ihr geschieden ist! Die „Kleider" sind in der Schrift ein Bild von unseren Lebensgewohnheiten. Wie leicht passen wir uns darin mehr oder weniger der Welt an! Hier wird jeder einzelne glückselig gepriesen, „der da wacht und seine Kleider bewahrt".

Wir sind anläßlich der Folgen der sechsten Zornesschale, die die Völker Asiens gegen den Westen führen, den Ereignissen, die die Offenbarung berichtet, voraufgeeilt, denn erst in Kap. 19, 11 folg. sehen wir Christus wirklich mit den Kriegsheeren unerwartet vom Himmel kommen zum Gericht der Nationen.

Die siebente Zornesschale wird von dem letzten der sieben Engel auf die Luft gegossen. „Die Luft" ist der Ort, wo oder von wo aus Satan seine Macht erweist; er heißt „der Fürst der Gewalt der Luft" (Eph. 2, 2). Eine laute Stimme, wohl die Stimme des Herrn, da sie vom Thron und vom Tempel ausgeht, spricht:

„Es ist geschehen!"

Was ist geschehen? Der letzte Teil der Gerichte, die kommen mußten, um das Reich Christi in der abtrünnigen Welt aufrichten zu können und um Jerusalem, „die Stadt des großen Königs, zur Freude der ganzen Erde" zu machen (Ps. 48), ist „geschehen"; das Gericht ist „vollendet" (vgl. hierzu Offb. 10, 5—7; 11, 15 und 15, 1; 16, 17). Noch einmal wird, wie wir schon früher sagten, der Herr aus freudigem Herzen rufen: „Es ist geschehen!" (Kap. 21, V. 6.) Und diese ewige, herrliche Vollendung aller Seiner Wege und Werke wird sich auf Sein vollkommenes Werk am Kreuze gründen, bei dem Er rief: „Es ist vollbracht!"

Vorbereitungen des Gerichts über Babylon (Kap. 16, 17—21)

Sobald die siebente Zornesschale ausgegossen ist, geschehen *Blitze und Stimmen und Donner und ein großes Erdbeben, „desgleichen nicht geschehen, seitdem die Menschen auf der Erde waren"* (V. 18). Durch dieses „Erdbeben" werden die Mächte und feststehenden Gewalten der Erde erschüttert und zum Weichen gebracht: *„Und die große Stadt wurde in drei Teile geteilt, und die Städte der Nationen fielen"* (V. 19). Jerusalem dagegen heißt „die heilige Stadt" (Kap. 21, 10).

Rom ist also die große Stadt; sie heißt auch „die große Stadt, welche das Königtum hat über die Könige der Erde" (Kap. 17, 18). „Die Stadt" steht jedenfalls hier für das ganze Römische Gebiet, das in drei Teile zerfällt. Aber nicht nur dieses fällt, auch „die Städte der Nationen" fallen hin; es ist ein Zermalmen des Goldes, des Silbers, des Erzes und des Eisens und Tones durch „den Stein, der sich losriß ohne Hände", durch den kommenden Christus, dem die Reiche der Erde gehören, wie es uns in Dan. 2, 35 geweissagt ist.

Aber es geschieht mehr: *„Die große Babylon kam ins Gedächtnis vor Gott, um ihr den Kelch des Weines des Grimmes seines Zornes zu geben."* Babylon, dieses verderbte religiöse System, das zurückbleibt, wenn die wahre Kirche, Christi Braut, die Welt verlassen hat und zum Himmel aufgenommen ist, erhält jetzt ihr furchtbares Gericht, wie es uns die nächsten Kapitel zeigen. Zugleich *„entfloh jede Insel, und Berge wurden nicht gefunden"* (V. 20). Alle bestehenden Gewalten und die Sitze der Sicherheit und Hoheit werden hinweggetan. *„Und ein großer Hagel, wie ein Talent*) schwer, fällt aus dem Himmel auf die Menschen hernieder"* (V. 21). Gerichte, die unmittelbar von Gott ausgehen, treffen die Menschen vom Himmel her. Aber tun die Menschen Buße? Nein; wir hören: *„Die Menschen läster-*

---

*) Ein Talent = etwa 50 Pfund; so schwer waren die Schleudersteine der römischen Wurfmaschinen bei Belagerungen.

ten Gott wegen der Plage des Hagels, denn seine Plage ist sehr groß." Ja, es scheint, daß die Verbitterung und Verstockung der Menschen und ihre Feindschaft wider Gott nur immer größer wird. Wir hörten zuerst, als die große Hitze kam: „Sie lästerten den Namen Gottes" (Kap. 16, 9). Dann, als Geschwüre kamen: „Sie lästerten den Gott des Himmels wegen ihrer Pein" (Kap. 16, 11). Und jetzt zuletzt: „Die Menschen lästerten Gott wegen der Plage des Hagels" (V. 21). Da sehen wir, wie Strafgerichte allein den Menschen nicht mit Gott versöhnen und für Gott gewinnen, auch eine ewige Höllenstrafe nicht.

Kapitel 17

Das Gericht über Babylon (Kap. 17–19, 4)

Babel heißt „Verwirrung". In Babel machte die Menschheit ihren ersten gemeinsamen Versuch, Gott zu widerstehen, denn sie vereinigten sich, Ihm im Turmbau zu Babel Trotz zu bieten. Darum verwirrte Gott sie dort (1. Mose 11). Später, unter Nebukadnezar, wurde Babel*) das Haupt der heidnischen Weltmächte, die das Volk Gottes, Israel, unterjochten; nicht selten wird daher Babel als die Vertreterin der verschiedenen Weltmächte und Nationen genannt. Die Propheten des Alten Bundes drohen Babel oder Babylon oftmals wegen seines Stolzes und Übermutes und seines schamlosen Götzendienstes mit Gottes Strafgerichten; so die Propheten Jesaja und Jeremia. Wo immer Ba-

*) Dafür steht im Neuen Testament stets Babylon; Babel war zuerst der Name der Stadt oder Hauptstadt des Reiches; später wurde der Name der Stadt auch auf das Land Babel oder Babylon und Babylonien übertragen. – Der Name Babel für das Land findet sich auch schon in dem Alten Testament, so in Psalm 137, 1.

bel oder Babylon erwähnt wird, sei's als weltliche, politische Macht wie im Alten Testament, sei's als ein religiöses System wie im Neuen Testament, da sehen wir es in Feindschaft und Widerspruch mit Gott und mit Seiner Stadt. — *Unabhängigkeit von Gott* kennzeichnet Babylon oder Babel in seinem Anfang; *Bedrückung des Volkes Gottes* kennzeichnet die Fortsetzung seiner Geschichte, und sein Schluß ist offene *„Lästerung" wider Gott.*

Die Stadt Babylon ist längst ein Trümmerhaufen geworden, „wo Wüstentiere lagern" und „Böcke hüpfen" (Jes. 13, 21), aber das System, das „Babel" oder „Babylon" bedeutet, und das durch seine Feindschaft wider Gott und Sein Volk gekennzeichnet wird, besteht noch, und zwar jetzt als ein religiöses System, das Macht und Herrschaft erstrebt und eine große, politische Rolle spielt. Und dieses System wird in der Endzeit noch mehr, als wir das schon heute in Rom sehen, eine Verquickung, Vermischung, Durchdringung von Religion und Welt sein.

Das alte politische Babylon, das unter Nebukadnezar die erste der vier Weltmächte war, womit „die Zeiten der Nationen" auf Erden begannen, findet seinen letzten Ausläufer oder seinen Abschluß in dem „Tier", das aus dem Meer aufsteigt (Offbg. 13, 1), dem Römischen Weltreich. Aber in religiöser Hinsicht ist „das Weib, die große Hure", die auf einem scharlachroten Tier sitzen und von diesem, d. h. von dem wiedererstandenen Römischen Reich getragen werden und zugleich dieses „Tier" lenken und leiten wird, die letzte gottlose, ja, satanische Frucht und Ausgeburt Babylons.

„Babylon, die Mutter der Huren" (Kap. 17)

Betrachten wir die wahre Kirche Jesu Christi, von der Satan in „Babylon" ein Zerrbild hergestellt hat, so finden wir, daß sie in ihrer Stellung zu Jesus Christus Seine „Braut", „Sein Weib" genannt wird: „die Braut, das Weib des Lammes" (Offbg. 21, 9). In ihrer Stellung zur Welt dagegen wird die Kirche oft mit einer Stadt verglichen, namentlich wenn sie während des Tausendjährigen Reiches mit Jesus Christus hier regiert. Als solche heißt sie „die heilige Stadt, Jerusalem" oder, wie andere übersetzen, „die Stadt, das heilige Jerusalem" (Kap. 21, 10). Ganz so wird uns auch das Zerrbild der Kirche, die abtrünnige Babylon, die vorgab, Christi Braut zu sein, in zwei Bildern gezeigt: Im Gegensatz zu der wahren Braut, dem wahren Weib des Lammes wird sie das falsche Weib, d. h. „die Hure" genannt; und im Gegensatz zur „heiligen Stadt", „die aus dem Himmel herniederkommt", ist Babylon „die große Stadt", „die starke Stadt", die „eine Behausung von Teufeln" geworden ist (Kap. 18, 2. 10). Als das falsche Weib, „die Hure", wird uns Babylon in Kap. 17 gezeigt, und als die „große Stadt" in Kap. 18 unseres Buches. Ihr Gericht wird uns in beiden Kapiteln berichtet. Und wie ernst ist ihr Gericht!

Ehe Christus mit Seiner himmlischen Braut, dem Weib des Lammes, aus dem Himmel herniederkommt, um Sein Reich hier aufzurichten, muß die falsche Braut, die Satan ins Dasein rief, von diesem Schauplatz hinweggetan werden. Und ihr großes Verderben und ihr furchtbares Gericht wird in auffallender Ausführlichkeit berichtet. — *„Und es kam einer von den sieben Engeln, welche die sieben Schalen hatten, und redete mit mir und sprach: ‚Komm her, ich will dir das Gericht der großen Hure zeigen, die auf vielen Wassern sitzt, mit welcher die Könige der Erde Hurerei getrieben haben; und die auf der Erde wohnen, sind trunken geworden von dem Weine ihrer Hurerei.' Und er führte mich im Geiste hinweg in eine Wüste; und ich sah ein Weib auf einem scharlachroten Tiere sitzen, voll Namen der Lästerung, das sieben Köpfe und zehn Hörner hatte"* (V. 1—3).

Der letzte der sieben Engel, der die letzte Zornesschale ausgoß, ist es auch, der dem Seher auf Patmos das Gericht „der großen Hure" zeigt. Ein Teil der letzten Zornesschale war ja in besonderer Weise gegen Babylon gerichtet.

Die Heilige Schrift nennt oftmals Abtrünnigkeit von Gott „Hurerei". Darum wird auch Israels und Jerusalems Untreue und Abtrünnigkeit von Gott oft mit diesem Namen genannt, denn der HERR war im geistlichen Sinne Israels rechtmäßiger Mann. Die „vielen Wasser", auf oder an denen Babylon sitzt und thront, bedeuten, wie wir nachher lesen, „Völker und Völkerscharen und Nationen und Sprachen" (Kap. 17, 15).

„Babylon", „die große Hure", ist also ein religiöses, abgöttisches System, das sich in seiner Macht und Herrschaft über „viele Wasser", d. h. über viele „Völker, Völkerschaften, Nationen und Sprachen" erstreckt und zugleich auch eine große politische Macht ausübt. „Die Könige der Erde" und die, „die auf der Erde wohnen", d. h. die kein Teil im Himmel haben noch suchen, sind „trunken", völlig berauscht und bezaubert von „dem Weib und ihrer Abgötterei", von ihrer bestrickenden Lehre, die Religion und weltliche Lust in eins vermengt.

Der Seher schaut, weil er „im Geist" ist, das Weib in einer „Wüste", d. h. an einem Ort ohne wahre, geistliche Segnungen, ohne göttliches Leben, während andere nur ihre äußerliche Macht und Pracht, ihren Sitz auf einem „scharlachroten Tier" bewunderten. Das „Tier" ist, wie wir wissen, das kommende Römische Weltreich, hier „scharlachrot" genannt, weil es dann in höchster Würde besteht. Rom als letztes oder viertes Weltreich wird „das Weib" tragen und sich zugleich leiten lassen von „dem Weib", dessen Merkmale schon heute die päpstliche Kirche trägt. Es ist „Rom", wie es sein wird, wenn es auch all die übrigen religiösen Systeme, soweit sie Babels Grundsätze hatten, in sich aufgenommen haben wird. Und es hat sieben Köpfe, davon lesen wir: „die sieben Köpfe sind sieben Berge" (V. 9). Dies ist eine weitere Bestätigung, daß wir es mit Rom zu tun haben, das bekanntlich auf sieben Hügeln liegt und darum die Siebenhügelstadt genannt wird.

„Das Weib war bekleidet mit Purpur und Scharlach und übergoldet mit Gold und Edelstein und Perlen und hatte einen goldenen Becher in ihrer Hand voll Greuel" (V. 4). „Das Weib" — die päpstliche Kirche — hat alsdann nicht nur in der Machtzentrale in Rom ihren Sitz- und Stützpunkt, sie zeigt es auch äußer-

lich, wie sie Ehrung und Anerkennung besitzt: denn sie ist bekleidet mit „Purpur und Scharlach" und geschmückt mit kostbaren Edelsteinen und Perlen, die vielleicht Bilder sind von den Wahrheiten, mit denen Rom bei allen Lügen sich äußerlich noch ziert und schmückt. Und auch die „Greuel und Unreinigkeit" ihrer abgöttischen Religion hält sie in einem goldenen Becher.

„Und an ihrer Stirn trägt sie einen Namen geschrieben: ‚Geheimnis, Babylon, die große, die Mutter der Huren und der Greuel der Erde'" (V. 5). Das Weib trägt also nicht, wie „das Tier", Namen von offener „Lästerung" an ihrer Stirn (V. 3), sondern den Namen „Geheimnis". Es ist dieses „Geheimnis" nicht „das Geheimnis der Gesetzlosigkeit", von dem der Apostel Paulus redet (2. Thess. 2, 7), aber naturgemäß damit verwandt und, man darf vielleicht sagen, dessen Fortsetzung. Es ist der Geist des Antichristen, der jetzt schon wirksam ist in der Christenheit, allerdings ein Geheimnis, das erst in der Person des Antichristen offenbar werden wird (2. Thess. 2, 8). Das Geheimnis Babylons dagegen ist, wie wir bereits sahen, das religiöse System der Endzeit, das durch die „zehn Könige" und durch „das Tier", das kommende Römische Weltreich, mit dem diese eins sind, schließlich gehaßt und zerstört werden wird (Offbg. 17, 7. 16).

Das Wort „Geheimnis", welches „das Weib" als Namen offen auf der Stirn trägt, erinnert uns an das „Geheimnis", das die wahre Kirche, die himmlische Braut, in ihrer lebendigen Einheit mit Christus bildet: „das Geheimnis ist groß" (Eph. 5, 26—32). Aber welch ein Gegensatz!

Die Kirche Christi, „die Behausung Gottes im Geist", ist jetzt „als eine keusche Jungfrau" dem Herrn Jesus Christus verlobt (2. Kor. 11, 2) und wird als „die Braut", „das Weib des Lammes", die auf ewig eins mit Christus ist, bald für immer bei Ihm sein. „Das Weib" aber „auf dem scharlachroten Tier" ist „ein Gewahrsam eines jeden unreinen Geistes" (Kap. 18, 2), ist das satanische Gegen- und Zerrbild von der wahren Braut Christi und wird wegen ihrer Verderbtheit „Babylon, die große, die

Mutter der Huren" genannt, denn all die übrigen verderbten religiösen Systeme auf Erden sind gleichsam ihre Kinder. Und ein schweres Gericht von Gott kommt über sie in Zeit und Ewigkeit.

Der erste Name, den das „Weib" an ihrer Stirn trägt, „Geheimnis", erinnert uns also an das glückselige und „große Geheimnis" von der innigen und ewigen lebendigen Einheit der wahren Kirche mit Jesus Christus, ihrem himmlischen Haupt; aber die Bedeutung des Namens „Geheimnis" liegt bei dem „Weibe" wohl in ihrem finsteren Ursprung und verderbten Wesen. Wer hätte auch ahnen können, daß aus der bekennenden Christenheit heraus, die den Namen Christi trägt, durch Satans List und unter den Händen der Menschen ein religiöses System erstehen werde von solch großer Verderbtheit, dämonischer Zaubermacht und Feindschaft? Selbst der Seher Johannes erstaunt. Er schreibt:

„Und ich sah das Weib trunken von dem Blute der Heiligen und von dem Blute der Zeugen Jesu. Und ich verwunderte mich, als ich sie sah, mit großer Verwunderung" (V. 6).

Ja, aus der blutigen „Jesabel" in der Gemeinde zu „Thyatira", der „Weihrauchspenderin" (Offb. 2, 18–29), die „die Knechte Gottes verführte, Hurerei zu treiben", ist im Laufe der Jahre, da sie „nicht Buße tun wollte", obwohl Gott „ihr Zeit zur Buße gab", „Babylon, die große, die Mutter der Huren und der Greuel der Erde" geworden, die grausamste Verfolgerin „der Heiligen" und „der Zeugen Jesu". – Wie viele Heilige Rom schon als Ketzer hingerichtet, wie viel Blut Thyatira bereits vergossen hat, ist Gott allein bekannt, aber die Welt- und Kirchengeschichte weiß davon zu erzählen. Und wieviel Blut von „Zeugen Jesu" „Babylon, die große", „das Weib auf dem scharlachroten Tier" noch vergießen wird, weiß auch Gott allein. Aber die Stunde der Abrechnung und ihrer schweren Gerichte kommt. Die kommenden Gesichte des Sehers reden davon.

Doch vorher hören wir Näheres über „das Tier", auf dem das Weib sitzt (V. 7–11).

„Und der Engel sprach zu mir: Warum verwunderst du dich? Ich will dir das Geheimnis des Weibes sagen und des Tieres, das sie trägt, welches die sieben Köpfe und die zehn Hörner hat. Das Tier, welches du sahest, war und ist nicht und wird aus dem Abgrund heraufsteigen und ins Verderben gehen; und die auf der Erde wohnen, deren Namen nicht in dem Buche des Lebens geschrieben sind von Grundlegung der Welt an, werden sich verwundern, wenn sie das Tier sehen, daß es war und nicht ist und da sein wird. Hier ist der Verstand, der Weisheit hat: Die sieben Köpfe sind sieben Berge, auf welchen das Weib sitzt. Und es sind sieben Könige: fünf von ihnen sind gefallen, der eine ist, der andere ist noch nicht gekommen; und wenn er kommt, muß er eine kleine Weile bleiben. Und das Tier, welches war und nicht ist, er ist auch ein achter und ist von den sieben und geht ins Verderben."

Hier ist also zunächst von „dem Tier" die Rede, welches „das Weib" trägt: „Es war und ist nicht und wird sein"; „es wird aus dem Abgrund heraufsteigen." Wir haben darüber ausführlich geredet, als wir das Gesicht des Sehers in Kap. 13 betrachteten. „Dieses Tier" (griech.: „wildes Tier") ist ja, wie oft gesagt, das vierte oder letzte Weltreich, das auch der Prophet Daniel voraussagte (Dan. 7, 1–7): das wiederkommende Römische oder Lateinische Weltreich. Es „war" in den Tagen des Sehers Johannes; „es ist nicht" in der Gegenwart; aber „es wird sein", d. h. es wird wieder sein; und zwar wird es „aufsteigen aus dem Abgrund", d. h. satanischen Ursprungs sein.

„Die sieben Köpfe" erhalten in unserer Stelle (V. 9 und 18) eine doppelte Deutung. Es sind erstlich sieben „Berge, auf welchen das Weib sitzt". Das Weib, das religiöse, abgöttische System, „Babylon, die große", ist also nicht nur mit dem „Tier" verbunden, sondern gleichsam mit ihm eins und dasselbe und ist auch örtlich mit ihm vereinigt. Wir haben, wie wir schon sagten, hier eine Bestätigung, daß die Siebenhügelstadt Rom, religiös und politisch, gemeint ist.

Die sieben Köpfe sind aber ferner auch „sieben Könige", das

will sagen sieben aufeinanderfolgende Regierungsformen, worüber wir gleichfalls schon bei Kap. 13 geredet haben.

Diese eine Stunde gemeinsamer Herrschaft mit und unter dem „Tier", dem Oberhaupt, bedeutet einen vollen Zeitabschnitt, und zwar die ganze letzte Hälfte der 70. Jahrwoche Daniels (vgl. Dan. 9, 24–27). Diese halbe Jahrwoche währt „42 Monate" oder „3½ Jahre" (vgl. Offbg. 13, 5) und reicht bis zur Wiederkunft oder Erscheinung Jesu Christi mit Seinen himmlischen Heerscharen zum Gericht und zum Reich, denn die Errichtung Seines Reiches in Macht und Herrlichkeit folgt unmittelbar dem Sturz des Römischen Reiches (Dan. 7, 9–11 und 23–27 und schon Kap. 2, Verse 40–45 und Offbg. 19, 11 folg.).

Wenn aber Jesus Christus zum Gericht und zu Seinem Reich kommen wird, werden sich zunächst die zehn „Hörner" mit dem „Tier" gegen Ihn erheben. Wir lesen: *„Diese werden mit dem Lamme Krieg führen, und das Lamm wird sie überwinden; denn er ist der Herr der Herren und König der Könige, und die mit ihm sind Berufene und Auserwählte und Treue"* (V. 14).

Welch ein teuflisches Wagnis und Unternehmen des „Tieres", das zugleich dessen ganze Blindheit und Feindschaft kundtut, daß es versucht, gegen Christus, den Herrn der Herrlichkeit, der „der Herr der Herren und der König der Könige" ist, und gegen Seine Erlösten, „die Berufenen, Auserwählten und Treuen", Krieg zu führen!

Die Ausführung dieses Wagnisses, des offenen Kampfes und großen Krieges des „Tieres" und der zehn Könige mit Christus, findet jedoch erst später statt(Kap. 19, 19; vgl. auch 16, 14); aber der Krieg wird hier schon erwähnt.

Vor diesem Krieg mit „dem Lamm", der dem „Tier" und dem Antichristen das ewige Verderben eintragen wird und den zehn Königen und ihren Heeren den Tod (19, 19–21), muß das „Tier" mit den zehn Königen seltsamerweise selbst noch ein schreckliches Gericht an „der Hure" ausüben, die es doch bis dahin so hoch verehrt und getragen hatte.

Wir lesen: *„Die zehn Hörner* – also die zehn Könige (vgl.

V. 12) –, *die du sahest, und das Tier, diese werden die Hure hassen, und werden sie öde und nackt machen, und werden ihr Fleisch fressen und sie mit Feuer verbrennen. Denn Gott hat es in ihre Herzen gegeben, seinen Sinn zu tun und in einem Sinne zu handeln und ihr Königreich dem Tier zu geben, bis die Worte Gottes vollbracht sein werden"* (V. 16 und 17).

Ist das nicht wunderbar? – „Das Weib", „die Hure", saß bis dahin auf dem „Tier" in Pracht und Reichtum; sie lenkte alles nach ihrem Willen. Sie trieb „Hurerei" mit den Königen (V. 2), d. h. sie gebrauchte in gewissenloser Weise ihre religiöse Macht über die Herzen und Gewissen der Menschen, um die Politik der Welt zu lenken und zu leiten nach ihrem verderbten Sinn und Willen.

Oft genug zwar werden die Fürsten der Erde wider Roms List und Tücke und dämonische Zaubermacht Zorn empfunden haben, aber die Stunde des völligen Gerichtes für Rom war noch nicht gekommen. Rom behielt oder bekam, wie die Welt- und Kirchengeschichte zeigt und weiter zeigen wird, immer wieder die Zügel der Herrschaft über die Fürsten und Völker, die aus dem Kelch ihrer „Hurerei" tranken.

Gott, der über allen Menschen, auch über Seinen Hassern steht und alle Dinge auf Erden und die Geschichte der Völker lenkt nach Seinem Willen, wird es den 10 Königen und „dem Tier" „ins Herz geben", Sein gerechtes Gericht an dem „Weibe" zu vollstrecken. Ihre Stunde ist dann gekommen, das Maß ihrer Sünden ist voll. – Die äußere Veranlassung zum Haß der Könige und „des Tieres" gegen „das Weib" wird zwar auch gottlos sein; denn das „Tier" wird jegliche Religion, die die Anerkennung des Daseins eines außer- oder überweltlichen Wesens zur Voraussetzung hat, abschaffen und für sich selbst von all seinen Untertanen göttliche Verehrung fordern (Vgl. Offbg. 13, 4. 15). Das „Weib" oder „die Hure" aber hat – leider sogar noch in Verbindung mit dem christlichen Namen! – ihre Religion mit Glanz und Pracht bis zuletzt gefeiert. Schließlich aber wirft „das Tier" seine stolze Reiterin, die es so lange getragen hat, ab, und die Könige der Erde fallen gemeinsam über sie her, entkleiden sie schnell ihrer Pracht, und voll Grimm und Wut „fressen sie ihr Fleisch“ und „verbrennen sie mit Feuer“. Früher berauschten sich die Könige der Erde mit dem buhlerischen Weib, die sich so geschickt die religiösen Bedürfnisse des menschlichen Gewissens und Herzens dienstbar zu machen und sie mit äußerem Glanz und mit Sinnenlust zu befriedigen und zu betäuben wußte; und nun fallen sie gierig und grausam wie Raubtiere über sie her „und fressen ihr Fleisch“ und lassen nichts von „Babylon“ übrig als Staub und Asche. Schon vorher hat ein Engel dieses ernste, aber notwendige und gerechte Gericht über „Babylon“ angekündigt, als wäre es geschehen: „Gefallen, gefallen ist Babylon, die große, die mit dem Wein der Wut ihrer Hurerei alle Nationen getränkt hat“ (14, 8; vgl. 18, 2).

Kapitel 18

Babylons Sturz (Kap. 18)

Zu Anfang des 17. Kapitels rief einer der sieben Engel, der die sieben Schalen des Gerichts hatte: „Komm her, ich will dir das Urteil über die große Hure zeigen.“ Nun aber wird das Urteil vollstreckt und das Gericht vollzogen. Der Seher schreibt: *„Nach diesem sah ich einen anderen Engel aus dem Himmel herniederkommen, welcher große Gewalt hatte; und die Erde wurde von seiner Herrlichkeit erleuchtet. Und er rief mit starker Stimme: ‚Gefallen, gefallen ist Babylon, die große!‘“* Der Engel ist eine hoheitsvolle Erscheinung von großer Macht und erinnert uns an den Engel, den wir in Kap. 10 vor dem Ertönen der letzten Posaune gesehen haben, der mit seiner erhobenen Rech=

ten schwört, daß nun keine Frist mehr sei, sondern das Geheimnis Gottes jetzt vollendet werde. Vielleicht ist er selbst der Vollstrecker des großen Gerichtes Gottes über „Babylon", wenn auch „das Tier" und „die Hörner" die Werkzeuge sind. Von dem Glanz der Herrlichkeit des Engels wird vorübergehend die Erde erleuchtet wie von dem Frührot der kommenden Sonne der Gerechtigkeit, die nun bald über der Erde aufgehen wird, sobald erst die „Hure", „Babylon", beseitigt und im Anschluß daran die Hochzeit Christi mit Seiner Braut gehalten worden ist.

Und der Engel ruft es aus „mit starker Stimme", daß das erste Ereignis schon geschehen sei: „Gefallen, gefallen ist Babylon, die große!" Babylon, der mächtige Sitz der Finsternis und Abgötterei und Feindschaft wider Gott und Sein Volk, soll nicht mehr länger eine Stätte des Glanzes und der Herrlichkeit, sondern ein Ort der Schrecken und der Verwüstung sein.

Nun vernimmt Johannes eine andere Stimme aus dem Himmel: *„Gehet aus ihr hinaus, mein Volk, auf daß ihr nicht ihrer Sünden mit teilhaftig werdet, und auf daß ihr nicht empfanget von ihren Plagen; denn ihre Sünden sind aufgehäuft bis zum Himmel, und Gott hat ihrer Ungerechtigkeit gedacht!"*

Die Stimme, die Johannes hier „aus dem Himmel" hört, ist nicht die des mächtigen Engels, von dem wir eben sprachen. Vielleicht ist es die Stimme Christi selbst, denn wir hören, daß sie ruft: „Gehet aus ihr hinaus, *mein Volk!"* So kann kein Engel rufen; denn die Gläubigen sind nur Christi Volk, Gottes Volk.—

Auch in „Babylon" sind Gläubige. Es gibt heute wohl kein religiöses System in der Christenheit, so böse und verderbt es in seinen Einrichtungen und Lehren sein mag, in dem nicht Menschen wären, die zu Christi Volk gehören. Wie ernst und tieftraurig ist dies doch! Es ist gut, daß geschrieben steht: „Der Herr kennt, die sein sind" (2. Tim. 2, 19). Wir würden inmitten der Finsternis, Verderbtheit, Verwirrung, wie sie in so manchen religiösen Einrichtungen, in „Babylon" (d. h. Verwirrung) herrscht, kaum Gläubige vermuten und entdecken, aber wenn solche da sind und wo irgend solche sind, da kennt sie der Herr.

— Und es ist Ihm nicht, wie leider manche Christen meinen, gleichgültig und einerlei, wo die Seinen stehen und wohin sie sich zählen, wenn sie nur gerettet sind. Wahrlich nicht! — Wir lesen gerade da, wo wir das allerdings tröstliche Wort lesen: „Der Herr kennt, die sein sind", auch Seine ernste Aufforderung: „Und jeder, der den Namen des Herrn nennt, stehe ab von der Ungerechtigkeit" (2. Tim. 2, 19). So ruft der Herr auch in „Babylon" hinein: „Gehet aus ihr hinaus, mein Volk, auf daß ihr nicht ihrer Sünden mit teilhaftig werdet!" Und Er ruft es nicht etwa am Tag des Gerichtes; Er ruft es vielmehr heute, und Er hat es schon all die Jahrhunderte gerufen, so lange es „ein Ohr" gegeben hat, um, wie es in den sieben Sendschreiben heißt, „zu hören, was der Geist den Versammlungen" sagt: „Gehet aus ihr hinaus!" Das Böse war zwar damals und ist auch jetzt noch nicht so entwickelt, wie dies am Ende in Babylon der Fall sein wird, aber von Anfang an war im Haus Gottes, soweit es der Verantwortlichkeit des Menschen übergeben war, der Eigenwille und die Untreue des Menschen wirksam. Der treue Überwinder dagegen unterwarf sich stets dem Wort und Willen Gottes und überwand darum das in den einzelnen Gemeinden oder Zeitperioden der Kirche vorhandene und in den verschiedenen Sendschreiben gerügte Böse. Er blieb dadurch von „Babylon" und seinem Geist frei. Das Wort „Gehet aus!" hatte für das Volk Gottes dem Bösen gegenüber stets seine Geltung und fand bei dem Überwinder Gehör.

Bevor das geschichtliche Babel durch die Meder und Perser besiegt wurde, rief Gott einstmals auch Sein irdisches Volk Israel aus Babel heraus: „Fliehet aus Babel hinaus und rette ein jeder sein Leben; werdet nicht vertilgt wegen seiner Ungerechtigkeit!" (Jer. 51, 6.) So ruft der Herr auch seit langem schon und ruft es heute noch, ehe das Gericht über „Babylon", die abtrünnige Kirche, kommt, den Seinen zu: „Gehet aus ihr hinaus!" So hören wir den Herrn auch schon durch den Apostel Paulus rufen: „Darum gehet aus ihrer Mitte aus und sondert euch ab!" (2. Kor. 6, 17.) Ganz ebenso ruft der Schreiber des Hebräerbriefes den Gläubigen aus Israel, vor Jerusalems Zerstörung, zu: „Laßt uns zu ihm hinausgehen außerhalb des Lagers!" (Hebr. 13, 13.) Und es war nur gesegnet für die Christen aus den Juden, diesem Wort zu folgen, ehe Jerusalem zerstört wurde. Als dann Jerusalem, der Sitz des „Lagers", wirklich zerstört wurde, waren keine Christen mehr in Jerusalem; der Herr hatte sie alle aus dem abtrünnigen System herausgerufen und nach Pella geführt. Und so wird, wenn Babylon einst gerichtet wird, der Herr die Seinen schon vorher durch die Entrückung aus der Welt genommen und vor den Endgerichten bewahrt haben (Offb. 3, 10). Er hat sie dann hinaufgenommen in den Himmel. Aber Sein Ruf: „Gehet aus ihr hinaus, mein Volk!" war und ist Sein heiliges Gebot, dem die Treuen entsprechen. Hier hören wir, anläßlich der Schilderung des furchtbaren Gerichtes von Babylon, das Gebot und den Zuruf des Herrn, aus Babylon auszugehen, noch einmal und zum letzten Mal zur Warnung für alle. Das zeigt, wie sehr Babylon dem Herrn ein Greuel ist und wieviel Ihm daran liegt, die Seinen von ihr und ihrem Geist getrennt zu sehen; denn was Babylon kennzeichnet, und um weswillen der Zorn Gottes über sie kommen muß, ist Abgötterei, grundsätzliche Vermengung mit Fleisch und Welt und dazu Verfolgungswut. Babylon ist das verhaßteste Böse, das es je vor Gott gegeben hat, denn sie äffte das Gute nach, verderbte und verfolgte das Liebste, das Er auf Erden besessen, den Gegenstand Seiner besonderen Zuneigung, die Braut Seines Sohnes, indem sie vorgab, die wahre Kirche zu sein.

Wir begreifen nun gut, daß Gott solch ein schweres Gericht über Babylon bringt, und daß „Tod und Traurigkeit und Hungersnot" an *einem* Tage über sie kommen müssen und sie mit Feuer verbrannt wird (V. 8). Gott ruft den Vollstreckern Seiner Gerichte zu: „Vergeltet ihr, wie auch sie vergolten hat!" (V. 6.) Er sagt nicht: „Wie sie euch vergolten hat!", denn Er redet nicht Seine Erlösten an; diese sind ja dann bei Ihm im Himmel, und sie waren, solange sie auf Erden waren, nicht dazu da, ihre

Feinde zu richten, sondern für sie zu beten. –

Wir hören nun drei Klassen von Klagenden, die bei dem plötzlichen Sturz und Strafgericht Babylons „Wehe, wehe!" rufen und weinen. Es sind dies die „Könige der Erde" (V. 9 und 10), die „Kaufleute der Erde" (V. 11–16) und drittens „jeder Steuermann" und „die Schiffsleute" (V. 17–19). Sie alle, besonders die Kaufleute und Schiffer, waren reich geworden durch sie, und nun war „in einer Stunde" ihre Pracht und ihr Reichtum und sie selbst verwüstet worden (V. 15. 16. 19).

Wer aus der Geschichte weiß, welche Rolle die hohen geistlichen Würdenträger des „Weibes", das auf den sieben Hügeln sitzt, im Mittelalter an den Höfen der Fürsten gespielt haben, welch ausgesuchte Pracht sie entfalteten und z. T. noch heute entfalten, welch große Schätze und Reichtümer Rom aufgespeichert hat; welch üppige Verschwendung in Bauten, Kleidern und Festfeiern es entfaltet in Glanz und Herrlichkeit; wie es selbst Handel treibt mit „Menschenseelen" da, wo ihre Missionen sind oder waren, nicht nur im Süden von Amerika und im dunklen Weltteil Afrika, der begreift gut die Klage der Könige, der Kaufleute und Seefahrer.

Im Gegensatz aber zu dieser Trauer wird den Bewohnern des Himmels zugerufen, sich zu freuen: *„Sei fröhlich über sie, du Himmel, und ihr Heiligen und ihr Apostel und ihr Propheten! denn Gott hat euer Urteil an ihr vollzogen!"* (V. 20.)

Und die Bewohner droben tun es, sie freuen sich (19, 1–4). Doch ehe uns ihre Freude und ihr dreifaches Halleluja mitgeteilt wird, berichtet uns der Seher die Ausübung des Gerichtes Gottes an Babylon:

„Und ein starker Engel hob einen Stein auf wie einen großen Mühlstein und warf ihn ins Meer und sprach: Also wird Babylon, die große Stadt, mit Gewalt niedergeworfen und nie mehr gefunden werden" (V. 21).

Mit Gewalt, oder wie andere übersetzen „mit einem Schwung" wird die stolze Babylon von ihrer Macht und Höhe hinuntergeschleudert, wie ein schwerer Stein mit Wucht in die Tiefe des

Meeres oder eines Stromes geworfen wird. Ein Vorbild davon war schon einst der Sturz des politischen Babylon, des Hauptes der vier Weltreiche, den Jeremia voraussah. Der Herr sprach zu ihm: „Wenn du dieses Buch (der Gerichte über Babylon) zu Ende gelesen, so binde einen Stein daran und wirf es mitten in den Euphrat und sprich: ‚Also wird Babylon versinken und nicht wieder emporkommen' "(Jer. 51, 63. 64). Der Sturz dieses zweiten geheimnisvollen ,,Babylon" ist nur noch furchtbarer, wie auch ihre Schuld um so viel größer war.

Es werden drei Anklagen von dem starken Engel wider sie erhoben: *„Deine Kaufleute waren die Großen der Erde."* — *„Und durch deine Zauberei sind alle Nationen verführt worden."* — *„Und in ihr wurde das Blut von Propheten und Heiligen gefunden und von allen denen, die auf der Erde geschlachtet worden sind"* (V. 23 und 24). Dies sind die drei Anklagen gegenüber den drei Absichten des Segens, die Gott mit der Kirche verband. Erstlich hatte die Kirche für den Himmel leben sollen, aber statt dessen hatte sie die Schätze der Welt gesucht; ihre Kaufleute waren „die Großen der Erde". Sodann sollte die Kirche „der Pfeiler und die Grundfeste der Wahrheit sein" (1. Tim. 3, 15); statt dessen hatte Babylon die Wahrheit verderbt und durch „Zauberei" die Völker betrogen. — Schließlich sollte die Kirche hier sein um Christi willen, sollte für Ihn kämpfen und leiden (Phil. 1, 29; 2. Tim. 2, 3. 12), statt dessen aber hat Babylon gegen Christus und die Seinen gewütet und Leiden, Verfolgungen und den Tod über die Gläubigen gebracht. —

So ist denn auch bei Babylons Sturz im Himmel, in Gottes Gegenwart, solch große Freude.

Kapitel 19

Lobgesang im Himmel über Babylons Sturz (Kap. 19, 1-5)

„Nach diesem hörte ich wie eine laute Stimme einer großen Volksmenge in dem Himmel, welche sprach: ‚Halleluja! das Heil und die Herrlichkeit und die Macht unseres Gottes! denn wahrhaftig und gerecht sind seine Gerichte; denn er hat die große Hure gerichtet, welche die Erde mit ihrer Hurerei verderbte und hat das Blut seiner Knechte gerächt an ihrer Hand'. Und zum anderen Male sprachen sie: ‚Halleluja!' Und ihr Rauch steigt auf in die Zeitalter der Zeitalter. Und die vierundzwanzig Ältesten und die vier lebendigen Wesen fielen nieder und beteten Gott an, der auf dem Throne sitzt und sagten: ‚Amen, Halleluja!' Und eine Stimme kam aus dem Thron hervor, welche sprach: ‚Lobet unseren Gott, alle seine Knechte, und die ihr ihn fürchtet, die Kleinen und die Großen!'" (Kap. 19, 1—5.)

Im ganzen Buch der „Offenbarung" erscheint kein Ausbruch der Freude so groß und allgemein, wie dieser anläßlich des schnellen und furchtbaren Gerichtes über Babylon, „die große Stadt" (Kap. 18, 10. 18), die zugleich „die große Hure" ist (Kap. 19, 1. 2). Ja, sie war beides: „groß" als „Stadt" und „groß" als „Hure". Wir wiesen schon früher darauf hin, daß Satan von der Kirche, der Gemeinde des Herrn, auf Erden ein *Zerrbild* hergestellt hat in „Babylon". Weil die wahre Kirche nach Gottes Ratschluß im Tausendjährigen Reich und auf der neuen Erde „die heilige Stadt" sein wird (Offbg. 21, 2. 9), darum hat Satan hier aus der Kirche, soweit es ihm gelang, eine „große Stadt" für sich gemacht (Offbg. 18, 21). Und weil ferner die wahre Kirche für den Sohn Gottes „die Braut" ist, „das Weib des Lammes" (Offbg. 21, 2. 9), die Ihm, dem Herrn der Herrlichkeit, hier als „eine keusche Jungfrau verlobt" wurde (2. Kor. 11, 2), darum hat Satan das, was den Namen der Kirche hier auf Erden trug, „durch ihre Zauberei verderbt", und sie ist „eine große Hure" (Kap. 19, 2) geworden. So begreifen wir mehr und mehr das große Gericht über Babylon und die große Freude im Himmel über ihren Sturz. Es kann darum auch weder die Herabkunft „der heiligen Stadt" vom Himmel auf die Erde geschehen, noch auch die Hochzeit der Braut des Lammes im Himmel stattfinden, bis das Zerrbild von beiden, die „Stadt" und „Hure", durch Gottes schweres Gericht auf Erden völlig und für immer beseitigt ist. —

Im vorigen Kapitel (18, 20) erging an die Bewohner des Himmels der Aufruf zum Jubel. Dieser Aufforderung entsprechen jene, nachdem das Gericht an Babylon vollzogen ist, wie wir sahen, jetzt in reichem Maße.

Sie rufen: „Halleluja!" Mit diesem Ausbruch der Freude leiten sie ihren Jubel ein (19, 1).

Das Wort „Halleluja" wird hier zum erstenmal im Neuen Testament gebraucht; und es kommt auch nur in diesem Kapitel vor, viermal, in den Versen 1, 3, 4 und 6. Dies ist bezeichnend für den Charakter der Freude. „Halleluja" ist hebräisch und heißt: „Lobet den HERRN!"

Im Alten Testament kommt „Halleluja" nur in den Psalmen vor.*) Dort, am Schluß von Psalm 104, wo es uns zum erstenmal begegnet, wird der endliche Sieg über die Sünder und Gesetzlosen, ihr Verschwinden von der Erde gefeiert. „Die Sünder sollen verschwinden von der Erde, und die Gesetzlosen nicht mehr sein. Preise den HERRN, meine Seele! Lobet den HERRN!" Für dieses Wort: „Lobet den HERRN!" steht im Hebräischen: „Hallelu-Jah!" Und ganz wie dort im Alten Bund, so wird auch hier der siegreiche Durchbruch der Macht Gottes über den Feind und seine gottlosen Werke auf Erden mit einem lauten „Halleluja!" gefeiert. Die Wegräumung des „Geheimnisses der Gesetzlosigkeit" hat begonnen, und die Einführung des Heils und der Herrlich-

*) Nämlich 21 (d. h. 3 x 7) mal.

keit und der Macht unseres Gottes auf Erden nimmt damit ihren Anfang: Das Reich Christi kommt.

Wir lesen: „Und zum anderen Male sprachen sie: Halleluja;" denn nie mehr wird Babylon auf Erden wieder erscheinen. Ewiges Gericht, ewige Qual ist ihr Teil. (Kap. 19, 3 vgl. 14, 11!)

Nun, da Christus im Begriff steht, Seine himmlische Braut, die Kirche, „sich selbst verherrlicht darzustellen", die „nicht Flecken oder Runzel oder etwas dergleichen habe" (Eph. 5, 27),, und Er darauf mit ihr in der Welt in Herrlichkeit erscheinen wird, um ,,Israel das Reich wiederherzustellen" (Apg. 1, 6), können auch die vierundzwanzig Ältesten mit dem Ausdruck ihrer Freude und ihres Jubels nicht zurückhalten (Kap. 19, 4).

Wir fanden schon, daß sie wiederholt die Wege des Herrn in Seinen Gerichten vom Himmel aus mit ihrer Zustimmung und ihrem Lob begleiteten.*) Hier fallen sie vor Gott, der auf dem Thron ist, nieder und rufen mit den vier lebendigen Wesen zugleich: „Amen, Halleluja!" Dann hören wir nicht wieder von ihnen. Hier treten sie als solche zum letzten Mal vor uns. Der Grund ist begreiflich. Die „24 Ältesten repräsentieren ja gemeinsam alle Gläubigen, die dann schon im Himmel sind – also sowohl die „vollendeten Gerechten" aus dem Alten Bund, wie auch die „Versammlung der Erstgeborenen", d. i. die wahre Kirche, Christi himmlische Braut. Daher waren es 2 x 12 = 24 Älteste.

Von nun an aber sehen wir die Gläubigen im Himmel nicht mehr unter dem Bild der ,,vierundzwanzig Ältesten", sondern unter dem Bild der Braut und der Hochzeitsgäste.

---

*) Offbg. 4, 10. 11; 5, 14; 11, 16. 17. –

Christi Wiederkunft in Herrlichkeit zu Seinem Reich
(Kap. 19, 5–22, 5)

1. Die Hochzeit des Lammes (Kap. 19, 5–10)

Mit einem freudigen „Halleluja" hatte eine große Volksmenge im Himmel und hatten auch vornehmlich die vierundzwanzig Ältesten mitsamt den vier lebendigen Wesen Gott gepriesen für Sein ernstes, ewiges Gericht über die „große Hure". Nun ergeht die Aufforderung aus dem Thron Gottes hervor an alle Knechte Gottes auf Erden: *„Lobet unseren Gott, alle seine Knechte, die ihr ihn fürchtet, die geringen und die großen!"* (V. 5.) Sie sind noch auf Erden inmitten ihrer Drangsal; aber ihre Erlösung naht! „Babylon", ihre bittere Feindin, ist schon gefallen, und die herrliche Stunde ist da, da endlich „die Hochzeit des Lammes gekommen ist" (V. 7).

Nicht ohne Seine himmlische Braut will der Herr Jesus zum Gericht der Welt und zu Seinem Reich auf Erden herniederkommen. Seine Braut, die Gemeinde, bildet ja einen Teil von Ihm selbst; sie ist „Sein Leib", die „Fülle" oder „Vollendung dessen, der alles in allem erfüllt" (Ephes. 1, 22. 23). Christus tritt deshalb Seinen Besitz und Seine Herrschaft als „Haupt des Leibes" an; „Sein Weib", die Gemeinde, begleitet Ihn vom Himmel her bei Seiner herrlichen Erscheinung vor aller Welt.

Die Ereignisse im Himmel hatten gleichsam gewartet auf die Ereignisse auf Erden. So lange Babylon, „die Hure", hier in der Welt ihre Macht entfaltete, trat „die Braut des Lammes" nicht auf Erden in ihre Rechte ein. Und auch im Himmel selbst konnte bis jetzt ihre Hochzeit nicht gefeiert werden. Aber sobald „die Hure" auf Erden unter dem Jubel aller Heerscharen und Erlösten Gottes ihr Gericht und Ende gefunden, sehen wir „die Braut", „das Weib des Lammes", in ihrem feierlichen Hochzeitsgewand. Endlich kann die Hochzeit des Lammes gefeiert werden.

Durch die Aufforderung zum Jubel über Babylons Fall (V. 5), die von dem richterlichen Thron Gottes aus erfolgt, und die der Hochzeit der Braut vorangeht, wird der Sturz Babylons mit der

Hochzeit der Braut in Verbindung gebracht. Darüber berichtet der Seher:

„Und ich hörte, wie eine Stimme einer großen Volksmenge und wie ein Rauschen vieler Wasser und wie ein Rollen starker Donner, welche sprachen:‚Halleluja! denn der Herr, unser Gott, der Allmächtige, hat die Herrschaft angetreten. Laßt uns fröhlich sein und frohlocken und ihm Ehre geben; denn die Hochzeit des Lammes ist gekommen, und sein Weib hat sich bereitet'" (V. 6 und 7).

Die Herrschaft, die nun unter solch großem Jubel auf Erden errichtet wird, ist die Herrschaft Christi, aber sie wird, wie wir das zuvor schon in diesem Buch sahen, die Herrschaft Gottes genannt, und zwar nicht etwa, als ob Christus hier in Seiner Gottheit gesehen würde (denn als der Sohn des Menschen tritt Er Sein Reich und Seine Herrschaft an, wie wir das z. B. im achten Psalm sehen), sondern weil Gottes Herrschaft endlich voll und ganz hier zur Geltung kommt durch Christus, den Menschen nach Gottes Willen. Stets hätte es so auf Erden sein sollen von Anbeginn, daß der Mensch nur für Gott hier herrschte; aber nie ist es so gewesen, wie uns dies das Alte Testament schon zeigt. Zuletzt sehen wir, ehe Christus kommt, die Herrschaft sogar in Satans Händen, d. h. Satans Wille geschieht zuletzt völlig durch die Mächte der Welt. Jetzt aber gibt Gott Seinen Thron, Seine Herrschaft und die Reiche der Welt Christus, dem Menschen nach Seinem Herzen, und damit hat Gott selbst eigentlich hier „die Herrschaft angetreten".

Gott heißt hier wieder: „Herr, unser Gott, der Allmächtige". Als „Jehova-Elohim-Schaddai" hatte Er sich Abraham und Seinem Volk Israel geoffenbart und ihm Verheißung gegeben von einer Herrschaft über die ganze Erde. Nun tritt Er mit diesem Namen und Charakter vor aller Welt, vor Feind und Freund hervor, „der Allmächtige" als Richter Seiner Feinde, "der Allmächtige" als Retter Seiner Auserwählten aus Israel.

Doch der große Jubel, den wir hören, und die Ehre, die Gott

empfängt, gilt nicht nur dem Antritt der Regierung oder Herrschaft Christi, sondern zunächst dem fröhlichen Umstand, daß „die Hochzeit des Lammes gekommen ist und Sein Weib sich bereitet hat".

Wir wissen, wer „die Braut, das Weib des Lammes" ist. Es ist die Kirche oder Gemeinde des Herrn. Wir haben schon davon geredet und werden später noch einmal darauf zurückkommen müssen.

Wie es ein *irdisches* und ein *himmlisches Jerusalem* gibt, so auch eine *irdische* und eine *himmlische Braut: Israel* und die *Kirche.* – Der Unterschied zwischen beiden ist allen Lesern bekannt. Bezeichnend dafür, daß wir die himmlische Braut, die Kirche, hier haben, ist schon der Umstand, daß die Hochzeit im Himmel ist, nicht, wie später bei Israel, im Reich auf Erden.

„Im Himmel" (V. 1) hören wir den Freudenruf: „Die Hochzeit des Lammes ist gekommen, und sein Weib hat sich bereitet" (V. 7).

Zur himmlischen Herrlichkeit war das Weib, die Braut des Lammes, schon auf Erden bereitet worden. So steht geschrieben: „Danksaget dem Vater, der uns fähig, d. h. bereit gemacht hat zu dem Anteil am Erbe der Heiligen im Licht!" (Kol. 1, 12.) Dies wird den Gläubigen — und sie bilden ja alle gemeinsam die Braut Christi — ermunternd zugerufen, während sie noch in dieser Welt und Wüste und in ihrem sterblichen Leib sind. Gott hat sie errettet und ihnen alle ihre Sünden vergeben (Kol. 1, 13. 14). Aber obwohl die Braut auf Erden schon ,,bereit" und bereitet worden war für die himmlische Herrlichkeit, muß sie sich doch erst im Himmel für die Hochzeit und die darauffolgende Herrschaft, die sie nun mit Christus antreten soll, bereiten und bereiten lassen. Wir lesen: *,,Sein Weib hat sich bereitet. Und es ward ihr gegeben, daß sie gekleidet sei in feine Leinwand, glänzend und rein; denn die feine Leinwand sind die Gerechtigkeiten der Heiligen"* (V. 7 und 8).

Wir wissen aus dem Wort Gottes, daß auch wir, die Gläubigen alle, noch vor „den Richterstuhl Christi" oder was dasselbe sagen will, vor „den Richterstuhl Gottes" gestellt werden (2. Kor. 5, 10; Röm. 14, 10). Diese Darstellung, dieses ernste „Offenbarwerden vor dem Richterstuhl Christi", wobei der Herr „auch das Verborgene der Finsternis ans Licht bringen und die Ratschläge der Herzen offenbaren wird", muß vor der Hochzeit der Braut und vor dem Antritt ihrer Herrschaft mit Christus erfolgen. Zur Zeit, da gesagt wird: „Sein Weib hat sich bereitet; und es ward ihr gegeben, daß sie gekleidet sei in feine Leinwand, glänzend und rein", ist die Braut vor dem Richterstuhl gewesen. Jeder einzelne der Gläubigen hat dort für sich vom Herrn seinen Lohn empfangen nach dem Maß seiner persönlichen Treue. Es wurde „einem jeden sein Lob von Gott" (1. Kor. 4, 5), soweit es ihm nach dem treuen und gerechten Urteil des Herrn zukam, und soweit er nicht durch Untreue Schaden und Verlust erlitt (vgl. 1. Kor. 3, 15; 2. Ep. Joh. 8). Es wird von dem Schmuck der Braut gesagt: „Die feine Leinwand sind die Gerechtigkeiten der Heiligen." Es handelt sich somit nicht um die Gerechtigkeit, die der Gesamtheit der Erlösten gemeinsam zuteil geworden ist durch den Glauben an Jesus Christus, sondern es wird uns durch den Gebrauch der Mehrzahl des Wortes („Gerechtigkeiten") gezeigt, daß hier von dem Lohn und Lob Gottes für die gerechten Werke und Taten, die der Geist Gottes in den einzelnen Erlösten auf Erden hervorbrachte, die Rede ist. Die Schrift sagt: ,,Denn Gott ist nicht ungerecht, zu vergessen eures Werkes und der Liebe, die ihr gegen seinen Namen bewiesen habt, da ihr den Heiligen gedient habt und dienet" (Hebr. 6, 10). Und wie die Werke des Glaubens und der Liebe droben ihren Lohn finden, und wäre es nur ein Becher kalten Wassers gewesen, den man in Seiner Liebe jemand dargereicht hätte, so auch jedes freundliche Wort der Gnade und Liebe und jedes Gebet des Glaubens, ja, jeder göttliche Antrieb und Beweggrund im Wandel und Leben hienieden.

Doch nicht nur, was die einzelnen Erlösten, die Glieder des Leibes, durch die Gnade Gottes auf Erden getan haben in praktischer Gerechtigkeit, wird ihnen nunmehr öffentlich vergolten, auch was sie in „den mancherlei Prüfungen", „in der Bewährung des Glaubens" gelitten, gelernt und an Segen erfahren haben, schmückt und ziert sie jetzt am Hochzeitstag und auf ewig „zu Lob und Herrlichkeit und Ehre in der Offenbarung Jesu Christi" (1. Petrus 1, 6. 7).

Daß der Schmuck und das Kleid der Braut nicht von „Gold" ist, dem Sinnbild der Gerechtigkeit Gottes, die die Seele aus Glauben besitzt zu ihrem ewigen Heil (vgl. z. B. Offbg. 3, 18), sondern „glänzende Leinwand", das Sinnbild der praktischen Gerechtigkeit im Wandel (vgl. z. B. den Gürtel des Herrn aus Leinwand bei der Fußwaschung der Jünger in Joh. 13, 4 mit Seinem goldenen Gürtel bei der Ausübung des Gerichts in Offbg. 1, 13!), zeigt gleichfalls, daß es sich hier um die Belohnung für Gerechtigkeit, Treue und Ausharren auf Erden handelt.

Welch einen Gegensatz bietet aber das einfache Kleid von feiner glänzender Leinwand, das Gott der Braut Seines Sohnes am Hochzeitstag gibt, zu dem gleißnerischen Gewand von Scharlach und Purpur und Juwelen, das sich die falsche Braut „die Hure", bis zu ihrem jähen Sturz umgeworfen hatte. Ja, „was groß ist vor der Welt, ist ein Greuel vor Gott".

Dann fährt der Seher fort: *„Und er spricht zu mir: ‚Glückselig, die geladen sind zum Hochzeitsmahl des Lammes!'"* (V.9.)

Wer sind die „Glückseligen", die zur Hochzeit des Lammes „geladen" sind? — Ist es die himmlische Braut selbst, wie viele meinen? — Wir meinen nicht. Vielmehr scheint es uns, daß wir hier zwei Klassen haben: die Braut, die nicht besonders genannt, aber selbstverständlich da ist und neben dem Bräutigam den ersten Platz bei der Hochzeit hat; und zweitens die Hochzeitsgäste. Wenn diese schon „glückselig" genannt werden, wieviel glückseliger wird dann die Braut selber sein! —

Johannes der Täufer sagt: „Der die Braut hat, ist der Bräutigam; der Freund des Bräutigams aber, der da steht und ihn hört, ist hocherfreut über die Stimme des Bräutigams; diese meine Freude ist nun erfüllt" (Joh. 3, 29). Es gibt also Gläubige, die sich über die Stimme des Bräutigams freuen, aber nicht zur himmlischen Braut gehören, so die Gläubigen des Alten Bundes. Sie sind wohl Erben der unverwelklichen Herrlichkeit und sind gesegnet mit den ewigen Reichtümern der Gnade, aber sie ste= hen nicht in dem gleichen Verhältnis zum Bräutigam wie die himmlische Braut. Als Freunde des Bräutigams frohlocken sie über die Stimme des Bräutigams, den sie lieben. Ihre Herzen jubeln in Dank und Freude, und sie sind glückselig am Hoch= zeitsmahl des Lammes, aber die Kirche allein besitzt die Freude und Wonne, der erste Gegenstand der Zuneigung und Liebe des Herrn der Herrlichkeit zu sein; sie ist Seine Braut, „die Fülle dessen, der alles in allem erfüllt". Welch eine besondere Gunst und Gnade, in der Jetztzeit Christus anzugehören und einen Teil dieser glückseligen himmlischen Braut auszumachen!

„Und er spricht zu mir: ‚Dies sind die wahrhaftigen Worte Gottes'!" (V. 9.) Wozu diese Beteuerung? Sie ist bezeichnend für die Liebe des Herrn zu uns und zugleich nötig für unsere Herzen und Gewissen. Der Herr weiß, wie leicht wir all diese herrlichen Dinge, von denen wir eben hörten, glauben und als Lehren in unsere Erkenntnis aufnehmen können, ohne daß unsere Herzen ihre Kostbarkeit wirklich genießen. Wenn wir aber beachten, daß es sich bei der Schilderung dieser kommen= den Herrlichkeit um „die wahrhaftigen Worte Gottes handelt", daß es Tatsachen sind, die uns betreffen, die wir als die Braut des Lammes bald erleben werden, so muß das Herz voll Freude sein. Und vor dieser „unaussprechlichen und verherrlichten Freude", in der wir im Blick auf die nahe Ankunft des Herrn und auf unsere ewige selige Vereinigung mit Ihm „frohlocken" dürfen, muß jede Freude dieser Welt erblassen und verschwin= den. Mit einer solchen Hoffnung im Herzen werden wir uns absondern „von jeder Befleckung des Fleisches und des Geistes und die Heiligkeit vollenden in der Furcht Gottes".

„Die sel'ge Braut frohlocket laut,
wenn heim sie geführet, mit Dir triumphieret
und droben, wie Du bist, Dich schauet."

„Deshalb, Geliebte, da ihr dies erwartet, so befleißiget euch, ohne Flecken und tadellos von ihm erfunden zu werden in Frieden!" (2. Petr. 3, 14.)

Mit der gesegneten, für unser Herz so kostbaren Versicherung in Kap. 19: „Dies – die herrliche Schilderung der Braut und der Hochzeit – sind die wahrhaftigen Worte Gottes", läßt sich die Versicherung in Kap. 21, 5 und 22, 6 zusammenstellen: „Diese Worte sind gewiß und wahrhaftig." Auch hier will der Herr unsere Herzen zum Nachdenken führen, daß wir über die Schilderung der herrlichen Zeit im Reich Christi und ewiglich auf der neuen Erde uns doch mehr freuen möchten, da sie „gewiß und wahrhaftig" ist. –

Der Seher Johannes wird denn auch angesichts dieser herrlichen Enthüllungen und kommenden Glückseligkeit so überwältigt, daß er niederfällt, um den himmlischen Boten anzubeten, der ihm all diese Herrlichkeit zeigt (V. 10). Aber der Engel wehrt ihm; er ist ja nur ein Mitknecht des Sehers und seiner Brüder, die das Zeugnis Jesu haben.–

Wie groß ist doch die Gefahr, daß das menschliche Herz in seinen Gefühlen im Blick auf den Himmel und die ewigen Dinge zwischen Gott und sich irgendwelche vermittelnde Wesen treten läßt! Nicht nur hier, auch schon im Anfang der Geschichte der Kirche warnt Gott ernstlich vor dieser Gefahr (vgl. Kol. 2, 8.18). Gott, der uns also geliebt, daß Er Seinen eingeborenen Sohn für uns gab, und der uns durch Ihn so nahe an Sein Vaterherz gebracht hat, möchte uns nun auch allezeit in Seiner unmittelbaren Nähe, in persönlicher Vertrautheit und Gemeinschaft vor Seinem Angesicht haben. Nichts und niemand, kein System, kein Mensch und kein Engel hat das Recht, sich zwischen Gott und uns zu drängen; und wir sollen auch nie meinen, irgendeiner Vermittlung zwischen Gott und uns zu bedürfen. Unser Herr und Heiland, „der Mensch Christus Jesus, der sich selbst gab zum Lösegeld für alle", ist der „*eine* Mittler zwischen Gott und den Menschen"; und Er hat alle, die an Ihn glauben, auf ewig Gott nahe gebracht durch Sein vollendetes Erlösungswerk und in Seiner eigenen, herrlichen Person. –

Kehren wir nun zu unserem Text zurück! In V. 7 sahen wir den ganzen Himmel von Freude und Frohlocken erfüllt, denn „die Hochzeit des Lammes ist gekommen". Welch ein Höhepunkt der Freude und Seligkeit droben! Welch ein Augenblick für den Herrn Jesus selbst, den Bräutigam, wenn die Wünsche Seines Herzens, die zugleich die Gedanken Seines Gottes und Vaters von Ewigkeit her waren, erfüllt sein werden! Nun nimmt Er Seine Gemeinde, die Gott Ihm gab, die „kostbare Perle", um derentwillen Er einst alles aufgegeben, was Er hatte, voll und ganz in Besitz, indem Er sie „sich selbst verherrlicht darstellt, ohne Flecken oder Runzel oder etwas dergleichen, heilig und tadellos" (Ephes. 5, 27). Wahrlich, dann wird Er „schweigen in Seiner Liebe", sich über sie „freuen mit Wonne", über sie „frohlocken mit Jubel", weit mehr als über Israel.

2. Christi Wiederkunft mit dem himmlischen Kriegsheer zum Gericht (Kap. 19, 11—16)

Sobald die Hochzeit des Lammes im Himmel stattgefunden hat, sieht Johannes den *Himmel geöffnet* zur Erde hin; und unser Auge wird gerichtet auf die herrliche Erscheinung Christi mit Seinen himmlischen Heerscharen zum Gericht der Völker und zur Aufrichtung Seines Reiches in Macht auf Erden. Er, den wir eben noch als den *Bräutigam* sahen, tritt jetzt hervor, als der „*Richter* der ganzen Erde"; und Seine Erlösten, die wir eben noch als „die *Braut,* das Weib des Lammes" sahen, erblicken wir hier unter einem neuen Bild: als „die *Kriegsheere,* die in dem Himmel sind". Aber wir erkennen sie sofort wieder, denn sie sind „angetan mit weißer, reiner Leinwand", die ja auch der Schmuck der Braut war (V. 8).

Furchtbare Gerichte waren bereits der Reihe nach, wie wir es in den vorigen Kapiteln verfolgen konnten, über die gottlose Welt gekommen; aber die Bewohner der Erde hatten nicht Buße getan, sich vielmehr verhärtet und hatten Gott gelästert, von dem die Warnungen und Gerichte kamen. Sie lebten ohne Gott und wider Gott sorglos dahin, nur besorgt um diese Zeit und Welt, wie in den Tagen Noahs und Lots; man ißt und trinkt, freit und baut, kauft und verkauft, bis der Sohn des Menschen in den Wolken erscheint „in flammendem Feuer, um Vergeltung zu bringen denen, die Gott nicht kennen" (2. Thess. 1, 7–10).

Und während solche Zustände der Sittenlosigkeit und Verhärtung der Herzen wider Gott zur Zeit der Wiederkunft Christi auf Erden herrschen, wütet beim Eintritt dieses Ereignisses gerade ein furchtbarer Krieg im Gelobten Land; es handelt sich um dessen Besitz. Der Fürst des neuerstandenen Römischen Reiches befindet sich dort mit seinen verbündeten Heeresmächten, die auf dem Schlachtfeld von Armagedon ihr Ende finden werden (Kap. 16, 12–16). Die ungläubigen Juden, die den falschen Christus, den Antichristen, als ihren König angenommen haben, sind mit dem Haupt des Römischen Reiches verbündet und werden zu jener Zeit innerhalb Jerusalems, wo sie den Tempel wieder aufgerichtet und Götzendienst getrieben haben, eine schreckliche Belagerung zu bestehen haben; Feinde, die über „den Euphrat" gekommen sind, belagern die Stadt. Die Stadt und das Volk scheinen dem Untergang und dem Verderben geweiht. Der Herr redete von dieser ernsten Zeit oft vor Seinem Weggang mit den Jüngern (Matth. 24 und Luk. 21). Der gläubige Teil oder Überrest unter den Juden harrt zugleich in seiner Not und Bedrängnis auf Gott und schreit zu Gott, der sich verborgen hält, aber dennoch alles lenkt nach dem Rat Seines Willens und Seine Feinde auf Erden am Tag des Gerichts richten wird in Gerechtigkeit (Lies Luk. 17, 22–18, 8).

Die Heilige Schrift redet anderwärts von den Gerichten, die in der Endzeit über Gog, über die Assyrer, über die Edomiter und andere Völker kommen werden; „die Offenbarung" schildert uns nur das Gericht über das Haupt des Römischen Reiches und über den Antichristen, die hier als die Hauptfeinde Gottes und Seines Gesalbten erscheinen.

Ebenso gibt uns die Heilige Schrift in anderen Teilen — so in den Psalmen und den Propheten des Alten Bundes — eine nähere Schilderung von der Herrlichkeit Jerusalems auf Erden im verheißenen Reich Christi; unser Buch zeigt uns nur die Herrlichkeit des himmlischen Jerusalems, der Braut des Lammes, der „heiligen Stadt", wie sie bei Beginn des Königreiches Christi „herniederkommt aus dem Himmel von Gott" (Kap. 21, 9—27).

Doch kehren wir zurück zu unserem Text. Wir lesen: *„Und ich sah den Himmel geöffnet, und siehe, ein weißes Pferd, und der darauf saß, genannt Treu und Wahrhaftig, und er richtet und führt Krieg in Gerechtigkeit. Seine Augen aber sind eine Feuerflamme, und auf seinem Haupt viele Diademe, und er hat einen Namen geschrieben, den niemand kennt, als nur er selbst. Und er ist bekleidet mit einem Gewand, in Blut getaucht, und sein Name heißt: Das Wort Gottes."*

„Der große Tag Gottes, des Allmächtigen" ist gekommen, von dem wir früher lasen (Kap. 16, 14): der Tag des Gerichtes und der Vergeltung; aber zugleich ist es der Tag, nach dem die Gläubigen in Israel von alters her sehnsuchtsvoll ausschauten, und nach dem vor allem der gläubige Überrest der Zukunft in den Tagen seiner großen Bedrängnis unter den Verfolgungen des Antichristen flehend und seufzend ausblicken wird. Und ebenso ist es der Tag, nach dem sich die seufzende Schöpfung sehnt, „die in Geburtswehen liegt bis jetzt"; denn „sie wartet auf die Offenbarung der Söhne Gottes", die bei der Erscheinung Christi zu Seinem Reich erfolgt (Röm. 8, 19—22; Kol. 3, 4).

Zunächst berichtet uns der Seher: „Und ich sah den Himmel aufgetan." — Da die Hochzeit gefeiert worden ist, öffnet sich der Himmel, und der Herr kommt als König mit Seiner Braut und allen himmlischen Heerscharen hernieder, um Gericht über die lebenden Völker auf der Erde zu halten und Sein Reich hier zu errichten in Macht und Herrlichkeit (Jud. 14; Matth. 25, 31. 34f.). Zuerst kam Er also als Bräutigam für die Braut und führte sie zur Hochzeit in den

Himmel ein (Matth. 25, 10), und nun kommt Er als König mit der Braut zur Welt hernieder (Offbg. 19, 11—16). Ja, aus dem geöffneten Himmel kommt in richterlicher Herrlichkeit und Majestät Jesus Christus hernieder zur Erde, wo alle Zeugnisse Gottes fehlschlugen, wo die Treue und Wahrhaftigkeit verschwunden ist; Er allein ist „der Treue und Wahrhaftige".

Das ist Sein Name auch im letzten der sieben Sendschreiben, nachdem die letzte der Gemeinden dargetan hat, wie groß und völlig hoffnungslos der Verfall der Kirche ist, wie sie ihrer Verantwortlichkeit nicht entsprochen hat. Er allein ist und bleibt „der treue und wahrhaftige Zeuge" (Offbg. 3, 14). Er, der allein Zuverlässige, hat als der „zweite Mensch, der vom Himmel" ist, Gottes Erwartungen völlig entsprochen, Ihn vollkommen und in allem verherrlicht und kein Vertrauen, das im Himmel und auf Erden auf Ihn gesetzt wurde, je getäuscht.

Er kommt auf „weißem Pferd", einem Schlachtroß, „und richtet und führt Krieg in Gerechtigkeit". Hier auf Erden haben „unreine Geister", „Geister von Dämonen", die Könige des „ganzen Erdkreises" mit ihren Heeren zusammengerufen, die in wilder, teuflischer Kampfesgier versammelt sind und gerüstet dastehen, um „Krieg zu führen mit dem, der auf dem Pferde saß, und mit seinem Heere" (Kap. 16, 14; 19, 19).

Einst kam der Herr, wie verheißen war, in Demut und Sanftmut als der Friedefürst und Retter und hielt auf einem Eselsfüllen Seinen Einzug in Jerusalem (Matth. 21, 1—9). Nun kommt Er, da Ihn Sein Volk und die Welt verworfen hat, als der Richter und Rächer „auf weißem Pferd", wie wiederum verheißen ist, „auf den Wolken des Himmels mit Macht und großer Herrlichkeit" (Matth. 24, 30).

Und was berichtet uns der Seher weiter? „Seine Augen sind wie eine Feuerflamme." Niemand wird bestehen können vor Seinem Auge und Angesicht. Und „viele Diademe" krönen Sein

Haupt, ist Er doch „der König der Könige und der Herr der Herren"; Seiner Rechte und Würden sind viele, und Ihm gehört „alle Gewalt im Himmel und auf Erden".

Aber neben Seiner königlichen Herrlichkeit und Majestät, in der Er mit den Seinen gekommen ist, um „Gewalt zu haben über die Nationen und sie zu weiden mit eiserner Rute und sie zu zerschmettern wie Töpfergefäße" (Offb. 2, 25. 27; Ps. 2, 8. 9), besitzt der Herr noch eine besondere Herrlichkeit, die niemand zu ergründen vermag: „Er trägt einen Namen, den niemand kennt, als nur er selbst." Dieser geheimnisvolle Name ist auf Ihn geschrieben, aber niemand kennt ihn, dringt in Seine Herrlichkeit ein. Weiß dann auch jedermann, wer Er ist: „der Sohn des Menschen", dessen „Zeichen" zunächst im Himmel erschienen war (Matth. 24, 30), und der nun selbst in Macht und Herrlichkeit auf Erden erscheint, so daß jedes Auge Ihn sieht, so ist Er doch zugleich der Sohn Gottes, „den niemand kennt als nur der Vater" (Matth. 11, 27). Seine Natur, Seine Person als der Sohn Gottes bleibt für den Menschen unerforschlich.

Das Gewand dieses Königs der Könige ist in Blut getaucht. Er übt jetzt Gericht aus in Gerechtigkeit, und Er tritt ein für Gott, wie Er dies allezeit getan, einst als *Retter* in *Gnade*, nunmehr als *Richter* mit dem Schwert der *Gerechtigkeit*. Er offenbart stets Gott in Vollkommenheit: „Sein Name heißt: Das Wort Gottes".

Er war das Wort von Ewigkeit her; so kam Er einst herab in Niedrigkeit „voller Gnade und Wahrheit" und gab Sein Leben hin als Lösegeld für alle, wie uns das Evangelium berichtet. Er sandte hierauf nach vollendetem Werk Seine Knechte und Zeugen aus, um der Welt das Wort Gottes zu verkündigen, aber die Welt hat Seine Botschaft verschmäht und verworfen. Nun kommt Er wieder als „das Wort Gottes" auf die Erde, aber in Recht und Gerechtigkeit zum Gericht.

„Und die Kriegsheere, die in dem Himmel sind, folgten ihm auf weißen Pferden, angetan mit weißer Leinwand. Und aus seinem Mund geht hervor ein scharfes, zweischneidiges Schwert,

auf daß er damit die Nationen schlage."

„Der König der Könige und Herr der Herren" kommt, wie wir schon zuvor bemerkten, nicht allein „aus dem geöffneten Himmel" zum Gericht auf die Erde hernieder, Er erscheint vielmehr mit einem großen Gefolge, „den Kriegsheeren, die im Himmel sind", „Seinen Berufenen, Auserwählten und Treuen". Sie sitzen, wie Er selbst, der Richter der ganzen Erde, auf weißen Pferden, zum Zeichen ihrer Reinheit und ihres sicheren Sieges über Gottes Feinde. Sie nehmen teil an Christi Sieg und Triumph über „das Tier" und seine Heere, aber ihr Gewand ist nicht, wie Sein Gewand, „in Blut getaucht". Im Propheten Jesaja, wo, in Kap. 63, 1—6, die Vollstreckung der Rache geschildert wird, bei welcher der Herr der Herrlichkeit Sein Gewand mit dem Blut der Erschlagenen bedeckt, ist vom Gericht über Edom und den König der Assyrer die Rede (vgl. Ps. 83). Aber hier an unserer Stelle (Offb. 19) ist das Gericht des Herrn über „das Tier", das Römische Reich geschildert. Da begleiten Ihn die Seinen in Seinem Sieges- und Triumphzug und sind Zeugen Seines Gerichtes, wenn Er die Nationen mit dem Schwert schlägt, das aus Seinem Mund geht.*) Das Gericht trägt hier einen himmlischen Charakter.

Wer sind „die Kriegsheere, die im Himmel" sind und den Herrn der Herrlichkeit bei Seiner Erscheinung begleiten? Sind es Engel? — Nein, sondern, wie wir schon oben sagten, „die Berufenen und Auserwählten und Treuen" (17, 14). Wir haben also hier dieselben Personen, die Gläubigen aller Zeiten und Völker, soweit sie schon im Himmel waren, einschließlich der himmlischen Braut, die wir oben alle bei der Hochzeit des Lammes sahen, nur sind sie jetzt nicht mehr beim Hochzeitsmahl, sondern im Gefolge Christi im Triumph über Seine Feinde.

---

*) In Kap. 14, wo, wie in Jes. 63, „die Kelter" getreten wird, ist von einer Wolke die Rede, auf der „der Sohn des Menschen" sitzt, und ein Engel wirft die Beeren in die Kelter. Die Schilderung des Kampfes und der Kämpfer ist hier (in Kap. 19) eine entsprechend andere.

Die Erlösten sind stets mit dem Erlöser vereint: in Seinem Leiden und in Seiner Herrlichkeit. Sie sind Seine „Mitgenossen in der Drangsal und im Königtum" (Offb. 1, 9; 1. Petr. 5, 1). Ihnen ruft der Geist Gottes zu: „Euer Leben ist verborgen mit Christus in Gott. Wenn Christus, unser Leben, geoffenbart wird, dann werdet auch ihr mit ihm geoffenbart werden in Herrlichkeit" (Kol. 3, 3. 4).

Schon Henoch hat ja geweissagt: „Siehe, der Herr ist gekommen inmitten seiner heiligen Tausende, um Gericht auszuführen wider alle und völlig zu überführen alle ihre Gottlosen von allen ihren Werken der Gottlosigkeit, die sie gottlos verübt haben, und von all den harten Worten, welche gottlose Sünder wider ihn geredet haben" (Jud. 14. 15).

Doch wenn auch die „Kriegsheere", die den Herrn vom Himmel begleiten, nicht Engel, sondern Seine himmlischen Erlösten sind, so sind doch außer diesen „alle heiligen Engel" in Seinem weiteren Gefolge, wie wir dies aus anderen Stellen sehen, z. B. Matth. 16, 27; 25, 31; Mark. 8, 38; Luk. 9, 26. Auch in 2. Thess. 1, 7. 8 schreibt Paulus den bedrängten Christen: „Euch, die ihr bedrängt werdet, (gibt Gott) Ruhe mit uns bei der Offenbarung des Herrn Jesus vom Himmel mit den Engeln seiner Macht, in flammendem Feuer, wenn er Vergeltung gibt denen, die Gott nicht kennen und denen, die dem Evangelium unseres Herrn Jesus Christus nicht gehorchen, welche Strafe leiden werden, ewiges Verderben vom Angesicht des Herrn und von der Herrlichkeit seiner Stärke, wenn er kommen wird, um an jenem Tage verherrlicht zu werden in seinen Heiligen und bewundert in allen denen, die geglaubt haben" (2. Thess. 1, 7—10). Welch eine wunderbare Macht- und Herrlichkeitsentfaltung wird dies sein, wie die Welt sie nie zuvor geschaut hat!

Aus dem Mund des Herrn geht bei Seinem Krieg und Sieg „ein scharfes Schwert" hervor. Von dieser mächtigen, zweischneidigen Waffe des Herrn haben wir schon früher wiederholt gehört (Kap. 1, 16 und 2, 12 und 16). Ja, das Wort des Herrn ist durchdringend und allmächtig und wird einst alle Gesetzlosen und Widersacher schlagen und die Nationen richten (vgl. auch Jes. 11, 4; 2. Thess. 2, 8). Alsdann wird Er die Nationen weiden mit eiserner Rute. Und für diese Zeit der Regierung in Herrlichkeit, Macht und Gerechtigkeit hat der Herr den Überwindern verheißen, daß sie mit Ihm herrschen und regieren werden (Offb. 2, 26. 27). Seinen Namen als der Allherrscher, „der König der Könige und Herr der Herren", trägt Er auf dem Gewand, auf „Seiner Hüfte", da, wo das Schwert des Kriegers hängt.

So steigt der Richter der ganzen Erde mit Seinem mächtigen Gefolge vom Himmel hernieder, um sich eine trotzige Welt, in der Er einst als der sanftmütige Retter erschien, aber bitteren Haß und den Tod fand, in Gerechtigkeit zu unterwerfen.

3. Das Gericht über „das Tier" und den Antichristen (Kap. 19, 17–21)

Dann fährt der Seher fort: *„Und ich sah einen Engel in der Sonne stehen, und er rief mit lauter Stimme und sprach zu allen Vögeln, die inmitten des Himmels fliegen: ‚Kommt her, versammelt euch zu dem großen Mahl Gottes!"* (V. 17.)

Wie furchtbar ist der Gegensatz zwischen diesem „großen Mahl", zu dem „die Vögel", die inmitten des Himmels fliegen, die unreinen Raubvögel der Erde, geladen werden, und dem „großen Mahl", das Gottes Gnade und Liebe auf Grund der Hingabe Seines Sohnes für arme Sünder bereiten ließ, und zu dem Er im Evangelium – wie wir es in Luk. 14, 16 lesen – jetzt noch alle Menschen laden läßt mit dem Ruf: „Kommt, denn schon ist alles bereit!" Aber dieses große, herrliche Mahl der Gnade und des freien ewigen Heils wird von den meisten verachtet samt den Boten, die dazu nun schon nahezu 2000 Jahre laden. Auch das herrliche und selige „Hochzeitsmahl des Lammes", von dem wir noch soeben (V. 7) hörten, steht in dem gleichen furchtbaren Gegensatz zu diesem großen Mahl des Gerichts, zu dem der Engel von der „Sonne", vom Platz der höchsten Macht aus, die unreinen beutegierigen Vögel ruft. Die großen, einst mächtigen Heere „des Tieres" werden ihnen von Gott zur Beute und zum Fraß gegeben, die Rosse und ihre Reiter, die Könige und die Obersten, die Starken, die Geringen und die Großen. — Auch im Alten Bund schon lesen wir von dem Gericht Gottes über die feindlichen Nationen vor Jerusalem am Ende der Tage, wenn Christus zu Seinem Reich kommt (Hes. 39, 17—20; und vgl. Jer. 12,9). Nur daß hier, wie wir sagten, in besonderer Weise das Gericht des Weltenrichters über die großen Heere des „Tieres", d.h. des Römischen Reiches berichtet wird. Wir sehen hier den Untergang der Heeresmacht des „Tieres" und den Sturz des „Tieres" und des Antichristen in den Feuersee.

„Und ich sah — so berichtet der Seher weiter — das Tier und die Könige der Erde und ihre Heere versammelt, Krieg zu führen mit dem, der auf dem Pferd saß und mit seinem Heer. Und es wurde ergriffen das Tier und der falsche Prophet, der mit ihnen war . . . lebendig wurden die zwei in den Feuersee geworfen . . . Und die übrigen wurden mit dem Schwert dessen getötet, der auf dem Pferd saß . . . und alle Vögel wurden von ihrem Fleisch gesättigt" (V. 19—21).

Die Auflehnung und Feindschaft Satans und derer, die auf seiner Seite stehen, wider Gott und Sein Volk, die so alt ist wie die Geschichte des gefallenen Menschen, erreicht hier ihren Höhepunkt. Alle feindlichen Heere sind wider Gott und Seinen Gesalbten versammelt. Die Feindschaft und Wut hat Satans Heere blind gemacht; würden sie es sonst wagen, gegen den Herrn der Heerscharen zu streiten und glauben, einen Sieg über Ihn zu erringen? Aber was geschieht? — „Das Tier", das Haupt des Römischen Reiches, und „der falsche Prophet", der Antichrist, werden ergriffen und lebendig in den Feuersee geworfen. Dies ist das furchtbare Ende und gerechte Los von Satans König und Priester!

Zwei Zeugen des Herrn, Henoch und Elia, die in Tagen gro=

ßer Abtrünnigkeit auf Erden treu für Gott eingetreten waren, hatte Gott *lebendig in den Himmel* genommen. Diese zwei „Tiere", die uns in Kap. 13 zuerst begegneten, die Häupter der politischen und religiösen Welt am Ende der Tage, wenn die Bosheit der gefallenen Menschheit ihre höchste Höhe erreicht hat, werden *lebendig in das Feuer der Hölle* geworfen (Kap. 20). Welch ein Gericht und Ende für den Stolz des Menschen, der von Gott abfiel und dessen Dichten und Trachten, Rüsten und Rühmen allezeit ohne Gott und wider Gott gewesen ist und in diesen beiden „Tieren" unter Satans Leitung seine Häupter und Regenten hatte!

Auch der Prophet Daniel weissagt schon von diesem Gericht über das erste „Tier", das Haupt des vierten Weltreiches, daß es „dem Brand des Feuers übergeben" werde (Dan. 7, 11). Und vom „Antichristen", dem „anderen Tier", welches das gleiche Los teilt, hören wir, daß es vernichtet wird bei der Erscheinung Christi „durch den Hauch Seines Mundes" (2. Thess. 2, 8), was besagen will, daß der Antichrist auf ein bloßes Wort des Herrn hin sein Teil im „Feuersee" findet. — Auch die „übrigen", wie der letzte Vers unseres Kapitels sagt, „werden mit dem Schwert dessen getötet, der auf dem Pferd saß, welches Schwert aus seinem Mund ging" (Kap. 19, 21). Also auch hier führt das Wort des Herrn das Gericht und Ende der Gottlosen herbei. Der Prophet Sacharja berichtet uns näher, wie furchtbar die Wirkung und das Strafgericht des Herrn durch Sein Wort über die bei Jerusalem versammelten feindlichen Heere sein wird (Sach. 14, 12. 13).

In ihrer Blindheit und ihrem Hochmut sind dann, wie wir zuvor sahen, die Völker der Erde von Osten und Westen vor Jerusalem zum Krieg versammelt, und damit ziehen sie zugleich wider „den Fürsten der Könige der Erde" zu Feld; sie wollen „ihre Lust sehen an Zion". „Aber sie kennen die Gedanken des HERRN nicht", der die Völker der Erde bei Seinem Herabkommen dort miteinander richten wird; „sie verstehen seinen Ratschluß nicht, denn er hat sie gesammelt, wie man Garben auf eine Tenne sammelt." Und Er wird dort „viele Völker zermalmen", sie „wie Töpfergefäße zerschmeißen", wenn „er kommt und alle Heiligen mit ihm" (Mich. 4, 11—13;, Ps. 2, 8—9; ferner Sach. 12, 2 und 14, 3—5*).

---

*) Es gibt, wie wir wiederholt andeuteten, mehrere Gerichte des Herrn über die Völker und ihre Heere vor Jerusalem, ehe Er persönlich als König der Herrlichkeit dort einzieht und Sein Volk Israel völlig befreit (Ps. 24). Die Heilige Schrift gibt darum drei verschiedene Zeitmaße an für die Dauer der Gerichte und für die volle Aufrichtung des Reiches. Zunächst nennt sie die bekannte Zeitperiode von 42 Monaten oder 1260 Tagen = 3½ Jahren (Offbg. 11, 2. 3; 12, 6; 13, 5; dazu vgl. Dan. 9, 27 und 12, 7). Die zwei anderen Zeitangaben dagegen beginnen mit dem Verbot der Darbringung des täglichen Opfers im Tempel und währen 30 Tage, bzw. 75 Tage länger als die 3½ Jahre der Gerichtszeit, was dasselbe ist wie die eben genannten 1260 Tage. Wir lesen nämlich: „Von der Zeit an, da das beständige Opfer abgeschafft wird (in der Mitte der letzten Jahrwoche: Dan. 9, 27) . . . sind 1290 Tage (Dan. 12, 11). Dies sind also 30 Tage mehr als die oben angegebene Zahl, bis zur Zeit, da Daniels Volk – das sind die Juden – völlig gerettet ist (Dan. 12,1). Und dann heißt es sogar weiter: „Glückselig der, welcher harrt und 1335 Tage erreicht!" (Dan. 12, 12.) Dies sind sogar 75 Tage mehr als die erstgenannte Zeit der antichristischen Drangsalszeit, denn diese währt nur 1260 Tage. – Ähnlich wie es bei der großen Flut war in Noahs Tagen, daß nämlich die Wasser des Gerichts sich nur langsam verliefen (1. Mos. 8, 5–14), so wird es auch sein mit dem Verlauf der Gerichte vor der Aufrichtung des Tausendjährigen Reiches auf Erden; es werden die Feinde nur nach und nach beseitigt werden und die Segnungen nach den Gerichten sich damit immer völliger einstellen. – Vielleicht schließen die 1335 Tage auch die Zeit ein, da Israel, d. h. die zehn Stämme, die später als Juda (die zwei Stämme) befreit werden und in das Land zurückkehren, auch zur Segnung geführt werden.

Kapitel 20

4. Satan gebunden (Kap. 20, 1—3).

Wir haben, wie wir schon bemerkten, im Buch der Offenbarung nicht den Bericht des Gerichts über die verschiedenen einzelnen Völker; es tritt vielmehr hier das letzte oder vierte Weltreich, das Römische Reich mit seinen Bundesgenossen in besonderer Weise vor uns, und die Gerichte über diese und den Antichristen werden hier berichtet, wie wir das im vorigen Kapitel sahen. — Unser Buch berichtet weiter vom Gericht des Herrn der Herrlichkeit über Satan, ,,den Fürsten der Welt". Wir lasen in Kap. 12 den Bericht von dem ,,Kampf im Himmel". Infolge dieses Kampfes wurde er auf die Erde geworfen, und hier stand er hinter seinen Werkzeugen, den beiden ,,Tieren" aus Kap. 13, nämlich hinter dem Haupt des Römischen Reiches und dem Antichristen.

Aber Jesus Christus, „der Fürst der Könige der Erde", kommt und macht Seine Rechte hier geltend als der Sohn Gottes, der Schöpfer, Erlöser und Erbe des Weltalls. Dann muß Satan weichen, muß verschwinden, wenn er auch noch nicht gleich sein endgültiges Urteil und Gericht von Christi Richterhand findet, denn die Zeit der Prüfung und Probe der Menschheit ist bei der Wiederkunft Christi noch nicht ganz zu Ende; Satan muß später noch einmal „gelöst" werden (V. 7).

Der Seher berichtet: *„Und ich sah einen Engel aus dem Himmel herniederkommen, welcher den Schlüssel des Abgrundes und eine große Kette in seiner Hand hatte. Und er ergriff den Drachen, die alte Schlange, welche der Teufel und der Satan ist; und er band ihn tausend Jahre und warf ihn in den Abgrund und schloß zu und versiegelte über ihm, auf daß er nicht mehr die Nationen verführe, bis die tausend Jahre vollendet wären. Nach diesem muß er eine kleine Zeit gelöst werden"* (20, 1—3).

Ehe die wahre Braut des Lammes herniederkommen konnte auf die Erde, mußte zuvor „die Hure“, die falsche Kirche, gestürzt werden; und jetzt, da der wahre Gebieter in die Welt Seinen Einzug hält, muß der falsche Gebieter, der diesen Platz der Herrschaft durch Lüge und Raub an sich gebracht hatte, vom Schauplatz verschwinden. Er wird von einem Engel, der mit dem Schlüssel zum „Abgrund“ und einer „Kette“ erscheint, ergriffen, gebunden und in den „Abgrund“ geworfen. Von diesem „Abgrund“ hörten wir schon früher (Offb. 9, 2. 11 u. 11, 7; 17, 8), auch schon im Evangelium. Die Dämonen baten, als Jesus auf Erden war und sie austrieb, daß Er sie nicht in den „Abgrund“ senden möchte (Luk. 8, 31). Es ist der Aufenthaltsort der bösen Geister. — Drei und ein halbes Jahr hat Satan vor seinem Sturz in den Abgrund schon auf der Erde geweilt (Kap. 12, 3 folg.).

Nun wird er für tausend Jahre seines freien Wirkens beraubt. Am Kreuz hat der Sohn Gottes ihn und seine Macht „zunichte gemacht“ (Hebr. 2, 14), in Seiner Auferstehung „über ihn einen Triumph gehalten“ (Kol. 2, 15), und bei Seiner Himmelfahrt ihn „gefangen geführt“ (Eph. 4, 8). Darauf hörten wir, daß er aus dem Himmel auf die Erde geworfen wurde, von da kommt er nun in den „Abgrund“ und vom „Abgrund“ wird er später in die Hölle geworfen. (Kap. 20, 10.) So wird sein Fall tiefer und tiefer, sein Gericht schwerer und schwerer.

Sein Gefängnis wird nicht nur „verschlossen“, sondern auch „versiegelt“, und er selbst ist dort „gebunden“. Dies alles zeigt, wie groß und furchtbar seine Gewalt sein muß. Für tausend Jahre ist dann die Menschheit von Satans Betörung, Macht und grausamer Tyrannei befreit. Welch große Befreiung wird es sein!

Doch die Menschheit muß nach einer tausendjährigen Herrlichkeit und Herrschaft Christi auf Erden noch eine neue und letzte Probe bestehen, ob sie nunmehr Gott dienen werde. — Und wir lesen: „Nach diesem — wenn die tausend Jahre vollendet sind — muß der Satan eine kleine Zeit gelöst werden“ (V. 7).

Auch im Propheten Jesaja ist schon von der Einsperrung Satans und seiner Heerscharen, wie von deren vorübergehender Freilassung „nach vielen Tagen" geredet (Jes. 24, 21–23). Aber nur hier, im letzten Buch der Bibel, hören wir, daß die Zeit seiner Gefangenschaft und der Herrschaft Christi „tausend Jahre" währen wird.

5. Das Tausendjährige Reich (Kap. 20, 4–6)

Hören wir, was der Seher uns von dieser herrlichen Zeit berichtet! Er schreibt:

„Und ich sah Throne, und sie saßen darauf, und es wurde ihnen gegeben, Gericht zu halten; und die Seelen derer, welche um des Zeugnisses Jesu und um des Wortes Gottes willen enthauptet waren, und die, welche das Tier nicht angebetet hatten, noch sein Bild und das Malzeichen nicht angenommen hatten an ihre Stirn und an ihre Hand; und sie lebten und herrschten mit dem Christus tausend Jahre. Die übrigen der Toten wurden nicht lebendig, bis die tausend Jahre vollendet waren. Dies ist die erste Auferstehung. Glückselig und heilig, wer teilhat an der ersten Auferstehung! Über diese hat der zweite Tod keine Gewalt, sondern sie werden Priester Gottes und des Christus sein und mit ihm herrschen tausend Jahre!"

Damit ist das herrliche Reich gekommen, für dessen Ankunft der Herr Seine Jünger beten lehrte: „Dein Reich (eigentlich: Königreich) komme!" Das Reich hat dann begonnen, von dem, wie uns die Evangelien berichten und wie der Apostel Petrus uns belehrt, die Verklärung des Herrn auf dem Berg ein Vorbild und Unterpfand oder eine Bürgschaft war.*) Christi Reich ist in Erscheinung getreten, das schon in Kap. 12 viele Stimmen im Himmel jubelnd ankündigten mit den Worten: „Das Reich der Welt unseres Herrn und seines Christus ist gekommen." – Von

*) Matth. 16, 28–17, 9; 2. Petri 1, 16–21.

alters her bildete dieses Reich die Hoffnung Israels. Schon Jakob, der Patriarch, sagt in seinem Segen über Juda: „Nicht weichen wird das Szepter von Juda, noch der Herrscherstab (des Gesetzgebers) zwischen seinen Füßen hinweg, bis daß Schilo (der Friedensstifter) kommt, und ihm werden die Völker gehorchen" (1. Mose 49, 10). Und wie oft ist von diesem Reich in den Psalmen und Propheten geweissagt!

„Die Nationen tobten, die Königreiche wankten"; aber der wahre Friedensfürst, der wahre Salomo hat, nachdem Er den Erdkreis und die Nationen der Erde gerichtet hat, „die Kriege beschwichtigt bis an das Ende der Erde, den Bogen zerbrochen, den Speer zerschlagen" (Ps. 46, 6 folg.) Und nun „wird er sein Volk richten (d. h. regieren) in Gerechtigkeit und seine Elenden nach Recht. Es werden dem Volke Frieden tragen die Berge und die Hügel, durch Gerechtigkeit" ... „In seinen Tagen wird der Gerechte blühen und Fülle von Frieden wird sein ... Und er wird herrschen von Meer zu Meer, und vom Strom bis an die Enden der Erde" (Ps. 72).

Die vielen Weissagungen in den Propheten von dieser gesegneten Zeit der Herrlichkeit, wenn das Reich Gottes und Christi, Seines Gesalbten, auf Erden besteht, können wir nicht alle hier anführen. Wir erinnern nur an die Gesichte im Buch Daniel, die sich mit den vier Weltreichen auf Erden beschäftigen und dann von dem Reich Gottes reden, das diesen Weltreichen und den „Zeiten der Nationen" für immer ein Ende machen wird.

Im zweiten Kapitel deutet der Prophet Daniel dem König von Babel seinen Traum von dem menschlichen Standbild, dessen Haupt von Gold war, dessen Brust und Arme von Silber, dessen Bauch und Lenden von Erz, dessen Schenkel und Füße von Eisen und Ton waren. Gott hatte Nebukadnezar in diesem Bild die vier Weltreiche gezeigt, die in der Zeit der Verwerfung Israels auf der Erde nacheinander errichtet werden sollten: das Assyrisch-babylonische, das Medo-persische, das Griechische und das Römische Weltreich. Diesen vier aufeinander folgenden Weltreichen macht plötzlich ein Gericht vom Himmel her ein Ende: Ein Stein, losgerissen ohne Hände, trifft das Bild an seine Füße und zermalmt es. Er selbst aber wächst zu einem großen Berg, der die ganze Erde füllt. So sah es der König im Traum. Jesus Christus, „der lebendige Stein", ist es, der das Römische Weltreich im Gericht treffen, zerbrechen und an Stelle der letzten Weltherrschaft Sein Tausendjähriges Reich der Gerechtigkeit und des Friedens hier errichten wird. Es ist das gesegnete Reich, von dem der gleiche Prophet im 7. Kapitel seines Buches redet. Nachdem ihm die oben genannten vier Weltreiche im Bild von vier grausamen Tieren gezeigt worden waren, sieht er in Wolken des Himmels den „Sohn des Menschen" kommen; und Ihm wird dann von „dem Alten an Tagen" das Reich übergeben: „eine Herrschaft, eine Herrlichkeit und ein Königtum, dem alle Völker und Völkerschaften und Sprachen dienen", „ein Königtum, das nie zerstört werden wird"*) (Dan. 7, 1—14).

*) Neben dem göttlichen Zeugnis der Propheten beschäftigt sich auch die mündliche Tradition Israels mit dem kommenden Tausendjährigen Reich und mit der Zeit, wann es kommen wird.

Es gibt eine alte Überlieferung unter den Juden („die Tradition des Hauses Eli"), daß diese Erde sieben Jahrtausende bestehen werde: Die ersten zweitausend Jahre werden in dieser Tradition als „tohu", d. h. als Wüstenei bezeichnet oder als Gesetzlosigkeit; das dritte und vierte Jahrtausend aber als die „thora", d. h. das Gesetz. Das fünfte und sechste Jahrtausend heißt seltsamerweise „jemê hammaschiach", d. h. „Tage des Messias". Und das siebente Jahrtausend soll heißen „schabbaṭh", d. h. Sabbat (Ruhe). — Die Deutung ist leicht und hat sich soweit erfüllt. Von der Erschaffung des Menschen bis auf die Ankunft des Messias verflossen 2 x 2 = 4 Jahrtausende, die durch „tohu" und „thora" richtig bezeichnet sind.

Von da bis heute sind nahezu wieder zwei Jahrtausende der Arbeit und Wirksamkeit des Messias dahingegangen. Und, wie alle Zeichen andeuten, ist der tausendjährige Sabbat Israels nahe. Auch stimmt diese Überlieferung ganz mit der jüdischen Wocheneinteilung überein. Zuerst kamen nämlich die sechs Tage der Mühe und Arbeit, dann der Sabbat der Erquickung als der siebente Tag. Dementsprechend soll den sechs Jahrtausenden der Arbeit und Mühsal der große tausendjährige Sabbat folgen. So war auch in Israel das 7. Jahr ein Sabbatjahr und das 7 x 7 = 49. Jahr stets ein Hall- oder Jubeljahr (3. Mose 25). Alles

Wie beim Propheten Daniel, so wird uns auch im Buch der „Offenbarung" der Charakter der Weltreiche, so sehr ihr Ruhm und Glanz in der Weltgeschichte gefeiert werden mag, von Gott unter dem Bild eines „Tieres" gezeigt. – Aber nach der Vernichtung des „Tieres", beim endgültigen Sturz des Römischen Reiches, wird die Herrschaft, die einst den Nationen in der Person Nebukadnezars übertragen worden war, diesen wieder genommen. Sie kehrt nun wieder zu Ihm zurück, der der König der Könige und Herr der Herren ist. Gott übergibt sie nun dem „Sohn des Menschen", der Seinen ganzen Willen tat, der alle Seine Erwartungen erfüllte und Ihn vollkommen verherrlicht hat.

Hiermit beginnt die Zeit des Segens und Friedens auf Erden für Israel und die Nationen. Es sind „die Zeiten der Erquickung vom Angesicht des Herrn", „die Zeiten der Wiederherstellung aller Dinge, von welchen Gott durch den Mund seiner heiligen Propheten von jeher geredet hat" (Apgsch. 3, 19–21). Es vollzieht sich jene „Wiedergeburt", von der der Herr zu Seinen Aposteln redete. Dann wird der Sohn des Menschen auf Seinem Thron der Herrlichkeit sitzen und die Apostel mit Ihm „auf zwölf Thronen, richtend die zwölf Stämme Israels" (Matth. 19, 28). Dann werden mit Israel und durch Israel alle Völker der Erde gesegnet werden.*) Die Erde, die dann nicht mehr von

---

war und ist in dieser Sabbateinteilung – seien es Tage oder Jahre – auf die Zahl sieben eingestellt. Wir geben indessen diese „Tradition" nur als eine interessante Erscheinung wieder, ohne ihr eine Beweiskraft beizulegen.

*) Nicht alle Nationen werden jedoch sofort bei Beginn des Tausendjährigen Reiches Christus unterworfen sein. Wohl hat nach der Vernichtung der beiden „Tiere", des Antichristen und des Hauptes des Römischen Reiches, sowie der Heere, die vor Jerusalem versammelt waren, die Herrschaft Christi ihren Anfang genommen, aber die Predigt des Evangeliums des Reiches wird noch fortgesetzt und ebenso die Unterwerfung der Völker. Wie David sich die Stämme und Völker erst nach und nach unterwarf, so heißt es auch von Christus, dem wahren David, bei Beginn Seiner Herrschaft: „Herrsche inmitten deiner Feinde!" (Ps. 110, 2.) Bald wird aber Sein Reich dem Reich

Satan, dem Vater der Lüge, dem Menschenmörder, beherrscht wird, noch auch länger unter der Willkür und Gewaltherrschaft der Menschen leidet, wird unter dem Friedensszepter des Herrn Jesus endlich Wohlfahrt und Frieden genießen in allen ihren Grenzen. Und die Menschheit, die heute unter Ungerechtigkeit und Gewalttat seufzt und blutet, wird dann eine Fülle von Segen genießen, und die Erde wird voll der Erkenntnis des Herrn sein, wie die Wasser den Meeresgrund bedecken (Jes. 11, 9). „Wahrheit wird sprossen aus der Erde und Gerechtigkeit herniederschauen vom Himmel" (Ps. 85, 10—13).

Der langersehnte *Weltfrieden* ist dann gekommen, nicht durch die Bestrebungen einer Friedensliga oder durch das Haager Schiedsgericht, sondern durch die Ankunft Jesu Christi und Seiner Herrschaft auf Erden. Wahrlich:

„Es kann nicht Frieden werden,
bis Jesus hat gesiegt,
der ganze Kreis der Erden
zu Seinen Füßen liegt."

„Und sie werden ihre Schwerter zu Pflugscharen schmieden und ihre Speere zu Winzermessern. Nicht länger wird Nation wider Nation das Schwert erheben, und sie werden den Krieg nicht mehr lernen" (Jes. 2, 2—4; Micha 4, 1—5; vgl. Sach 9, 10). Wie aber Frieden unter den Menschen und unter den Völkern sein

---

Salomos gleichen, denn es wird volle Unterwerfung und Beseitigung der Feinde stattgefunden haben und voller Friede herrschen. Wir lesen sogar, daß zu Anfang der Herrschaft Christi, wenn das Volk Israel schon im friedlichen Besitz des Landes ist, sich noch Völker — die Heere Gogs — aufmachen, um Sein Volk und Sein Land zu bekriegen (Hes. Kap. 38 und 39). Auch sind nicht alle Nationen, die sich Christus unterworfen haben, von Herzen zu Ihm bekehrt. Das zeigt der Abfall vieler Völker, besonders auch von Gog und Magog, wenn das Tausendjährige Reich vorüber ist (Offbg. 20, 8. 9). Aber alle, die aus Israel ins Reich gingen, sind von Herzen durch Sein Wort und Seinen Geist erneuert (Hes. 36; Joh. 3, 3). Während des Reiches empfangen alle Nationen von Jerusalem her Segen und ihre Rechte oder Leitung und Gesetze. Sie erkennen Jerusalem als den Mittelpunkt der Erde an, als den Sitz ihrer Herrschaft.

wird, so auch unter den Tieren: ,,Der Wolf wird bei dem Lamm weilen und der Pardel bei dem Böcklein lagern" (Jes. 11, 1—10; vgl. dazu Hos. 2, 18). Statt Mangel und Not wird dann Wohlfahrt und Überfluß auf Erden sein. ,,Der Pflüger wird an den Schnitter und der Traubentreter an den Säemann reichen" (Am. 9, 13). ,,Das Land wird seinen Ertrag geben und die Bäume der Felder ihre Frucht geben" (Hes. 34, 23—31). Ja, ,,es wird Überfluß an Getreide sein im Lande, auf dem Gipfel der Berge, gleich dem Libanon wird rauschen seine Frucht" (Ps. 72; siehe auch Jes. 30, 23 folg.). Wohl ist die sündige Natur noch im Menschen vorhanden, aber durch das Gebundensein Satans und durch die Gegenwart des Herrn oder doch durch die Offenbarung Seiner Herrlichkeit auf Erden wird das Böse nicht in der gleichen Weise und Macht zum Ausdruck und zum Ausbruch kommen. Und wenn es geschieht, so wird es stets gleich bestraft werden (Ps. 101, 8; Zeph. 3, 5; Jes. 65, 20; Sach. 5, 3). Das wird auch geschehen, wenn ganze Völker vorübergehend „dem Fürsten der Könige der Erde" in der Zeit Seines Reiches nicht den gebührenden Gehorsam leisten und ihren Tribut bringen (Sach. 14, 16–19). Sonst aber ist allerorten Gehorsam und Heiligkeit auf Erden; selbst „auf den Schellen der Pferde" und auf allen Töpfen in Jerusalem wird stehen: ,,Heilig dem HERRN!" (Sach. 14, 20. 21.)

Jesus Christus wird zwar nicht immer während des Tausendjährigen Reiches auf Erden anwesend sein, denn Er hat einen Vertreter hier, einen Fürsten aus Davids Haus, der auch als Priester opfern wird*) (Hes. 44–46). Und durch diese Entfaltung der Macht und Herrlichkeit des Herrn Jesus als des „Fürsten der Könige" auf Erden haben die Dinge und Zustände hier eine solche Veränderung erfahren, daß die herrliche Zeit des Tausendjährigen Reiches mit seinen Segnungen des Friedens und der Gerechtigkeit wie eine neue Erde erscheint. So feiert sie denn

*) Die Opfer haben, wie heute das Gedächtnismahl des Herrn, eine auf das Opfer von Golgatha zurückweisende Bedeutung.

auch der Geist Gottes in dem Propheten Jesaja: „Denn siehe, ich schaffe einen neuen Himmel und eine neue Erde ... Denn siehe, ich wandle Jerusalem in Frohlocken und sein Volk in Freude!" (Jes. 65, 17 folg.; dazu vgl. 24, 23; 30, 26!) Jedenfalls ist denn auch das gesegnete Tausendjährige Reich unseres Erlösers und Herrn ein Vorbild von dem herrlichen und vollkommenen ewigen Zustand auf der neuen Erde und im neuen Himmel.

6. Die Mitregenten im Reich (Kap. 20, 4—6)

Der Seher berichtet uns im 19. Kapitel das Gericht des Herrn Jesus über die Kriegsheere der Nationen auf der Erde, indem Er als Sieger inmitten Seiner Heerscharen vom Himmel kommt und Jerusalem befreit, die Feinde vernichtet. Nun aber hält Er auf Zion, Seinem heiligen Berg,

ein zweites Gericht

ab. Hier stellt Er Seinen Thron auf, und unter dem Beisitz der Seinen, die mit Ihm vom Himmel kamen, hält Er Gericht ab und übt Seine Herrschaft aus. Wir wissen ja, daß die Gläubigen „Erben Gottes und Miterben Christi" sind. Wenn Christus herrschen wird, werden sie alle mit Ihm herrschen: „Das Wort ist gewiß; denn wenn wir mitgestorben sind, so werden wir auch mitherrschen; wenn wir verleugnen, so wird auch er uns verleugnen; wenn wir untreu sind — er bleibt treu, denn er kann sich selbst nicht verleugnen" (2. Tim. 2, 11—13). Dabei sind wir, die wir Christi himmlische Braut bilden, es keineswegs allein, die mit Christus thronen, richten und herrschen werden. Wir finden vielmehr drei Klassen von Erlösten, die mit Ihm in der Herrschaft in Seinem Reich vereinigt sind. Wir hören: *„Und ich sah Throne, und sie saßen darauf."* Wer sind diese „sie"? Darunter können nur die „Kriegsheere" verstanden werden, die zuvor mit dem Herrn in „weißer Leinwand" vom Himmel kamen, also dieselben Heiligen, die wir von Kap. 4 an im Himmel sahen, erst unter dem Bild der „24 Ältesten", dann in Kap. 19 als die Braut und die Hochzeitsgäste,*) dann, wie gesagt, als die himmlischen Kriegsheere, die dem König der Könige und Herrn der Herren aus dem Himmel auf die Erde folgten.

Aber neben dieser Hauptklasse sitzen noch zwei andere Klassen von Gläubigen auf den Thronen zur Herrschaft über die Erde.

Bei der Eröffnung des fünften Siegels riefen die „Seelen derer, die geschlachtet worden waren" um des Wortes und des Zeugnisses willen: „Bis wann, o Herrscher, richtest und rächest du nicht unser Blut?" (Kap. 6, 9. 10.) Diese Märtyrer sind es, die hier die zweite der drei Klassen von Gläubigen auf den Thronen bilden. Es heißt von ihnen: *„Und die Seelen derer, welche um des Zeugnisses Jesu und um des Wortes Gottes willen enthauptet waren"* (V. 4). Ihnen hatte Gott damals, als sie noch unter dem Altar waren, ein weißes Gewand geben lassen und ihnen zugleich sagen lassen, daß sie noch eine kleine Zeit ruhen sollten, bis auch ihre Mitknechte und Brüder vollendet sein würden, die ebenso wie sie getötet werden würden (Kap. 6, 11).

Diese „Mitknechte und Brüder", die auch noch als Märtyrer sterben sollten und dann auch tatsächlich ihr treues Zeugnis mit dem Tode besiegelten, bilden die dritte Klasse von Heiligen, die wir jetzt mit Christus bei Beginn Seines Reiches auf Thronen sitzen sehen, um Gericht zu halten. Es heißt von ihnen: *„Sie hatten das Tier nicht angebetet noch sein Bild, und das Malzeichen nicht angenommen an ihre Stirn und an ihre Hand."* Es sind also die, die in der großen Trübsal und schweren Zeit sich geweigert hatten, das Tier, d. h. das römische Oberhaupt, und sein Bildnis anzubeten: „die Über-

---

*) Wenn es von den Gläubigen des Alten Bundes auch nicht ausdrücklich gesagt wird wie von denjenigen, welche die Kirche Christi bilden, daß sie „die Welt richten werden" (1. Kor. 6), so müssen wir dies doch annehmen aus manchen Stellen, wo z. B. gesagt wird von Abraham, Isaak und Jakob, daß sie mit Jesus im Reich zu Tische sein, d. h. in voller Gemeinschaft an der Herrlichkeit und Herrschaft teilnehmen werden (Matth. 8, 11).

winder über das Tier und über sein Bild und über die Zahl seines Namens", die wir bereits im Himmel „am gläsernen Meer", mit den Harfen Gottes in der Hand sahen (Kap. 15, 2.3).

Die eigentliche Hoffnung dieser beiden letzten Klassen von Heiligen war nicht himmlisch, sondern irdisch gewesen. Sie waren erst nach der Vollendung und Entrückung der Kirche zur Berufung und Errettung gelangt und hatten dann auf Christi Kommen zum Reich auf Erden gehofft und gewartet. Für diese Hoffnung zeugten und starben sie inmitten ihrer Feinde. Aber durch ihren Märtyrertod sahen sie sich um die Teilnahme an der erwarteten Segnung auf Erden gebracht. Und da sie eine himmlische Hoffnung und Segnung nicht kannten, fragte es sich, was nun ihr Teil sei. Wir erinnern uns, daß ihretwegen und zu ihrer Ermunterung inmitten der Bedrängnis eine Stimme vom Himmel gerufen hatte: „Schreibe: ‚Glückselig die Toten, die im Herrn sterben von nun an!' Ja, spricht der Geist, auf daß sie ruhen von ihren Arbeiten, denn ihre Werke folgen ihnen nach!" Diese ihre Glückseligkeit sehen wir nun gekommen. Sie werden jetzt bei der herrlichen, öffentlichen Ankunft und Erscheinung des Herrn auf Erden auch dem Leib nach auferweckt, bilden also den letzten Teil der „ersten Auferstehung" und dürfen nun mit der himmlischen Braut als Miterben Christi triumphieren und mit Ihm herrschen.

So heißt es hier von den genannten drei Klassen in einfachen, aber vielsagenden Worten: *„Und sie lebten und herrschten mit dem Christus tausend Jahre."*

Indem uns der Seher sagt: „Sie lebten und herrschten ...", läßt er uns wissen, daß die hier mit Christus herrschenden Gläubigen zum weitaus größeren Teil einst durch den leiblichen Tod gegangen und nun auferweckt und verherrlicht, zum anderen Teil bei der Ankunft Christi mit Unsterblichkeit, mit einem Leib der Herrlichkeit überkleidet worden sind, daß also Christus sich an ihnen erwiesen hat als „die Auferstehung und das Leben". Darum sagt er auch gleich darauf: *„Die übrigen der Toten wurden nicht lebendig, bis die tausend Jahre vollendet waren. Dies* *ist die erste Auferstehung."*

Die landläufige Lehre, daß es eine *gleichzeitige Auferstehung aller Toten gebe,* beides, der Gerechten und der Ungerechten, ist also irrig, ist nicht biblisch. Die erste Auferstehung, die der Herr „die Auferstehung der Gerechten" nennt (Luk. 14, 14), ist von der Auferstehung aller derer, die Christus nicht angehören, um mindestens tausend Jahre getrennt.*) — Während des ganzen Jahrtausends der königlichen Herrschaft Christi mit allen Seinen Erlösten bleiben alle, die nicht zu Seinem Volk zählen, im Hades (im Totenreich), und ihre Leiber in den Gräbern. Später erst, in den Versen 12 und 13, sehen wir die Auferweckung aller derer, die nicht im Buch des Lebens stehen.

Wenn wir hören: „Dies ist die erste Auferstehung", soll uns damit gesagt werden: „Bis hierher reicht die erste Auferstehung". Sie zerfällt in mehrere Momente. Sie wurde eingeleitet durch die Auferstehung des Herrn Jesus selbst; Er ist „der Erstling der Entschlafenen". Dann gehört weiter zur ersten Auferstehung die bei der Entrückung der Kirche stattfindende Auferstehung der alttestamentlichen Gläubigen**) und der im Herrn entschlafenen Christen; gleichzeitig mit der Verwandlung und Entrückung der lebenden Gläubigen selbst bei dieser Ankunft Christi als Bräutigam der Kirche. Weiter gehören zur ersten Auferstehung die zwei Klassen von Zeugen, die während der Drangsalszeit den Märtyrertod erlitten. Von ihnen redeten wir vorhin. Ihre Auferweckung ist sozusagen nur ein Nachtrag oder eine Ergänzung der eben genannten Auferweckung und Entrückung der Gläubigen. Sie findet ihre teilweise Darstellung schon in der Auferweckung der beiden Zeugen (Kap. 11, 3—12).

*) In der Stelle Ev. Joh. 5, 29, wo wir lesen: „Es werden hervorkommen, die das Gute getan haben zur Auferstehung des Lebens, die aber das Böse verübt haben, zur Auferstehung des Gerichts," nimmt der Herr gar nicht Bezug auf die Zeit der Auferstehung, sondern nur auf die Tatsache, daß beide, die Gerechten und die Ungerechten, auferstehen werden, und trennt sie ihrer Stellung nach vor Gott. Aber wie wir hier in der „Offenbarung" hören, ist ihre Auferstehung auch der Zeit nach um mindestens tausend Jahre voneinander getrennt.

**) Vielleicht werden die alttestamentlichen Gläubigen erst bei Beginn des tausendjährigen Reiches auferweckt.

schon in der Auferweckung der beiden Zeugen (Kap. 11, 3—12).

Es wird nicht gesagt, daß diese beiden Klassen von Märtyrern aus der Drangsalszeit einen Teil der himmlischen Braut Christi bilden, denn dies ist das glückselige Teil der Kirche allein. Aber wie von allen, die zur ersten Auferstehung gehören, heißt es auch von ihnen, daß sie „glückselig und heilig" seien. Diese „erste Auferstehung", die also der Hauptsache nach stattgefunden hat vor Beginn der Drangsale, die aber nun erst, bei Beginn des Tausendjährigen Reiches, ihren Abschluß findet, ist die „Auferstehung a u s den Toten", von der der Herr Jesus während Seines Erdenlebens geredet hatte, von der aber die Jünger zu jener Zeit noch nichts verstanden (Mark. 9, 9. 10). Nach dieser „Ausauferstehung aus den Toten" streckte sich der Apostel Paulus aus; nach ihr verlangte er (Phil. 3, 11). Er redete von ihr als von einem „Geheimnis", hinsichtlich dessen aber die Gläubigen „nicht unkundig bleiben sollten" (1. Kor. 15, 51; 1. Thess. 4,13). Er teilt uns auch die Reihenfolge oder „Ordnung" in der Auferstehung mit: „der Erstling: Christus; sodann die, welche des Christus sind, bei Seiner Ankunft;*) dann das Ende". Dann kommt die Auferweckung der Ungläubigen, die Auferstehung des Gerichts (1. Kor. 15, 23). Die Auferstehung derer, „die des Christus sind", die Auferweckung der Gläubigen ist also nur eine Auswahl aus den Toten; sie ist eben „die erste Auferstehung" oder „Ausauferstehung".

Von allen nun, die „zur Ausauferstehung gelangen", heißt es: *„Glückselig und heilig, wer teilhat an der ersten Auferstehung! Über diese hat der zweite Tod keine Gewalt, sondern sie werden Priester Gottes und des Christus sein und mit ihm herrschen tausend Jahre."*

Der „zweite Tod" bedeutet die ewige Trennung der Seele von Gott, wie der erste Tod die Trennung von Leib und Seele ist; er

*) Dieses Wort deckt alle Gläubigen von der Entrückung der Kirche beim Kommen des Herrn bis zum Abschluß der Drangsalszeit und zur öffentlichen Erscheinung des Herrn zum Gericht, wie wir sahen.

ist das volle Strafgericht und der volle „Sold" der Sünde. Er kommt über „die übrigen Toten", die jetzt „nicht lebendig wur= den", d. h. nicht zur ersten Auferstehung gehören. Aber über die Erlösten Christi kommt dieser zweite Tod nicht; er hat über sie, die durch Jesus Christus das ewige Leben und Heil erlangten, „keine Gewalt". Sie sind vielmehr Priester Gottes und Könige, denn „sie werden mit Christus herrschen".

In dem der Heilige Geist diese Tatsache der Mitregentschaft der Erlösten mit Christus zum zweiten Mal erwähnt (V. 4 u. 6), will Er die Herrlichkeit dieser Herrschaft und Zeit auf Erden, von der, wie wir oben zeigten, die Propheten des Alten Bundes so viel geredet haben, hervorheben. Aber dabei wird diese Herr= lichkeit auf Erden selbst nicht geschildert; denn unser Buch ist ein Buch der Gerichte über die Erde. Nur die Herrlichkeit des himmlischen Jerusalem und der himmlischen Braut wird uns nachher berichtet, wie auch die Glückseligkeit des ewigen Zu= standes auf der neuen Erde und im neuen Himmel (21, 1–5). Aber vorher erzählt uns der Seher noch, was sich hier auf Erden zuträgt, wenn Satan, wie schon vorher kurz berichtet war (V. 3), nach dem Tausendjährigen Reich „eine Zeit gelöst wird".

7. Satans Lösung für eine kleine Weile und sein ewiges Gericht (Kap. 20, 7–10)

„Jubelt ihr Himmel!" so hatte der Prophet vom kommenden Friedensreich Christi geweissagt, ,,denn der HERR hat es vollführt; jauchzet, ihr Tiefen der Erde! brechet in Jubel aus, ihr Berge! ... Denn der HERR hat Jakob erlöst und an Israel verherrlicht er sich" (Jes. 44, 23). „Der Feigenbaum" und „der Weinstock", Israel, brachte endlich nach schweren Gerichten auf dem Boden einer freien Gnade und des Neuen Bundes im Tausendjährigen Reich seine herrliche Frucht, Gott zum Ruhm und den Menschen zum Segen. Die Bewohner der Erde selbst schauten tausend Jahre Frieden und Gerechtigkeit auf Erden und genossen die Segnun=

gen des Herrn unter Seinem Szepter und erblickten Seine Herrlichkeit. Aber nun kommt eine neue und letzte Probe für sie: Satan, der tausend Jahre gebunden gewesen, aber derselbe geblieben ist in seiner Feindschaft und Bosheit, wird „eine kleine Zeit gelöst". Und was geschieht? –

Wir hören: *„Er geht aus, die Nationen zu verführen, die an den vier Ecken der Erde sind, den Gog und den Magog, sie zum Kriege zu versammeln, deren Zahl wie der Sand des Meeres ist. Und sie zogen herauf auf die Breite der Erde und umzingelten das Heerlager der Heiligen und die geliebte Stadt; und Feuer kam von Gott hernieder aus dem Himmel und verzehrte sie. Und der Teufel, der sie verführte, wurde in den Feuer- und Schwefelsee geworfen, wo sowohl das Tier* (das Haupt des Römischen Weltreiches) *als auch der falsche Prophet* (der Antichrist) *ist; und sie werden Tag und Nacht gepeinigt werden in die Zeitalter der Zeitalter"* (V. 8–10).

So ist Satan, und so sind die Menschen! Eine tausendjährige Gefangenschaft hat ihn nicht verändert, und eine tausendjährige Segenszeit hat sie nicht erneuert. Wenn sich auch nicht alle Menschen nach dem Tausendjährigen Reich von Gott lossagen werden, — die Wiedergeborenen aus Israel und den Nationen tun es jedenfalls nicht — so sagen sich doch die Nationen in großer Zahl („deren Zahl wie der Sand an dem Meere ist") von Gott los.

„Gog und Magog" sind hier in einem weiteren Sinn zu verstehen als bei Hesekiel. Dieser Prophet redet von dem Einfall, den Gog, eine große Macht im Norden der Juden – die zufolge einiger näheren Angaben und nach dem Namen Rosch, Mesech und Tubal zu urteilen, die Rußland und Moskau und Tobolsk zu bezeichnen scheinen, Rußland sein dürfte – in Palästina macht. Es geschieht dies, nachdem die Kinder Israel mit Hab und Gut in das Land der Väter zurückgekehrt sind und das Reich Christi seinen Anfang genommen hat; Gog will „das Volk, das wieder aus den Nationen gesammelt ist", seiner Schätze berauben (Hes. 38, 10 folg.).

Hier aber, im Buch der Offenbarung, ist von Gog und Magog die Rede, „wenn die tausend Jahre vollendet sind" (V. 7); und sie stehen für die Nationen im allgemeinen, „an den vier Ecken der Erde". Auch fallen Gog und Mogog bei Hesekiel auf den Bergen und ihre Leichname werden begraben. Hier in der „Offenbarung" aber werden die zum Krieg versammelten vielen Völker durch Feuer, das wie bei Sodom und Gomorra vom Himmel fällt, schnell hinweggerafft.

So endigt der letzte Versuch der abtrünnigen Menschen, sich wider Gott zu erheben, in plötzlichem und endgültigem Gericht.

Das Volk Israel heißt hier „das Heerlager der Heiligen", und Jerusalem „die geliebte Stadt". — Dies entspricht der gesegneten Stellung des Volkes Israel und der Stadt Jerusalem, nachdem die Gnade sie erneuert und zu Christus geführt hat; die Schriften des Alten Bundes reden ja viel von dieser Gnade gegen Israel unter dem Neuen Bund.*)

Die Verführung der Nationen zur Erhebung wider Christus und wider das Heerlager der Heiligen ist Satans letzter Triumph und Sieg über die gefallenen, abtrünnigen Menschenkinder. Diese Erhebung ist auch der letzte Ausbruch der Feindschaft auf unserer blutbefleckten Erde wider Gott. Es fällt nun Feuer vom Himmel. Einst, als die Zeit der Gnade noch währte, hatte Johannes, der Seher, gebeten, daß Feuer vom Himmel auf ein feindliches Dorf in Samaria falle (Luk. 9, 54). Aber damals war Jesus noch der Retter, nicht der Richter. Jetzt schaut er, wie Feuer vom Himmel fällt, um im heiligen, plötzlichen Gericht die Widersacher zu verzehren.

Hierauf wird auch Satan, der große Widersacher Gottes und Verführer der Menschen, endgültig von Gottes gerechtem Strafgericht getroffen: „er wurde in den Feuer- und Schwefelsee geworfen".

Dort befinden sich bereits die beiden Häupter der verführten Menschheit: das Haupt des Römischen oder letzten Weltreiches,

*) Lies z. B. Ps. 48, 2; Jes. 60, 14—15; 65, 18. 19.

also das politische Haupt, und der Antichrist, das religiöse Haupt der Welt. In der Pein und Qual ist ihr ewiges Teil.

Hiermit hat der heilige Zorn Gottes gegen Seine Feinde — wie geheimnisvoll und ernst ist es, daß Gott Feinde hat! — das große Gerichtsurteil vollzogen.

Der große Kampf zwischen Licht und Finsternis, der größte Kampf in der Welt, der sich durch die ganze Weltgeschichte gezogen hat und oft genug mit einer Niederlage und völligen Besiegung des Lichtes zu enden schien, ist nun zu Ende: Gott hat triumphiert über Satan und seine Macht. Die Rechte des Herrn hat den Sieg behalten. Ja, Jesus, der Erlöser, ist Sieger!

Das Gericht der Toten und das Weltende (Kap. 20, 11–15)

Im Anschluß an das Gericht über Satan wird uns dann das Gericht der Toten berichtet. Wir hörten, daß die erste Auferstehung sich nur auf die Gerechten, die Erlösten, erstreckte: „Die übrigen der Toten wurden nicht lebendig, bis die tausend Jahre vollendet waren" (V. 5).

Das Gericht der Toten ist das dritte Gericht, nachdem der Herr der Herrlichkeit nach der Hochzeit des Lammes mit den Heeren des Himmels auf die Erde herniederkam. Das erste Gericht könnten wir das Kriegsgericht nennen (Kap. 19, 11 f.); das zweite Gericht das Gericht des Königs, indem Er selbst als Richter auf Seinem Thron sitzt (Kap. 20, 4 f.). Hierzu gehört wohl auch das Gericht der lebenden Nationen, das uns der Herr selbst in Matth., Kap. 25, 31 f. berichtet, denn es findet beim Anfang des Tausendjährigen Reiches statt. Hierauf folgt dann das dritte oder ewige Gericht, das der Toten, die nicht mit Gott versöhnt waren und nun, nach Vollendung des Tausendjährigen Reiches und nach Vollstreckung des Gerichtes über Satan, am jüngsten oder letzten Tag vor Gottes Richterthron erscheinen müssen.

Wir lesen darüber: *„Und ich sah einen großen weißen Thron, und den, der darauf saß, vor dessen Angesicht die Erde entfloh* *und der Himmel: und keine Stätte ward für sie gefunden. – Und ich sah die Toten, die Großen und die Geringen, vor dem Thron stehen, und Bücher wurden aufgetan; und ein anderes Buch wurde aufgetan, welches das des Lebens ist: Und die Toten wurden nach dem gerichtet, was in den Büchern geschrieben war, nach ihren Werken"* (V. 11 und 12).

Der jüngste Tag, das Ende der Welt, ist gekommen. Auf einem hohen, erhabenen Thron, der im strahlenden Licht der unbestechlichen Heiligkeit und Gerechtigkeit Gottes hell, rein und weiß erglänzt, sitzt der Weltenrichter. Vor Seinem Angesicht – der Seher nennt Seinen Namen nicht, aber wir wissen, es ist Christus, denn „Gott hat alles Gericht dem Sohn übergeben" – entfliehen die sichtbaren Himmel und die Erde. Das ist der Augenblick, „an welchem die Himmel vergehen werden mit gewaltigem Geräusch, die Elemente aber werden im Brand aufgelöst und die Erde und die Werke auf ihr verbrannt werden" (2. Petr. 3, 10). Es ist das letzte Ereignis am „Tag des Herrn", der Abschluß dieses Tages. Alles, was der Mensch erbaut und errafft hat, seine Denkmäler und Schätze, seine Bauten und Reiche, alles, worauf er stolz war und woran sein Herz hing, alles zerrinnt wie ein Nebelbild, vergeht im Feuer, „und keine Stätte ward für sie gefunden". –

Wenn auch alle Werke der Menschen untergehen und die Erde selbst vergeht, die Menschen selbst sind nicht untergegangen oder vernichtet worden und werden nie vernichtet werden. Ihre Seelen leben noch und hören nie auf, zu sein. Gott blies dem Menschen in der Schöpfung Seinen Odem ein, gab ihm von Seinem Geist. Das tat Er nicht bei den Tieren; und so ist der Mensch „unsterblich" geworden. Darum müssen „alle, die in den Gräbern sind", d. h. alle Gestorbenen und alle Lebenden, auch „die das Böse getan haben", einmal „die Stimme des Sohnes Gottes hören" und vor Seinem Angesicht und Richterstuhl erscheinen (Joh. 5, 28. 29; Röm. 14, 10).*)

*) Der „Richterstuhl Gottes" (Röm. 14, 10) ist derselbe wie „der

Dort müssen alle vor dem Richter stehen, „die Großen und die Geringen", und Sein gerechtes und ewigbindendes Urteil hören. „Die Bücher wurden aufgetan, und ein anderes Buch wurde aufgetan, welches das des Lebens ist." Da ist also eine Verschiedenheit der Bücher. In dem einen Buch sind nur Werke verzeichnet, denn die hier Versammelten werden gerichtet nach ihren Werken. In dem anderen Buch stehen dagegen nicht Werke, sondern Namen, die Namen derer, die das göttliche Leben haben und zum ewigen Leben in die Herrlichkeit eingehen.

Alle Klassen von Menschenkindern finden wir also hier, von den größten bis zu den geringsten,*) die in der Welt waren. Jetzt, da sie vor Gott stehen, sind sie alle gleich, denn bei Ihm gilt kein Ansehen der Person.

Ferner kann man die unzählbare Menge derer, die vor dem großen weißen Thron zum Gericht erscheinen müssen, noch in einer anderen Hinsicht in zwei Klassen teilen; ob sie vor der Aufrichtung des Königreiches Christi auf Erden starben oder erst während dieses Reiches. Alle, alle von Anbeginn der Geschichte der Menschheit, die sich nicht in Wahrheit vor Gott gebeugt haben, werden hier zur Verantwortung gezogen werden. Die Scharen von Abtrünnigen, die bei der letzten Probe nicht bestanden und sich nach Schluß des Reiches Christi vom Satan verführen ließen und sich wider Gott empörten, wurden, wie wir sahen, im Gericht durch das Feuer hinweggerafft, aber

---

Richterstuhl Christi" (2. Kor. 5, 17). Aber wie wir bereits sagten, kommen die Gerechten im Himmel vor den Richterstuhl, wenn sie schon bei und mit Christus auf ewig verherrlicht und selig sind. Die Ungerechten dagegen kommen mehr als 1000 Jahre später vor den Richterstuhl, wenn sie nämlich am jüngsten Tage vor ,,dem großen weißen Thron" erscheinen müssen, um für ihre Sünden bestraft und nach ihren Werken gerichtet zu werden.

*) „Geringen" ist hier wohl besser übersetzt als „Kleinen", denn für die „Kleinen" (d. h. die Kinder) haben wir Verheißungen, daß sie nicht verloren gehen (Matth. 18, 10. 11. 14). Und bei Kindern kann man wohl auch noch nicht in dem Sinn von „Werken" reden wie bei Erwachsenen.

sie werden auferstehen und als verdammungswürdig vor dem großen weißen Thron im Gericht stehen mit all den Millionen früherer Geschlechter.

Weniger klar drückt sich die Heilige Schrift aus über das Los derer, die während des Tausendjährigen Reiches sterben. In Jesaja sagt Gott: „Denn siehe, ich wandle Jerusalem um in Frohlocken und sein Volk in Freude. Und ich werde über Jerusalem frohlocken und über mein Volk mich freuen, und die Stimme des Wehgeschreis wird nicht mehr darin gehört werden. Und dort wird kein Säugling von einigen Tagen und kein Greis mehr sein, der seine Tage nicht erfüllte, denn der Jüngling wird als Hundertjähriger sterben und der Sünder als Hundertjähriger verflucht werden*) . . ., denn gleich den Tagen der Bäume sollen die Tage meines Volkes sein, und meine Auserwählten werden das Werk ihrer Hände selbst verbrauchen" (Jes. 65, 18—22). Also wird auch im Tausendjährigen Reich der Tod Menschen hinwegraffen; und alle, die in dieser gesegneten Zeit als ,,Sünder" sterben und ,,verflucht" werden, werden auferstehen und vor dem ,,großen weißen Thron" verdammt werden.

Wir hören: „Und wenn jemand *nicht* geschrieben gefunden wurde in dem Buche des Lebens, so wurde er geworfen in den Feuersee." Dies ist der zweite Tod.

Die großen Scharen der Menschen, so viele von Anbeginn der Geschichte in ihren Sünden starben, finden nun ihr ewiges Gericht, wenn die Strafe und Pein auch verschieden ausfallen wird nach dem verschiedenen Maß ihrer Bosheit und Schuld und andererseits nach dem verschiedenen Maß der Erkenntnis, die sie auf Erden von Gott besaßen.**) Besonders schwer muß also das Gericht all der vielen Millionen sein, die das Wort Gottes gehört

---

*) Oder: „Wer als Hundertjähriger stirbt, wird ein Jüngling (eig. Knabe) sein, und wer als Hundertjähriger verflucht wird, wird ein Sünder sein."

**) Vgl. Luk. 12, 47. 48; Matth. 11, 22. 24 u. a. Stellen.

hatten, sich aber nicht in Buße und Glauben zu Gott bekehrten, die Sein großes, freies und ewiges Heil in Jesus verschmähten. Wie viele Millionen hatten doch den Namen, daß sie lebten, waren aber tot; sie waren vielleicht in vieler Hinsicht ehrbar, brav und religiös, aber nicht wiedergeboren und nicht versöhnt. Wie viele Millionen auch waren „beinahe überredet", aber sie sagten: „Für jetzt gehe hin; zu einer gelegeneren Zeit will ich dich rufen lassen." Sie schoben ihr Heil auf, bis es für immer zu spät war; oder sie waren zu „feige", um in einer feindseligen Welt den gekreuzigten Erlöser zu ergreifen und sich Ihm zu ergeben. Ihr Teil ist nun „im Feuersee".

„Das Meer gab die Toten, die in ihm waren; und der Tod und der Hades gaben die Toten, die in ihnen waren." Also Meer und Erde*) geben die Leiber zurück, die dort liegen, wenn sie auch als Bestandteile der Erde längst „die Verwesung sahen". Und der Hades gibt die Seelen der Verstorbenen zurück.**) *„Der Tod und der Hades"*, d. h. alle die vielen Seelen, die bis dahin noch in ihrer Haft waren, *„wurden geworfen in den Feuersee. Dies ist der zweite Tod, der Feuersee."*

Niemand aber denke, daß „der Feuersee", d. h. der zweite oder ewige Tod, eine Vernichtung sei. „Feuer" bedeutet „Gericht", aber nicht immer Zerstörung. So hören wir vom Satan und seinen Engeln, daß sie „im Feuersee Tag und Nacht gepeinigt werden in Ewigkeit" (Kap. 20, 10). Gottes Wort nennt auch einen Menschen, der in seinen Sünden lebt und keineswegs vernichtet ist, schon „tot" (Eph. 2, 1. 5; 1. Tim. 5, 6). Daß die Menschen doch, statt die Schrecken des ewigen „Verderbens" und des ewigen „Feuers" zu leugnen, jetzt am Tag des Heils ihre Zuflucht nehmen möchten zu Gottes wunderbarer Gnade in Jesus Christus. Wie kostbar, aber auch wie ernst sind die Worte: „Siehe, jetzt ist die Zeit der Annehmung; *jetzt* ist der Tag des Heils!" (2. Kor. 6, 2).

---

*) Dazu gehören auch die in den Feueröfen zu Asche und Staub verbrannten Leiber.

**) „Hades", die unsichtbare Geisterwelt, das Reich der abgeschiede-

Kapitel 21

Der neue Himmel und die neue Erde und die Hütte Gottes bei den Menschen (Kap. 21, 1–8)

„Und ich sah einen neuen Himmel und eine neue Erde, denn der erste Himmel und die erste Erde waren vergangen, und das Meer ist nicht mehr" (Kap. 21, 1).

Schon im Alten Bund hatte Gott Seinem Volk Israel verheißen: „Denn siehe, ich schaffe einen neuen Himmel und eine neue Erde; und der früheren wird man nicht mehr gedenken." Aber hier im Neuen Bund haben diese Worte erst ihre volle und allumfassende Bedeutung erlangt, denn für Israel bedeuten sie nur die völlige Veränderung und Erneuerung ihrer Regierung und Verhältnisse *auf der alten Erde* im Tausendjährigen Reich. Das geht aus den folgenden Versen hervor. Gott fährt nämlich gleich nachher fort: „Denn siehe, ich wandle Jerusalem in Frohlocken um und sein Volk in Freude" (Jes. 65, 17–18).

Hier aber, in der „Offenbarung", wird dem Seher eine ganz *neue Welt* gezeigt. Die alte Welt ging ja vor den heiligen Augen des Weltenrichters in Flammen auf; sie entfloh, und keine Stätte wurde für sie gefunden (Offb. 20, 11; 2. Petr. 3, 7. 10). Sie war seinerzeit „aus Wasser und im Wasser entstanden durch das Wort Gottes" (2. Petr. 3, 5), und Meere bedeckten dauernd den größten Teil der Oberfläche der Erde. Die neue Welt dagegen, der neue Himmel und die neue Erde, geht durch das Wort Got-

nen Geister, wird im Grundtext der Bibel von der „Hölle" unterschieden. – Erst die „Hölle" ist der ewige Aufenthaltsort der Toten, und zwar nur der Verdammten, nach ihrer Auferstehung.

tes aus dem Licht hervor, gleichsam aus der Glut des Feuers, das die sündhafte eitle Welt im Gericht verzehrte. Sie besteht auf dem festen Boden der Erlösung als eine völlig neue und ewige Welt des Lichts. Das Meer ist darum hier nicht mehr zu finden. Der Seher hebt es ausdrücklich hervor: „Und das Meer ist nicht mehr."

Das Meer deutet Trennung und Zerrissenheit an und ist das Bild der Unruhe und Unbeständigkeit, das Bild der nicht geordneten, nicht vollendeten Dinge und Zustände, wie sie auf dieser jetzigen Erde sind.

Auf der neuen Erde ist die Atmosphäre rein und alles in heiliger Vollkommenheit, da ist keine Trennung mehr und kein Scheiden. Der Prophet Jeremia sagt: „Am Meere ist Bangigkeit; ruhen kann man nicht" (Jer. 49, 23). Auf der neuen Erde aber „ist das Meer nicht mehr". Dort ist keine Bangigkeit mehr, vielmehr Gottes und Seines Volkes ewige Sabbatruhe.

Ein Meer schaute der Seher also nicht; die neue Erde hat kein Meer. Gott läßt Johannes statt dessen etwas Besseres und Herrlicheres schauen. Er sagt: „*Und ich sah die heilige Stadt, das neue Jerusalem, aus dem Himmel herniederkommen von Gott, bereitet wie eine für ihren Mann geschmückte Braut. Und ich hörte eine laute Stimme aus dem Himmel sagen: Siehe, die Hütte Gottes bei den Menschen! Und er wird bei ihnen wohnen, und sie werden sein Volk sein, und Gott selbst wird bei ihnen sein, ihr Gott*" (V. 2 und 3).

Des „Lammes" wird in dieser herrlichen Schilderung nicht Erwähnung getan, nur Gott wird genannt; denn wir haben hier den ewigen Zustand der Dinge. Der Apostel Paulus schreibt darüber: „Wenn ihm aber alles unterworfen sein wird, dann wird auch der Sohn selbst dem unterworfen sein, der ihm alles unterworfen hat, auf daß Gott alles in allem sei" (1. Kor. 15, 21–28).

Dies ist eingetreten zur Zeit, von der wir hier in der „Offenbarung" hören: „Gott ist alles in allem." Die tausendjährige

Herrschaft, in der Christus als dem Sohn des Menschen die Erde unterworfen war, ist vorüber, und „jede Herrschaft und Gewalt und Macht", auch „der Tod, der letzte Feind, ist weggetan"; und so hat Christus das Reich dem Vater übergeben; und Gott, nicht der Vater, sondern Gott als Vater, Sohn und Heiliger Geist, ist „alles in allem".

Im neuen Jerusalem, dessen Herrlichkeit während des Tausendjährigen Reiches nachher noch einmal besonders geschildert wird, wird Christus, das Lamm, noch wiederholt genannt. Wir lesen dort: „Gott, der Allmächtige, ist ihr Tempel, und das Lamm." „Die Herrlichkeit Gottes hat sie erleuchtet, und ihre Lampe ist das Lamm." „Der Thron Gottes und des Lammes wird in ihr sein" (Offb. 21, 22. 23; 22, 3). Anders ist es, wie wir sahen, hier bei der Schilderung des neuen Jerusalem in der Ewigkeit. Dort ist Gott „alles in allem".

Aber auch dann, also in alle Ewigkeit wird die Kirche, „die heilige Stadt, das neue Jerusalem", wie sie es zuvor im Tausendjährigen Reich war, die Wohnung oder Hütte Gottes und die Braut des Lammes sein; denn wenn auch „das Lamm" nicht mehr genannt wird, hören wir doch von ihr, daß sie „eine für ihren Mann geschmückte Braut" ist, und es heißt von ihr: „Siehe, die Hütte Gottes bei den Menschen!"

Wenn der Seher uns sagt, daß er das neue Jerusalem herabkommen sah auf die neue Erde, so soll noch nicht damit gesagt sein, daß die Kirche oder Gemeinde des Herrn in alle Ewigkeit auf der neuen Erde ist. Sie ist himmlisch in ihrer Berufung, Stellung und Segnung. Sie ist die himmlische Braut ihres Erlösers und Herrn. Als Er von den Seinen schied, um in den Himmel, in das Haus Seines Vaters zu gehen, sagte Er: „Ich gehe hin, euch eine Stätte zu bereiten. Und . . . ich komme wieder und werde euch zu mir nehmen, auf daß, wo ich bin, auch ihr seid" (Joh. 14, 3).

Aber wie im Tausendjährigen Reich schon Erde und Himmel durch das neue Jerusalem miteinander in Verbindung stehen, wie es einst bei der Jakobsleiter vorgebildet war, so wird es in vollkommener Herrlichkeit erst recht in alle Ewigkeit mit der neuen Erde und dem neuen Himmel der Fall sein. Sie werden gleichsam e i n e Wohnstätte, d. h. ein Ganzes bilden. Und wo irgend der Bräutigam ist, da wird auch die Braut, die „Hütte Gottes", sein.

Diese „Hütte Gottes" ist also „die heilige Stadt, das neue Jerusalem", die Versammlung oder Gemeinde. Sie behält ihren eigentümlichen Charakter und ihre kostbare Sonderstellung auf ewig. Sie ist in der Gegenwart schon „die Behausung Gottes im Geist" (Eph. 2, 22). Im Tausendjährigen Reich wird „der Thron Gottes und des Lammes" in ihr sein (Offb. 22, 3). Und in alle Ewigkeit wird Gott, der dann „alles in allem" ist, sie zu Seiner „Hütte" machen. Wie wunderbar ist ihre Stellung und wie hoch ihr Vorrecht! Wie anbetungswürdig ist das „Geheimnis, das von den Zeitaltern her verborgen war in Gott, der alle Dinge geschaffen hat, auf daß jetzt den Fürstentümern und Gewalten in den himmlischen Örtern durch die Versammlung kundgetan werde die gar mannigfaltige Weisheit Gottes!" (Eph. 3, 9—10.)

Die Nationen sind als solche von der neuen Erde verschwunden; dort gibt es keine Völker mehr, auch kein besonderes irdisches Volk Gottes, sondern nur noch Menschen, errettete, selige Menschen aus allen Jahrhunderten und allen Völkern der Erde. Die Stimme aus dem Himmel verkündigt darum kurz: „Siehe, die Hütte Gottes bei den Menschen!"

Dann hören wir weiter:

„Und er wird bei ihnen sein. Und er wird jede Träne von ihren Augen abwischen, und der Tod wird nicht mehr sein, noch Trauer, noch Geschrei, noch Schmerz wird mehr sein; denn das Erste ist vergangen. Und der auf dem Throne saß, sprach: ‚Siehe, ich mache alles neu!' Und er spricht zu mir: ‚Schreibe, denn diese Worte sind gewiß und wahrhaftig' " (V. 4—6).

Das Bild von der „Hütte Gottes", in der Gott ewig wohnen wird, erinnert uns an die Stiftshütte, die Gott sich in der Wüste inmitten Israels bauen ließ nach einem himmlischen Muster. Gott tat hierdurch kund, daß Israel Sein Volk sei und Er sein

Gott. Aber dort war die Wohnung nur *inmitten* des Volkes, nicht das Volk selbst. Ferner war der Wohnplatz der Hütte nur eine Wüste, wo „Tränen" waren, „Sünde und Tod, Schmerz, Trauer und Geschrei". Aber alle diese Dinge sind dem neuen Himmel und der neuen Erde auf ewig fremd und fern. Hier ist die ewige Herrlichkeit Gottes und die ewige Sabbatruhe Seines Volkes.

„Und er wird jede Träne abwischen von ihren Augen." Nicht, daß dort noch Tränen geweint würden, aber Er tröstet Sein Volk über alles Erdenleid, und Er löst ihnen die letzten Rätsel Seiner wunderbaren Führungen im Erdental.

„Im ewigen Halleluja verstummt der Erde Pein."

Was dort ist an Herrlichkeit, sagt uns der Seher nicht; er hätte es auch so wenig wie der Apostel Paulus in Worte kleiden können, er sagt uns nur, was „nicht" dort ist: „Tod und Trauer, Schmerz und Geschrei". Alle Pilger Gottes haben diese Dinge hienieden, „im Tränental" und „Tal des Todesschattens", reichlich kennengelernt! Aber dort sind sie nicht mehr; „denn das Erste ist vergangen, und der auf dem Throne saß, sprach: ‚Siehe, ich mache alles neu.'" Welche Wunder der Herrlichkeit enthalten diese wenigen Worte! Als Gott die Welt schuf und die Menschen, sah Er alles, was Er gemacht hatte, und siehe, alles war sehr gut. Aber Satan trat in die Schöpfung ein und betrog den Menschen, und wie furchtbar waren die Folgen! Die ganze Schöpfung wurde der „Eitelkeit unterworfen", dem Tod und Gericht um der Sünde der Menschen willen. Doch der Sohn Gottes kam, von Gott gesandt, in diese Welt, „um zu suchen und zu retten, was verloren ist". Und Er hat Gott und sich ein Volk erkauft zum Preis Seiner Gnade und Herrlichkeit in Ewigkeit. Auf Grund Seines bitteren Todes steht die neue Schöpfung da in ihrer Herrlichkeit für alle Ewigkeit. Unsere kleinen, schwachen Herzen vermögen das nicht zu fassen, aber Gott läßt sich herab, uns der Wahrheit und Unerschütterlichkeit dieser herrlichen Dinge, die unser „unverwesliches und unbeflecktes und unverwelkliches Erbteil" sind, zu versichern und unseren Glauben zu stärken, indem Er dem Seher sagt: „Schreibe, denn diese Dinge sind gewiß und wahrhaftig."

Dann hören wir: *»Und er sprach zu mir: ‚Es ist geschehen!'« (V. 6)* Dieser freudige Ruf bei Beginn der Ewigkeiten erscheint uns wie ein Siegesruf. Er erinnert uns an das Wort des Herrn am Kreuz, als Er rief: „Es ist vollbracht!" Auf Grund Seiner vollkommenen Erlösung stehen nun der neue Himmel und die neue Erde da in ihrer ewigen Herrlichkeit, und Gott wird in der Mitte Seines Volkes wohnen auf immerdar.

Dann fährt Gott fort: *„Ich bin das Alpha und das Omega, der Anfang und das Ende. Ich will dem Dürstenden aus der Quelle des Wassers des Lebens geben umsonst." (V.6)* Gott lädt hier nicht mehr die Seelen ein und spricht keine Aufforderung mehr aus, zu Ihm zu kommen, um den Durst zu stillen. Wir sind hier in der Ewigkeit; die Zeit zu Gott zu kommen ist für immer vorüber, sie war auf Erden. Gott sagt daher auch nicht: „Ich will dem Dürstenden das Wasser des Lebens geben. Nein, Er sagt: „Ich will dem Dürstenden aus der Quelle geben." Diese Quelle sprudelt hier in Seiner Nähe und Gegenwart. Er selbst ist die Quelle.

Als Gottes Volk auf Erden war, wirkte Er in ihren Seelen den Durst und das Verlangen nach Vergebung und nach Frieden; und Er stillte ihre Bedürfnisse. Auch schuf Er durch den Heiligen Geist in ihren Seelen das Bedürfnis nach Vermehrung des inneren Lebens und nach voller Gemeinschaft mit Ihm. Aber solange sie auf Erden waren, wurde das Begehren des neuen Lebens nach Gott nicht völlig gestillt. Hienieden klagt der Pilger: „Meine Seele dürstet nach Gott, nach dem lebendigen Gott. Wann werde ich kommen und erscheinen vor Gottes Angesicht?" (Ps. 42.) Und anderswo spricht er voll Zuversicht zu Gott: „Ich, ich werde dein Angesicht schauen in Gerechtigkeit, werde gesättigt werden – wenn ich erwache – mit deinem Bilde" (Ps. 17). Oder wir hören den Gläubigen auf dem Weg zur Herrlichkeit bekennen: „Nicht daß ich es schon ergriffen habe ... ich jage ihm aber nach ... Ich jage, das Ziel anschauend, hin zu dem Kampfpreis der Berufung Gottes nach oben in Christus Jesus" (Phil. 3).

All dieses Sehnen und Jagen nach dem Kampfpreis und Ziel, nach der Quelle des Lebens, nach Gott selbst, ist dann gestillt: die Seele ist daheim; sie ist auf ewig bei Gott.

„Nun ist jeder Wunsch erfüllt,
unser Sehnen ganz gestillt."

Und die Seele hat dies alles, dieses ewige, herrliche Teil, aus freier Gnade erlangt: „umsonst", wie wir neu hier hören. Aber zugleich werden wir daran erinnert, daß dieses ewige, selige Teil nur das Teil der „Überwinder" ist. Wir hören:

„Wer überwindet, wird dieses ererben, und ich werde ihm zum Gott und er wird mir zum Sohne sein," (V. 7).

Der Weg der Erlösten zu Gott führte durch eine Welt und Wüste, die den Pilgern Gefahren und Versuchungen aller Art boten, wo Satan und Sünde ihnen allezeit entgegenstanden. Nur im steten Aufblick zu Jesus, der „der Anfänger und Vollender des Glaubens" ist, der den Seinen zuruft: „In der Welt habt ihr Drangsal, aber seid gutes Mutes, ich habe die Welt überwunden", fanden sie auf dem Weg die Kraft, auszuharren und zu überwinden. Er selbst ging den Weg des Glaubens vor ihnen her zum Ziel, und „auf dem Weg trank er aus dem Bach, und darum erhob er sein Haupt" (Ps. 110). Er ermattete nicht, Er überwand; und Er war „mehr als Überwinder".

Der Bach der Gemeinschaft, der Kraft und der Liebe, aus dem Jesus, der Sohn Gottes, als der freiwillig abhängig gewordene Mensch trank, aus dem alle tranken und trinken, die je und je zu Gottes Volk gehörten, hat in Gottes Herzen seinen Quell und Ursprung. Aus diesem Bach tranken und trinken sie auf Erden durch Gottes Wort und Gebet, denn dies sind „die goldenen Eimer, die auf und nieder steigen". Hierdurch wurde und wird für sie „das Tränental zu einem Quellenort". – „Mit Segnungen bedeckt es der Frühregen. Sie gehen von Kraft zu Kraft, sie erscheinen vor Gott in Zion" (Ps. 84).

Vor Gott und bei Gott sehen wir sie nun angelangt in ewiger Herrlichkeit. Sie sind Sein Volk, Er ist ihr Gott. Sie haben ihr ewiges Ziel und Erbe erlangt.

Aber da ist auch eine Kehrseite zu diesem herrlichen und ewigen Teil der Erlösten auf der neuen Erde und im neuen Himmel!

Wir lesen:

„Den Feigen aber und Ungläubigen und mit Greueln Befleckten und Mördern und Hurern und Zauberern und Götzendienern und allen Lügnern — ihr Teil ist in dem See, der mit Feuer und Schwefel brennt, welches ist der zweite Tod" (V. 8).

Wie furchtbar ist der Gegensatz! Dort in der endlosen Ewigkeit gibt es zwei Klassen von Menschen: die, welche mit Gott versöhnt wurden, Sein Wort und Sein Heil, Seine Retterhand ergriffen und nun in unaussprechlicher Herrlichkeit Gott ewig schauen und anbeten; und die, welche Ihn und Sein Tun verachteten, Seine Liebe fortgesetzt mit Füßen traten, in ihren Sünden leben und sterben wollten, im ewigen Gericht. — So läßt Gott den Seher einen Blick tun in die unermeßlichen Zeiträume der endlosen Ewigkeit. Welche Herrlichkeit ist dort für Gottes Volk!

Das neue Jerusalem während des Tausendjährigen Reiches
(Kap. 21, 9—22, 5)

Nachdem der Herr dem Seher und so auch uns durch ihn einen Ausblick gewährt hat in die endlosen Zeiträume der Ewigkeit, kehrt Johannes zurück zur Schilderung des neuen Jerusalem während des Tausendjährigen Reiches.

Hören wir zunächst die Aufforderung an den Seher:

„Und es kam einer von den sieben Engeln, welche die sieben letzten Schalen hatten, voll der sieben Plagen, und redete mit mir und sprach: ‚Komm her, ich will dir die Braut, das Weib des Lammes, zeigen!'" (V. 9.)

Diese Aufforderung muß uns an eine frühere erinnern, die gleichfalls von einem der sieben Engel, welche die sieben Zornesschalen hatten, ausgegangen war. Damals wurde dem Seher zugerufen: „Komm her, ich will dir das Urteil (Gericht) der großen Hure zeigen!" (Kap. 17, 1.)

Damals handelte es sich um das Gericht und die Beseitigung der falschen Braut, hier aber um die Herrlichkeit und Erscheinung der wahren Braut. Ehe diese in ihrer himmlischen Reinheit auf die Erde herabkommen und hier mit Christus herrschen konnte, mußte ihr schreckliches Zerrbild, ihre Gegnerin, die Hure, ihr Gericht empfangen haben und von diesem Schauplatz beseitigt worden sein. Darum erfolgt erst nach dem Sturz der Hure die Hochzeit des Lammes und im Anschluß daran die Ankunft der Braut, des Weibes des Lammes, aus dem Himmel herab auf die Erde an der Seite des Bräutigams.

Der plötzliche Wechsel der Handlung und die Einführung eines der sieben Engel, die die sieben Zornesschalen hatten, läßt uns erkennen, daß wir hier nicht eine Fortsetzung des bisherigen Gesichts haben. Dieses ließ uns den ewigen Zustand im neuen Himmel und auf der neuen Erde sehen. Es wird dem Seher aber jetzt durch einen Engel, der mit der Reinigung der Erde zur Einführung des Tausendjährigen Reiches zu tun hatte, neu und ausführlich die Herrlichkeit der Braut gezeigt, wie sie ist bei Beginn und während der Dauer dieses Reiches. Ihr Erscheinen auf der neuen Erde haben wir bereits gesehen (Kap. 21,2), obwohl der Zeit nach die neue Erde erst später ins Dasein tritt als das Tausendjährige Reich. Aber die ,,Offenbarung" berichtet, wie wir oft Gelegenheit hatten wahrzunehmen, die Ereignisse vielfach nicht der Zeitfolge nach, sondern reiht die Ereignisse nach inhaltlichen Gesichtspunkten aneinander.

Der Seher hatte nämlich im Anschluß an das Gericht über Satan nach dem Tausendjährigen Reich (Kap. 20, 7—10) auch gleich das Weltende und das Gericht über die Toten vor dem großen weißen Thron und das ewige Teil der Gottlosen berichtet (Kap. 20, 11—15). Im Anschluß an dieses Gericht und an das ewige Los der Verlorenen berichtete uns der Herr dann gleich den ewigen Zustand der Erlösten auf der neuen Erde und im neuen Himmel, wo, wie wir schon bemerkten, „Gott alles in al=lem" ist (1. Kor. 15, 28; Offb. 21, 1—8).

Nachdem dies geschehen ist, wird uns jetzt näher die Herrlichkeit der Braut gezeigt, wie sie zu Beginn des Tausendjährigen Rei=ches mit Jesus Christus vom Himmel herabkommt, „wenn er kommen wird, um an jenem Tage verherrlicht zu werden in sei=nen Heiligen und bewundert in allen, die geglaubt haben" (2. Thess. 1, 10; Offb. 19, 6 f.).

Daß aber an unserer Stelle (Kap. 21, 9—22,5) wirklich vom Tausendjährigen Reich die Rede ist, erhellt aus dem Umstand, daß hier immer wieder „das Lamm" genannt ist und noch „Na=tionen" auf der Erde sind, die nach dem Licht der himmlischen Stadt ihren Wandel einrichten und noch geheilt werden müssen (vgl. Offb. 21, 24 mit Micha 4, 2 f.; und lies Offb. 22, 2).

Aber wer ist „die Braut, das Weib des Lammes"? — Ist es Israel, wie einige meinen, oder die Kirche, die Versammlung oder Gemeinde? Wir glauben, daß es diese ist.

Allerdings wird auch schon im Alten Testament für Israel das Bild von der Hochzeit und Ehe gebraucht; Israel war die „Ver=mählte" des HERRN (Jes. 54, 1; Jerem. 31, 32). Aber sie ist dem HERRN untreu geworden, hat „Ehebruch" begangen und muß später neu mit Ihm verlobt werden (Hos. 2). Im 45. Psalm sehen wir, daß der Messias und König ihr Bräutigam ist; und das „Hohelied" redet darauf in Bildern von Seiner Liebe zu Seiner Geliebten. Selbst Palästina, das Gelobte Land, wird die „Vermählte" hei=ßen (Jes. 62, 4).

Aber das Verhältnis des Herrn Jesus zu Seiner Kirche oder Gemeinde ist unvergleichlich inniger als das mit Seinem Bun=desvolk Israel. Sie ist h i m m l i s c h in ihrer Berufung und Stellung, während Israel das i r d i s c h e Volk Gottes ist.
Das Gegenbild von Adam und Eva, die als Frau aus der geöffneten Seite Adams während seines tiefen Schlafes genommen wurde und mit ihm „ein Fleisch" bildete, haben wir keineswegs in Christus und Israel, so gesegnet auch dieses Verhältnis während des Reiches sein wird, sondern erst in der innigen Verbindung Christi mit Seiner Kir-

che oder Gemeinde. Das sagt uns der Heilige Geist. Er belehrt uns, daß die Gemeinde mit Christus, dem Haupt, sowohl ein geheimnisvolles, lebendiges Ganzes bildet, als auch Sein Weib ist: ,,Das Geheimnis ist groß; ich aber sage es in bezug auf Christus und die Versammlung" (Eph. 5, 22—32).

Ferner beweist uns der Umstand, daß der Herr hier „die Braut, das Weib des Lammes", offenbar „der Hure" gegenübergestellt (vgl. wieder Kap. 17, 1 mit Kap. 21, 9!), daß die Braut hier nicht Israel sein kann, sondern die Kirche oder Gemeinde sein muß. Denn „die Hure" oder „Babylon" (Kap. 17) ist ohne Frage nicht das verderbte Israel, sondern die verderbte Kirche; denn wir lesen: „Die sieben Köpfe sind sieben Berge, auf welchen das Weib sitzt" (Kap. 17, 9). Und diese Siebenhügelstadt, die so viel Blut der Bekenner Christi vergossen hat, ist uns bekannt; in ihr hat „Babylon", die falsche Kirche, ihren Hauptsitz.

Während aber „die Hure" in prächtigen, auffallenden Gewändern prangt, trägt „die Braut, das Weib des Lammes", nur ein Kleid aus „weißem, reinem Linnen", das Bild ihrer heiligen Reinheit und praktischen Gerechtigkeit (Kap. 19, 8).

Auch sagt uns der Apostel gerade von der „Gemeinde", wie wir früher schon anführten, daß er sie „einem Manne verlobt habe, um sie als eine keusche Jungfrau Christus darzustellen" (1. Kor. 11, 1).

Aus allen diesen Erwägungen müssen wir den Schluß ziehen, daß „die Braut, das Weib des Lammes", nicht Israel, sondern die Kirche ist.

Hören wir nun, was uns der Seher weiter berichtet:

„*Und er* — der Engel — *führte mich im Geiste hinweg auf einen großen und hohen Berg und zeigte mir die heilige Stadt, Jerusalem, herniederkommend aus dem Himmel von Gott; und sie hatte die Herrlichkeit Gottes*" (V. 10).

Als dem Seher das Gericht über ,,die Hure" gezeigt wurde, wurde er ,,im Geist in die Wüste" geführt. Von einem Berg aus sah Mose das Gelobte Land und Bileam das Volk Israel in seiner Lieblichkeit vor Gott. Auch die Verklärung des Herrn war auf einem Berg, als Mose und Elia zu Ihm kamen und die Jünger Sein Kommen und Sein Reich vorbildhaft schauen durften (Luk. 9, 27—36).

Das Gesicht, das Johannes auf der Insel Patmos schaut, entspricht dem Gesicht in Hesekiel: ,,Er (der HERR) ließ mich nieder auf einem sehr hohen Berg, und auf demselben . . . war es wie der Bau einer Stadt" (Hes. 40, 2). Zugleich besteht jedoch eine große Verschiedenheit zwischen den beiden Gesichten: Hesekiel steht ,,im Lande Israel", und die Stadt ist auf der Erde; Johannes dagegen schaut die Stadt nicht in Verbindung mit ,,Israel", auch ist sie nicht auf der Erde, sondern sie kommt ,,aus dem Himmel von Gott". Wohl gibt das Wort Gottes dieser himmlischen Stadt auch den Namen Jerusalem, was zu deutsch heißt ,,die Wohnung des Friedens", denn sie allein ist die wahre Friedensstätte. Und wieviel herrlicher ist sie, als das Jerusalem hienieden je gewesen ist und je sein wird, denn ,,sie hat die Herrlichkeit Gottes". — Auch wird das himmlische Jerusalem mit einem ,,goldenen Rohr" gemessen, das irdische aber bei Hesekiel nur ,,mit einer leinenen Schnur". Ferner ist die Stadt bei Hesekiel nur ein Quadrat. Ihre vier Seiten sind alle gleich groß und an jeder ihrer Mauern sind drei Tore (Hes. 48, 30—35). Hiernach ist auch das Jerusalem auf Erden schon in seiner Art vollkommen, aber eine höhere Art der Vollkommenheit besitzt das himmlische Jerusalem: es ist ein vollkommener Würfel: ,,die Länge und die Breite und die Höhe derselben sind gleich" (Offb. 21, 16). Auch hat die himmlische Stadt an ihren Toren Engel stehen, was uns zeigt, daß sie der oberen Welt angehört (V. 12).

Herrlich ist „der Lichtglanz" des himmlischen Jerusalem: *„gleich einem sehr kostbaren Edelstein, wie ein kristallheller Jaspisstein"*)*. Nun ist früher der Herr selbst auf Seinem Thron

---

*) Viele Übersetzer und Ausleger sind der Meinung, daß „der kristallhelle Jaspisstein" nichts anderes sein könne als der Diamant, der

und in Seiner Herrlichkeit mit „einem Jaspisstein" verglichen worden (Kap. 4, V. 3). Also erscheint und erglänzt die Versammlung oder Gemeinde des Herrn ganz in der eigenen Schönheit des Herrn selbst: Seine Herrlichkeit ist ihre Herrlichkeit. Dann wird auch die Welt erkennen, daß der Vater sie, d. h. die Braut des Sohnes, geliebt hat, gleichwie Ihn, den Sohn, selbst (Joh. 17, 23). Sie kommt vom Himmel in der Tat in der „Herrlichkeit Gottes". Gott, der Vater, hat sie bereit gemacht für das Erbe der Heiligen im Licht, und zugleich hat der Sohn „sich selbst seine Gemeinde verherrlicht dargestellt, die nicht Flecken ... oder etwas dergleichen habe" (Kol. 1, 12 f. u. Eph. 5, 25—27).

Doch ehe wir die Schilderung der herrlichen Stadt weiter betrachten, mag noch die Frage erwogen werden, warum die Braut des Lammes uns hier bei Beginn des Tausendjährigen Reiches im Bild einer „Stadt" gezeigt wird, und ob nicht auch zugleich ein Unterschied bestehe zwischen dem einen und dem anderen Bild, dem der Braut und dem der Stadt?

Insofern das Verhältnis der Kirche oder Gemeinde zum Herrn selbst in Frage kommt, ist sie Seine „Braut". Ihm wurde sie auf Erden schon „verlobt als eine keusche Jungfrau". Und Er hat sie geliebt und gepflegt und dann zu sich hinaufgenommen, wo wir auch die Hochzeit sahen. Nun bringt Er sie wieder mit sich hernieder (1. Thess. 4, 14; 2. Thess. 1, 10; Kol. 3, 4). Sie kommt an Seiner Seite und in Seiner Herrlichkeit, da Er Sein Reich hier

---

sonst unter den Steinen aufgezählt wäre, wäre er nicht darunter gemeint, da er ja bekannt und vor allen Edelsteinen geschätzt war, und auch in der Tat „ein sehr kostbarer Edelstein" oder „der alleredelste Stein" war, wie er Vers 11 genannt wird. Blitzender Diamantenglanz wird also die Stadt durchleuchten. — Interessant ist auch, daß der glänzende Diamant nach seiner Beschaffenheit nichts anderes ist als die gewöhnliche Kohle, Ruß usw., nur daß er kristallisiert ist. Welche Gedanken erweckt dies, wenn wir uns erinnern, daß auch die Erlösten, die in des Himmels Herrlichkeit glänzen werden wie der Erlöser, von Natur nichts anderes waren auf Erden als verlorene Sünder. Wie hat sich doch die Gnade Gottes in ihnen wunderbar verherrlicht! (Eph. 1, 6. 12.)

auf Erden antritt.

Wenn es sich aber um das Verhältnis der Gemeinde zur Welt handelt und um ihre Herrschaft mit Christus hier, wird sie dem Seher passend im Bild einer vollkommenen und heiligen „Stadt" gezeigt.

Zugleich scheint es uns, daß es sich bei den beiden Bildern von einer „Braut" und einer „Stadt" nicht nur um zwei verschiedene Gesichtspunkte handelt, unter denen die Gemeinde oder Versammlung Christi gesehen wird, sondern auch noch um eine weitere Verschiedenheit. Es will uns scheinen, daß wenn von der „heiligen Stadt" die Rede ist, die bei Beginn des Tausendjährigen Reiches von Gott vom Himmel herniederkommt, nicht nur die Gemeinde oder himmlische Braut Christi darunter verstanden ist, sondern auch die früheren Gläubigen aus Israel und überhaupt von Adams Tagen an. Sie scheinen uns alle mit zu den Bewohnern der „Stadt" zu gehören, denn sie alle haben Teil an der Herrlichkeit des Reiches und werden alle „mit Ihm tausend Jahre herrschen". Wir lesen ja, daß die, die dort eingehen und dort wohnen, „geschrieben sind in dem Buch des Lebens des Lammes" (Kap. 21, 27). Und dazu sind gewiß alle Erlösten von jeher, die zur ersten Auferstehung gehören, zu rechnen. Weiter heißt es, daß „draußen", d. h. außerhalb der himmlischen Stadt, des neuen Jerusalem, die „Hunde" sind, d. h. die Unreinen, und die Zauberer und die Hurer und die Götzendiener und jeder, der die Lüge liebt und tut (Kap. 22, 15). Wo sollten also die Erlösten aus dem Alten Bund sein, wären sie nicht in dem „neuen Jerusalem"?

Weiter hören wir, daß Abraham, Isaak und Jakob zu denen gehören, die im Reich Gottes mit zu Tische sitzen (Luk. 13, 28). Und wenn wir in Hebr. 11, 10 lesen, daß Abraham schon „die Stadt erwartete, die Grundlagen hat, deren Baumeister und Schöpfer Gott ist", so muß die von ihm ersehnte Stadt doch das „neue Jerusalem, die heilige Stadt", gewesen sein, die hier zu Anfang des Tausendjährigen Reiches aus dem Himmel kommt. In ihr wohnt demnach außer der himmlischen „Braut" auch das

Volk Gottes von alters her. Wir lesen ja von den Gläubigen in Israel, daß „Gott ihnen eine Stadt bereitet hat" (Hebr. 11, 15). Darum trägt auch diese Stadt auf ihren Perlentoren „die Namen der zwölf Stämme Israels" (Offbg. 21, 12).

Fahren wir aber nunmehr fort in der Betrachtung der Schönheit, in der uns die „Braut-Stadt", wie wir sie nennen möchten, gezeigt wird, denn eigentlich wird uns mehr die Schönheit der „Stadt" als die der „Braut" gezeigt.

Wir hörten schon, daß sie „von Gott kommt", ihr Ursprung ist somit göttlich; daß sie „aus dem Himmel" kommt, ihre Natur ist also himmlisch; und daß sie die „Herrlichkeit Gottes" in sich trägt (V. 10 und 11). Ja, „die Herrlichkeit Gottes durchleuchtet sie", wie wir später lesen (V. 23). Weiter erfuhren wir schon, daß das neue Jerusalem auch von einem hellen Diamantenglanz durchleuchtet ist, denn „ihr Lichtglanz war wie ein kristallheller Jaspisstein". Ihr Lichtglanz und ihre Herrlichkeit ist also der Lichtglanz und die ewige Herrlichkeit des Herrn Jesus selbst (V. 11 vgl. mit 4, 3!).

Weiter berichtet uns dann der Seher, daß die himmlische Stadt völlig abgeschlossen ist, denn sie hat *„eine große und hohe Mauer"* (V. 12). Diese läßt erkennen, daß die Stadt von allem, was „draußen", was nicht nach Gottes Wesen ist, völlig getrennt und fern ist, sie zeigt aber auch deren völlige Sicherheit. Nichts, was böse ist und unrein, kann dort eingehen, und kein Feind und Übel kann ihren seligen Bewohnern je nahen.

„Die Stadt hat zwölf Tore: nach Osten drei Tore, nach Norden drei Tore, nach Süden drei Tore und nach Westen drei Tore." Nach allen vier Himmelsrichtungen geht von ihr Licht und Leben aus und Gerechtigkeit und Frieden. Ihr Name ist ja „Jerusalem", d. h. Stätte des Friedens, und zugleich ist Gottes Thron und Wohnplatz hier. Die Tore waren ehedem die Orte, da das Gericht gehalten wurde. So entfaltet sich zugleich vom himmlischen Jerusalem aus über die ganze Erde nach allen Seiten hin Frieden und Gottes Ordnung und Gerechtigkeit.

„An den Toren sind zwölf Engel." Sie deuten die Bewahrung

ihres himmlischen und heiligen Charakters an und den Schutz ihrer Bewohner. *„Und auf den Toren sind Namen geschrieben, welche die der zwölf Stämme der Söhne Israels sind."* Auch die Gläubigen aus Israel werden, wie wir oben sahen, in dem neuen Jerusalem sein. Zudem wird die himmlische Braut in ihr uns hier nicht gezeigt, wie sie uns Paulus, der Apostel der Nationen, in seinen Briefen darstellt, d. h. in ihrer innigen Beziehung zu Christus, sondern wie sie einst zu Jerusalem unter der Leitung der zwölf Apostel gegründet wurde.

„Und die Mauer der Stadt hatte zwölf Grundlagen und auf denselben die Namen der zwölf Apostel des Lammes." Die „Grundlagen" sind gewiß die, die jene Stadt haben sollte, auf welche Abraham wartete, „deren Baumeister und Schöpfer Gott ist". Und Gott hat auf sie die „Namen der zwölf Apostel des Lammes geschrieben". Die Namen der Apostel, die einst im irdischen Jerusalem litten, prangen nun an den Grundlagen des himmlischen Jerusalem (Luk. 22, 29. 30). Da aber, wo die Apostel „die Grundlagen" sind, da ist „Jesus Christus der Eckstein" (Eph. 2, 20). Er ist es, der die Erlösung brachte, darum werden die Apostel „die Apostel des Lammes" genannt.

„Und der mit mir redete, hatte ein Maß, ein goldenes Rohr, auf daß er die Stadt messe und ihre Tore und ihre Mauern. Und die Stadt liegt viereckig, und ihre Länge ist so groß wie die Breite" (V. 15 und 16). Nachher fügt der Seher noch hinzu: *„Die Länge und die Breite und die Höhe derselben sind gleich."* Wir redeten schon darüber, daß die Stadt die Gestalt eines vollkommenen Würfels hat, also in jeder Hinsicht und nach jeder Seite nach Gottes Maß vollkommen ist und darum die Schönheit des vollen Ebenmaßes an sich trägt.

Auch das Heiligtum oder Allerheiligste des Tempels hatte die Form eines vollkommenen Würfels: ,,Das Innere des Sprachortes: zwanzig Ellen die Länge, zwanzig Ellen die Breite und zwanzig Ellen die Höhe" (1. Kön. 6, 20). Was jenes Heiligtum für das Volk Israel war, das ist das neue Jerusalem für die ganze Erde zur Zeit des Reiches Christi.

Die Ausdehnung der „Stadt" aber ist gewaltig. Wir lesen: *„Er maß die Stadt mit dem Rohre: zwölftausend Stadien"* (V. 16). Auf ein Stadium rechnet man 185 Meter oder 2–3 Minuten Wegs. Man mag nun die 12000 Stadien als den ganzen Umfang der Stadt ansehen oder nur als die Länge einer oder jeder der vier Seiten, was gewiß das Richtige ist, so ist doch die Größe der Stadt weit größer, ja etwa zwölfmal so groß als ganz Kanaan.

Die Zahl „zwölf", die sich auch in der Länge der Mauer wiederholt, denn *„er maß ihre Mauer: 144 Ellen"*, also 12 x 12 Ellen (V. 17), ist uns bekannt als die Zahl der Vollkommenheit in der Verwaltung Gottes auf Erden und in Seiner Regierung. So hatte Israel zwölf Stämme, der Herr zwölf Apostel, und aus Juda und Israel werden je 144000 (= 12×12000), d. h. eine vollkommene Zahl von Gläubigen aus der Drangsalszeit fürs Tausendjährige Reich errettet werden, wie wir in Kap. 7 und Kap. 14 sahen. Und wenn wir weiter daran denken, daß die Stadt zwölf Tore und zwölf Grundlagen hat, daß sie 12000 Stadien mißt in ihrer Länge und Breite und auch ebenso hoch ist wie breit und lang, so zeigt uns der Herr in den Zahlen und Maßen gewiß nicht nur die große Überlegenheit der himmlischen Stadt über alle Städte, die die Erde je besessen und gesehen hat, sondern auch die von Gott Seiner Stadt verliehene Vollkommenheit. Sie ist ja der von Ihm bereitete Sitz Seiner himmlischen Gewalt und Regierung. Hier ist Sein Thron; sie ist die himmlische Hauptstadt Seiner Regierung im Tausendjährigen Reich, die mit der Erde in Verbindung steht, wie dies die bei Tag und Nacht offenen Tore zeigen; aber sie ist nicht auf der Erde, sondern über der Erde. Gleichzeitig besteht hienieden das irdische Jerusalem, schöner und stärker als es in den Tagen Salomos war; es wird den irdischen Charakter der königlichen Herrschaft auf Erden besitzen und aufrecht erhalten.

Das Maß der Mauer ist „144 (= 12×12) Ellen". Ob dieses Maß auf die Dicke oder, was wahrscheinlicher, auf die Höhe Bezug hat, einerlei, es soll uns zeigen, welch festen Schutzes sich die Bewohner der Himmelsstadt erfreuen, wie es auch von dem irdischen Jerusalem im Reich heißt: „Wir haben eine starke Stadt; Rettung setzt er zu Mauern und zum Bollwerk" (Jes. 26,1).

Wenn es dann von dem Maß, womit die Mauern und Tore gemessen werden, heißt, daß es eines Menschen Maß, das ist eines Engels, gewesen sei, so zeigt uns dies vielleicht, daß der Mensch, als das Ebenbild Gottes, der Maßstab ist, den Gott auch in Seinem Reich anwendet. Vielleicht haben wir dann weiter in dem Zusatz „das ist eines Engels" an das Wort des Herrn in Luk. 20, 36 zu denken, daß nämlich der menschliche oder „geistige Leib" in der Auferstehung wie „der eines Engels ist". Alles ist in der himmlischen Stadt himmlisch, wenn auch die Bilder und Dinge der Erde entnommen sind.

Hören wir nun weiter, was noch von der Schönheit der Stadt berichtet wird: *„Und der Bau ihrer Mauern war Jaspis, und die Stadt reines Gold, gleich reinem Glase. Die Grundlagen der Mauer der Stadt waren geschmückt mit jedem Edelstein: die erste Grundlage ist Jaspis"* (V. 18. 19).

Vom J a s p i s, worunter wir, wie wir sagten, sehr wahrscheinlich den Diamanten zu verstehen haben, sahen wir, daß er ein Sinnbild der Herrlichkeit Jesu Christi und Gottes ist. Gold aber ist ein Bild der Gerechtigkeit Gottes. Also ist im neuen Jerusalem Gottes Gerechtigkeit von Seiner eigenen Herrlichkeit umschlossen, denn die Mauer um die Stadt „von reinem Gold" her ist von Jaspis. Welch wunderbares Bild von Gottes himmlischer Wohn- und Hauptstadt in Seinem Reich! Aber nicht nur ist das Licht und der Glanz, der die ganze Stadt durchleuchtet, das Licht eines „Jaspis", d. h. Gottes eigene Herrlichkeit (V. 11), und die Mauer rings um sie her von „Jaspis" (V. 18), sondern auch die erste Grundlage der Stadt ist ein „Jaspis" (V. 19). Also zum dritten Mal wird uns im Bild gezeigt, daß Gottes Herrlichkeit das neue Jerusalem erfüllt, umgibt und trägt. Die Grundlage der ganzen Stadt ist Gottes Herrlichkeit; sie ist ja auf Jesus Christus, „den Herrn der Herrlichkeit", „den Sohn des lebendigen Gottes", gegründet.

Weiter berichtet der Seher: *„Die zweite* (Grundlage) *ist Saphir; die dritte Chalcedon; die vierte Smaragd; die fünfte Sardonix; die sechste Sardis; die siebente Chrysolith; die achte Beryll; die neunte Topas; die zehnte Chrysopras; die elfte Hyazinth; die zwölfte Amethyst. Und die zwölf Tore waren zwölf Perlen, je eines der Tore war aus einer Perle, und die Straße der Stadt reines Gold, wie durchsichtiges Glas"* (V. 19—21).

Wir müssen davon absehen, jede der weiteren Grundlagen, deren Anzahl vollkommen ist, einzeln zu besprechen, wissen wir doch nicht, welchen Gedanken und welche Herrlichkeit der Geist des Herrn mit jedem der einzelnen Steine verknüpft.*) Gewiß ist es aber, daß alle Wesenseigenschaften Gottes und die mannigfaltigen Herrlichkeiten Seiner Erlösung und neuen Schöpfung in dem Glanz und Licht der verschiedenen Edelsteine dargestellt sind und in harmonischer Farbenpracht und Schönheit — Gott zum Ruhm — in Erscheinung treten.**)

Von der zweiten Grundlage der himmlischen Stadt, dem himmelblauen Saphir, sei nur erwähnt, daß auch die Ältesten Israels, die einst Gottes Herrlichkeit schauten, sahen, wie es „unter seinen Füßen war wie ein Werk von Saphirplatten, wie der Himmel selbst an Klarheit" (2. Mose 24, 10).

Und wie herrlich, daß „jedes der Tore aus einer Perle ist!" Ihr milder Glanz und ihre Kostbarkeit deuten den Wert der „Stadt" an und den der „Braut", die darin wohnt. Wir wissen, daß unser Herr, der sich in Seiner Liebe selbst für uns hingegeben hat, um uns zu besitzen, Seine Versammlung oder Gemeinde selbst „eine sehr kostbare Perle" nannte (Matth. 13, 46)***), für

---

*) Dazu tragen manche der genannten Steine heute einen anderen Namen. So heißt der Saphir heute Lasur, von himmelblauer Farbe; oder es ist darunter der edle Korund gemeint, der zuweilen hellblau ist und nach der Insel Saphirine im Arabischen Meere Saphir heißt.

**) Die Schönheit der Schöpfung wird uns in den Edelsteinen in Hes. 28 und die Vollkommenheit der Gnade in den zwölf Steinen des Hohenpriesters in 2. Mose 39 gezeigt.

***) Wir halten die Auslegung des Gleichnisses, wonach der Mensch

die Er Sein eigenes Leben dargelegt hat (Gal. 2, 20; Eph. 5, 22). So bezeugen es alle zwölf Tore der Stadt schon aus der Ferne, welch einen unendlichen Wert die Braut für das Herz des Herrschers hat, der mit ihr in dieser Stadt wohnt und thront.

Die Straßen der Stadt sind, wie die Stadt selbst, „von reinem Gold, wie durchsichtiges Glas" (V. 18 und 21). Hier auf Erden ist der Gläubige, obwohl er aus Gnaden gerecht geworden ist, ja sogar die Gerechtigkeit Gottes besitzt, weil Gott ihn „in Christus" erblickt (Röm. 5, 1; 8, 1; 2. Kor. 5, 17. 21), doch noch stets in Gefahr, zu sündigen, denn die sündige Natur ist noch in ihm; und die Welt, durch die er schreitet, ist eine verderbte, unreine Welt. Daher hat er stets in „Furcht zu wandeln" und Selbstgericht zu üben, und täglich muß er sich wieder die Füße waschen lassen. Wie oft wird hienieden die glückselige Gemeinschaft des Gläubigen mit Gott, dem Vater und Seinem Sohne, zu seinem großen Schmerz unterbrochen! Der Gläubige kennt keinen größeren Schmerz als diesen. Aber die Straßen von reinem Gold und durchsichtigem Glas zeigen, daß für ihn die herrliche Zeit kommt, wo er mit allen Erlösten in voller, nie endender und nie unterbrochener, nie gestörter Gemeinschaft in Gottes Nähe weilen, vor Ihm wandeln und dem Lamm, wohin irgend es geht, folgen wird. Welch eine Fülle von Seligkeit und Wonne diese ewige, vollkommene, ungetrübte Gemeinschaft mit Gott, der Licht und Liebe ist, für uns in sich birgt, das können wir hier nur ahnen, noch nicht fassen!

Auf Erden war im Vorhof des Heiligtums das eherne Meer mit reinem Wasser; hier wuschen sich die Priester, die im Heiligtum dienten, täglich neu ihre Hände und Füße. Droben aber ist diese tägliche Waschung nicht mehr nötig. Die Gemeinschaft der Erlösten mit Gott wird dort nie mehr gestört. Die Sünde ist

---

der Käufer der Perle und auch des „Schatzes im Acker" ist, für irrig. Die sieben Gleichnisse in Matth. 13 reden davon, was das Reich in seiner äußeren und inneren Form für eine Bedeutung für den Herrn hat (siehe die Anmerkung auf Seite 27 und 28).

für immer fern und eine Befleckung nie mehr möglich. Es ist droben darum nur ein „gläsernes Meer“, gleichsam zur bleibenden Erinnerung an die Pilgerfahrt hienieden und als Spiegel der ewigen Reinheit aller Erlösten (Kap. 4, 6). Diesem „gläsernen Meer“ nun entsprechen die Straßen der Stadt von „durchsichtigem Glas“. Die Erlösten gehen dort einher in göttlicher Gerechtigkeit und unbefleckllicher Heiligkeit. Das Gold der Straßen bezeugt ihre göttliche Gerechtigkeit; und das „durchsichtige Glas“ spiegelt ihre fleckenlose Heiligkeit wider. Als die Erlösten auf Erden waren, erlangten sie am Tag des Heils das neue Leben; sie „zogen den neuen Menschen an, der geschaffen ist in wahrhaftiger Gerechtigkeit und Heiligkeit“ (Eph. 4, 24). Droben im neuen Jerusalem sind nun die Gerechtigkeit und Heiligkeit auch die Natur der ganzen Stadt von Ewigkeit zu Ewigkeit.

Dann fährt der Seher fort:

„Und ich sah keinen Tempel in ihr, denn der Herr, Gott, der Allmächtige, ist ihr Tempel, und das Lamm. Und die Stadt bedarf nicht der Sonne, noch des Mondes, auf daß sie ihr scheinen, denn die Herrlichkeit Gottes hat sie erleuchtet, und ihre Lampe ist das Lamm“ (V. 22. 23).

Es mag uns zuerst befremden, daß kein „Tempel“ im neuen Jerusalem ist, denn im Himmel war, wie wir wiederholt gefunden, ein Tempel zu sehen.*) Aber die Schwierigkeit verschwindet bald, wenn wir bedenken, daß die „Braut-Stadt“ selbst ein Tempel ist, da sie „Gottes Behausung ist im Geist“. Die Erlösten sind das Heiligtum Gottes, das Allerheiligste; Gott selbst wohnt hier. Die Braut des Lammes war und ist der „Tempel“ Gottes; darum hat sie selbst keinen Tempel; Gott selbst, der ohne Vorhang, ohne Verhüllung in ihrer Mitte wohnt, ist ihr Tempel.

„Der Herr, Gott, der Allmächtige“, der der Tempel in der „Braut-Stadt“ ist, hat auch dort Seinen „Thron“. Darum bedarf die Stadt nicht der Sonne, noch des Mondes, auf daß sie ihr scheinen; Gott selbst, das ewige Licht, ist hier „die Sonne“, der

*) Vgl. Kap. 3, 12; 7, 15; 11, 1. 19; 14, 15. 17; 15, 5. 6. 8; 16, 1.

Herrscher und Regent, und der Lichtträger ist das Lamm.

Der Seher fährt fort:

„Und die Nationen werden durch ihr Licht wandeln, und die Könige der Erde bringen ihre Herrlichkeit zu ihr. Und ihre Tore sollen bei Tage nicht geschlossen werden, denn Nacht wird daselbst nicht sein. Und man wird die Herrlichkeit und die Ehre der Nationen zu ihr bringen. Und nicht wird in sie eingehen irgend etwas Gemeines und was Greuel und Lüge tut, sondern nur die geschrieben sind im Buch des Lebens des Lammes" (V. 24—27).

Alles erschaffene Licht, alle erschaffene Autorität und Herrschaft, die auf Erden nötig waren, sind dort überflüssig geworden, denn das vollkommene Licht scheint dort in der Herrlichkeit Gottes und in der Person Christi, des „Lammes".

Und wie wir eben hörten, ist dies nicht alles: die „Braut-Stadt" verbreitet das Licht, das Gott und das Lamm ihr geben, über die ganze Erde, so daß die Nationen in ihrem Licht wandeln werden. Sie empfangen von ihr das Licht, das für ihr Wandeln und Handeln bestimmend ist. Das vollkommene Licht der Herrlichkeit der „heiligen Stadt" läßt die Nationen auf Erden erkennen, wie gerecht Gott ist, wie heilig und wie vollkommen, Er, der Licht und Liebe ist. Das neue Jerusalem droben mit seinen himmlischen Bewohnern erfreut sich des Lichtes, das in ihrer Mitte ist, und die Nationen hienieden, soweit sie in den ernsten Gerichten, die über die Erde gingen, nicht umgekommen sind, erfreuen sich der Herrlichkeit des Lichtes, das von oben zu ihnen herniederstrahlt.

Als die Gemeinde Gottes, die Braut des Lammes, noch auf Erden war, war sie schon berufen, das Licht der Welt zu sein, und die einzelnen Erlösten sollten „scheinen als Lichter in der Welt" (Phil. 2, 15), als „Licht in dem Herrn" (Eph. 5, 8). Aber wie oft war dieses Licht kaum zu sehen, fast völlig verdunkelt durch die Zerrissenheit des Volkes Gottes und durch die Untreue der einzelnen Glieder!

Das Zeugnis Gottes, das ehedem wie „eine Stadt auf dem

Berg" hätte allen sichtbar sein sollen (Matth. 5, 14), das aber so oft fast gänzlich verdeckt war, ist nun als die „heilige Stadt" während des Tausendjährigen Reiches auf der ganzen Erde in seiner vollkommenen Schönheit sichtbar. Die Könige der Erde selbst huldigen ihr mit willigem Herzen; sie „bringen die Herrlichkeit und die Ehre der Nationen zu ihr". Es heißt nicht „i n sie"; denn die Stadt ist in der Höhe, und sie selbst sind auf der Erde. Aber sie erkennen dankbar an, daß der Himmel die Quelle alles Lichtes, aller Weisheit, alles Lebens und Segens für sie ist, die Quelle aller Herrlichkeit und Ehre dieser Welt. Darum sind auch dauernd Gerechtigkeit, Frieden und Wohlfahrt in dieser Zeit auf Erden.

Gleichzeitig ist hienieden das i r d i s c h e Jerusalem der Sitz der königlichen Herrschaft; und die Nationen und Reiche, die ihm nicht dienen wollen, können nicht bestehen und werden von Gott gerichtet (Sach. 14, 16—19). Wir lesen von jener Zeit im Propheten: „Und viele Nationen werden hingehen und sagen: Kommt und laßt uns hinaufziehen zum Berg des HERRN und zum Hause des Gottes Jakobs! Und er wird uns belehren aus seinen Wegen, und wir wollen wandeln auf seinen Pfaden, denn von Zion wird ausgehen das Gesetz und das Wort des HERRN von Jerusalem, und er wird richten zwischen vielen Völkern und rechtsprechen mächtigen Nationen bis in die Ferne" (Micha 4, 1—3). So vermittelt Gott den Segen, der von dem neuen Jerusalem ausgeht, der ganzen Erde zum Teil durch das irdische Jerusalem. Höher als das irdische Jerusalem ist für alle Zeit — im Tausendjährigen Reich wie in der Ewigkeit — das neue Jerusalem und Christi Braut und Fülle. Hier ist die bleibende Quelle allen Segens.

Nacht gibt es dort nicht, und die Tore der Stadt werden nie geschlossen. Wo Gott ist, da gibt es „keinen Schatten, noch Wechsel von Licht". Auch bedarf die Stadt keines Schutzes gegen das Böse; Gott selbst ist da, ihr Schutz und Schirm; und kein Böses kann ihr nahen.

Auch kann „nichts Gemeines" in die Stadt eingehen, und

„nichts, was Greuel tut und Lügen". Nichts Böses weilt in ihrer Mitte, und nichts Böses gelangt von draußen herein. Hienieden war, solange die Erde steht, kaum ein Werk Gottes errichtet und kaum das Gute in Erscheinung getreten, so drang auch schon das Böse ein, und Satan übte Verderben. In der „heiligen Stadt" droben droht nie ein Verderben, noch irgend eine Gefahr. Und alle Bewohner der „heiligen Stadt" sind *durch die vollkommene Gnade Gottes* dorthin gelangt. Es sind nur solche dort, die Gottes Hand ergriff und zu dem Lamm führte, die geschrieben sind, „in dem Buch des Lebens des Lammes". Friede und Freude vor Gott und dem Lamm sind darum ihr ewiges Teil.

Kapitel 22

Wie während des Tausendjährigen Reiches das Licht von der Braut, dem Weib des Lammes, von der „heiligen Stadt" herniederströmt auf die Erde, so ist das neue Jerusalem auch zugleich die Quelle des Lebens und des Segens; ein Strom des Segens geht von dort aus.

Wir hören: *„Und er zeigte mir einen Strom des Wassers des Lebens, glänzend wie Kristall, der hervorging aus dem Thron Gottes und des Lammes. In der Mitte der Straße und des Stromes, diesseits und jenseits, der Baum des Lebens, der zwölf Früchte trägt, und jeden Monat seine Frucht gibt; und die Blätter des Baumes sind zur Heilung der Nationen" (Kap. 22,1.2)*

Auch im irdischen Jerusalem öffnet sich, wie wir in den Propheten lesen, während des Tausendjährigen Reiches eine Quelle „unter der Schwelle des Hauses", d. h. des irdischen Tempels, und „Wasser fließt hinab in die Ebene", „und die Wasser des

(Toten) Meeres werden gesund". „Und an dem Fluß, an seinem Ufer, auf dieser und auf jener Seite, stehen allerlei Bäume zur Speise, deren Blätter nicht verwelken und deren Früchte nicht ausgehen werden" (Hes. 47, 1–12). Aber in unserem Gesicht, das der Seher auf Patmos sieht, haben wir es mit himmlischen Dingen zu tun. In dem Jerusalem auf Erden finden sich nur die Abbilder der himmlischen Dinge. Die Segnungen, die von der himmlischen Hauptstadt ausgehen, erquicken zunächst die himmlischen Bewohner, und der Baum des Lebens mit seinen stets reifen Früchten ist ihre Speise. Zugleich bringt der himmlische Strom nicht nur, wie der Strom auf Erden, Gesundung für das Tote Meer, sondern auch Segen für die ganze Erde. Und der Baum des Lebens bringt durch seine Blätter „Heilung für die Nationen" der ganzen Welt. Von dieser „Heilung" hatte schon Maleachi, der letzte Prophet des Alten Bundes, geweissagt: „Aber euch, die ihr meinen Namen fürchtet, wird die Sonne der Gerechtigkeit aufgehen mit Heilung in ihren Flügeln" (Mal. 4, 2). Diese „Heilung" ist nun gekommen: die Herrlichkeit des Herrn ist über der Erde aufgegangen, und vom neuen Jerusalem, darin Gott und das Lamm Seinen Thron hat, erstreckt sich die Heilung nicht nur auf die Gottesfürchtigen in Israel, sondern auch auf alle Nationen, die den ernsten Gerichten, die vor dem Reich über die Erde kamen, entronnen sind. Wie die Wasser der Flut, die in Noahs Tagen über die Erde kamen, nur allmählich verrannen, so werden auch die Folgen der ernsten Gerichte und Zeiten, die Gott vor Beginn des Reiches Christi über die Erde bringen wird, bei Christi Erscheinung nicht gleich alle auf einmal verschwunden sein; erst unter Christi Friedensszepter und Segenshand werden alle Wunden nach und nach heilen und alle Herzen frohlocken.

„Und keinerlei Fluch wird mehr sein; und der Thron Gottes und des Lammes wird in ihr sein; und seine Knechte werden ihm dienen, und sie werden sein Angesicht sehen; und sein Name wird an ihren Stirnen sein. Und Nacht wird nicht mehr sein und kein Bedürfnis einer Lampe und des Lichts der Sonne;

denn der Herr, Gott, wird über ihnen leuchten, und sie werden herrschen in die Zeitalter der Zeitalter" (V. 3–5).

Kein Fluch wird dort mehr sein. Einst mußte Gott um des Ungehorsams und des Abfalls des ersten Menschenpaares willen sagen: „Verflucht sei der Erdboden um deinetwillen." Aber Christus kam, das Lamm, und starb für uns und trug am Holz den Fluch, ja, ward ein Fluch für uns und nahm ihn weg. Darum ist in der Wohnung des Friedens sowohl im Jerusalem droben wie hienieden kein Fluch mehr*). Wie könnte auch da der Fluch sein, wo Gott wohnt und das Lamm!

Das neue Jerusalem ist der Inbegriff aller Herrlichkeit und die Quelle alles Segens für die Erde. Ein Strom des Lebens und der Segnungen, der vom Thron Gottes und des Lammes ausgeht, durchflutet kristallhell die heilige Stadt. Der „Baum des Lebens" steht zu beiden Seiten des Stromes und trägt ohne Aufhören seine Frucht. Licht und Leben strömen segnend und heilend ohne Unterlaß durch die offenen Perlentore zur Erde hin. Noch einmal hebt der Seher hervor, was er uns schon im ersten Verse des Kapitels angedeutet hatte: „Der Thron Gottes und des Lammes wird in ihr sein." Dann fährt er fort: „Und seine Knechte werden ihm dienen." Hier schon auf Erden taten sie es nach dem Maß der ihnen verliehenen Gnade und Gaben. Aber so kostbar ihnen der Dienst auch war, so blieb er doch nur Stückwerk. Jetzt ist es anders: sie besitzen das glückselige Vorrecht, auf ewig in der Nähe Gottes und des Lammes zu weilen und Ihm in Vollkommenheit zu dienen. Sie werden es tun, ohne zu ermüden; denn der Dienst in Gottes Herrlichkeit und Nähe ist Leben und Seligkeit. An ihren Stirnen tragen sie, für alle weithin sichtbar, den Namen ihres Gottes, „des sie sind und dem sie dienen". Und Nacht ist dort nicht mehr, noch auch — was uns schon einmal berichtet worden war — das Bedürfnis nach der Sonne und

*) Nur den Sünder oder Frevler wird im Reich auf Erden unter gewissen Umständen der Fluch treffen (Jes. 65, 20). Sonst ist kein Fluch oder Bann mehr hier (Sach. 14, 11).

einer Lampe; „denn der Herr, Gott, wird über ihnen leuchten". Nie entzieht sich das Licht der heiligen Stadt und ihren Bewohnern. Das Leben dort ist ein nie endender lichter Tag in Gottes und des Lammes seliger Nähe. „Und sie werden herrschen von Ewigkeit zu Ewigkeit" (V. 5), nicht also nur während des Reiches, sondern auch, was die Erde betrifft, auf immerdar.

Hiermit schließt die Schilderung der Herrlichkeit des neuen Jerusalem. Sie wird während des ganzen Tausendjährigen Reiches über der Erde gesehen werden wie der Regenbogen, der Bogen des Friedens, einst über der Erde nach der Flut. Von dieser Herrlichkeit über der Erde im Reich Christi scheint schon der Prophet Jesaja zu reden, wenn er von der ,,Decke" redet, die über der ganzen Herrlichkeit des irdischen Reiches liegen wird, und von einer ,,Hütte", die den Menschen zum Schatten und zur Zuflucht ist (Jes. 4, 2—6).

Was die Versammlung oder die Gemeinde des lebendigen Gottes ist nach Gottes Ratschlüssen in ihren Segnungen für die Erde, das erhellt aus ihrer wunderbaren Herrlichkeit, in der sie während des Friedensreiches Christi über der Erde, später auch als die „Hütte Gottes" auf der neuen Erde gesehen wird. Und was sie für Christus ist, das erkennen wir weiter aus ihrer Stellung und ihrem Namen: sie heißt „die Braut, das Weib des Lammes".

Daß wir in der Jetztzeit, während die Kirche Christi noch auf Erden ist, noch aus der Welt gerufen, gesammelt und gebaut wird, Gottes herrliche Gedanken über sie und Christi innige Zuneigung zu ihr doch mehr erkennen und zu Herzen nehmen möchten! Möge auch unsere Betrachtung ihrer Herrlichkeit unter Gebet geschehen und unsere Herzen mit Anbetung füllen! Und möchten wir dazu geführt werden, die Gemeinde Christi schon in der Gegenwart mehr als Gottes Tempel und als Christi Braut anzuerkennen und zu ehren!

Schluß des Buches

Warnungen und Belehrungen (Kap. 22, 6—21)

Der Seher fährt fort:

„Und er sprach zu mir: ‚Diese Worte sind gewiß und wahrhaftig, und der Herr, der Gott der Geister der Propheten, hat seinen Engel gesandt, seinen Knechten zu zeigen, was bald geschehen muß. Und siehe, ich komme bald. Glückselig, der da bewahrt die Worte der Weissagung dieses Buches!'" (V. 6—7.)

Mit der Schilderung der heiligen Stadt, die aus dem Himmel herniederkommt von Gott, schließt die eigentliche Offenbarung, d. h. der prophetische Inhalt unseres Buches. Was nun folgt, sind zunächst Warnungen und Belehrungen, die uns den Ernst der Offenbarung zeigen, die uns ferner kundtun, wie wichtig und nötig es ist, „die Worte der Weissagung dieses Buches" zu bewahren.

Als letzte Herrlichkeit „der heiligen Stadt" hatte der Seher uns mitgeteilt, wie wir vorhin hörten, daß dort nie mehr Nacht sein wird, und daß die Knechte Gottes ewiglich herrschen werden (V. 5).

Ein ewiger Tag und eine ewige Herrschaft, das ist der letzte Ausblick, den der Herr uns in der Offenbarung gibt. Damit ist diese zu Ende.

Wenn wir uns nun daran erinnern, daß Gott die Offenbarung Seinem Sohn, Jesus Christus gab, „um seinen Knechten zu zeigen, was bald geschehen muß" (Kap. 1, 1), und wenn wir auch jetzt am Schluß des ganzen Buches wieder lesen, daß „der Herr, der Gott der Geister der Propheten", Seinen Engel gesandt hat, „um seinen Knechten zu zeigen, was bald geschehen muß" (Kap. 22, 6), so müssen wir sagen: Welch ein wunderbares Buch ist doch die Offenbarung! Welch einen praktischen Zweck verfolgt sie doch! Sie ist nicht geschrieben für Träumer und träge Menschen, um ihre Phantasie zu nähren, sondern um die Her=

zen und Hände der Zeugen Christi in ihrem ernsten Kampf zwischen Licht und Finsternis zu stärken. Wie oft mag es ihnen scheinen, als ob die Finsternis den Sieg behalte und Satan die Herrschaft! Aber nein; die Offenbarung Jesu Christi belehrt uns eines Besseren: ein ewig lichter Tag und die ewige Herrschaft Jesu Christi und Seiner Knechte folgt ihrem kurzen, aber ernsten Kampf. Welch herrlicher Ausgang der Dinge! –

Wie uns dieses letzte Buch der Bibel, wie kein anderes, die Herrlichkeit und Größe des Sieges Jesu Christi zeigt, so betont es auch mehr als jedes andere Buch, daß seine „Worte gewiß (d. i. zuverlässig) sind und wahr".

Dreimal sagt es dies. Das erstemal, nachdem wir die Herrlichkeit der Hochzeit des Lammes und Seiner Braut gesehen haben (Kap. 19, 9). Das zweitemal, nachdem wir die Herrlichkeit des neuen Himmels und der neuen Erde schauen durften (Kap. 21, 5). Und nun hier, am Schluß der ganzen Offenbarung, beim Ausblick auf die Herrlichkeit des ewigen Lichtes und der ewigen Herrschaft, finden wir zum drittenmal die Versicherung von der Zuverlässigkeit und Gewißheit ihrer Worte (Kap. 22, 6). Wie spricht die Güte des Herrn und Meisters zu Seinen Knechten aus diesem allem! Sie sollen nicht zweifeln und zagen inmitten ihrer Mühen und Kämpfe; der Sieg, die Herrlichkeit des Lammes, wird kommen. Also laßt auch uns mit umgürteten Lenden und treuer Hand für den Herrn der Herrlichkeit im Kampf stehen, bis Er uns ruft.

Der Herr wird hier „der Gott der Geister der Propheten" genannt, um uns zu erinnern, daß Er stets den Seinen durch Seinen Geist inmitten der Ereignisse der Welt die Gedanken und Ziele Gottes enthüllte. So war es ehedem, so ist es in der Gegenwart, wo Er dem Seher zeigt, „was bald*) geschehen muß". Hiermit geht der Herr auf den Anfang des ganzen Buches zurück (Kap. 1, 1); und Er fügt hinzu: „Und siehe, ich komme bald" (V. 7).

*) Eigentlich „in Bälde".

So hören wir zweimal nacheinander (in den Versen 6 und 7), daß die Ereignisse unseres Buches, die freudigen wie die ernsten, „in Bälde" oder „bald" geschehen werden, wenn erst der Augenblick dazu gekommen ist.

Es sind fast 1900 Jahre verflossen, seit Gott Seinem Sohn das Buch der Offenbarung für uns gab, und noch einige Jahrzehnte länger ist es her, daß der Herr zu den Seinen gesagt hat: ,,Ich gehe hin, euch eine Stätte zu bereiten, und ich werde wiederkommen und euch zu mir nehmen, auf daß, wo ich bin, auch ihr seid", und noch immer harren Geist und Braut auf Jesu Kommen. Aber wir wissen, daß das ,,Verziehen seiner Verheißung k e i n Verzug ist, wie es etliche meinen, sondern nur Seine L a n g m u t, da Er retten möchte, was sich retten läßt (2. Petr. 3, 9). Auch wissen wir, daß die Berufung und Hoffnung der Kirche himmlisch ist, daß sie, wie ihr Bräutigam nicht zur Welt gehört. Ihre Sammlung und Entrückung *ist ein Geheimnis und bildet nur eine Einschaltung* in die Ereignisse, die über die Erde kommen sollen. Wenn der Herr, den Seine Braut noch heute erwarten darf, sie erst hinweggenommen hat, werden die Ereignisse, die von Israel und der Welt geweissagt sind, alsbald beginnen.

Doch wie nötig ist es für ,,die Mitgenossen in der Drangsal und im Königtum und im Ausharren in Jesus,**) (Kap. 1. 9) daß sie vom Herrn ermuntert werden, „das Wort seines Ausharrens zu bewahren", wie es Philadelphia tut (Kap. 3, 10), um, wenn Er kommt, „mit umgürteten Lenden und brennenden Lampen dazustehen, wartend, wachend, dienend" (vgl. Luk. 12, 35—45). „Denn noch über ein gar Kleines, und der Kommende wird kommen und nicht verziehen," (Hebr. 10, 37).

Viel ernster noch und schwieriger als für uns wird es für die Gläubigen aus Israel und aus den Nationen sein, nach unserer Hinwegnahme aus der Welt in der kommenden Drangsalszeit „das Ausharren und den Glauben der Heiligen zu bewahren" (vgl. Kap. 13, 10 und 14, 12). Aber der Geist ruft uns und ihnen zu: „Glückselig, der da bewahrt die Worte der Weissagung dieses Buches!" (Kap. 22, 7.) Im Eingang des Buches spricht der Geist: „Glückselig, der da liest und die da hören die Worte der Weissagung und bewahren, was in ihr geschrieben ist" (Kap. 1, 3). Am Schluß ist nur noch der einzelne angeredet, und es wird nur noch „das Bewahren" betont.

Hat aber die Kirche „die Worte der Weissagung" im Lauf der Jahrhunderte bewahrt? Wir müssen sagen; nein! Die „Offenbarung Jesu Christi" ist für sie ein d u n k l e s Buch geworden. Doch dürfen wir immerhin annehmen, daß die Gläubigen in allen Jahrhunderten ein gewisses Maß der „Glückseligkeit", die dem verheißen ist, der die Weissagungen „bewahrt", genossen haben. Sie werden, wenn sie auch die geweissagten Ereignisse und Gerichte zum großen Teil nicht richtig deuteten, doch alle durch den Nebel hindurch, der für sie über dem Buch lagerte, die Sonne gesehen haben: Jesus Christus, dem Gott zuletzt alle Feinde zu Füßen legt, indem Er Ihm, dem Lamm, den Sieg gibt und das Reich. Das zu wissen, war für sie eine Hilfe und ein Segen.

Größer ist naturgemäß die „Glückseligkeit" für den einsichtsvollen Christen heute, da der Herr so nahe ist und Er mehr Licht über das Verständnis Seines Buches gegeben hat, vorausgesetzt, daß mit der Erkenntnis auch wahre Treue des Herzens verbunden ist.

Nachdem nun Johannes die Herrlichkeit der „Braut-Stadt" gesehen hat, will er, wie zuvor, als er die Herrlichkeit der Hochzeit des Lammes schaute, vor dem Engel anbetend niedersinken (Kap. 22, 8. 9; vgl. mit 19, 10). Aber auch hier weist ihn der Engel zurecht, indem er sich mit ihm und seinen Brüdern, den Propheten, und mit denen, die „die Worte dieses Buches bewahren", vereinigt und sich nur aller „Mitknecht" nennt. Er sagt: *„Bete Gott an!"* Nichts soll je zwischen Gott und Seine Erlösten treten, und nur Er darf göttliche Verehrung empfangen.

Darauf spricht der Engel zu dem Seher: *„Versiegle nicht die*

Worte der Weissagung dieses Buches; die Zeit ist nahe."

Seine Worte sollen nicht, wie einst bei dem Propheten Daniel, versiegelt werden (Dan. 12, 4). Der Grund dafür liegt nicht nur darin, daß Johannes die Offenbarung etwa sechs Jahrhunderte später erhielt als Daniel, sondern auch vor allem in der Verschiedenheit der Stellung von Kirche und Israel. Der Christ erwartet täglich den Herrn; kein Ereignis hat er noch vor der Aufnahme in die Herrlichkeit zu erwarten, während Israel sein gesegnetes Teil und den Anbruch seiner Herrlichkeit erst nach Eintritt gewisser Gerichte und nach Abschluß ganz bestimmter Ereignisse zu erwarten hat.

Wenn aber die Zeit der Gnade abgeschlossen ist und die Gerichte beginnen, werden die Menschen in dem Zustand, in dem sie gefunden werden, für immer verbleiben, sei es zum ewigen Gericht, sei es zu ewigem Segen. Darum hören wir: *„Wer unrecht tut, tue noch unrecht, und wer unrein ist, verunreinige sich noch, und wer gerecht ist, übe noch Gerechtigkeit, und wer heilig ist, sei noch geheiligt!"* (V. 11.)

Ja, nach dem Abschluß der Gnadenzeit ist es zu spät, für immer zu spät, vom Tod zum Leben zu schreiten, aus der Finsternis zum Licht und aus Satans Gewalt zu Gott zu kommen. Der große Unterschied, der zwischen denen besteht, die zu Gottes Volk gehören oder nicht, wird dann allen offenbar als ewige Kluft.

Der Herr fügt dann hinzu: *„Siehe, ich komme bald, und mein Lohn mit mir, um einem jeden zu vergelten, wie sein Werk sein wird"* (V. 12).

Schon einmal hatte der Herr gesagt: „Siehe, ich komme bald!" (V. 7.) Dort zur Warnung, um die Worte der Weissagung zu bewahren und zur Ermunterung für die, die es tun. Hier aber redet der Herr anscheinend von Seinem Kommen zum Gericht und zur Vergeltung für alle Lebenden.

Er allein hat das letzte Wort zu sprechen, und Er ist allein befugt, die Belohnung auszuteilen; Er ist der Letzte auf dem Plan. Er sagt von sich: *„Ich bin das Alpha und das Omega, der*

Erste und der Letzte, der Anfang und das Ende" (V. 13).

Er ist der Herr und Gott, der v o r allem war und n a c h allem sein wird, und der auch jetzt, in der Gegenwart, alles sieht und wahrnimmt.

Nun wird noch einmal der Weg des Lebens und des Todes einander gegenübergestellt. Wir lesen: *„Glückselig, die ihre Kleider waschen, auf daß sie ein Recht haben an dem Baum des Lebens, und durch die Tore in die Stadt eingehen! Draußen sind die Hunde und die Zauberer und die Hurer und die Mörder und die Götzendiener, und jeder, der die Lüge liebt und tut"* (V. 14 und 15). Die ewige Belohnung der Seligen und das ewige Teil der Gottlosen wird hier in Bildern ausgedrückt, wie wir gewohnt sind, sie in unserem Buche zu finden (vgl. 21, 8).

Die Kleider derer, die „durch die Tore der Stadt eingehen" und sich an den Früchten des Baumes des Lebens nähren und laben wollen, müssen gewaschen und im Blut des Lammes weiß geworden sein. So sahen wir es auch schon bei der großen Volksmenge, die aus „der großen Drangsal" kommt und lebend in das Reich Jesu Christi eingehen wird (Kap. 7, 13–17).

Draußen aber sind für immer alle Unreinen und Gewalttätigen, die die Lüge lieben, welche von Satan stammt, und die dem Götzendienst huldigen. Es sind also die, die gegen die Reinheit, gegen ihre Nächsten und gegen Gott sündigten und Satan anhingen.

Nach dieser letzten Gegenüberstellung des ewigen Teiles der Seligen und der Gottlosen, die den Inhalt der vorangehenden Weissagungen in so ernster Weise zum Abschluß bringt, offenbart sich der Herr Jesus selbst in Seiner eigenen Person. Wir lesen:

„Ich, Jesus, habe meinen Engel gesandt, euch diese Dinge zu bezeugen in den Versammlungen oder Gemeinden. Ich bin die Wurzel und das Geschlecht Davids, der glänzende Morgenstern" (V. 16).

Wie herrlich, der Herr nennt sich mit dem einfachen, kostbaren Namen Jesus! So war Er genannt, ehe Er als der Sohn Gottes von der Jungfrau geboren wurde. Das ist Sein persönlicher Name, in dem Er hier Gott verherrlicht, und in dem wir die Vergebung der Sünden und das ewige Leben erlangt haben, der höchste aller Namen, in welchem einst alle Knie sich beugen müssen, der Himmlischen, Irdischen und Unterirdischen. Er hat durch Seinen Engel die Dinge, die Ihm noch im Weg stehen, ehe Sein Reich hier kommen kann, in den Versammlungen bezeugt. Und Er hat es getan in einem doppelten Charakter: Er ist zunächst hinsichtlich Israels und der Verheißungen, die diesem gemacht wurden, „die Wurzel und das Geschlecht Davids". Er ist der Ursprung und Ausgang Israels, wie auch all seiner Verheißungen; Er ist die „Wurzel". Zugleich ist Er auch, da Er „dem Fleische nach aus dem Samen Davids" geboren ist, „das Geschlecht Davids", d. h. der Sproß aus Davids Haus, und damit der Erbe der Verheißungen Israels.

Dies ist der e i n e Charakter des Herrn Jesus. Aber Er hat noch eine höhere Stellung. Er ist auch „der glänzende Morgenstern". In diesem Charakter kennen wir Ihn, die Gemeinde, die himmlische Braut. So schauen wir Ihm entgegen während der Nacht Seiner Abwesenheit, in der die Welt in Finsternis liegt, und ehe Er als „die Sonne der Gerechtigkeit" aufgehen und Heilung bringen wird für die Gläubigen aus Israel und den Nationen. Wir wissen heute, daß „die Nacht weit vorgerückt und der Tag nahe ist" (Röm. 13, 12). Aber bevor dieser Tag beginnt, wird die Braut, weil sie „nicht von der Nacht, noch von der Finsternis" ist, (1. Thess. 5,5) Ihn als ,,den Morgenstern" erblicken. Bereits ist der Morgenstern im Herzen der Braut aufgegangen (2. Petr. 1, 19), weil sie auf Ihn hofft und sich auf Sein Kommen freut. Ihre Hoffnung ist nicht das Teil der schlafenden Welt;. diese liegt in tiefem Schlummer und „im Bösen". Erst nachdem der Morgenstern, während des Schlafes der Welt, am Horizont erschienen und die Braut dem Bräutigam entgegengerückt worden ist, wird, nach Jahren schwerer Gerichte, „der Tag" anbrechen, wo der Herr Jesus als der König Israels und als der „Fürst der

Könige der Erde" mit Seiner himmlischen Braut herniederkommt. Aber so schön und herrlich jener Tag auch sein wird, den die „Sonne der Gerechtigkeit" der Erde bringt, so wird die Welt doch den Herrn Jesus nie in der gleichen Kostbarkeit erkennen und genießen, wie Seine Braut das tut.

Ihr Verlangen geht aus nach Ihm; und ihr Verlangen ist auch das des Heiligen Geistes. Wir lesen: *„Und der Geist und die Braut sagen: Komm! und wer es hört, spreche: Komm! Und wen da dürstet, der komme! Wer da will, nehme das Wasser des Lebens umsonst!«* (V. 17.).

Sobald sich der Herr ankündigt als „der glänzende Morgenstern", rufen der Geist und die Braut Ihm entgegen: „Komm!" Beide, der Geist und die Braut, nebeneinander und miteinander, rufen es. Auch der Geist, der die Braut aus der Welt geworben hat, sehnt sich weg von hier, wo Er soviel betrübt ist durch das, was Er unter den Kindern Gottes sieht, durch ihre Zerrissenheit und Weltförmigkeit. Zudem sehnt Er sich danach, wie es einst Elieser tat, als er für den Sohn seines Herrn die Rebekka gefunden hatte, die Braut dem wahren Isaak zuzuführen. Er spricht gleichsam wie jener: ,,Haltet mich nicht auf, da der HERR Glück gegeben hat zu meiner Reise; entlasset mich, daß ich zu meinem Herrn ziehe!" (1. Mose 24, 56) Und mit dem Geist sehnt sich, um der Liebe willen, auch die Braut aus dieser argen Welt nach ihrem Bräutigam und nach dem Vaterhaus.

Zugleich wendet sich dann der Geist sowie das Herz aller derer, die die Gefühle des Heiligen Geistes teilen, auch anderen zu, mit der Bitte: „Wer es hört" – d. h. wer den Ruf des Geistes in der Versammlung vernimmt –, der stimme in den seligen Ruf mit ein und „spreche: Komm!"

Es ist ja das glückselige Teil a l l e r, die zur Braut gehören, auf das Kommen des Herrn zu hoffen. Darum sollten alle, die Ihm angehören, sich freuen zu vernehmen, daß Sein Kommen nahe ist.

Wie dunkel ist's nach Mitternacht in der ohnehin so finsteren Welt für die Kinder Gottes geworden! Wie sollten sich doch alle freuen, aus dem Wort Gottes zu erkennen und durch Seinen Geist zu vernehmen, daß ihr Erlöser nahe ist, daß Er bald kommen wird als der Morgenstern, um sie „vor der Stunde der Versuchung, die über den ganzen Erdkreis kommen wird, zu bewahren!" (Offb. 3, 10.)

Indem nun die Braut, die Gesamtheit der Erlösten, aufwärts blickt und ruft: „Komm, Herr Jesus!" erinnert sie Seine Gnade, die sie errettet hat und nun beglückt, auch an die zu denken um sie her, die noch ohne Gott und ohne Hoffnung sind. Deshalb geht ihr Ruf auch zu diesen hin: „Und wen da dürstet, der komme; wer da will, nehme das Wasser des Lebens umsonst!"

Je weiter die Welt und ihre Kultur voranschreiten, um so mehr wird die Nichtigkeit aller Dinge hienieden offenbar und das Unvermögen der Menschen, durch ihre Weisheit und Künste die Sehnsucht der Herzen nach Frieden zu stillen. Immer klarer wird es, wie wahr das Wort Jesu ist: „Jeden, der von diesem Wasser trinkt, wird wieder dürsten; wer irgend aber von dem Wasser trinken wird, das ich ihm gebe, den wird nicht dürsten in Ewigkeit" (Joh. 4, 13. 14). Darum ruft die Braut mit dem Geist allen zu, die da dürsten, daß sie zu Jesus kommen möchten. Ja, ihr Ruf geht auch zu denen, die noch nicht den Durst nach Frieden kennen, aber ohne das Wasser des Lebens gleichfalls verloren gehen, daß, wenn sie „wollen", auch sie „das Wasser des Lebens nehmen" möchten. — „Umsonst" sollen sie es empfangen! Gott schenkt Sein ewiges volles Heil aus freier Gnade allen, die da „dürsten" und allen, die es „wollen". Wie Er Seinen Menschenkindern die wichtigsten Dinge des Lebens: Licht, Luft und Wasser frei gibt und umsonst, so bietet Er auch das allerhöchste Gut, Vergebung und ewiges Leben, allen aus freier Gnade an: „Denn der Lohn der Sünde ist der Tod, die Gnadengabe Gottes aber ewiges Leben in Christus Jesus, unserem Herrn" (Röm. 6, 23).

Wie schön ist es, daß im 17. Vers des letzten Kapitels die Stellung der Versammlung oder Gemeinde Christi noch einmal so klar zum Ausdruck kommt! Zunächst sehen wir ihre Verbindung mit dem Heiligen Geist; Sein Ruf ist ihr Ruf, welcher

Zeugnis gibt, wie Jesus Christus der Gegenstand ihres Glaubens, Hoffens und Liebens ist. Sie ruft Ihm zu als „Braut" dem Bräutigam: „Komm!" Die Zuneigungen ihres Herzens gehören Ihm und damit auch denen, die Sein sind. Sie bemüht sich um die Miterlösten, daß auch sie mit einstimmen möchten in den Ruf nach Ihm, um vor Ihm bereitzustehen, wenn Er kommt. Und weiter sehen wir, daß die Versammlung oder Gemeinde für Gott dasteht, „als ob Gott durch sie ermahnte"; denn sie bittet die Unbekehrten an Christi Statt: „Laßt euch versöhnen mit Gott!"

Überhaupt ist es gar lieblich, die Gefühle der Braut am Schluß des Buches mit ihren Gefühlen am Anfang des Buches zu vergleichen. In den Versen 5 und 6 des ersten Kapitels und im 17. Vers des letzten Kapitels haben wir jedesmal einen freien Ausbruch ihrer Gefühle zu Jesus Christus, ihrem geliebten Erlöser und Herrn.

An der ersten Stelle jubeln die Erlösten als Einzelwesen ihrem Erlöser zu, sobald sie den teuren Namen Jesus nennen hören. Sie jubeln: „Dem, der uns liebt, und uns von unseren Sünden gewaschen hat in seinem Blute, und uns gemacht hat zu einem Königtum, zu Priestern seinem Gott und Vater: ihm sei die Herrlichkeit und die Macht von Ewigkeit zu Ewigkeit! Amen."

Hier am Schluß nun rufen die Erlösten in ihrer Einheit als Jesu „Braut"; aber es ist wieder Sein kostbarer Name, der sie vor Freude jubeln läßt, wobei sie voll Sehnsucht rufen: „Komm!" Ja, „das Herz wallt über von guten Dingen".

Zwischen diesen beiden freien Ausbrüchen der Freude und des Glücks der Erlösten als „Könige und Priester", sowie als „Braut" liegt das ganze Buch der „Offenbarung". Aber so ernst sein Inhalt auch ist, so bleiben die Herzen doch stets getrost in Jesus, der sie „gewaschen hat in seinem Blut", und der nun als „der glänzende Morgenstern" kommt, um sie in die Wohnungen des Vaters zu holen, auf daß sie auf immer da seien, wo Er ist.

Nach dem Ruf der Braut in Vers 17, wodurch der Gedankengang der Darstellung eigentlich unterbrochen worden ist, wie wir eine gleiche Unterbrechung in Kapitel 1, Vers 5 und 6 gesehen haben, nimmt der Herr wieder das Wort. Er bedroht jeden, der den Inhalt des Buches nicht in seiner Vollständigkeit und unverletzt bewahren wird, mit dem Verlust seines Teiles an dem Baum des Lebens und an der Heiligen Stadt.

Wir hören Ihn sagen:

„Ich bezeuge jedem, der die Worte der Weissagung dieses Buches hört: Wenn jemand zu diesen Dingen hinzufügt, so wird Gott ihm die Plagen hinzufügen, die in diesem Buch geschrieben sind; und wenn jemand von den Worten des Buches dieser Weissagung wegnimmt, so wird Gott sein Teil wegnehmen von dem Baume des Lebens und aus der heiligen Stadt, die in diesem Buch geschrieben sind" (V. 18. 19).

Wie ernst sind diese Worte! – Nichts darf Seinem Wort hinzugetan, nichts weggetan werden. Wie sehr hat sich die bekennende Kirche mit ihren Lehrern und Führern hiergegen versündigt und sich an dem Wort Gottes, nicht nur an dem letzten Buch der Bibel, auf das sich allerdings die ernsten Worte des Herrn zunächst beziehen, vergriffen!

Wie wichtig ist es, daß wir das g a n z e Wort Gottes, „das heilige Männer Gottes redeten – oder schrieben –, getrieben vom Heiligen Geist", bewahren und daran festhalten; denn diese „heiligen Männer" redeten und schrieben „nicht in Worten, gelehrt durch menschliche Weisheit, sondern in Worten, gelehrt durch den Heiligen Geist!" (2. Petr. 1, 21; 1. Kor. 2, 13.) Der einsichtsvolle Christ, der sich in der Furcht des Herrn unter das Wort Gottes beugt, wird darum nicht zu sagen wagen: Gottes Wort ist in der Heiligen Schrift, sondern: die ganze Heilige Schrift ist Gottes Wort.

An unserer Stelle (Kap. 22, 18. 19) ist zum fünften Mal die Rede von „den Worten der Weissagung dieses Buches",*) wodurch der prophetische Charakter des ganzen Buches stark hervorgehoben wird.

*) Vgl. Kap. 1, 3; 22, 7. 10. 18. 19.

Jesus Christus selbst ist es, der die ernsten Warnungen zur vollen Bewahrung des Buches an die Hörer richtet. Denn wir lesen:

„Der diese Dinge bezeugt, spricht: ‚Ja, ich komme bald!'" Und wie die Braut die Stimme des Herrn und die neue Verheißung Seiner nahen Ankunft hört, ruft sie freudig zurück: *„Amen; komm, Herr Jesus!"* (V. 20).

„Ja, Herr Jesus, komm!" So rufen auch heute noch alle, die Sein teures Eigentum sind und Seinen Ruf vernommen haben. Und diese Antwort wird das Echo unserer Herzen sein, die wir Ihn lieben, der uns zuerst geliebt hat, bis wir da sind, wo Er ist; bis wir Ihn sehen, wie Er ist.

Nun tritt zum Schluß auch der Apostel Johannes hervor, der dieses Buch im Heiligen Geist geschrieben hat und fügt die Bitte des Heiligen Geistes hinzu: *„Die Gnade des Herrn Jesus Christus sei mit allen Heiligen!"*

Bis der Herr kommt, es sei heute oder morgen, um uns in Seine Herrlichkeit zu führen, bedürfen wir Seiner Gnade. Er gibt beides, Gnade und Herrlichkeit, wie schon in den Psalmen geschrieben steht: „Gnade und Herrlichkeit wird der HERR geben" (Ps. 84, 11).

Die Gnade führt zur Herrlichkeit. In der Wüste erfahren wir die Fülle Seiner Gnade und im Vaterhaus droben die Fülle Seiner Herrlichkeit.

Mögen wir denn alle, die wir Jesus Christus angehören, die „wir die Erlösung haben durch sein Blut nach dem Reichtum seiner Gnade", die kurze Spanne Zeit hienieden treu wandeln „zum Preise seiner Gnade", treu für Ihn hier leiden und streiten, bis wir von Ihm, unserem geliebten und hochgelobten Herrn, hinaufgerufen werden in die ewige Ruhe, um allezeit bei Ihm zu sein, „zum Preise seiner Herrlichkeit!"

„Amen; komm, Herr Jesus!"

Nachwort

Die kommenden Ereignisse nach der Heiligen Schrift

Die hinter uns liegenden Völkerkriege haben nichts an dem prophetischen Bild geändert, das wir dem Leser an Hand der „Offenbarung" in unserer vorliegenden Betrachtung gezeigt haben. Die kommenden geschichtlichen Ereignisse im Reich Gottes und in der Welt sind durch die Kriege in ihrer Reihenfolge nicht verschoben, nur beschleunigt worden.

Deutlicher als je sehen wir heute, daß „das Ende aller Dinge nahe gekommen ist", aber noch ist die Zeit der Gnade nicht vorüber, und die eigentlichen Endgerichte sind noch nicht angebrochen. Die ernsten Heimsuchungen, durch die wir gegangen sind und gehen, sind die dunklen Schatten, die den schnell nahenden Gerichten des „Tages des Herrn" voraneilen. Zugleich aber sind sie auch noch Weckrufe an die Menschheit, dem kommenden Zorn zu entrinnen. Noch ist die Kirche, d. h. die Brautgemeinde Christi, die Versammlung Gottes, auf Erden und in ihrer Mitte der Heilige Geist. Diese Zeit gehört also noch zu dem zweiten Teile der „Offenbarung", der kurz mit dem Wort „Was ist" bezeichnet wird (Offb. 1, 19).

Dem Leser wird am Schluß unserer Betrachtungen ein Überblick über den Gang der kommenden Ereignisse, wie wir sie in den prophetischen Schriften des Wortes Gottes zu finden glauben, willkommen sein.

1. Wir dürfen täglich die Wiederkunft des Herrn Jesus erwarten. Er wird die in Ihm entschlafenen Heiligen dann auferwecken und uns, die Lebenden, entrücken, um Ihm in der Luft zu begegnen: Joh. 14, 3; 1. Kor. 15, 23. 51. 52; Phil. 3, 20. 21; 1. Thess. 4, 16. 17; Joh. 11, 25. 26.

2. Die Juden, die im Unglauben nach Palästina zurückkehrten, werden ihren Tempel wieder bauen, ihre religiösen Einrichtungen wieder einführen: Röm. 11, 26; Jes. 17, 10. 11; 18, 1—4; 66, 1—3; (Offb. 11, 1. 2.)

3. Das Römische Reich wird wieder erstehen, und zwar in der Form eines Staatenbundes von zehn Reichen mit einem Oberhaupt, und dieses wird ein Schutzbündnis mit der jüdischen Nation eingehen: Dan. 2, 40—43; 7, 7. 8; Offb. 13, 1—4; 17, 3. 7. 8. 10—13; Jes. 28, 14—18; Dan. 9, 27.

4. Das Verderben der bekennenden Christenheit erreicht seinen Höhepunkt, nachdem „das, was zurückhält" und „der, welcher zurückhält", d. h. die Versammlung Gottes und der Heilige Geist, zuvor hinweggenommen worden (2. Thess. 2, 6. 7). Die falsche Kirche, Babylon, wird zuerst vom Römischen Reich hochgehalten, nachher aber von ihm vernichtet werden: Offb. 3, 16; 17, 1—6. 16.

5. Satan wird aus dem Himmel geworfen; seine Wirksamkeit beschränkt sich hinfort nur noch auf die Erde: Offb. 12, 7—12.

6. Satan gibt „dem Tier" (d. h. dem Haupt des Römischen Reiches) Kraft und führt es zur offenen Empörung gegen Gott. Die Gläubigen aus den Juden und den Nationen, die nach der Entrückung der Braut Christi zum Glauben kommen, erleiden große Verfolgung und Drangsal. Dieser Zustand der Dinge währt dreieinhalb Jahre oder 42 Monate: Dan. 7, 19—25; Offb. 13, 1—10.

7. Der falsche Prophet, der von den Juden als ihr Messias angenommen wurde, offenbart sich bald als „der Mensch der Sünde" und wird das Haupt von Juden und Heiden, die sich wider Gott erheben: Dan. 11, 36—39; Sach. 11, 15—17; Joh. 5, 43; 2. Thess. 2, 3. 4; 1. Joh. 2, 18. 22; 4, 2. 3; Offb. 13, 11—18.

Der Opferdienst der Juden in Jerusalem wird vom Antichristen abgeschafft, dafür werden Satan und das Haupt des Römischen Reiches und der Antichrist göttlich verehrt: Dan. 9, 27; Matth. 24, 15—24; 2. Thess. 2. 4; Offb. 13, 4. 14—18.

8. Während der großen Drangsalszeit wird Gott in einem treuen jüdischen Überrest ein Zeugnis für sich auf Erden haben; viele von ihnen werden getötet werden, andere aber am Leben bleiben: Dan. 12, 1; Offb. 11, 3—8; 12, 13—17; 7, 1—4. 9. 10. 13. 14; 14, 1—5; Matth. 24, 9—14; Jer. 30, 7.

9. Der „König des Nordens" oder „der Assyrer" — möglicherweise Rußland — wird den Antichristen bekriegen und Gottes Geißel sein für das götzendienerische Israel: Jes. 10, 5. 6; 28, 14. 15. 17. 18; Dan. 11, 40; 8. 23. 24; 9, 27; Offb. 9, 13—21; 16, 12; Sach. 14, 1. 2 (vgl. auch Joel 2, 1—11).

10. Auf das Rufen des treuen jüdischen Überrestes wird der Herr Jesus inmitten Seiner Heiligen, die Er zuvor zu sich hinaufnahm, vom Himmel herniederkommen zum Gericht. Dabei werden auch der falsche Prophet und „das Tier" und alle westlichen Mächte ihr Ende finden: Jes. 11, 1—4; 63, 15; 64, 1—3; Dan. 2, 34. 35. 44. 45; 7, 9—11. 26. 27; Matth. 24, 27. 37—39; 2. Thess. 1, 6—10; 2, 8; Jud. 14. 15; Offb. 19, 11—16. 19—21.

Der „Assyrer", der gegen Jerusalem zog, um es zu zerstören, wird gleichfalls vom Herrn, der für Sein irdisches Volk streitet, gerichtet werden: Jes. 10, 12—16. 24. 28—34; 14, 24. 25; 31, 4—9; Dan. 8, 25; 11, 44. 45; Micha 5, 1—9; Sach. 14, 3—5.

Auch Ammon, Moab und Edom und die übrigen östlichen Völker werden ihr Gericht vom Herrn empfangen, der sich neu mit Juda vereinigt, nachdem es Buße getan und hergestellt ist: Jes. 11, 14. 15; 34; sodann 53, 4—6; weiter Sach. 10; 12, 6. 9. 10; 13, 6; Matth. 25, 32—46.

Die zehn Stämme kehren zurück, und so wird ganz Israel als ein einheitliches Volk unter dem Szepter Davids stehen: Hes. 37, 1—24; Röm. 11, 26. 27; Dan. 12, 2. 3; Matth. 24, 31; Jes. 11, 11—13; 27, 13; Hes. 20, 34; 36, 24.

Gog wird in Palästina einfallen und sein Gericht finden: Hes. Kap. 38 und 39.

11. Nachdem Christus, der zuerst inmitten Seiner Feinde herrschte wie einst David (Ps. 45, 3—5; 110, 1. 2), alle Feinde niedergeworfen hat, wird Er das Reich des Friedens beginnen,

das in der Herrschaft Salomos sein Vorbild hat: Ps. 45, 6—9.

Satan ist gebunden und die Schöpfung befreit vom Fluch; und Christus, dem alle Dinge im Himmel und auf Erden unterworfen sind, herrscht hier tausend Jahre. Die Gemeinde und alle himmlischen Heiligen werden mit Ihm herrschen in himmlischer Herrlichkeit, während auf Erden Israel und die Nationen unter Ihm gesegnet sein werden in einer Zeit der Wohlfahrt, des Friedens und der Gerechtigkeit: Röm. 8, 21. 22; Jes. 2, 4; 11, 6–9; Hab. 2, 14; Sach. 14, 9; Offb. 20, 1—6; Ps. 72, 8. 17; Jes. 25, 6—8; Jer. 23, 5—8; Eph. 1, 10. 20—22.

12. Satan wird nach den tausend Jahren für eine kurze Zeit wieder gelöst und verführt die Nationen, die sich gegen das Volk Gottes auf Erden und gegen Jerusalem erheben, aber sie werden durch Feuer vom Himmel vernichtet, und Satan wird in den Feuersee geworfen: Offb. 20, 7—10.

13. Die zweite Auferstehung erfolgt und das Gericht der Gottlosen: Offb. 20, 11—15; Joh. 5, 22.

14. Der Herr Jesus übergibt Sein Reich und die Herrschaft Seinem Gott und Vater; der neue Himmel und die neue Erde treten ins Dasein, „auf daß Gott alles in allem sei": 1. Kor. 15, 24—28; 2. Petr. 3, 13; Offb. 21, 1—5.

„Die Gnade des Herrn Jesus Christus sei mit allen Heiligen!"

(Offb. 22,21.)